Großkommentare der Praxis

Hachenburg

Gesetz
betreffend die
Gesellschaften mit beschränkter Haftung (GmbHG)

Großkommentar

Siebente, völlig neu bearbeitete Auflage

von

Dr. Carl Hans Barz†
Rechtsanwalt und Notar in Frankfurt/M.

Dr. Peter Behrens, M.C.J.
Wissenschaftlicher Referent am Max-Planck-Institut für ausländisches und internationales Privatrecht in Hamburg

Dr. Reinhard Goerdeler
Rechtsanwalt und Wirtschaftsprüfer in Frankfurt/M. unter Mitarbeit von Dr. Welf Müller, Rechtsanwalt und Steuerberater in Frankfurt/M.

Dr. Georg Hohner
Rechtsanwalt in Frankfurt/M.

Dr. Günter Kohlmann
o. Professor an der Universität zu Köln

Dr. Hans-Joachim Mertens
o. Professor an der Universität Frankfurt/M.

Dr. Wolfgang Schilling
Rechtsanwalt in Mannheim
Honorarprofessor an der Universität Heidelberg unter Mitarbeit von Dr. Jürg Zutt, Rechtsanwalt in Mannheim

Dr. Peter Ulmer
o. Professor an der Universität Heidelberg

Gesamtregister

Bearbeiter: Rechtsanwalt Dr. Dr. Volker Kluge, Berlin

W DE G

1984

Walter de Gruyter · Berlin · New York

Erscheinungsdatum: Juni 1984

CIP-Kurztitelaufnahme der Deutschen Bibliothek

Gesetz betreffend die Gesellschaften mit beschränkter Haftung (GmbHG) : Grosskommentar / Hachenburg. Von Carl Hans Barz . . . – Berlin ; New York : de Gruyter
(Grosskommentar der Praxis)
6. Aufl. u. d. T.: Hachenburg, Max: Kommentar zum Gesetz betreffend die Gesellschaften mit beschränkter Haftung
NE: Hachenburg, Max [Begr.]; Barz, Carl Hans [Mitverf.]
Gesamtreg. Bearb.: Volker Kluge. – 7., völlig neu bearb. Aufl. – 1984.
ISBN 3-11-010197-1
NE: Kluge, Volker [Bearb.]

Printed in Germany
Satz: Satz-Rechen-Zentrum, Hartmann & Heenemann, Berlin 30
Druck: Ludwig Vogt, Berlin 61
Bindearbeiten: Lüderitz & Bauer, Buchgewerbe GmbH, Berlin 61

Sachregister

Die fetten Zahlen verweisen auf die Paragraphen, die mageren auf die Randnummern. Einl = Einleitung, Vor = Vorbemerkung, Anh = Anhang.

A

Abberufung
des Aufsichtsrats **52** 86, 89, 90
von Geschäftsführern
s. Geschäftsführer
von Liquidatoren **66** 43 ff
Abfindung
s. a. Barabfindung
gerichtliches Verfahren bei Umwandlung **77 Anh** UmwG 30, UmwG 31, UmwG 32, UmwG 33, UmwG 34, UmwG 35, UmwG 36, UmwG 37, UmwG 38, UmwG 39
Gewerken, widersprechende bei Umwandlung **77 Anh** UmwG 65, 5
Umwandlung der AG auf Gesellschafter **77 Anh** UmwG 15, 8 f
Abfindung des ausgeschlossenen Gesellschafters
Buchwertklausel und Gläubiger **Anh 34** 38
Dividendenanspruch **Anh 34** 35
endgültige **Anh 34** 27, 30, 32
gesellschaftsvertragliche Regelungen **Anh 34** 36
Gläubigerschutz **Anh 34** 38
Konkurs des Gesellschafters **Anh 34** 38
ohne Entgelt **Anh 34** 39 f
Schranken des § 30 Abs. 1 GmbHG **Anh 34** 33
Stichtag für Wertfestsetzung **Anh 34** 35
unentgeltliche — **Anh 34** 39 f
zum Verkehrswert **Anh 34** 34
vertragliche Wertmaßstäbe **Anh 34** 37
vorläufige — **Anh 34** 27, 30, 32
Zahlungsmodalitäten **Anh 34** 42
Abfindung des austrittsberechtigten Gesellschafters Anh 34 52, 54
Abfindung bei Einziehung
Gesellschafterschutz **34** 13
Abfindung, vorläufige im Ausschlußurteil Anh 34 28
Abfindungsbeschränkung
bei Nachfolgeregelung **Anh 15** 109 ff
Abgabe der Stimme
s. Stimmabgabe
Abgeleitete Firma
und abweichende Gesellschaftszusätze **4** 70
und Änderung **4** 71
nach Geschäftsübergang **4** 69 ff
GmbH & Co. **4** 111 f
GmbH & Co. KG **4** 82, 113
Interessen, bestehende **4** 71
Zusammenfassung mehrerer Firmen **4** 73
Abhängige Konzerngesellschaft
Gesellschaftsstatut **Einl** 91
Abhängiger Geschäftsführer
Sozialversicherungsrecht **35** 73
und Unternehmer-Geschäftsführer **35** 83
Abhängigkeit
Mittel zur Begründung der — bei GmbH **Anh II 13** 7
Stimmrecht aus abhängigen Gesellschaften zustehenden Anteilen an herrschender GmbH **Anh II 13** 19
Abkürzung
und Sachfirmabildung **4** 17
Abkürzung bei Firmenzusatz
„mit beschränkter Haftung" **7** 53 ff
Ablehnender Beschluß Anh 47 8
Ablehnung
Eintragung der Kapitalerhöhung **57a** 1 ff
des Eintragungsantrag der GmbH **10** 20
des Konkursantrags **63** 57
rechtskräftige des Eintragungsantrags und Schicksal der Vorgesellschaft **11** 44
Abnahmeverpflichtung
Geschäftsanteil **15** 36
Abschluß des Gesellschaftsvertrags in notarieller Form 2 7

Abschlußprüfung Einl 353
Dänemark **Einl** 578
Frankreich **Einl** 299
Großbritannien **Einl** 636
Italien **Einl** 464
Luxemburg **Einl** 408
Niederlande **Einl** 524
Österreich **Einl** 188
nach Publizitätsgesetz **Anh III 43** 13 ff
Schweiz **Einl** 245
Abschlußpublizität Einl 353
Dänemark **Einl** 547, 579
Frankreich **Einl** 300
Großbritannien **Einl** 602, 637
Italien **Einl** 432, 465
Luxemburg **Einl** 409
Niederlande **Einl** 488, 525
Österreich **Einl** 190
Rechtsvergleichung **Einl** 683
Richtlinienvorschlag **Einl** 700
Schweiz **Einl** 246
Vereinigte Staaten von Amerika **Einl** 653, 663
Absichtsanfechtung
bei Rückzahlung von Gesellschafterdarlehen **Anh 30** 91
Absolute Rechte
Übergang bei Verschmelzung **77 Anh II** VerschmG 25, 18
Absolute Rechte, sonstige
Sacheinlage **5** 47
Abstrakte Abtretung
des Geschäftsanteils **15** 93
Abtretung
Ausfallhaftungsanspruch nach Kaduzierung **24** 37
der Einlageforderung **19** 67 ff
vermögensrechtlicher Ansprüche aus Mitgliedschaft **15** 86 ff
Abtretung des Geschäftsanteils
s. Geschäftsanteil
Abtretungsklausel für Nachfolger
aufgrund Gesellschaftsvertrag **Anh 15** 107
Abwendungsvergleich 9 28
Abwicklung
s. a. Liquidation
Belgien **Einl** 356
Dänemark **Einl** 581
und Firmenfortführung **4** 97
Frankreich **Einl** 301
Gesellschaftsstatut **Einl** 92
Großbritannien **Einl** 639
Italien **Einl** 467
Luxemburg **Einl** 411
Niederlande **Einl** 527
Abwicklung (Fortsetzung)
und Umwandlung **77 Anh** UmwG Einf., 3
Vereinigte Staaten von Amerika **Einl** 664
Abzahlungsgeschäft
und Durchgriffsproblem **Anh I 13** 52
Actio pro socio 13 8 f
Ägypten
GmbH-Recht **Einl** 136
Älteste der Berliner Kaufmannschaft zu Berlin
und GmbH-Entstehungsgeschichte **Einl** 1
Änderung
Abtretungsverpflichtung, Geschäftsanteil **15** 50
Bilanzfeststellungsbeschluß **29** 31
der erworbenen Firma **4** 70 f
der Firma **4** 85 f
der Firma im Konkurs **63** 82 ff
Firma im Liquidationsstadium **69** 7
der Firma und Zeichnung der Geschäftsführer **8** 29
von Genußrechten **Anh 29** 23
Geschäftsführer, persönliche Daten **39** 5 f
Geschäftsführer, Personenbestand **39** 3 ff
der Geschäftsführerstellung nach Satzungsänderung **35** 91
des Gesellschafterbeschlusses **47** 12
im Gesellschafterbestand und Firmenbildung **4** 77 f
des Gesellschaftsvertrags
s. Gesellschaftsvertrag
des Gesellschaftsvertrags und Handelsregistereintragung **10** 37
des Gesellschaftsvertrags im Vorgesellschaftsstadium **11** 42
Kapitalherabsetzungsbeschluß **58** 36 ff
Organkompetenzen nach Konkurseröffnung **63** 67
der Rechtsform **Einl** 48 ff; **53** 135
der Sacheinlage zur Geldeinlage **5** 25
des Unternehmensgegenstandes und Sachfirma **4** 28 ff
Verschmelzungsvertrag **77 Anh II** VerschmG 21, 31
der Zweigniederlassung **12** 30
Änderungen des GmbH-Rechts Einl 5 ff
Äthiopien
GmbH-Recht **Einl** 141
Afrika
GmbH-Rechte **Einl** 140
Agio
Einzahlung nicht vor Anmeldung **7** 28
bei Kapitalerhöhung **56a** 4
Rechtsnatur **5** 133
wirtschaftliche Bedeutung **5** 132
Agiovereinbarung 5 131

Aktie
Fungibilität **14** 6
und Geschäftsanteil, Vergleich **14** 5
Aktiengesellschaft
Bausparkassen nur als — **1** 10
und europäisches Gesellschaftsrecht **Einl** 690
und GmbH, Unterscheidung **13** 5
Heilung formnichtigen Gesellschaftsvertrags **2** 20
internationale Verschmelzung **Einl** 104
internationale Verschmelzung, Entwurf eines Übereinkommens **Einl** 709 f
Richtlinienvorschlag zur Erhaltung, Änderung des Kapitals **Einl** 695 f
Richtlinienvorschlag zur Fusion **Einl** 697 f
Richtlinienvorschlag zur Gründung **Einl** 695 f
Statut für europäische —, Vorschlag einer Verordnung **Einl** 704 f
Struktur der —, Richtlinienvorschlag **Einl** 701 f
Umwandlung
s. Umwandlung
Unternehmensgegenstand **3** 19
Verschmelzung
s. Verschmelzung
Versicherungsgeschäfte **1** 9
Verwechselungsgefahr mit — **4** 61
Aktiengesellschaft und GmbH
abweichende Merkmale **Einl** 24
Gemeinsamkeiten **Einl** 22
Minderheitsrechte **Einl** 25
Publikumsgesellschaft als AG-Haupttyp **Einl** 23
Satzungsgestaltung **Einl** 25
volkswirtschaftliche Bedeutung **Einl** 26
Aktiengesellschaft, kleine
und Typologie der GmbH **Einl** 675
Aktienrecht
Anmeldepflicht, klageweise Durchsetzung **7** 7
Aufsichtsrat und GmbH-Recht **52** 1 ff
ausländische Gesellschaft und Anwendung von — **12** 33
Bezugsrecht **55** 45 f
Einbringungsvereinbarung **5** 23
Geschäftsführung **37** 3
Gewinnabführungsvertrag **29** 58
Grundkapitalerhaltung **30** 4
und Grundsätze ordnungsmäßiger Buchführung **42** 17
Jahresabschlußvorschriften **Anh I 42**
Kapitalherabsetzung **58** 3
Konzernrecht **Anh II 13** 1 ff
Aktienrecht (Fortsetzung)
Liquidatorenaufgaben **70** 1
Nichtigkeitsklage **Anh 47** 190 ff
Rechnungslegungsvorschriften **Vor 41** 4
Sachübernahme **5** 89
Stimmrecht, uneinheitliche **47** 14 ff
verschleierte Sachgründung **5** 129
Verschmelzungsrecht **77**
Anh II VerschmG Einf., 8
Aktienrecht, Anwendung von Normen Einl 3
Aktienrecht und Personengesellschaftsrecht
GmbH im Spannungsfeld zwischen — **Einl** 672
Aktienrechtsreform und GmbH-Entwicklung Einl 1
Aktionär
und GmbH-Gesellschafter, Vergleich **Einl** 26
Aktivierungsfähigkeit 42 51 ff
Aktivierungsgrundsätze, handelsrechtliche
und Sacheinlage **5** 32
Aktivierungspflicht 42 48, 84, 142
Aktivierungswahlrecht 42 84, 92
Aktivvermögen
fehlendes und Löschung **60** 10
und Überschuldung **63** 18
vorhandenes nach Liquidation **74** 25
Aktivvertretung 35 237 ff
Algerien
GmbH-Recht **Einl** 135
Allein-Gesellschafter-Geschäftsführer
in Einmann-GmbH **13 Anh I** 35
als Untreuetäter **Vor 82** 12
Alleingesellschafter
Anmeldung der Auflösung **65** 5
keine Konkursantragspflicht **64** 12
Volleinzahlung —, Sicherungspflicht **60** 48, 101
Alleingesellschafter einer AG
Umwandlung auf den — **77 Anh** UmwG 15, 2 ff
Allgemeine Betriebsrechnung
Frankreich **Einl** 298
Allgemeinheit, Interessen
und abgeleitete Firma **4** 71
Altersversorgung, betriebliche
des Geschäftsführers **35** 152 ff
Altgesellschaft
Anpassung des Stammkapitals **56a** 25
Auflösungsfolge zum 31.12. 1985 **60** 53, 102
Kapitalherabsetzung **58** 29
Übergangsfrist für Stammkapital und Mindesteinlage **60** 53, 102
und Umstellungsgesetzgebung **5** 14

Altverbindlichkeiten
des eingebrachten Handelsgeschäfts **11** 63, 77
American Bar Association
Modellgesetz **Einl** 651
Amerikanes Gesellschaftsrecht
kein bundeseinheitliches **Einl** 651
Amortisation
s. Einziehung von Geschäftsanteilen
Amtsauflösung
Stammeinlage **5** 17
Stammkapital **5** 17
unzulässiger Gesellschaftszweck **1** 27
Amtsermittlung
des Registergerichts **10** 5
Amtshaftung
des Registerrichters **10** 35
Amtslöschung
s. a. Löschung von Amts wegen
nach Eintragung fehlerhaften Gesellschaftsrechts **4** 74
der Eintragung der Gesellschaft **60** 43
der Eintragung der Satzungsänderung **54** 50 ff
der Gesellschaft und Auflösung **60** 12
Kapitalerhöhung **57** 48; **57a** 17
Kapitalherabsetzung **58** 76
Unternehmensgegenstand, fehlende **3** 18
wesentliche Erfordernisse der Satzung, fehlende **3** 1
Amtsniederlegung
Aufsichtsratsmitglied **52** 139, 142
von Liquidatoren **66** 49
Amtsverfahren
bei unzulässiger Firma **4** 89
Amtszeit
des Aufsichtsrats **52** 85, 88, 90
Anerkenntnisurteil
Anfechtungsklage **Anh 47** 160
Nichtigkeitsklage **Anh 47** 204
Anerkennung der Auslandsgesellschaft
s. a. Gründungstheorie, Sitztheorie
Anerkennungsbegriff **Einl** 94
automatische — **Einl** 94
Belgien **Einl** 364
Dänemark **Einl** 588
EG-Übereinkommen v. 29.2. 1968 **Einl** 96
Folge der Anwendung des maßgeblichen Statuts **Einl** 95
Frankreich **Einl** 310
fremdenrechtliche Frage, Abgrenzung **Einl** 94
Genehmigungsakt, kein besonderer **Einl** 94
Anerkennung der Auslandsgesellschaft (Fortsetzung)
Gesellschaftsstatut, Frage nach dem **Einl** 95
Gesellschaftsstatut, Trennung **Einl** 96
Gewohnheitsrecht **Einl** 94
Großbritannien **Einl** 647
Handelsverträge **Einl** 94
Harmonisierungsbestrebungen **Einl** 97
Italien **Einl** 474
kollisionsrechtliche Frage **Einl** 94
Luxemburg **Einl** 418
Niederlande **Einl** 534
Niederlassungsabkommen **Einl** 94
Österreich **Einl** 199
Schweiz **Einl** 255
Typenfrage **Einl** 94
Übereinkommen gem. Art. 220 EWGV **Einl** 707 f
Anerkennung der Einmanngesellschaft **13 Anh I** 2
Anerkennung der GmbH & Co. KG **Einl** 35
Anerkennung von Organverträgen **29** 61
Anerkennung des Unternehmensinteresses der GmbH **35** 6
Anfängliche Unterkapitalisierung **Anh 30** 23
Anfangsbuchstaben
und Sachfirmenbildung **4** 17
Anfechtbarkeit
s. a. Nichtigkeit
Änderung des Gesellschaftsvertrags **53** 82, 87
Änderung des Gesellschaftsvertrags und Registergericht **54** 47
Auflösungsbeschluß **60** 35
Aufsichtsratswahl **52** 73
Ausschluß des Gesellschafters **Anh 34** 19
Beitrittserklärung **10** 21
von Beitrittserklärungen zur GmbH **2** 114 ff
Bestellung von Aufsichtsratsmitgliedern **52** 77, 83
der Bilanz **29** 34
Bilanzfeststellungsbeschluß **29** 27
Dreiviertelmehrheit, zu Unrecht festgestellte **53** 51
der Einziehung des Geschäftsanteils **34** 64
Gesellschafterbeschluß **Anh 47** 16 ff, 81 ff
Gesellschafterbeschluß ersetzen den Beiratsbeschluß **52** 17
Gesellschafterbeschluß, fehlerhafte Stimmenmehrheit **48** 15, 16
Gesellschafterbeschluß nach nicht ordnungsgemäßer Einberufung **51** 10

Anfechtbarkeit (Fortsetzung)
Gesellschafterbeschluß, von Satzung abweichender **53** 32
Gewinnverwendungsregelung, von § 29 Abs. 1 abweichende **53** 31
Jahresbilanz **29** 34
Kapitalerhöhungsbeschluß, eingetragener **57** 37
Kapitalherabsetzungsbeschluß **58** 73
im Konkurs **63** 80
Rechtsmißbrauch **53** 33
der Rückzahlung von Gesellschafterdarlehen **Anh 30** 90
Sacheinlagevereinbarung **5** 80
Stimmabgabe des Gesellschafters **45** 10
Umtauschverhältnis bei Verschmelzung **77 Anh II** VerschmG 31a, 4 f
Umwandlungsbeschluß **77 Anh** UmwG 3, 11
Umwandlungsbeschluß AG auf bestehende oHG **77 Anh** UmwG 13, 4
Verschmelzungsbeschluß **77 Anh II** VerschmG 20, 32
Verschmelzungsbeschluß der übertragenden Gesellschaft **77 Anh II** VerschmG 31, 4
Anfechtungsklage
Anerkenntnisurteil **Anh 47** 160
Anträge **Anh 47** 150 ff
nach Auflösung der GmbH durch Verwaltungsbehörde **62** 31
Beitritt eines Dritten **Anh 47** 136
Bekanntmachung **Anh 47** 185 f
Beweislast **Anh 47** 156
Darlegungslast **Anh 47** 156
Einreichung zum Register **Anh 47** 185 f
einstweilige Verfügung **Anh 47** 187
Erledigung der Hauptsache **Anh 47** 163
Frist zur Erhebung **Anh 47** 140 ff
Gesellschaft als Beklagte **Anh 47** 130
Gesellschafter als Kläger **Anh 47** 118 ff
Geständnis, gerichtliches **Anh 47** 160
Gestaltungsklage **Anh 47** 112
Klageabweisung **Anh 47** 171
Klageanträge, Verbindung **Anh 47** 152
Konkurs **Anh 47** 134
Kosten **Anh 47** 165
Kostentragung **Anh 47** 167
Liquidation **Anh 47** 133
mündliche Verhandlung **Anh 47** 157
Nebenintervention **Anh 47** 135, 136
und Nichtigkeitsgründe nebeneinander **Anh 47** 150
Organe, anfechtungsberechtigte **Anh 47** 127
Anfechtungsklage (Fortsetzung)
Passivlegitimation **Anh 47** 130
Prozeßbeteiligte **Anh 47** 118 ff
Prozeßführungsbefugnis **Anh 47** 131
Prozeßhandlungen **Anh 47** 158 ff
Rechtsmittel **Anh 47** 168
Rechtsschutzbedürfnis **Anh 47** 137 ff
stattgebendes Urteil **Anh 47** 177
Streitgegenstand **Anh 47** 113
Streitgenossenschaft **Anh 47** 135
Streithilfe **Anh 47** 136
Streitwert **Anh 47** 165
Streitwert, gespaltener **Anh 47** 166
Teilanfechtung **Anh 47** 115 ff
Urteilswirkungen **Anh 47** 171 ff
Verbindung mehrerer Prozesse **Anh 47** 169 f
Vergleich **Anh 47** 161
Verhandlung **Anh 47** 156
Versäumnisurteil **Anh 47** 158 f
Vertretung **Anh 47** 131
Widerklage **Anh 47** 155
Zuständigkeit **Anh 47** 145 ff
Zustellung **Anh 47** 148 f
Anforderung weiterer Informationen
durch Registergericht **10** 19
Angabe der Vertretungsbefugnis
als Anlage der Anmeldung **8** 25 f
Angaben
vorgeschriebene in Korrespondenz **35a** 4 ff
Angaben auf Geschäftsbriefen
in Liquidation **71** 26 f
Angebot
Abtretungsverpflichtung Geschäftsanteil **15** 52
Angehörigkeit
einer Gesellschaft nach EG-Niederlassungsrecht **Einl** 123
Angemessenheit
der Geschäftsführervergütung **35** 113 ff
der Kapitalausstattung keine Gesellschafterpflicht **Anh 30** 10
der Verwaltung des Vermögens im Liquidationsstadium **70** 17
der Verwertung im Liquidationsstadium **70** 16
Angola
GmbH-Recht **Einl** 143
Ankaufsrecht
am Geschäftsanteil zugunsten GmbH **33** 36
Ankaufsrecht, satzungsmäßiges
gegenüber Gesellschaft **3** 66

Anknüpfung
der Gründungstheorie **Einl** 83
im internationalen Gesellschaftsrecht **Einl** 74
der Sitztheorie **Einl** 75
Ankündigung der Tagesordnung
fehlerhafte **51** 9 ff
Form **51** 7
Frist **51** 7
Gesellschaftsvertrag **51** 12
Inhalt **51** 8
Selbsthilferecht **50** 12
Anlagegegenstand
Nutzungsüberlassung an GmbH **Anh 30** 95
Anlagen
zur Anmeldung der Gesellschaft **8** 3 ff
bei Anmeldung der Kapitalerhöhung **57** 9 ff
zur Anmeldung der Kapitalherabsetzung **58** 62
zur Anmeldung der Zweigniederlassung **12** 23
zum Antrag auf Konkurseröffnung **63** 54
Zum Antrag auf gerichtliches Vergleichsverfahren **63** 108
Zur Anmeldung erster Liquidatoren **67** 15
Anlagevermögen
Bewertung **42** 157 ff
Sacheinlage, Bewertung **5** 62
Anlaufkosten
Bilanzierung **42** 96
Anmeldung der Änderung des Gesellschaftsvertrags
s. Gesellschaftsvertrag
Anmeldung der Auflösung
s. Auflösung
Anmeldung des Erlöschens der Firma
nach Liquidation **74** 23
Anmeldung der Errichtung der Zweigniederlassung
Adressaten **12** 21
Anmeldepflicht **12** 20
Aufhebung **12** 31
Beilagen **12** 23
Eintragung **12** 28
Gesellschaftsvertrag als Beilage **12** 23
GmbH, Unterschied zur **12** 20
Inhalt **12** 22
Liste der Gesellschafter als Beilage **12** 23
Veröffentlichung **12** 29
Zweigregister und Sitzregister **12** 25 ff
Anmeldung des Erwerbs des Geschäftsanteils
Anfechtbarkeit der Anmeldung **16** 46
Anmeldung des Erwerbs des Geschäftsanteils (Fortsetzung)
Anmeldung, Anfechtbarkeit und Wichtigkeit **16** 46
Annahme der Anmeldung **16** 17
kein Anspruch der Gesellschaft auf — **16** 22
Anteilsübertragung, Mängel **16** 41 f
Erklärung durch Veräußerer oder Erwerber **16** 9
Erwerber, Rechtsstellung **16** 28 ff
fehlerhafte — **16** 40
Form **16** 8
durch Geschäftsunfähigen **16** 49
Gesellschaftsvertrag **16** 21
Haftung für rückständige Leistungen **16** 36 ff
Mängel der Anteilsübertragung **16** 41 ff
Mitgliedschaftsrechte **16** 29
Nachweis des Übergangs **16** 15
Nichtanmeldung, Folgen **16** 23 ff
Nichtigkeit der Anmeldung **16** 45
Nießbrauchsbestellung **16** 51
Pfändung **16** 52
Rechtsnatur **16** 7
Rechtsstellung des Erwerbers **16** 28 ff
Rechtsstellung des Veräußerers **16** 33 ff
Rücknahme **16** 11
Stimmrechtsübertragung, Anmeldung **16** 53
kein Veräußerungsteil **16** 7
Verpfändung **16** 51
Verpflichtungen des Erwerbers **16** 30 ff
Widerruf der — **16** 43 f
Wirkung **16** 26 ff
Zeitpunkt **16** 12
Zugang bei Gesellschaft **16** 13
Zurückweisung der Anmeldung **16** 19
Anmeldung der Fortsetzung aufgelöster Gesellschaft **65** 16 ff
Anmeldung des Geschäftsführers
s. Geschäftsführer
Anmeldung der GmbH
Ablehnung des Eintragungsantrags **10** 20
Amtsgericht als Registergericht **7** 16
Anforderung weiterer Informationen **10** 19
Anlagen bei der Anmeldung **8** 3 ff
Anlagen, Rechtsfolgen bei fehlenden **8** 19
anmeldende Personen **7** 9 ff
Anmeldevoraussetzungen **7** 23 ff
Aufrechnung, keine Bewirkung der Mindesteinlage durch **7** 35
Aufsichtsrat, Urkunde über Bestellung **8** 17

Anmeldung der GmbH (Fortsetzung)
Aussetzung des Verfahrens **10** 21
Barzahlung der Geldeinlage **7** 30
beschränkt geschäftsfähiger Geschäftsführer **7** 10
Betriebsanlagen, Genehmigung einzelner **8** 12
Bevollmächtigte **7** 11 f
Bewirkung der Geldeinlage **7** 29
Bundesbankschecks als Geldeinlage **7** 31
Dritteinzahlung **7** 36
empfangsbedürftige **7** 17
Erfüllungsformen für Geldeinlage, ungeeignete **7** 34 f
fehlende Anmeldevoraussetzungen **7** 24
fehlende Geschäftsführer **7** 9
Form **7** 21
formal fehlerhafte **7** 9
freie Verfügung der Geschäftsführer **7** 38
Fremdmittel **7** 36 f
Gebühren **7** 39
Geldeinlagen, Mindesteinzahlungen und Bewirkung **7** 25 ff
Genehmigungen, Beispiele **8** 15
Genehmigungsbehörde und Registergericht **8** 14
Genehmigungsurkunde für Unternehmensgegenstand **8** 10 ff
Gericht, zuständiges **7** 14 ff
gerichtliche Durchsetzung **7** 7
durch Geschäftsführer **6** 4
Geschäftsführer, Legitimation **8** 6
Geschäftsführer, sämtliche **7** 9
geschäftsunfähiger Geschäftsführer **7** 10
Gesellschafterliste **8** 7 ff
gegen Gesellschafterwillen **7** 9
und Gesellschaftsvertrag **7** 23
Gesellschaftsvertrag als Anlage zur — **8** 3
gesetzlicher Vertreter, Legitimationsnachweis **8** 5
Haftung der Anmeldenden **7** 22; **9** 1 ff
Handwerksbetrieb **8** 12
höchstpersönlicher Akt **7** 17
Inhalt **7** 20
inhaltliche Richtigkeit, Prüfung **10** 14
Irrtum **7** 19
Klage auf Anmeldung **7** 8
Kontogutschrift als Geldeinlage **7** 32
Legitimation der Anmelder, Prüfung **10** 13
Liste der Gesellschafter **8** 7 ff
Mindesteinzahlung **7** 25
keine öffentlich rechtliche Pflicht **7** 5
örtliche Zuständigkeit **7** 15
und Ordnungsmäßigkeit der Errichtung **10** 9

Anmeldung der GmbH (Fortsetzung)
Ordnungsmäßigkeit, Prüfung durch Registergericht **10** 13
keine Ordnungsstrafen zur Erzwingung **7** 5
organschaftlicher Akt **7** 17
Pflicht **7** 5
privatrechtliche Pflicht **7** 6
Rechtslage, mit AG vergleichbarer **7** 8
Rechtsnatur **7** 17
Reform **7** 3; **8** 2
Registergericht und Genehmigungsbehörde **8** 14
Risiko unterlassener — **7** 5
Stammeinlagen verschiedener Größe und Mindesteinzahlung **7** 26
steuerliche Unbedenklichkeitsbescheinigung **8** 18
Steuern **7** 39
subjektive Anforderungen für Betrieb **8** 10
unbefugte Dritte **7** 13
Unternehmensgegenstand, allgemein gehalten **8** 13
Unterschriftenzeichnung **8** 27 ff
Versicherung der Geschäftsführer **8** 20 ff
Vertragsurkunde als Anlage zur — **8** 3
Vertretungsbefugnis, Angaben **8** 25 f
Vollmachten als Anlage zur — **8** 4
Vormundschaftsgericht, Genehmigung **8** 5
Widerruf **7** 18
keine Willenserklärung **7** 17
zuständiges Gericht **7** 14 ff
Zwingende Anmeldevoraussetzungen **7** 23
Anmeldung der Kapitalerhöhung
s. Kapitalerhöhung
Anmeldung der Kapitalerhöhung zur Durchführung der Verschmelzung 77 Anh II VerschmG 22, 9 ff
Anmeldung der Kapitalherabsetzung
s. Kapitalherabsetzung
Anmeldung der Liquidatoren 65 8
Anmeldung der Mitberechtigung am Geschäftsanteil 18 13
Anmeldung, Rechtsvergleich
Belgien **Einl** 328
Dänemark **Einl** 551
Frankreich **Einl** 273
Großbritannien **Einl** 597, 606
Italien **Einl** 428
Luxemburg **Einl** 375
Niederlande **Einl** 484
Österreich **Einl** 152
Schweiz **Einl** 209
Vereinigte Staaten von Amerika **Einl** 652

Anmeldung der Stimmrechtsübertragung **16** 53
Anmeldung der Umwandlung der AG auf bestehende oHG 77 Anh UmwG 4, 1 f
Anmeldung der Umwandlung der AG auf errichtete oHG 77 Anh UmwG 18, 1 f
Anmeldung der Umwandlung bergrechtlicher Gewerkschaft in GmbH 77 Anh UmwG 65, 1
Anmeldung der Umwandlung des Einzelunternehmens in AG, KGaA 77 Anh UmwG 54, 1
Anmeldung der Umwandlung des Einzelunternehmens in GmbH 77 Anh UmwG 56e, 1
Anmeldung der Umwandlung der Personengesellschaft in GmbH 77 Anh UmwG 49, 1
Anmeldung der Umwandlung der Personenhandelsgesellschaft in AG 77 Anh UmwG 43, 3
Anmeldung der Verschmelzung durch Neubildung 77 Anh II VerschmG 32, 27, 31
Anmeldung der Verschmelzung zweier GmbH 77 Anh II VerschmG 24, 2 ff
Annahme
Abtretungsverpflichtung Geschäftsanteil **15** 52
Annahmeverzug
mit Geschäftsführleistung **35** 122
Anonymität
Belgien **Einl** 324
Dänemark **Einl** 547
Frankreich **Einl** 269
Großbritannien **Einl** 602
Italien **Einl** 432
Luxemburg **Einl** 378
Niederlande **Einl** 488
Vereinigte Staaten von Amerika **Einl** 660
Anpassung
der Geschäftsführervergütung **35** 117 ff
Ruhegehalt des Geschäftsführers **35** 168 ff
an das auf 50000,— DM erhöhte Mindestkapital **55** 28; **56a** 25
des Stammkapitals an neue Mindestziffer **56a** 25
von Vertragsverhältnissen bei Verschmelzung **77 Anh II** VerschmG 25, 41 ff
Anrechnung
von Gesellschaft zu leistender Vergütung auf Stammeinlage **5** 89
Ansässigkeit
einer Gesellschaft nach EG-Niederlassungsrecht **Einl** 123
Anschaffungskosten
Anlagevermögen **42** 157 ff
Umlaufvermögen **42** 165 ff
Anscheinshaftung
der Konzernobergesellschaft **Anh II 13** 51
Anschluß-Konkursverfahren 63 102, 112
Anspruch auf Reingewinn
s. Reingewinn unter Anspruch auf Reingewinn
Anspruchsberechtigter
bei Haftung anmeldender Geschäftsführer **9** 13
Anstalt des öffentlichen Rechts
Umwandlung **77 Anh** UmwG 59, 1 f
Anstellungsverhältnis des Geschäftsführers
s. Geschäftsführer
Anteil
s. Geschäftsanteil
Anteilschein
als Beweisurkunde **14** 7
über Geschäftsanteil **15** 136
Antizipative Aktiva
Bilanzierung **42** 135
Antizipative Passiva
Bilanzierung **42** 135
Antrag
Anfechtungsklage **47 Anh** 150
auf gerichtliches Vergleichsverfahren **63** 107
auf Konkurseröffnung **63** 45, 127
Liquidatorenernennung durch Gericht **66** 22 ff
Nichtigkeitsklage **47 Anh** 190, 202
Antragspflicht bei Konkursverfahren
s. Konkursverfahren
Anwachsung
des Geschäftsanteils **15** 22
Anwesenheit der Gesellschafter
bei Abschluß des Gesellschaftsvertrags **2** 7
Anzeige
unterlassene bei Verlust der Hälfte des Stammkapitals **84** 7 ff
Arbeitgeberfunktion im Konkurs 63 76
Arbeitnehmer
Liquidator als — **66** 51
Zurechnung in GmbH & Co. KG **52** 28, 31
Arbeitnehmerähnlicher Gesellschafter-Geschäftsführer
Sozialversicherung **35** 96
Arbeitnehmervertreter
im Aufsichtsrat, persönliche Voraussetzungen **52** 71, 74
Arbeitsdirektor 35 33, 49, 247; **37** 13 ff; **44** 9; **66** 54 f
Arbeitslosenversicherung
Geschäftsführer **35** 96
Arbeitsplätze in GmbH Einl 51

Arbeitsrecht
Einmann-GmbH **Anh I 13** 60
Arbeitsvermittlung 1 20
Arbeitsverträge
und Umwandlung **77 Anh** UmwG 5, 6, UmwG 45, 4, UmwG 49, 14
und Verschmelzung **77 Anh II** VerschmG 25, 27
Argentinien
GmbH-Recht **Einl** 139
Arglistiges Verhalten
eines Geschäftsführers **35** 274
Auditors (Rechnungsprüfer) Einl 618, 658
Aufbewahrung Vor 41 33
Aufbewahrung von Büchern und Schriften
nach Beendigung der Liquidation **74** 1 ff
Aufbewahrungsfristen Vor 41 33
Aufbringung des Stammkapitals
s. Stammkapital unter Aufbringung
Aufenthalt
unbekannter des Gesellschafters **51** 4
Aufenthaltsort
gewöhnlicher im Inland für Geschäftsführer nicht erforderlich **6** 7
Auffang-GmbH
Konkursmasse, Einbringung **5** 49
Aufforderung an die Gläubiger
im Liquidationsstadium **73** 5 ff
Aufgeld
bei Gründung oder Kapitalerhöhung **3** 64
bei Kapitalerhöhung **55** 18
Aufgeldvereinbarung **5** 131
Aufhebbare Bilanz
durch Gesellschafterbeschluß — **29** 35
Aufhebende Frist
bei Beitrittserklärung zur GmbH **2** 101
Aufhebung
des Gesellschafterbeschlusses **47** 12
von Sonderrechten **5** 157
Verschmelzungsvertrag **77 Anh II** VerschmG 21, 31
von Vorzugsrechten **5** 142
der Zweigniederlassung **12** 31
Aufhebungsvertrag
über Abtretung des Geschäftsanteils **15** 90
über Abtretungsvertrag Geschäftsanteil **15** 41
Aufklärungspflicht und Konkursreife **64** 65
Auflösend bedingte Verbindlichkeiten **42** 105
Auflösung der GmbH
Ablehnung der Konkurseröffnung mangels Masse **60** 38
Abwicklung nach Auflösung **66** 1
Abwicklungsbeginn mit der — **60** 6

Auflösung der GmbH (Fortsetzung)
keine Änderung des Gesellschaftsvertrags **60** 72
Alleingesellschafter, unterlassene Volleinzahlung **60** 48
— Fortsetzung, spätere **60** 101
Altgesellschaft und fehlendes Mindeststammkapital **60** 53
— Fortsetzung, spätere **60** 102
Amtslöschung **60** 57
Amtslöschung, Abgrenzung **60** 12
anfechtbarer Auflösungsbeschluß **60** 35
Anfechtungsklage **Anh 47** 130
Anmeldung der Auflösung
— Alleingesellschafter **65** 5
— Bekanntmachung **65** 25
— Berechtigung **65** 3
— Doppelsitz **65** 19
— Einstellung des Handelsgeschäfts **65** 13
— Eintragung **65** 24
— Form **65** 20
— Geschäftsführer **65** 3
— Geschäftsführer ohne Vertretungsbefugnis **65** 4
— Inhalt der Anmeldung **65** 19
— jede Auflösung **65** 10 ff
— keine nach Konkurseröffnung **65** 22
— konstitutiver Charakter **65** 15
— Liquidatoren **65** 3
— Liquidatoren, fehlende **65** 6
— Liquidatoren, Verbindung mit ihrer Anmeldung **65** 8
— Mangel des Gesellschaftsvertrags **65** 22
— Reform **65** 2
— Registergericht, Tätigkeit ohne Anmeldung **65** 22 ff
— Satzungsänderung **65** 3
— Veräußerung des Handelsgeschäfts **65** 13
— Verpflichtung **65** 3
— Zahl der Anmeldepflichtigen **65** 7
— Zeitpunkt **65** 9
— Zwang zur — **65** 14
Anmeldung der Fortsetzung nach — **65** 16 ff
Auflösungsreife **60** 7
Auflösungsurteil **60** 37
Auflösungsurteil, spätere Fortsetzung **60** 95
Auflösungsverfügung **60** 37
Auflösungsverfügung, spätere Fortsetzung **60** 96
Ausschluß aus wichtigem Grund **60** 17
Außenverhältnis nach — **60** 74

Auflösung der GmbH (Fortsetzung)
oder Austritt
—bei gesellschaftsvertraglicher Kündigungsklausel **60** 65
Austritt aus wichtigem Grund **60** 17
Austrittsrecht nach Fortsetzung nach — **60** 91
und Beendigung **60** 5 ff
Beendigung, Zusammenfallen mit — **60** 8
Befristung im Gesellschaftsvertrag **60** 19
Bekanntmachung der Auflösung **65** 25, 30
Belgien **Einl** 356
Beschluß über —-
—anfechtbarer **20** 35
—Betriebseinstellungsbeschluß **60** 25
—Dreiviertelmehrheit abgegebener Stimmen **60** 26
—Form **60** 30 ff
—Fortsetzung, spätere **60** 94
—Gesellschafter, Zuständigkeit **60** 24
—Inhalt **60** 25
—mangelhafter **20** 35 f
—Mehrheitsherrschaft, Schranken **60** 29
—nichtiger **20** 35
—Unternehmensveräußerung **60** 25
—Wirksamwerden **20** 33 f
Betriebseinstellungsbeschluß **60** 25
Dänemark **Einl** 580
Dreiviertelmehrheit für Fortsetzung nach — **60** 88
EG-Koordinierungsgesetz **60** 41
der Einmann-GmbH **Anh I 13** 30
Eintragung der Auflösung
—deklaratorischer Charakter **65** 27
—Publizitätswirkung **65** 28
—Veröffentlichung **65** 24
errichtende Umwandlung **60** 9
Firma **60** 72
Firma, Nichtangabe in Satzung **60** 44
Form des Auflösungsbeschlusses **60** 30 ff
Formkaufmann **60** 6
formwechselnde Umwandlung **60** 9
Fortsetzung nach —-
—Altgesellschaft **60** 102
—Anmeldung der Fortsetzung **65** 16 ff
—nach Auflösung aufgrund Löschungsgesetz **60** 103 f
—nach Auflösung wegen Gemeinwohlgefährdung **60** 96
—nach Auflösung wegen unterlassener Volleinzahlung **60** 101
—nach Auflösungsbeschluß **60** 94
—nach Auflösungsurteil **60** 95
—Ausscheiden der Fortsetzung **60** 79 ff
—Austrittsrecht **60** 91

Auflösung der GmbH (Fortsetzung)
—nach Beendigung des Konkursverfahrens **60** 98 ff
—Beschluß **60** 85 ff
—nach Fortsetzungsverfügung **60** 96
—nach gerichtlichem Urteil **61** 48
—Gesellschaftsvermögen, unverteiltes **60** 83
—nach gesellschaftsvertraglichem Auflösungsgrund **60** 107
—Grenzen **60** 79
—als juristische Person **60** 82
—Kapitalausstattung der aufgelösten Gesellschaft **60** 84
—keine nach Konkursablehnung wegen Massemangel **60** 104
—nach Konkurseröffnung **60** 97
—bei Liquidationssonderrecht **60** 89
—nicht nach Löschung **60** 80
—nach Mangelfeststellung durch Registergericht **60** 100
—Mehrheitserfordernis **60** 86 ff
—Rückumwandlung in werbende Gesellschaft **60** 77
—keine Satzungsänderung **60** 78
—nach Vermögenslosigkeit **60** 105 f
—nach Zeitablauf **60** 93
—Zulässigkeit **60** 76
Frankreich **Einl** 301
und Fristablauf der Gesellschaft **3** 50 f
Gemeinwohlgefährdung
—Auflösung durch Verwaltungsakt **62** 24
—Auflösungsvoraussetzungen **62** 12 ff
—Behörde, zuständige **62** 27
—behördliches Ermessen **62** 5
—Erforderlichkeit **62** 22 f
—Gesellschafter, Verantwortlichkeit **62** 19
—Gesetzesverstoß **62** 15
—Kreditwesengesetz **62** 10
—privatrechtsgestaltender Verwaltungsakt **62** 29
—Rechtsschutz **62** 31 f
—Übermaßverbot **62** 6
—Vereinsrecht **62** 7 ff
—Verfahren **62** 24 ff
—verfassungsrechtliche Bedenken **62** 1
—Verhältnismäßigkeit **62** 23
—Verwaltungsprozeßrecht **62** 24
—Verwaltungsrechtsnorm **62** 4
—Zweck **62** 1
durch gerichtliches Urteil
—Auflösungsgründe, Verhältnis **61** 5 ff
—Ausschließungsklage gegen Gesellschafter **61** 4

Auflösung der GmbH (Fortsetzung)
—Austrittsrecht aus wichtigem Grund **61** 4
—Beklager **61** 32
—keine einstweilige Verfügung auf — **61** 45
—Fortsetzungsbeschluß **61** 48
—Gesellschafter als Kläger **61** 28
—Gestaltungsurteil **61** 40 ff
—Klagebefugnis **61** 26 ff
—Klagerecht für Minderheit **61** 1
—Nebenintervention **61** 33 f
—Parteien **61** 26 ff
—rechtspolitisch **61** 2
—Schiedsgericht **61** 36 ff
—Subsidiarität **61** 4
—unentziehbares Minderheitenrecht **61** 3
—Verfahren **61** 35
—wichtiger Grund **61** 8 ff
—Zweck **61** 1
—zwingendes Recht **61** 3
Gesellschafterbeschluß über — **60** 25
Gesellschaftsstatut **Einl** 92
Gesellschaftsvertrag und Auflösung durch Urteil **61** 49 ff
Gesellschaftsvertrag, Auflösungsgründe **60** 61 ff
Gesellschaftsvertrag, unveränderter **60** 72
Gläubigeraufruf **65** 30 ff
GmbH & Co. KG
—Fortsetzung der aufgelösten **60** 118
—gerichtliche Auflösung **31** 55 f
—KG-Auflösung **60** 110 ff
—Komplementär-GmbH, Auflösung **60** 109
—Löschung nach Löschungsgesetz **60** 113 ff
GmbH-Mantel **60** 13
Großbritannien **Einl** 638
Handelsgesellschaft, bleibende **60** 72
Handelsregister, Löschung **60** 14
Innenverhältnis nach — **60** 72
Italien **Einl** 466
Keinmann-Gesellschaft **60** 58
Komplementär-GmbH **60** 109 ff, 111 ff
Konkurs des Gesellschafters **60** 39
Konkurseröffnung **60** 38 f; **63** 66
Konkurseröffnung, spätere Fortsetzung **60** 97
Kündigung **60** 17
Kündigungsklauseln
—Auflösung oder Austritt **60** 65
—Ausgestaltung **60** 69
—Folgen der Kündigung **60** 71

Auflösung der GmbH (Fortsetzung)
—gesellschaftsvertraglicher Auflösungsgrund **60** 65
Liquidationssonderrecht **60** 89
Löschung im Handelsregister **60** 14
nach Löschung im Handelsregister keine Fortsetzung **60** 80
Löschung nach Löschungsgesetz **60** 10, 55
—Anwendung auf GmbH & Co. KG **60** 113 ff
—Fortsetzung, spätere **60** 103 f
Luxemburg **Einl** 410
Mängel des Auflösungsbeschlusses **20** 35 f
Mangelfeststellung durch Registergericht **60** 40 ff
—Fortsetzung, spätere **60** 100
Mehrheitserfordernis für Fortsetzung nach — **60** 86 ff
Mehrheitserfordernisse bei Beschluß über — **60** 26 f
Minderheitsklage auf — **61** 1
Mindesteinlage, nicht versicherte **60** 54
Nichterfüllung gesellschaftsvertraglicher Nebenleistungspflichten **3** 82
nichtiger Auflösungsbeschluß **60** 35
Nichtigkeit, Abgrenzung **60** 11
Nichtigkeit durch rechtskräftige gerichtliche Nichtigkeitsfeststellung **60** 57
Niederlande **Einl** 526
Normzweck **60** 2
Österreich **Einl** 191
Rechtsnatur der Gesellschaft **60** 6
Rechtsvergleichung **Einl** 685
Rechtsverhältnisse zu Dritten **60** 75
Reform **60** 4
Registergericht, Mangelfeststellung **60** 40 ff
—Fortsetzung, spätere **60** 100
Schweiz **Einl** 247
Sitz, Nichtangabe in Satzung **60** 46
bei Sitzverlegung ins Ausland **3** 16
Stammeinlage, fehlende Bestimmung **60** 47
Stammkapital, fehlende Bestimmung **60** 47
Stammkapital weniger als 50000,— DM **60** 53
Umwandlung **60** 9, 56
unauflösliche Gesellschaft gem. Gesellschaftsvertrag **60** 27
Unternehmensveräußerung, Beschluß über **60** 25
Vereinigte Staaten von Amerika **Einl** 664
Verlängerungsbeschluß nach Zeitablauf **60** 22

Auflösung der GmbH (Fortsetzung)
Vermögenslosigkeit, Abgrenzung **60** 13
verschmelzende Umwandlung **60** 9
Verschmelzung **60** 8, 56
Vertretung **60** 74
Vorgang, gestreckter **60** 5
der Vorgesellschaft **11** 44
Vorgesellschaft **11** 45
Wichtiger Grund für — durch gerichtliches Urteil **61** 8 ff
Wirkung **60** 72 ff
Zeitablauf
—automatische Auflösung **60** 21
—Befristung im Gesellschaftsvertrag **60** 19
—bestimmte, bestimmbare Dauer **60** 20
—Verlängerung, Beschlußfassung **60** 22
Zeitablauf, Fortsetzung danach **60** 93
Zusammenfallen mit Beendigung **60** 8
Zweck der Gesellschaft **60** 72
Zweckerreichung, Unmöglichkeit **60** 64
Zweigniederlassung **12** 12
zwingendes Recht **60** 1
Auflösung der Vorgesellschaft **11** 45
Auflösungsklage
unzulässiger Gesellschaftszweck **1** 27
Auflösungsurteil **60** 37
Fortsetzung nach — **60** 95
Auflösungsverfahren
bei fehlenden wesentlichen Satzungsbestandteilen **3** 1
Auflösungsverfügung **60** 37
Fortsetzung nach — **60** 96
Aufrechnung und Einlage
Aufrechnungsvertrag **19** 43
Gefährdung der Einlageforderung **19** 41
Gegenforderung, vollwertige **19** 38 ff
Gesellschaft, Aufrechnung durch **19** 36 ff
Gesellschafter, Aufrechnung durch **19** 34 ff
Gesellschafterdarlehen **19** 61 f
Gläubigerschutz **19** 31
Konkurs der GmbH **19** 35
Kontokorrentabrede **19** 44
Liquidationsstadium **19** 34
reale Kapitalaufbringung, Grundsatz **19** 31
Zurückbehaltungsrecht **19** 45 f
zwingendes Recht **19** 32
Aufrechnung bei Sachübernahme **19** 51 ff
Aufrechnungsverbot
Kapitalerhöhung **56** 41 ff
Aufschiebend befristete Satzungsänderungsbeschlüsse **53** 24

Aufsichtsrat
Änderung des Gesellschaftsvertrags **53** 123 f
Aktienrecht, anzuwendendes **52** 4 ff
anstellungsvertragliche Regelung von Geschäftsführerbefugnissen **35** 89
Arbeitsdirektor **35** 49
Bestellung und Ressortzuweisung **35** 48 f
Bestellungskompetenz **35** 46
Bestrafung **Vor 82** 31
Einmann-GmbH **Anh I 13** 34
fakultativer
—Abberufung **52** 86 f
—Abstimmung **52** 104
—Aktienrecht, erschöpfende Aufzählung der Anwendung **52** 5
—Amtsniederlegung **52** 139
—Amtszeit **52** 85
—Aufgaben **52** 122 ff
—Ausschüsse **52** 92
—Beirat, Abgrenzung **52** 16 f
—Berichterstattung **52** 53
—Beschlußfassung **52** 102 ff
—Bestellung **52** 75 ff
—Bestellung nach Eintragung **52** 46
—Bestellung vor Eintragung **52** 45
—Einberufung **52** 116
—erster — **52** 45 ff
—fehlerhafte Beschlüsse **52** 105 f
—Geschäftsführung, keine Übertragung **52** 126
—Geschäftsführung, Überwachung **52** 122
—Geschäftsordnung **52** 93
—Gesellschafterversammlung, Einberufung **52** 125
—Gesellschaftsvertrag **52** 5
—GmbH & Co. KG **52** 18
—Initiative Berichtspflicht der Geschäftsführer **52** 55
—innere Ordnung **52** 91 ff
—Kreditgewährung **52** 138
—Name **52** 15
—Namensgebung, anderer **52** 16
—ohne Gesellschaftsvertragsbestimmung **52** 14
—Organe, Verhältnis zu anderen **52** 7
—Organstellung **52** 17
—persönliche Voraussetzungen **52** 68 f
—Rechtsverhältnis zur Gesellschaft **52** 133 ff
—Rechtsverhältnisse **52** 16
—Schadenersatzpflicht **52** 146
—Sitzung **52** 115 ff

Aufsichtsrat (Fortsetzung)
—Sonderverträge, Sondervergütung **52** 137
—Sorgfaltspflicht **52** 144
—Teilnahme an Sitzung **52** 115
—Umfang **52** 15
—Unterbrechung **52** 118
—Verantwortlichkeit **52** 146
—Vergütung **52** 135 f
—Verschwiegenheitspflicht **52** 145
—Vertagung **52** 118
—Vertretungsbefugnis **52** 127
—Verwaltungsrat, Abgrenzung **52** 16 f
—Vorsitz **52** 91
—Wählbarkeit, Beschränkungen **52** 68
—Weisungsrecht **52** 126
—Zahl **52** 60
—Zusammensetzung **52** 61
fakultativer
—Aktienrecht, subsidiar und abdingbar **52** 8
Geschäftsführer, Verhältnis **35** 8 f
Geschäftsgeheimnis, unbefugte Verwertung und Offenbarung **84** 4
Gesellschafter, Verhältnis **35** 8 f
Italien **Einl** 444
keine Konkursantragspflicht **64** 12
und Konkursverfahren **63** 94
Mitglied des — als Geschäftsführer **34** 32
Niederlande **Einl** 503
nur natürliche Person **52** 68
obligatorischer — **35** 5
—Abberufung **52** 89 f
—Abstimmung **52** 108 f, 114
—Aktienrecht, anzuwendendes **52** 9, 11
—Amtszeit **52** 88, 90
—Ausschüsse **52** 96, 100
—Beirat **52** 22
—Berichterstattung **52** 53
—Beschlußfähigkeit **52** 107, 113
—Beschlußfassung **52** 106, 110
—Bestellung **52** 79 ff
—nach Betriebsverfassungsrecht **52** 9 ff, 19 ff
—Einberufung **52** 119, 121
—erster — nach § 77 BetrVG **52** 48 f
—erster — nach MitbestG **52** 50 f
—Geschäftsführung, keine Übertragung **52** 130, 132
—Geschäftsführung, Überwachung **52** 128
—Geschäftsordnung **52** 97, 101
—Gesellschafterversammlung, Einberufung **52** 129
—Gesellschaftsvertrag **52** 10, 13

Aufsichtsrat (Fortsetzung)
—GmbH & Co. KG **52** 21, 28, 31 ff
—Initiative Berichtspflicht der Geschäftsführer **52** 55
—innere Ordnung **52** 94 ff
—Jahresabschluß, Prüfung **52** 128, 132
—Konzernverhältnisse **52** 20, 25 f
—Kreditgewährung **52** 142 f
—mehrstöckige GmbH & Co. KG **52** 36
—nach Mitbestimmungsgesetz **52** 11, 24 ff
—Niederschrift **52** 95, 99
—persönliche Voraussetzungen **52** 71 ff
—Rechtsverhältnis zur Gesellschaft **52** 142 f
—Sorgfaltspflicht **52** 149, 152
—Teilnahme **52** 119, 121
—Unterbrechung **52** 120 f
—Verantwortlichkeit **52** 151 f
—Verschwiegenheitspflicht **52** 149, 152
—Vertagung **52** 120 f
—Vertretungsbefugnis **52** 131, 132
—Vorsitz **52** 94, 98
—Weisungsrecht **52** 130, 132
—Zahl **52** 62, 66
—Zusammensetzung **52** 63, 67
—zwingendes Recht **52** 10
Österreich **Einl** 168 f
Schweiz **Einl** 226
Strafbarkeit **82** 6
Unternehmensinteresse **35** 6
Urkunde über Bestellung als Anlage der Anmeldung **8** 17
Verschmelzung durch Neubildung **77** **Anh II** VerschmG 32, 24
Vertretung gegenüber Geschäftsführer **35** 218, 223
Vorsitzender des —, Angabe in Korrespondenz **35a** 4
Wahl der -mitglieder **Anh 47** 56 ff
Wahlfreiheit **35** 47
und Weisungsrecht der Gesellschafter **35** 9
Aufsichtsratssitzung **52** 115 ff
Aufstellung der Jahresbilanz
erstes Geschäftsjahr **29** 20
Geschäftsführer, Aufgabe **29** 21
unterlassene innerhalb der Frist **29** 22
Weigerung **29** 23
Aufstockung
bestehender Geschäftsanteile bei Kapitalerhöhung **55** 20 f; **56a** 6
Aufteilung eines Rechtsgeschäfts
auf mehrere Urkunden **2** 7
Auftrag
zum Erwerb eines Geschäftsanteils **15** 43

Auftragsrecht
im Verhältnis Gesellschafter-Strohmann **2** 56
Aufwendungen für Unternehmensbetrieb
und Gründungsaufwand, Abgrenzung **5** 159
Aufzeichnungen Vor 41 33
Aufzeichnungspflichten Vor 41 22
Auseinanderentwicklung
zwischen Stammkapital und Geschäftsanteil **5** 8
Auseinandersetzung von Miterben
und Geschäftsanteil **Anh 15** 101
Auseinandersetzungsguthaben
Pfändung **Anh 15** 80
Auseinandersetzungsplan
Geschäftsanteil, Zuweisung **15** 11
Auseinandersetzungsvereinbarung
und Geschäftsanteil **15** 23
Ausfallhaftung
Gesellschafter bei qualifizierter Unterkapitalisierung **Anh 30** 55 ff
Ausfallhaftung und Kaduzierungsverfahren
s. Kaduzierungsverfahren
Ausfertigung des Gesellschaftsvertrags
nach Zahlung der Notariatsgebühren **7** 39
Ausführungsbeschluß, satzungsändernder **53** 33
Ausführungsverträge
bei Nebenleistungspflichten **3** 62
Ausgleichsanspruch
und Gleichheitsgrundsatz **14** 20
Ausgleichszahlung
bei Gewinnabführungsvertrag **29** 64 ff
Ausgliederung
von Betrieben und Teilbetrieben **Einl** 50
rechtlich unselbständiger Regie- oder Eigenbetriebe **77 Anh** UmwG 57, 1, UmwG 58, 1
Auskunftsanspruch
bei Verschmelzung **77 Anh II** VerschmG 20, 36 ff
Auskunftspflicht
Durchgriffsproblem **Anh I 13** 50
Auskunftsrecht
über verbundene Unternehmen **Anh II 13** 22
Auskunftsrecht des Gesellschafters **45** 23 ff; **46** 8
Ausländereigenschaft
und Fremdenrecht **Einl** 118
von Gesellschaften **Einl** 119
Ausländerrecht
und Auslandsgesellschaft **Einl** 124
Ausländische Beurkundung
s. a. Ausländischer Notar
Änderung des Gesellschaftvertrags **53** 46 f
des Gesellschaftsvertrags **2** 12
Ausländische Gesellschaft Einl 73
und anwendbares Recht **12** 33
Ausländische GmbH, Gesellschaft
und inländische Zweigniederlassung **12** 32 ff
Ausländische GmbH-Rechte Einl 129 ff
Ausländische Handelsgesellschaft
als GmbH-Gesellschafter **2** 64
Ausländische juristische Person
Zulassung zum Gewerbebetrieb im Inland **1** 11
Ausländische Zweigniederlassung
inländischer Gesellschaft **12** 45
Ausländischer Geschäftsführer
Anmeldung **39** 16
Ausländischer Notar Einl 101
s. a. Ausländische Beurkundung
Abtretungsverpflichtung Geschäftsanteil **15** 59
und Beurkundung des Gesellschaftsvertrags **2** 12
notarielle Beglaubigung **2** 22
Ausländischer Verwaltungssitz
und inländisches Gründungsrecht **Einl** 77
Ausländisches Gesellschaftsstatut
und inländische Zweigniederlassung **12** 34
Ausländisches Gründungsrecht
und inländischer Verwaltungssitz **Einl** 85
Ausländisches Recht
Gründung nach — und inländischer Verwaltungssitz **Einl** 77
Auslagenersatz
des Geschäftsführers **35** 199
Ausland
Verlegung des Verwaltungssitzes in das — **Einl** 80
Auslandsbeurkundung
s. Ausländische Beurkundung
Auslandsenteignung
und Inlandswirkung **Einl** 110
Auslandsgesellschaft
Anerkennung **Einl** 94 ff
Ausländerrecht **Einl** 124
Direktinvestitionen im Inland **Einl** 124
EG-Übereinkommen 29.2.1968 **Einl** 96
gewerberechtliche Genehmigung für Zweigniederlassung **Einl** 125
Grundrechtsschutz **Einl** 121
inländischer Geschäftsverkehr, Vertrauen **Einl** 89
inländischer Verwaltungssitz **Einl** 95

Auslandsgesellschaft (Fortsetzung)
Konkurs **Einl** 92
Niederlassungsrecht **Einl** 121
Staatszuordnung **Einl** 119
Tochtergesellschaft im Inland **Einl** 124
Übereinkommen gem. Art. 220 EWGV über gegenseitige Anerkennung **Einl** 707 f
und Umwandlung **77 Anh** UmwG 1, 4
Vertrauen in Rechts- und Geschäftsfähigkeit **Einl** 89
Zweigniederlassung im Inland **Einl** 125 ff
Auslandskonkurs
einer ausländischen Gesellschaft **Einl** 92
Auslegung
im Gesellschaftsrecht **2** 72
des Gesellschaftsvertrages s. Gesellschaftsvertrag, Auslegung
Sacheinlagevereinbarung **5** 23
Ausscheiden
namengebenden Gesellschafters **4** 78
Ausschlagung der Erbschaft
und Geschäftsanteil **Anh 15** 99
Ausschluß der Gesellschafter vom Gewinn **29** 45 ff
Ausschluß von Gesellschaftern
Abfindung des Ausgeschlossenen **Anh 34** 32 ff
Abfindung, vorläufige im Urteil **Anh 34** 27
Anfechtbarkeit des Beschlusses **Anh 34** 19
und Auflösungsklage **61** 4
vom Ausschluß Betroffener und Abstimmung **Anh 34** 18
Ausschlußklage **Anh 34** 20
Ausschlußurteil **Anh 34** 15
Ausschlußurteil, Inhalt und Vollzug **Anh 34** 23 ff
Belgien **Einl** 345
Buchwertklausel **Anh 34** 38
Dänemark **Einl** 569
Durchführung **Anh 34** 14 ff, 28
endgültige Abfindung, Fälligkeit **Anh 34** 30
Frankreich **Einl** 290
Gesamtschau aller Umstände **Anh 34** 7
Geschäftsanteil, Schicksal **Anh 34** 14
Gesellschaft als Kläger **Anh 34** 21
Gesellschafterbeschluß, bloßer **Anh 34** 15
Gesellschafterbeschluß als Voraussetzung **Anh 34** 16 ff
Gesellschafterpflichten, Verstoß **Anh 34** 7
Gesellschafterwechsel **Anh 34** 10
Gesellschaftsvertrag, Abfindungsregelungen **Anh 34** 36 ff
Gesellschaftsvertrag, Regelung **Anh 34** 13
Ausschluß von Gesellschaftern (Fortsetzung)
gesetzliche Regelung, fehlende **Anh 34** 1
Gestaltungsmöglichkeiten im Vertrag **Anh 34** 31
Gestaltungsurteil **Anh 34** 23
Gläubigerschutz **Anh 34** 38
aus GmbH & Co. KG **Anh 34** 7
Großbritannien **Einl** 627
Haftung nach Kaduzierung **21** 33 ff
Italien **Einl** 455
nach Kaduzierung **21** 23 ff
kapitalistisch strukturierte Gesellschaft **Anh 34** 8
Kartell-GmbH **Anh 34** 1
Luxemburg **Einl** 399
Mehrheitserfordernisse **Anh 34** 17
Mitgliedschaftsrechte nach Urteil **Anh 34** 27
Nebenleistungs-GmbH **Anh 34** 1
Nichtigkeit des Beschlusses **Anh 34** 19
objektive Umstände **Anh 34** 40
Österreich **Einl** 179
offene Handelsgesellschaft, Vergleich **Anh 34** 6
ohne Entgelt **Anh 34** 39 ff
Prozeßdauer und Gesellschafterstellung **Anh 34** 20
qualifizierte Mehrheit **Anh 34** 17
Rechtsgrund für Zulässigkeit **Anh 34** 5
Rechtsinstitut, Entwicklung **Anh 34** 1
Rechtssicherheit **Anh 34** 15
Reform **Anh 34** 2, 25
Ruhen der Mitgliedschaftsrechte **Anh 34** 27
Schweiz **Einl** 236
Stichtag für Wertfestsetzung **Anh 34** 35
kein Strafcharakter **Anh 34** 6
mit Teilgeschäftsanteil **Anh 34** 12
Treuepflicht, Verstoß **Anh 34** 7
ultima ratio **Anh 34** 11
unentgeltliche Zuwendung **Anh 34** 40
Urteilsinhalt **Anh 34** 27
Verfahren **Anh 34** 14
Verkehrswert, Abfindung zum **Anh 34** 34
Verschulden nicht Voraussetzung **Anh 34** 7
Verzögerung des Prozesses **Anh 34** 23 ff
Voraussetzungen **Anh 34** 4 ff
vorläufige Abfindung **Anh 34** 28
Wahlrecht Einziehung und Abtretung **Anh 34** 29
Wichtiger Grund **Anh 34** 6 f
Widerklage gegen Ausschlußklage **Anh 34** 19
Zahlungsmodalitäten **Anh 34** 42
Zweimann-Gesellschaft **Anh 34** 9, 22
Ausschluß der Handelndenhaftung **11** 84

Ausschluß der Veräußerlichkeit des Geschäftsanteils 15 4
Ausschluß der Vererblichkeit des Geschäftsanteils 15 5
Ausschlußklage
gegen Gesellschafter **Anh 34** 20 ff
Ausschlußurteil
gegen Gesellschafter **Anh 34** 23 ff
Ausschüsse
des Aufsichtsrats **52** 92, 96, 100
Ausschüttbarer Gewinn
Höchstgrenze **29** 38
Ausschüttung
der Liquidationsmasse **70** 12 ff
Ausschüttungs-Rückholverfahren 55 6 ff, 81 ff
Ausschüttungsfähiger Gewinn
nach Kapitalherabsetzung **58** 6
Ausschüttungssperre
für Liquidationsüberschuß **73** 3
Außenhaftung
der Gründer **11** 61
Außenhaftung der Gesellschafter
Rechtsvergleichung **Einl** 681
Außenstatut
Trennung von Innenstatut **Einl** 93
Außenverhältnis
der Vorgesellschhaft **11** 49 ff
Außergewöhnliche Betriebshandlungen
und Grenze der Geschäftsführung **37** 4
Außerordentliche Kündigung
des Dienstvertrags mit Geschäftsführer **38** 16, 56, 59
Aussetzung
der Eintragung der Satzungsänderung **54** 49
Aussetzung des Verfahrens
bei Anmeldung der GmbH **10** 21
Aussonderung
der Sacheinlage aus Einlegervermögen **5** 35
Australien
GmbH-Recht **Einl** 145
Australien capital Territory
GmbH-Recht **Einl** 145
Austritt von Gesellschaftern
und Auflösungsklage **61** 4
Auflösungsklage, Abgrenzung zur **Anh 34** 50
Belgien **Einl** 345
Dänemark **Einl** 569
Durchführung **Anh 34** 51 ff
nach Fortsetzung nach Auflösung **60** 90 f
Frankreich **Einl** 290
und Gläubigerschutz **Anh 34** 47
Austritt von Gesellschaftern (Fortsetzung)
Großbritannien **Einl** 627
Italien **Einl** 455
Luxemburg **Einl** 399
Nebenleistungs-GmbH **Anh 34** 43
Österreich **Einl** 179
ordentlicher — bei unbefristeter Gesellschaft **Anh 34** 46
Reform **Anh 34** 44
Schweiz **Einl** 236
Unmöglichkeit anderweitiger Trennung **Anh 34** 49
Unzumutbarkeit des Verbleibens **Anh 34** 48
Vereinigte Staaten von Amerika **Einl** 660
vertraglich vereinbarter **Anh 34** 46
aus wichtigem Grund **Anh 34** 43, 48
Zweimanngesellschaft **Anh 34** 53
Ausübung der Mitgliedsrechte
und Treupflicht **14** 24
Auszahlung
Begriff **30** 35
des Gewinns **29** 71 ff
ungerechtfertigte, aber nicht gegen § 30 verstoßende **31** 38
Auszahlung, Auszahlungsverbot des Stammkapitals
s. Stammkapital unter Auszahlung
Auszahlungsverbot
für das zur Stammkapital erforderliche Vermögen **30** 13
Autonomes Geschäftsführungsermessen
37 7 ff

B

Bank
Bezeichnung, unzulässige **4** 90
Bankbilanzen 71 18
Bankgeschäfte
und Erlaubnisvorbehalt **1** 10
und GmbH-Rechtsform **1** 10
Barabfindung
ausscheidender Aktionäre bei Umwandlung der AG auf bestehende oHG **77 Anh** UmwG 12, 1 ff
Bare Zuzahlungen
bei Verschmelzung **77 Anh II** VerschmG 21, 21, VerschmG 23, 13 ff, VerschmG 32, 12
Bareinlage
Leistung an Erfüllungs Statt, Verbot **19** 48 ff
keine Sacheinlage anstelle — **19** 25
kein Zurückbehaltungsrecht **19** 46

Bareinlage, Anmeldevoraussetzungen
Aufrechnung, ausgeschlossene **7** 35
Barzahlung **7** 30
Bewirkung **7** 29 ff
Bundesbankschecks **7** 31
Einzahlung durch Dritte **7** 36
endgültiger Zufluß erforderlich **7** 38
Erfüllungsformen, ungeeignete **7** 34
freie Verfügung der Geschäftsführer **7** 38
Fremdmittel **7** 37
Kontogutschrift **7** 32
Stammeinlagen verschiedener Größe **7** 26
Bargründung
Geschäftsführer der Vorgesellschaft, Vertretungsmacht **11** 57
Geschäftsführung in Vorgesellschaft **11** 41
Gründerpflichten **11** 36
Vertretungsmacht der Geschäftsführer **11** 54
und Vorbelastungsverbot **11** 30
Barkapitalerhöhung
Anordnung absoluter Mindesteinlage auf jede Stammeinlage entfallen **56a** 1
Einmanngesellschaft **56a** 1 ff, 7 ff
Registergericht, Prüfung der — **57a** 6 f
Barzahlung
der Geldeinlage **7** 30
Bausparkassen
Rechtsform, erforderliche **1** 10
Bauten auf fremdem Grund und Boden
Bilanzierung **42** 66
Bauzinsen **29** 83
Beamter
als Geschäftsführer **35** 31
als Geschäftsführer und Täter einer Untreue **Vor 82** 14
Beanstandungen
des Registergerichts bei Gründung **10** 19
Bedingte Abtretung
des Geschäftsanteils **15** 85
Bedingte Beitrittserklärung
und Eintragung der Gesellschaft **2** 97
zur GmbH, nichtige Erklärung **2** 95
Registerrichter **2** 96
Vorgesellschaft **2** 99
Bedingte Forderung
als Sacheinlage **5** 41
Bedingte Nebenleistungspflicht
eines Gesellschafters **3** 60
Bedingte Satzungsänderungsbeschlüsse **53** 24
Bedingte Übernahmeerklärung neuer Stammeinlage **55** 61
Bedingte Verbindlichkeiten
Passivierung **42** 105
Beendigung
Belgien **Einl** 356
Dänemark **Einl** 580 ff
Frankreich **Einl** 301
Gesellschaftsstatut **Einl** 92
Großbritannien **Einl** 638 ff
Italien **Einl** 466 ff
Luxemburg **Einl** 410
Niederlande **Einl** 526 ff
Österreich **Einl** 191
Schweiz **Einl** 247
Vereinigte Staaten von Amerika **Einl** 664
der Vorgesellschaft **11** 44
Beendigung und Auflösung
Verhältnis zueinander **60** 5 ff
Befriedigung
der Gläubiger im Liquidationsstadium **73** 8 ff
Befriedigungsrecht
analog § 268 BGB dem Gläubiger gegenüber **34** 18
Befristete Beitrittserklärung
zur GmbH, nichtige **2** 102
Befristete Forderung
als Sacheinlage **5** 41
Befristete Nebenleistungspflicht
eines Gesellschafters **3** 60
Befristete Übernahmeerklärung neuer Stammeinlage **55** 60
Beginn
der Buchführungspflicht **41** 12
der Gesellschaft als juristische Person **10** 32
Beglaubigung, notarielle
Anforderungen **2** 22
Begründung
von Vorzugsrechten **5** 140
Beherrschender Gesellschafter-Geschäftsführer
Sozialversicherung **35** 97
Beherrschungsvertrag
Abschluß **53** 128
Gesellschafterbeschluß **53** 130 f
GmbH als beherrschtes Unternehmen **Anh II 13** 31 ff
körperschaftlicher Natur **53** 128
keine Vertretungsmacht der Geschäftsführer **53** 128
Weisungskompetenz **53** 129
Beirat **52** 16 f, 22, 30
Beistand
auf Gesellschafterversammlung **48** 10
Beitrittserklärung
Anfechtbarkeit **10** 21
Gesellschaftsvertrag, abweichender **5** 125

Beitrittserklärung (Fortsetzung)
Gläubiger- und Konkursanfechtung **2** 114 ff
Mängel **10** 12
und Sacheinlagevereinbarung **5** 23
Wirksamkeit, Prüfung des Registergerichts **10** 12
Beitrittserklärung, fehlerhafte
aufhebende Frist, unzulässige **2** 101
Ausgleich unter Gesellschaftern **2** 110
bedingte Beitrittserklärung, unzulässige **2** 95 f
befristete Erklärung, unzulässige **2** 102
beschränkte Geschäftsfähigkeit **2** 82
Bindungswirkung, grundsätzliche **2** 78
Differenz Stammkapital, Stammeinlagen **2** 92
Drohung des Gesellschafters **2** 103
Drohung mit Gewalt **2** 85
eingetragene GmbH **2** 78
Geschäftsanteil, nicht zur Entstehung gelangender **2** 89
Geschäftsunfähigkeit **2** 82
Haftung für Ausfall **2** 90
Irrtum des Gesellschafters **2** 103
Mängel, durch Eintragung geheilte **2** 95 ff
Mängel, nicht heilbare **2** 87
Mängel, zur Unwirksamkeit führende **2** 82 ff
Minderjähriger **2** 83
Mitgliedschaft, entfallende **2** 89
Nichtigkeit der — **2** 82
ohne Vollmacht Vertretener **2** 85
Rechtsfolgen nach Eintragung **2** 86 ff
Rechtsfolgen vor Eintragung **2** 86 ff
Schadenersatzanspruch **2** 110
Scheinerklärung **2** 107
schwebende Unwirksamkeit der — **2** 83
Stammkapital **2** 89
Täuschung des Gesellschafters **2** 103
Unwirksamkeit aller — **2** 81
Unwirksamkeit aller Erklärungen bis auf eine **2** 80
Unwirksamkeit trotz Eintragung **2** 79
nicht voll Geschäftsfähige **2** 82
Beitrittsmängel
und Registergericht **10** 12
Bekanntmachung der Auflösung 65 24 ff
Bekanntmachung der Eintragung der Zweigniederlassung 12 29
Bekanntmachung der Gesellschaftseintragung
abschließender Katalog **10** 42
Aufsichtsratsmitglieder, Namen **10** 40
Eintragungsdatum **10** 41
Form öffentlicher Bekanntmachung **10** 39
Bekanntmachung der Gesellschaftseintragung (Fortsetzung)
Inhalt **10** 39 ff
Ort der — **10** 43
pflichtige Angaben **10** 39
Publizitätswirkung nach § 15 HGB **10** 44 ff
Rechtswirkungen **10** 44 ff
Sacheinlagen **10** 39
Sachübernahme **10** 39
unrichtige Bekanntmachung **10** 46
Bekanntmachung der GmbH 19 39 ff
Bekanntmachung der Kapitalerhöhung 57b 1 ff
Bekanntmachung der Kapitalerhöhung zur Durchführung der Verschmelzung 77 Anh II VerschmG 22, 13
Bekanntmachung der Liquidatoren 67 19 f
Bekanntmachung der Verschmelzung 77 Anh II VerschmG 25, 6
Bekanntmachungen der Gesellschaft
Form **3** 40
Belege Vor 41 33
Belehrung durch Notar Einl 101; **2** 12
Belgien, GmbH-Recht
Abschlußpublizität **Einl** 324
Ausschluß **Einl** 345
Austritt **Einl** 345
Beschlußfassung **Einl** 339
Einmanngesellschaft **Einl** 324; **Anh I 13** 75
Firma **Einl; 324**
Generalversammlung **Einl** 337
Geschäftsführer, Bestellung **Einl** 326
Geschäftsführung **Einl** 332, 336
Geschichte **Einl** 317
Gesellschafterrechte und -pflichten **Einl** 343
Gesellschafterstellung **Einl** 341
Gesellschaftsanteil **Einl** 341
Gesellschaftsanteil, Übertragung **Einl** 342
Gesellschaftsvertrag **Einl** 325
Gründung **Einl** 325 ff
Gründungsmangel **Einl** 330
Handelsregister **Einl** 320, 328
Kapitalaufbringung, anfängliche **Einl** 327
Konkurs des Gesellschafters **Einl** 346
Mandatstheorie **Einl** 331
Minderheitenschutz **Einl** 347
Publizität **Einl** 320 ff
Rechnungsprüfer **Einl** 331
Rechtsangleichung **Einl** 316
Rechtspersönlichkeit **Einl** 324
Rechtsquellen **Einl** 314
Reform **Einl** 318
Statistik **Einl** 319
Verfassung **Einl** 331

Belgien, GmbH-Recht (Fortsetzung)
Vorgesellschaft **Einl** 329
Zwangsvollstreckung gegen Gesellschafter **Einl** 346
Bergrechtliche Gewerkschaft
Umwandlung
s. Umwandlung
Umwandlung auf Personengesellschaft und Gesellschafter **77 Anh** UmwG 25, 1 ff, UmwG 26, 1 ff
Verschmelzung
s. Verschmelzung
Bergrechtliche Gewerkschaft als GmbH-Vorbild Einl 1
Berichterstattung
an Aufsichtsrat **52** 53 ff
Berliner Kaufmannschaft
und GmbH-Entstehungsgeschichte **Einl** 1
Beschlüsse anderer Gesellschaftsorgane
Beurteilung nach vereinsrechtlichen Normen **Anh 47** 224
Beschluß der Gesellschafter
s. Gesellschafterbeschluß
Beschlußfähigkeit des Aufsichtsrats 52 103, 107, 113
Beschlußfassung Einl 173
Belgien **Einl** 340
Dänemark **Einl** 563
Frankreich **Einl** 284
Großbritannien **Einl** 621
Italien **Einl** 449
Luxemburg **Einl** 393
Niederlande **Einl** 509
Schweiz **Einl** 230 f
Beschlußfassung des Aufsichtsrats 52 102 ff
Beschlußorgan 45 7
Beschränkt dingliche Rechte
Sacheinlage **5** 46
Beschränkte Haftung
der Gründer **11** 60 f
Beschränkte Nachschußpflicht 26 24; **28** 24 ff
Beschränkung
der Geschäftsführungsbefugnis
s. Geschäftsführer
Beschränkung der Abfindung
bei Nachfolgeregelungen **Anh 15** 109 ff
Beschränkung des Unternehmens
auf bestimmte Zeit **3** 45 ff
Beschwerde
gegen Ablehnung der Firmeneintragung **4** 88
im Eintragungsverfahren **10** 22
im Konkursverfahren **63** 58 ff
Beschwerde (Fortsetzung)
Liquidatorenernennung durch Gericht **66** 32, 41
bei Löschung der Gesellschaft **75** 64
Beseitigung
der Konkursreife **64** 31
der Überschuldung **63** 44
der Zahlungsunfähigkeit **63** 17
Besitzstand
und Handelsregistereintragung **4** 90
Besitzübergang
bei Verschmelzung **77 Anh II** VerschmG 25, 18
Besitzverschaffung
Sacheinlage **5** 59
Besloten vennootschap met beperkte aansprakelijkheid Einl 478 ff
Besserungsrechte
an Reingewinn anknüpfende — **29** 56
Bestätigung
anfechtbaren Beschlusses **Anh 47** 100
Bestandsschutz der GmbH
und Einlagemängelhaftung **5** 77
Bestandsschutzgedanken
der eingetragenen GmbH **2** 75
Bestellschein
als Geschäftsbrief **35a** 11
Bestellung
der Aufsichtsratsmitglieder **52** 74 ff
der Geschäftsführer
s. Geschäftsführer
Bestellung einer Sicherheit
und Stammkapitalerhaltung **30** 53
Bestellung von Sicherheiten
für eigenkapitalersetzende Gesellschafterdarlehen **Anh 30** 91
Besteuerung
der Einmanngesellschaft **Anh I 13** 5; **Anh II 13** 64 f
Einziehung des Geschäftsanteils **34** 67
Genußrechte **Anh 29** 31 f
Geschäftsführer, Besteuerung **35** 79
Geschäftsführervergütung **35** 142 ff
Gesellschafterdarlehen **Anh 30** 103 ff
Liquidationsgewinn **71** 28 ff; **72** 24 ff
Liquidatorenvergütung **66** 50 ff
Nachschüsse **26** 31 f
Ruhegehalt des Geschäftsführers **35** 184 ff
der Veräußerung des Geschäftsanteils nach Kaduzierung **23** 27
und Verschmelzung **77 Anh II** VerschmG Einf., 15
Verschmelzung, Ertragsteuern **77 Anh II** VerschmG Einf, 16
Vorabausschüttung **29** 81

Besteuerung der Vorgesellschaft
Körperschaftsteuer **11** 93 ff
Besteuerung der Vorgründungsgesellschaft
11 96
Besteuerungsvorteile
der GmbH & Co. KG **Einl** 35
Bestimmender Gesellschafter-Geschäftsführer
35 96 ff
Bestimmtheit
des GmbH-Vorvertrags **2** 41
der Nebenleistungspflicht **3** 72
Bestimmtheitsgrundsatz
für Gesellschaftsvertrag **77 Anh** UmwG 42, 6, UmwG 48, 6
Beteiligung an GmbH
Selbständigkeit der — **13** 4
Betrieb eines Handwerks
keine Genehmigungsurkunde nach § 814 **8** 12
Betriebliche Altersversorgung
arbeitnehmerähnlicher Geschäftsführer **35** 77 f
des Geschäftsführers **35** 152 ff
Unternehmer-Geschäftsführer **35** 77
Betriebsanlagen
Genehmigung einzelner **8** 12
Betriebsaufspaltung Einl 19
Betriebseinrichtungskosten
Bilanzierung **42** 96
Betriebseinstellung
kein Auflösungsgrund **60** 59
und Firma **4** 96
Betriebsgeheimnis 85 19 f
Betriebsgewinn
und Reingewinn **29** 39
Betriebsrechnung, allgemeine
Frankreich **Einl** 298
Betriebsrisikolehre
und Vergütung des Geschäftsführers **35** 122
Betriebsverfassungsrecht
und Verschmelzung **77 Anh II** VerschmG Einf., 14
Beurkundung
s. a. Formfrage und Gesellschaftsstatut
und Gesellschaftsstatut **Einl** 99
Bevollmächtigte
keine Handelndenhaftung **11** 73
Bevollmächtigter
als Anmeldender **7** 11 f
Bewegliche Sachen
Bilanzierung **42** 80
Sacheinlagevereinbarung **5** 24
Beweislast
Nichtigkeitsklage **Anh 47** 203
Beweislast (Fortsetzung)
Unkenntnis vom Stand des Gesellschaftsvermögens **31** 16
Beweisurkunde
Gewinnanteilschein als — **Anh 29** 3
Bewertung
s. a. Rechnungslegungsvorschriften
eigener Anteile **33** 51
in Liquidationseröffnungsbilanz **71** 8 ff
in Liquidationsjahresbilanzen **71** 19
in Überschuldungsbilanz **63** 38
Bewertung der Sacheinlage
Ablehnung der Eintragung **5** 68
Anlagevermögen **5** 62
Differenzhaftung wegen Überbewertung **5** 71
Handelsgeschäft **5** 64 ff
Höchstwert, Ermittlung **5** 62
Höchstwertbegrenzung **5** 61
Nichtigkeit nach Überbewertung **5** 70
Registergericht, Kontrolle **5** 67
Stichtag **5** 63
Überbewertung, Rechtsfolgen **5** 69 ff
Umlaufvermögen **5** 62
unterer Wert, unbegrenzter **5** 61
Unterpariemission, Verbot **5** 61, 68, 72
Vorschriften, fehlende **5** 61
Wahlrecht **5** 63
willkürliche **5** 70
Zeitpunkt **5** 63
Bewertungsfähigkeit
des Vemögensgegenstandes **42** 54
Bewertungsgrundsätze
Anlagevermögen **42** 152, 157 ff
Anschaffungskosten **42** 157, 165
Anschaffungskostenprinzip **42** 152
Bilanzänderung **42** 196 ff
Einzelbewertung **42** 154
Festbewertung **42** 154
fiktive Veräußerungsfolgen **42** 155
fiktive Verbrauchsfolgen **42** 155
Forderungen **42** 173
Fortführung des Unternehmens **42** 190 f
Gesellschafter, Unterrichtung **42** 193 ff
going-concern-concept **42** 190
Gruppenbewertung **42** 154
Herstellungskosten **42** 157, 169
Herstellungskostenprinzip **42** 152
Höchstbewertung und Realisationsprinzip **42** 152
Mindestbewertungsvorschriften, Fehlen **42** 152
Niederstwertprinzip **42** 174 ff
Pensionsverpflichtungen **42** 188
Rückstellungen **42** 186 ff

Bewertungsgrundsätze (Fortsetzung)
Sacheinlagen **42** 160
Sammelbewertung **42** 154
Stetigkeit **42** 189
Strenges Niederstwertprinzip **42** 174 ff
Tausch **42** 159
Umlaufvermögen **42** 165 ff
Verbindlichkeiten **42** 182 ff
Wertansätze, Entwicklung **42** 153
Wertansatz, Beibehaltung des niedrigeren **42** 181
Wertmaßstab, fehlender im HGB **42** 151
Bewertungsrecht
Genußscheine **Anh 29** 31
Bewertungswahlrechte
und Auszahlungsverbot **30** 17
Bewirkung
der Geldeinlage **7** 29 ff
Bezeichnung
des Unternehmensgegenstandes **3** 19
Bezugsrecht
und eigener Geschäftsanteil **33** 43
bei Kapitalerhöhung **55** 44 ff
BGB-Gesellschaft
errichtende Mehrheitsumwandlung der AG auf — **77 Anh** UmwG 22, 1
errichtende Umwandlung der AG auf — **77 Anh** UmwG 21, 1 ff
am Geschäftsanteil, Mitberechtigung **18** 6
als GmbH-Gesellschafter **2** 66, 69
GmbH-Vorgesellschaft als — **2** 42 ff
BGB-Vorschriften und GmbH **13** 12
Bilanz und Reingewinn
s. Reingewinn unter Bilanz
Bilanzänderung **42** 196 ff
Bilanzerfordernis und Antragspflicht bei Konkursreife **64** 17 ff
Bilanzfähigkeit
der Sacheinlage **5** 29 ff
Bilanzgewinn
und Reingewinn **29** 36 f
Bilanzidentität **42** 43
Bilanzierung
s. a. Rechnungslegungsvorschriften
Aktivierungsfähigkeit **42** 51 ff
Aktivierungspflicht **42** 48 ff, 142
Aktivierungspflicht oder -wahlrecht **42** 84
Aktivierungszeitpunkt **42** 78 ff
Anlagevermögen, immaterielle Vermögensgegenstände **42** 87 ff
Anlaufkosten **42** 96
antizipative Aktiva **42** 135
antizipative Passiva **42** 135
Arbeitnehmer-Erfindung **42** 88

Bilanzierung (Fortsetzung)
auflösend bedingte Verbindlichkeiten **42** 105
Bauten auf fremdem Grund und Boden **42** 66
bedingte Verbindlichkeiten **42** 105
betriebliche Altersversorgung **42** 117
Betriebseinrichtungskosten **42** 96
bewegliche Sachen **42** 80
Bewertungsfähigkeit des Vermögensgegenstandes **42** 54
Bilanzidentität **42** 43
Bilanzierungsfähigkeit **42** 50 ff
Bilanzierungswahlrechte **42** 142
Bilanzkontinuität **42** 42
Bilanzverknüpfung **42** 43
Bilanzwahrheit **42** 31
eigene Geschäftsanteile **33** 50 ff
Eigentumsvorbehalt **42** 58
Einbauten **42** 66
Einkaufskommission **42** 65
Einziehung des Geschäftsanteils **34** 59
Entgelt für Immaterialgüter **42** 88
Erneuerungsfonds **42** 120
Eventualverbindlichkeit **42** 105
falsche Bilanzansätze **42** 43
Fianzierungs-Leasing **42** 67
Firmenwert **42** 97 ff
Forderungen aus Lieferungs- und Leistungsverkehr **42** 81
formale Bilanzkontinuität **42** 44
Genußrechte **Anh 29** 30
Geschäftsentwicklungskosten **42** 96
Geschäftswert **42** 97 ff
gesonderter Ausweis einzelner Posten **42** 38
Gewinn- und Verlustrechnung **42** 34
Gliederung **42** 33
Gründungskosten **42** 86, 96
Grundsätze ordnungsmäßiger — **42** 30
immaterielle Vermögensgegenstände **42** 85 ff
Imparitätsprinzip **42** 150
Ingangsetzungskosten **42** 86
Kaduzierung **23** 28
Kapitalbeschaffungskosten **42** 86, 96
Klarheit **42** 32
Kommissionsgeschäft **42** 65
im Konzern **Anh III 43** 6, 21
langfristige Verträge **42** 149
Leasing-Verhältnisse **42** 67 ff
Leasing-Verträge mit Kaufoption **42** 71
Leasing-Verträge mit Mietverlängerungsoption **42** 71

Bilanzierung (Fortsetzung)
Leasing-Verträge ohne Optionsrechte **42** 71
materielle Bilanzkontinuität **42** 45
Merkposten **42** 47
mißbräuchliche **Anh 47** 91
Nachschüsse **26** 33
Nachschußkapital **42** 132
Niederstwertprinzip **42** 150
Organisationskosten **42** 86, 96
Passivierungsfähigkeit **42** 103 ff
Passivierungspflicht **42** 48 ff, 142
Pensionsgeschäfte **42** 72 ff
Postenbezeichnungen **42** 33
Rangrücktrittserklärung **42** 104
Realisationsprinzip **42** 146 ff
Rechnungsabgrenzung **42** 134 ff
rechtliche Zugehörigkeit **42** 57
Reingewinn **42** 141
Reinverlust **42** 141
Reservefonds **42** 123
Rücklagen **42** 123
Rückstellungen **42** 109 ff
Rückstellungen für Verluste aus schwebenden Geschäften **42** 150
Rückzahlung der Nachschüsse **30** 76
Saldierungsverbot **42** 39
schwebende Geschäfte **42** 107 f
Selbständigkeit des Vermögensgegenstandes **42** 53
Sicherungsübereignung **42** 63
Sicherungsübereignung/-abtretung **42** 58
Sonderposten mit Rücklageanteil **42** 128
Spezial-Leasing **42** 68
Stammkapital **42** 121
Stetigkeit **42** 45
Stichtagsprinzip **42** 143 f
Stille Reserven und Realisationsprinzip **42** 147
transitorische Aktiva **42** 86, 135
auf Transport befindliche Waren **42** 80
Treuhandverhältnisse **42** 59 ff
in Überschuldungsbilanz **63** 35 ff
Übersichtlichkeit **42** 32
Umlaufvermögen, immaterielle Wirtschaftsgüter **42** 94
unrichtige **47 Anh** 91
Verbindlichkeiten **42** 103 ff
Verbindlichkeiten für fremde Rechnung **42** 63
Verkaufskommission **42** 65
Verkehrsfähigkeit des Vermögensgegenstandes **42** 53
Vermögensgegenstand **42** 51 ff

Bilanzierung (Fortsetzung)
bei Verschmelzung (übernehmende Gesellschaft) **77 Anh II** VerschmG 27, 1 ff
Vollständigkeit **42** 46
Vorabausschüttung **29** 80
Waren **42** 80
Warendarlehen **42** 77
Wertberichtigungsposten **42** 120
Wertpapiere **42** 82
Wertpapiererträgnisse **42** 83
Willkürfreiheit **42** 31
wirtschaftliche Zugehörigkeit **42** 55 ff
Wirtschaftsgut **42** 51
Zeitpunkt der Aktivierung **42** 78 ff
Zweckmäßigkeit **42** 31
Bilanzierungspflicht 42 140
Geschäftsführer, Pflicht zur **41** 8
Bilanzierungsvorschriften Vor 41 3
Bilanzklarheit 42 32
Bilanzkontinuität 42 42 ff
Verschmelzung **77 Anh II** VerschmG 7, 2
Bilanzpolitik
und Minderheitsgesellschafter **42** 11
Bilanztechnisches Eigenkapital
als Garantiefonds für Gläubiger **30** 4
Bilanzübersichtlichkeit 42 32
Bilanzvollständigkeit 42 46
Bilanzwahrheit 42 31
Bilaterale Angleichungsversuche
im Gesellschaftsrecht **Einl** 714 f
Bildung
der abgeleiteten Firma **4** 69 ff
der Firma der GmbH & Co. **4** 106 ff
der Firma der Vorgesellschaft **4** 100 ff
der Firma der Zweigniederlassung **4** 67 f
der Personenfirma **4** 33 ff
der Sachfirma **4** 6 ff
Bildung stiller Reserven 29 28 ff
Board of directors
in Großbritannien **Einl** 609 ff, 656
Börsenumsatzsteuer
Einziehung des Geschäftsanteils **34** 71
Genußscheine **Anh 29** 33
Börsenzulassungsprospekt
Richtlinien-Vorschlag **Einl** 703
Bolivien
GmbH-Recht **Einl** 139
Botswana
GmbH-Recht **Einl** 141
Branchenbezeichnung
bei Sachfirmenbildung **4** 25
Brasilien
GmbH-Recht **Einl** 139

Bruchteilseigentum
Umwandlung in Gesamthandseigentum **15** 20
Bruttoprinzip
der Gewinn- und Verlustrechnung **42** 34
Buchführung
Liquidationsstadium **69** 36
der Zweigniederlassung **12** 5
Buchführung außer Haus Vor 41 32
und Geschäftsführerpflicht **41** 6
Buchführung mit Datenverarbeitungsanlagen
Vor 41 30, 32
Buchführung, Gesamtbild 41 4
Buchführung, ordnungsgemäße 41 4
Buchführung, Sorgepflicht
Beginn **41** 12
Bilanzierungspflicht **41** 8
EDV-Buchführung, Pflicht **41** 6
Eröffnungsbilanz **41** 13 ff
Gesamtbild der Buchführung **41** 4
Geschäftsführerpflicht **41** 3
Geschäftsverteilung **41** 7
Gesellschaft, Anspruch **41** 11
öffentlich-rechtliche Pflicht **41** 9
Rechtsgrundlage **41** 4
Reform **41** 2
kein Schutzgesetz **41** 11
Sorgepflicht **41** 3
strafrechtliche Verantwortung **41** 10
Überwachungspflicht **41** 5
Buchführungsformen Vor 41 30
Buchführungsmangel 41 4
Buchführungsorganisation
Gestaltung **Vor 41** 29 ff
Richtlinien zur **Vor 41** 23
Buchführungssysteme Vor 41 29
Buchführungsvorschriften Vor 41 3, 17, 22
Buchwertklausel
im Falle des Gesellschafterausschlusses **Anh 34** 38
Bücher, zu führende Vor 41 31
Bücher und Schriften der Gesellschaft
Aufbewahrung nach Liquidation **74** 1 ff
Bürgerlicher Name
und Personenfirma **4** 37
Bürgerliches Gesetzbuch
als GmbH-Rechtsquelle **Einl** 4
Bürgschaft
Verbürgung des Gesellschafters für Darlehen **Anh 30** 93
Bürgschaften
und Verschmelzung **77 Anh II** VerschmG 25, 32
Bundesbankscheck
Hingabe als Geldeinlage **7** 31
Bundesurlaubsgesetz
keine Geltung für Geschäftsführer **35** 200
Business Corporation Law Einl 651

C

Central office Einl 75
Chile
GmbH-Recht **Einl** 139
Close Corporation Einl 651 ff
Columbien
GmbH-Recht **Einl** 139
Common Law
ultra-vires-Lehre **Einl** 89
Companies Act 1907 Einl 129
Corporation laws Einl 651
Costa Rica
GmbH-Recht **Einl** 139

D

Dänemark, GmbH-Recht
Abschlußprüfung **Einl** 578
Abschlußpublizität **Einl** 547, 579
Abwicklung **Einl** 581
Anerkennung der Auslandsgesellschaft **Einl** 588
Anonymität **Einl** 547
Auflösung **Einl** 580
Ausschluß **Einl** 569
Austritt **Einl** 569
Beendigung **Einl** 580
Beschlußfassung **Einl** 563
Einmanngesellschaft **Einl** 547 f
Finanzierung **Einl** 572 ff
formwechselnde Umwandlung **Einl** 584
Fremdenrecht **Einl** 590 ff
Fremdfinanzierung **Einl** 572
Generalversammlung **Einl** 561 ff
Geschäftsanteil **Einl** 565 ff
Geschäftsanteil, Übertragung **Einl** 566
Geschäftsführer, Bestellung **Einl** 549
Geschäftsführung **Einl** 555 ff
Geschichte **Einl** 541
Gesellschafterrechte und -pflichten **Einl** 567 f
Gesellschafterstellung **Einl** 565 ff
Gesellschaftsstatut **Einl** 586
Gesellschaftsvertrag **Einl** 548
Gewinn- und Verlustrechnung **Einl** 577
Gründung **Einl** 548
Gründungsmängel **Einl** 553
Handelsregister **Einl** 543 ff, 551
internationales Gesellschaftsrecht **Einl** 586
Jahresabschluß **Einl** 577
Jahresbericht **Einl** 577

Dänemark, GmbH-Recht (Fortsetzung)
Jahresbilanz **Einl** 577
Kapitalaufbringung **Einl** 573
Kapitalaufbringung, anfängliche **Einl** 550
Kapitalerhaltung **Einl** 574
Kapitalerhöhung **Einl** 576
Kapitalherabsetzung **Einl** 575
Konkurs **Einl** 582
Konkurs des Gesellschafters **Einl** 570
Kontrolle der Leitung **Einl** 559
Konzernrechnungslegung **Einl** 585
Leitungsorgan, zweigliedriges **Einl** 555
Minderheitenschutz **Einl** 571
Mitgliedschaft **Einl** 565
präventive Rechtmäßigkeitskontrolle **Einl** 551
Publizität **Einl** 543 ff
Rechnungslegung **Einl** 577 ff
Rechnungsprüfer **Einl** 560, 578
Rechtsangleichung **Einl** 540
Rechtspersönlichkeit **Einl** 547
Rechtsquellen **Einl** 538
Selbstfinanzierung **Einl** 572
Sitzverlegung **Einl** 589
Statistik **Einl** 542
Tochtergesellschaft **Einl** 590
Umwandlung **Einl** 584
verbundene Unternehmen **Einl** 585
Verfassung **Einl** 547, 554
Verschmelzung **Einl** 583
Verwaltung, obligatorische **Einl** 556
Vorgesellschaft **Einl** 552
Zwangsvollstreckung gegen Gesellschaft **Einl** 570
Zweigniederlassung **Einl** 591
Dahomey
GmbH-Recht **Einl** 140
Darlegungslast
Nichtigkeitsklage **Anh 47** 203
Darlehen
s. a. Gesellschafterdarlehen
an GmbH und Umwandlung in Kapital **5** 44
Daseinsvorsorge
und GmbH-Rechtsform **1** 13
Dauer der Gesellschaft
Änderung **53** 100 f
Dauerschuldverhältnis
Genußrecht und — **Anh 29** 15
Handelndenhaftung **11** 80, 84
und Umwandlung **77 Anh** UmwG 45, 3, UmwG 49, 13
DDR
GmbH-Gesetz, Fortgeltung **Einl** 131
innerdeutsche Sitzverlegung **Einl** 109
DDR-Gesellschaft
und inländische Zweigniederlassung **12** 44
Deklaratorische Satzungsbestandteile **53** 14, 27
Deliktische Haftung
s. a. Haftung
und Einmann-GmbH **13 Anh I** 53
des Geschäftsführers im Gründungsstadium **9** 40
und Gesellschafterdarlehen **30 Anh** 96
der Gründer **11** 65
bei Unterkapitalisierung **30 Anh** 31 ff
Deliktsfähigkeit
aktive und passive der GmbH **13** 13
Gesellschaftsstatut **Einl** 90
Deutsche Währung
des Stammkapitals im Gesellschaftsvertrag **5** 8
Dienstleistung
Ansprüche auf — Dritter als Sacheinlage **5** 43
des Gesellschafters keine Sacheinlage **5** 42
Dienstleistungen
als Sacheinlage bei Kapitalerhöhung **56** 14
Dienstverträge
und Umwandlung **77 Anh** UmwG 5, 6
Differenzhaftung
des Sacheinlegers wegen Überbewertung **5** 71 ff
bei überbewerteter Sacheinlage in Kapitalerhöhung **56** 32 ff
Differenzierungslehre **Einl** 93
Dingliche Sicherheiten
Gesellschafter räumt dritten Kreditgeber — ein **Anh 30** 94
Diplomatischer Schutz
im völkerrechtlichen Fremdenrecht **Einl** 120
Direktinvestitionen
von Auslandsgesellschaften im Inland **Einl** 124
Direktoren, Direktorium
Großbritannien **Einl** 604, 610
Direktorium (board of directors) **Einl** 656
Diskriminierende Klausel
für Vollstreckungs- und Konkursgläubiger **34** 15
Dividendenanspruch
und Ausschluß des Gesellschafters **Anh 34** 35
Dividendenansprüche, Abtretung künftiger
und Einziehung des Anteils **34** 11
Dividendenbezugsrecht
s. Reingewinn
am eigenen Geschäftsanteil **33** 39 ff

Dividendengarantie **29** 94 ff
beim Gewinnabführungsvertrag **29** 66
und Verschmelzung **77 Anh II** VerschmG 25, 35
Dividendenschein
s. Gewinnanteilschein
Doppelfunktion
Gesellschaftsvertrags **2** 4
Doppelgesellschaft **Einl** 18
als GmbH & Co. KG **Einl** 19
Doppelsitz der GmbH **3** 11 ff
Doppelte Firmenführung **4** 66
Dreiviertelmehrheit
Änderung des Gesellschaftsvertrags **53** 49 ff
Auflösungsbeschluß **60** 26
Fortsetzung nach Auflösung **60** 88
Drittorganschaft
als gesetzliche Regel **Einl** 9
Grundsatz für Kapitalgesellschaft **6** 7
Rechtsvergleichung **Einl** 679
Drittrechte
des Gesellschafters **14** 16 f
Drohende Zahlungsunfähigkeit **63** 22
Drohung bei Beitrittserklärung
eines GmbH-Gesellschafters **2** 103, 111
Druckfunktion
der Handlungshaftung **11** 67
Dualistisches System
der Gesellschaftsformen **Einl** 672
Durchbrechung des Gesellschaftsvertrags **53** 30 ff
Durchgangsstadium
der Vorgesellschaft zur GmbH **11** 5
Durchgriff bei Einmann-GmbH
Arbeitsrecht **Anh I 13** 60
Durchgriffsdoktrin, Varianten **Anh I 13** 38
Gesellschafter als Vertragspartei **Anh I 13** 48
gesellschaftsfreundlicher Durchgriff **Anh I 13** 46
Gläubigeranfechtung **Anh I 13** 59
Haftungsrecht **Anh I 13** 53
Konkursantrag **Anh I 13** 58
Maklerprovision **Anh I 13** 55
Normanwendungsproblem **Anh I 13** 41 f
objektiver Ansatz **Anh I 13** 40
Prozeßrecht **Anh I 13** 61
Rechtsprechung **Anh I 13** 43 ff
Rechtsscheinerwerb **Anh I 13** 54
Rechtsvergleichung **Anh I 13** 70 f
Sicherungshypothek **Anh I 13** 56
Steuerrecht **Anh I 13** 64 ff
subjektiver Ansatz **Anh I 13** 39
Durchgriff bei Einmann-GmbH (Fortsetzung)
Trennungsprinzip im Rechtsvergleich **Anh I 13** 72 ff
Unterkapitalisierung **Anh I 13** 47
Unternehmenskauf, Besonderheiten **Anh I 13** 62 f
Verhaltenspflichten, besondere **Anh I 13** 49 ff
Vorkaufsrecht **Anh I 13** 57
Dynamische Auffassung
der Überschuldungsbilanz **63** 25
Dynamische Bilanzauffassung
und Sacheinlage **5** 30

E

EDV-Buchführung
und Geschäftsführerpflicht **41** 6
EDV-Buchführungssysteme außer Haus **Vor 4** 32
EG
s. Europäische Gemeinschaft
Ehegatte
Verfügung über Geschäftsanteil **Anh 15** 69 ff
Ehegatten
als GmbH-Gesellschafter **2** 60
Eheliche Gütergemeinschaft
und Mitberechtigung am Geschäftsanteil **18** 8
Eidesstattliche Versicherung
über Vermögensverhältnisse der Gesellschaft **35** 235
Eigene Geschäftsanteile
Ausfallhaftung nach Kaduzierung **24** 19
und Auszahlungsverbot **30** 17, 46
Einziehung **34** 22
Erwerb nicht voll eingezahlter
—Aktienrecht, Vergleich mit **33** 1
—Bedingung vorheriger Vollzahlung **33** 11
—Einlage, geleistete **33** 9
—Erfüllungsgeschäft **33** 10
—Erwerbsverbot **33** 3 ff
—Geschäftsführer, Ersatzpflicht **33** 18
—GmbH & Co. KG **33** 6
—und Kaduzierungsverfahren **33** 20
—Konzernverband **33** 6
—Nichtigkeit des Erwerbs **33** 10 ff
—Nichtigkeitsfolgen **33** 15 ff
—Nießbrauchsbestellung kein — **33** 5
—obligatorischer Vertrag **33** 10
—Pfändung kein — **33** 5
—Pfandbestellung kein — **33** 5
—Rechtsgeschäft, nichtiges **33** 10
—Reform **33** 2

Eigene Geschäftsanteile (Fortsetzung)
—Rückforderung des Geleisteten **33** 17
—Teilung vor Volleinzahlung **33** 8
—Verbot des Erwerbs **33** 3 ff
—Verkauf nicht vollbezahlten durch Gesellschaft **33** 12
—voll bezahlbar **33** 9
—nicht voll eingezahlte Anteile, Verbot **33** 7 ff
—zwingendes Recht **33** 19
Erwerb voll eingezahlter
—Aktivposten **33** 50
—Ankaufsrechte **33** 36
—Besteuerung **33** 52, 62 f
—Bewertung **33** 51
—Bezugsrecht **33** 43
—Bilanzierung **33** 50 ff
—Börsenumsatzsteuer **33** 63
—Dividendenbezugsrecht **33** 39 ff
—Einziehung, Abgrenzung **33** 61
—Form **33** 35
—aus gebundenem Vermögen **33** 26 ff
—aus nicht gebundenem Vermögen **33** 22 ff
—Gefährlichkeit **33** 52
—Geschäftsführer, Ersatzpflicht **33** 32 f
—Gesellschaftsteuer **33** 63
—GmbH & Co. KG **33** 60
—Haftung des veräußernden Gesellschafters **33** 34
—Inpfandnahme **33** 37
—Kaduzierung, Abgrenzung **33** 61
—Kapitalerhöhung **33** 55 f
—Keinmann-Gesellschaft **33** 58
—Konfusion **33** 44, 48
—Konzernverbund **33** 28
—Liquidationsbilanz **33** 54
—Liquidationserlös **33** 42
—Nießbrauchsbestellung **33** 37
—rechtliche Behandlung der Anteile **33** 38
—Rückzahlung von Nachschüssen **33** 42
—und Rückzahlungsverbot des § 30 **33** 29 ff
—sämtliche Anteile, Erwerb **33** 57 ff
—Stimmrechte **33** 45
—unentgeltlicher Erwerb **33** 53
—Vermögen, über Betrag des Stammkapitals hinaus vorhandenes **33** 25
—Vermögensrechte, sonstige **33** 42 f
—vermögensrechtliche Verpflichtungen **33** 44
—Vermögensteuer **33** 62
—Verwaltungsrechte **33** 45 f
—Vorrechte **33** 36

Eigene Geschäftsanteile (Fortsetzung)
—wechselseitig beteiligte Unternehmen **33** 28
—Weiterveräußerung, Befugnis **33** 47
der Gesellschaft, Abtretungsvertrag **15** 32
mangelhafter Erwerb **2** 112
Eigene Rechtspersönlichkeit Einl 9
Eigenkapital, nicht ausreichendes
und Unterkapitalisierung **Anh 30** 17
Eigenkapitalausstattung und Privatautonomie Anh 30 11
Eigenkapitalersatz in Darlehensform
als mißbräuchliche Finanzierung **Anh 30** 84 f
Eigentum
bei Sacheinlage **5** 21
des Sacheinlegers bei Sacheinlage nicht erforderlich **5** 36
Eigentumsschutz der GmbH 13 23
Eigentumsübergang
bei Verschmelzung **77 Anh II** VerschmG 25, 18
Eigentumsvorbehalt
und Bilanzierung **42** 58
Eignung des Geschäftsführers 35 29 ff
Eignungstäuschung
Strafbarkeit **82** 72 ff
Einbauten
Bilanzierung **42** 66
Einberufung der Aufsichtsratssitzung 52 116, 120, 121
Einberufung der Gesellschafterversammlung 49 3 ff
an alle Gesellschafter **51** 4
Anfechtbarkeit wegen mangelhafter — **51** 11
Ankündigung der Tagesordnung **51** 7 ff
Aufenthalt, unbekannter **51** 4
durch Aufsichtsrat **52** 125, 129
Form **51** 3
Frist **51** 6
Gesellschaftsvertrag **51** 12
Inhalt **51** 5
mangelhafte **Anh 47** 21 ff
Nichtigkeitsgründe wegen mangelhafter — **51** 10
Reform **51** 2
Tagesordnung **51** 5
Einberufung nach Selbsthilferecht 50 8 ff
Einberufungspflicht
Gesellschaftsinteresse **49** 10
Verlust der Hälfte des Stammkapitals **49** 11 ff
Einberufungsrecht
Reform **50** 2

Einbringung
eines Handelsgeschäfts **11** 54
eines Handelsgeschäfts und Altverbindlichkeit **11** 63
Einbringung des Geschäftsanteils in andere Gesellschaft Anh 15 30
Einbringung von Sachen
bei Sacheinlage **5** 21
Einbringung eines Unternehmens
als Sacheinlage bei Kapitalerhöhung **56** 20
Einbringungsvereinbarung
Aktien- und GmbH-Recht **5** 23
Einfache Mehrheit 47 3
Einfache Unterkapitalisierung Anh 30 24
Einflußnahme
zum Schaden der Gesellschaft **Anh II 13** 24
Einflußnahme zum Schaden der Gesellschaft Anh II 13 24
Anfechtung wegen Sondervorteil **Anh II 13** 26
Aufsichtsratsmitgliedschaft **Anh II 13** 23
Beherrschungsvertrag **Anh II 13** 31, 35
Konzernbilanz **Anh II 13** 27
Konzernrecht **Anh II 13** 30 ff
Publizität **Anh II 13** 29
Vertragskonzern **Anh II 13** 31 ff
Einforderung der Einlage 19 15 ff
Gleichbehandlung bei Kapitalerhöhung **56a** 21
Einforderung der Stammeinlage 20 3 ff
Einführungsgesetz zum Aktiengesetz
Rechnungslegungsvorschriften für GmbH **Vor 41** 6 f
Eingeschränkte Gründungstheorie Einl 87
Eingeschränkte Sitztheorie Einl 77
Eingetragene GmbH
und bedingte Beitrittserklärung **2** 96
Bestandsschutzgedanke **2** 75
Erklärungsmangel, Geltendmachung vor Eintragung **2** 105
und fehlerhafte Beitrittserklärung **2** 78
Irrtum, Täuschung, Drohung der Beitrittserklärung **2** 104
nach Schein-Beitrittserklärung **2** 108
Einheit
des Gesellschaftsstatuts **Einl** 95
von Unternehmensbesitz und Unternehmensleitung **Einl** 14
Einheitliche Auslegung
der Satzung **2** 121
Einheitliche Kapitalgesellschaftsform
Prinzip der — in Großbritannien **Einl** 601
Vereinigte Staaten von Amerika **Einl** 651
Einheitliche Leitung
im Konzern durch GmbH **Anh II 13** 8
Einheitlichkeit
der Mitgliedschaft **14** 31
Einheits-GmbH & Co. KG
Haftung wegen qualifizierter Unterkapitalisierung **Anh 30** 1011
Einheitsgesellschaft Einl 39 ff
Gläubigerschutz **Anh I 13** 19 ff
weschselseitige Verbindung GmbH und KG **Anh I 13** 16
Willensbildung **Anh I 13** 17
Zulässigkeit **Anh I 13** 16
Einheitsgründung
s. Simultangründung
Einheitslehre Einl 93
Einkommensteuer
Einziehung des Geschäftsanteils **34** 69
Einlage
s. a. Geldeinlage; gemischte Sacheinlage; Sacheinlage
Abtretung der —forderung **19** 67 ff
Aufrechnungsverbot **19** 31 ff
Einziehung von Rückständen durch Liquidatoren **69** 48; **70** 10
Erbringungspflicht der Gründer **11** 38
freiwillige des Gesellschafters vor Eintragung **7** 40 ff
Gefährdung der Einlageforderung **19** 41
Gleichbehandlungsgrundsatz bei Einforderung **56a** 21 ff
Handelsgeschäft als — bei Umwandlung **77 Anh** UmwG 47, 4, UmwG 51, 3
Handelsgeschäft als — nach Umwandlung eines Einzelunternehmens **77 Anh** UmwG 56b, 3
bei Kapitalerhöhung **55** 67; **56** 47
und Kapitalherabsetzung **58** 6
nach Konkurseröffnung **63** 77
Pfändung der —forderung **19** 71
rückständige — im Liquidationsstadium **69** 17; **70** 10
rückständige im Verschmelzungsfall **77 Anh II** VerschmG 25, 47
Sicherung ausstehender **56a** 7 ff
nach Umwandlung eines Einzelunternehmens **77 Anh** UmwG 56b, 2
nach Umwandlung der Personenhandelsgesellschaft in GmbH **77 Anh** UmwG 47, 3
unzulässiger Gesellschaftszweck **1** 28
Verpfändung der —forderung **19** 71
Verpflichtung zur — und Gegenforderung **19** 38 ff
Versicherung der freien Verfügung **8** 22
Verzug **20** 1 ff
Vollstreckung in —forderung **56a** 23

Einlageanspruch der Gesellschaft
und Gesellschafterkonkurs **19** 12
Einlagefähige Vermögensgegenstände
bei Sacheinlage **5** 37 ff
Einlageneinforderung **19** 15 ff
Einlagenschmälerung, Verbot **19** 18 ff
Einmann-KGaA **77 Anh** UmwG 50, 1
Einmanngesellschaft
s. a. Durchgriff bei Einmann-GmbH
Abzahlungsgeschäft **Anh I 13** 52
Alleingesellschafter-Geschäftsführer **Anh I 13** 35
Anerkennung **Anh I 13** 2
Arbeitsrecht **Anh I 13** 60
Auflösung **Anh I 13** 30
Aufsichtsrat **Anh I 13** 34
durch Ausschließung, Entstehung **Anh I 13** 29
Begriff **Anh I 13** 14
Belgien **Einl** 324
in Belgien, Unzulässigkeit der — **Anh I 13** 75
Beschlußfassung **Anh I 13** 32
Besteuerung, laufende **Anh I 13** 66 ff
culpa in contrahendo **Anh I 13** 53
Dänemark **Einl** 547
Deliktsrecht **Anh I 13** 53
Durchgriffsproblem **Anh I 13** 37 ff
Einheitsgesellschaft **Anh I 13** 16 ff
in England **Anh I 13** 74
Entstehungsmöglichkeiten **Anh I 13** 22 ff
Erben, mehrere **18** 34
formale Charakterisierung **Anh I 13** 15
Frankreich **Einl** 269
in Frankreich **Anh I 13** 73
Geschäftsführergehälter **Anh I 13** 68
Gesellschafter als Vertragspartei **Anh I 13** 48
Gesellschafterdarlehen **Anh I 13** 66
gesellschafterfreundlicher Durchgriff **Anh I 13** 46
Gesellschafterversammlung **48** 12
Gesellschaftsdarlehen **Anh I 13** 67
gesellschaftsrechtliche Mischformen **Anh I 13** 15 ff
gesetzliche Regelungen **Anh I 13** 3 ff
und gesetzlicher Typus der GmbH **Anh I 13** 11
Gläubigeranfechtung **Anh I 13** 59
in Großbritannien **Einl** 602
Gründung, Steuerprobleme **Anh I 13** 65
Haftungsrecht **Anh I 13** 53
Herrschaft und Haftung, Gleichlauf **Anh I 13** 10

Einmanngesellschaft (Fortsetzung)
Interessen **Anh I 13** 1
im internationalen Privatrecht **Anh I 13** 76
internes Organisationsrecht **Anh I 13** 31
Italien **Einl** 432
juristische Person, Wesen und — **Anh I 13** 9
durch Kaduzierung, Entstehung **Anh I 13** 29
Kapitalerhöhung und gesetzliche Mindesteinzahlungspflicht **56a** 7
Konkursantrag **Anh I 13** 58
Konzernaufbau **Anh I 13** 15 ff
Luxemburg **Einl** 378, 410
in Luxemburg, Unzulässigkeit der — **Anh I 13** 75
Maklerprovision **Anh I 13** 55
durch Mantelkauf, Entstehung **Anh I 13** 28
Mißbrauchsfälle, Generalklausel **Anh I 13** 13
Nichtigkeit **Anh I 13** 30
Niederlande **Einl** 488
in den Niederlanden **Anh I 13** 72
als Normanwendungsproblem **Anh I 13** 12
der öffentlichen Hand **Anh I 13** 6
in Österreich **Anh I 13** 72
Österreich **Einl** 156
Organisationsrecht **Anh I 13** 22 ff
und Organisationsstatut **2** 5
Pensionszusagen **Anh I 13** 69
Prozeßrecht **Anh I 13** 61
rechtsgeschäftliche Entstehung **Anh I 13** 24
Rechtsprechung und Durchgriff **Anh I 13** 43 ff
Rechtsscheinerwerb **Anh I 13** 54
Rechtsvergleichung **Einl** 678; **Anh I 13** 70
Reform **Anh I 13** 7
in Schottland **Anh I 13** 74
in der Schweiz **Anh I 13** 73
Schweiz **Einl** 213
Sicherung ausstehender Einlagen **56a** 7 ff
Sicherungshypothek **Anh I 13** 56
Sondervermögenstheorie **Anh I 13** 9
Steuerrecht **Anh I 13** 5, 64 ff
Strohmanngründung **Anh I 13** 25
von Todes wegen, Entstehung **Anh I 13** 23
Trennungsprinzip, Aufhebung **Anh I 13** 74
Übernahme neuer Stammeinlage **55** 65
nach Umwandlung eines Einzelunternehmens **77 Anh** UmwG 56a, 2
durch Umwandlung, Entstehung **Anh I 13** 28
Universalversammlung **Anh I 13** 32
Unterkapitalisierung und Durchgriff **Anh I 13** 47

Einmanngesellschaft (Fortsetzung)
Unternehmenskauf, Besonderheiten **Anh I 13** 62
Unternehmensrecht und — **Anh I 13** 4
Veräußerung, Steuerprobleme **Anh I 13** 65
Vereinigte Staaten von Amerika **Einl** 653
Verhältnis zu Dritten **Anh I 13** 37 ff
Verhaltenspflichten und Durchgriff **Anh I 13** 49 f
Vertragspartei Gesellschafter **Anh I 13** 48
Vorkaufsrecht **Anh I 13** 57
Zulässigkeit **Anh I 13** 1
Einmanngründung
und GmbH-Reform **Einl** 60
Einreichungspflicht
für sog. Januarliste der Gesellschafter **40** 3 ff
Einseitige Verpflichtung
zur Abtretung eines Geschäftsanteils **15** 17
Einsichtspflicht
Durchgriffsproblem **Anh I 13** 50
Einsichtsrecht des Gesellschafters **45** 26 f
Einstellung des Betriebs
kein Auflösungsgrund **60** 59
Einstweilige Verfügung
keine für Auflösung der Gesellschaft **61** 45 f
Beschlußausführung, Untersagung **Anh 47** 187
Geschäftsführung, vorläufige Regelungen bezüglich **61** 45
Liquidator, Ernennung oder Abberufung **66** 48
Eintragung
Umwandlung der AG auf Gesellschafter **77 Anh** UmwG 15, 12
Eintragung der Änderung des Gesellschaftsvertrags
s. Gesellschaftsvertrag
Eintragung der Auflösung **65** 24 ff
Eintragung der Fortsetzung nach Auflösung **60** 92
Eintragung der GmbH
Abteilung B des Handelsregisters **10** 26
Änderungen des Gesellschaftsvertrags **10** 37
Alleingeschäftsführer, Vertretungsbefugnis **10** 29
Amtshaftungsansprüche **10** 35
Aufsichtsratsmitglieder, Veröffentlichung **10** 40
Befreiung vom Verbot des Selbstkontrahierens **10** 30
Bekanntmachung, unrichtige **10, 46**
Entstehung juristischer Person **10** 32
Eintragung der GmbH (Fortsetzung)
Errichtung, wirksame als Voraussetzung **10** 25
falsche Angaben zum Zweck der — **82** 41
fehlerhafte Eintragungen **10** 33 f
Firma **10** 27
Fortbestand der Handelndenhaftung **11** 82
generell-konkrete Eintragungsmethode **10** 28
Geschäftsführer **10** 27
Geschäftsführerwechsel **10** 38
und Handeln zuvor **11** 75
Identität der Gesellschaft, ernsthafte Zweifel **10** 36
juristische Person, Entstehung durch — **10** 32
und Nichtigkeitsklage **75** 8
notwendiger Inhalt **10** 27 ff
Ort der Veröffentlichung **10** 43
rechtskräftige Ablehnung **11** 44
Sacheinlage, Veröffentlichung **10** 39
Sachübernahme, Veröffentlichung **10** 39
Sitz **10** 27
Stammkapital, Höhe **10** 27
Tag des Vertragsabschlusses **10** 27
Unternehmensgegenstand **10** 27
unvollständige Eintragungen **10** 33 f
Veröffentlichung **10** 39 ff
Vertretungsbefugnis **10** 28
Vertretungsbefugnis, Wechsel **10** 38
und Vertretungsmacht, Beginn **11** 59
Vertretungszusatz **10** 28
Vorgesellschaft, Übergang ihrer Rechte und Pflichten **11** 89 ff
Wirkung der — **10** 32 ff
Wirkung der Veröffentlichung **10** 44 ff
Zeitdauer, Bestimmungen **10** 31
Zuständigkeit **10** 26
Eintragung der GmbH nach überbewerteter Sacheinlage **5** 69 ff
Eintragung der Kapitalerhöhung
s. Kapitalerhöhung
Eintragung der Kapitalerhöhung zur Durchführung der Verschmelzung **77 Anh** II VerschmG 22, 12
Eintragung der Kapitalerhöhung bei Verschmelzung **77 Anh I** VerschmG 25, 4
Eintragung der Liquidatoren **67** 19 f
Eintragung Liquidatoren von Amts wegen **67** 17
Eintragung der Löschung der Firma
nach Liquidation **74** 24
Eintragung der Nachtragsliquidation **74** 40

Eintragung der neu errichteten oHG nach Umwandlung der AG 77 Anh UmwG 18, 3
Eintragung der Nichtigkeit
aufgrund eingereichten Nichtigkeitsurteils **77** 3 ff
Eintragung der Nichtigkeit der Gesellschaft 75 50
Eintragung der Umwandlung der AG auf Gesellschafter 77 Anh UmwG 15, 12
Eintragung der Umwandlung bergrechtlicher Gewerkschaft in GmbH 77 Anh UmwG 65, 2
Eintragung der Umwandlung des Einzelunternehmens in AG, KGaA 77 Anh UmwG 55, 1
Eintragung der Umwandlung des Einzelunternehmens in GmbH 77 Anh UmwG 56, 1 f
Eintragung der Umwandlung der Personenhandelsgesellschaft in AG 77 Anh UmwG 44, 1 ff
Eintragung der Umwandlung der Personenhandelsgesellschaft in GmbH 77 Anh UmwG 49, 4
Eintragung der Verschmelzung 77 Anh II VerschmG 25, 1 ff
Eintragung der Verschmelzung durch Neubildung 77 Anh II VerschmG 32, 30 f
Eintragung der Zweigniederlassung
im Zweigregister **12** 28
Eintragungsantrag für Gesellschaft
rechtskräftige Ablehnung **11** 44
Eintragungshindernis
Gründerpflicht zur Ausräumung **11** 38
Eintrittsrecht des Nachfolgers
aufgrund Gesellschaftsvertrag **Anh 15** 106
Einwendungen
gegen Gewinnanteilschein **Anh 29** 8
Einzahlung
der Einlage bei Kapitalerhöhung **56a** 13 ff
Einzelkaufmann
als Gesellschafter und Personenfirma **4** 39
als GmbH-Gesellschafter **2** 63
Einzelstimme, Bedeutung Anh 47 9 ff
Einzelunternehmen
Umwandlung
s. Umwandlung
Einziehung
und Erwerb eigener Anteile, Abgrenzung **33** 61
Einziehung von Geschäftsanteilen
Abfindungsentgelt und Pfändung **34** 14
Abfindungsregelung **34** 13 ff
Änderung des Gesellschaftsvertrags **34** 26
Aktienrecht, Vergleich **34** 3
keine Anmeldung zum Handelsregister **34** 53

Einziehung von Geschäftsanteilen (Fortsetzung)
Anteilsberechtigter, Zustimmung **34** 29, 51
Arten **34** 4 ff
Ausnahme vom Zustimmungserfordernis **34** 30 ff
Ausscheiden ohne Abfindung **34** 12
und Auszahlungsverbot § 30 **34** 5
keine automatische — **34** 50
Bedingungen der Zwangseinziehung **34** 36
Besteuerung **34** 67
Bilanzierung **34** 59
Börsenumsatzsteuer **34** 71
diskriminierende Klausel **34** 15
Dividendenansprüche, Abtretung künftiger **34** 11
Drittberechtigte am Anteil **34** 10
Durchführung **34** 46 ff
eigener Geschäftsanteile **34** 22
einseitiger Rechtsakt **34** 3
Einziehungsbeschluß **34** 47
Entgelt **34** 12
Entgelt, Zahlung zu Lasten Stammkapital **34** 39 f
Form der Zustimmung **34** 51 f
Genußscheine nach — **34** 21
Gesellschaftermitwirkung **34** 6 ff
Gesellschafterrecht auf — **34** 65 f
Gesellschafterschutz **34** 13
Gesellschaftsvertrag, Zulassung **34** 24 ff
Gestaltungsrecht der Gesellschaft **34** 3
Gläubigerschutz **34** 13
Gründungsgesellschafter und Zwangsamortisation **34** 32
und Kapitalherabsetzung **34** 37 ff
zu Lasten Stammkapital **34** 4 f
im Liquidationsstadium **34** 3
Mitberechtigung mehrerer Personen **34** 9
Mitteilung **34** 58
neuer Geschäftsanteil, Schaffung **34** 60 ff
Nießbrauch **34** 10
Pfändung und Abfindungsentgelt **34** 14
Pfandgläubiger **34** 10
Recht auf — **34** 65 f
Rechte zugunsten Dritter **34** 10
Reform **34** 2
Schenkungsteuerpflicht bei unentgeltlicher **34** 67 f
Schiedsgerichtsvereinbarung **34** 25
Stammkapital, unverändertes **34** 56
eines Teils **34** 42 ff
Todesfall **34** 12
Untergang Rechte Dritter **34** 55

Einziehung von Geschäftsanteilen (Fortsetzung)
verbleibende Gesellschafter, Wirkungen **34** 58
Verkehrswert **34** 17
Vernichtung des Geschäftsanteils **34** 3, 54
Verstoß, Folgen **34** 64
nicht voll eingezahlte Anteile **34** 38, 45
Vollwertigkeit der Gegenleistung **34** 17
Voraussetzungen **34** 24 ff
Wesen **34** 3
Wirkungen **34** 54 ff
Zeitpunkt **34** 46
Zustimmung des betroffenen Anteilseigners **34** 29, 51
Zustimmungserfordernis, Ausnahme **34** 30
Zwangseinziehung **34** 30 ff
zwecks Ausschließung **34** 23
zwecks Austritts **34** 23
Einziehung des Geschäftsanteils
kraft Statuts **15** 5
Einziehung und Kapitalherabsetzung 58 39 ff
Einziehungsklausel im Todesfall
aufgrund Gesellschaftsvertrags **Anh 15** 108
El Salvador
GmbH-Recht **Einl** 139
Elfenbeinküste
GmbH-Recht **Einl** 140
Elterliche Gewalt
Geschäftsanteil **Anh 15** 77
Eltern
als gesetzliche Vertreter bei GmbH-Gesellschaftsvertrag **2** 26
Empirische Typen Einl 14 ff
Enteignung
Territorialitätsprinzip **Einl** 110
Theorie der Restgesellschaft **Einl** 112 f
Theorie der Spaltgesellschaft **Einl** 114 ff
Entgelt
bei Einziehung **34** 12
Entgeltlichkeit
bei immateriellen Wirtschaftsgütern **42** 88
der Nebenleistungspflicht **3** 68
Verpflichtung zur Abtretung des Geschäftsanteils **15** 14
Entlehnen
der Sachfirma vom Unternehmensgegenstand **4** 12 ff
Entschmelzung 77 Anh II VerschmG 31, 9
Entstehung der Gesellschaft
und Gründerhaftung **11** 64
Entstehung neuen Geschäftsanteils 17 36
Entstehungsgeschichte des GmbH-Gesetzes
Einl 1
Entziehbare Mitgliedschaftsrechte 14 13 ff
Erbbaurechte
Sacheinlage **5** 46
Erbe
und nichtiger Gesellschaftsvertrag **2** 19
Erbe, GmbH als — 13 12
Erbengemeinschaft
Einmanngesellschaft **18** 34
und Geschäftsanteil **Anh 15** 99
Geschäftsanteil, Erwerb durch Rechtsgeschäft **18** 7
und Mitberechtigung am Geschäftsanteil **18** 7
Rechtshandlungen der Gesellschaft **18** 33
Teilung des Geschäftsanteils **17** 18
keine Verfügung des einzelnen Miterben über Geschäftsanteil als Nachlaßgegenstand **18** 7
Erbfolge
Geschäftsanteil **15** 80
Erbrecht und Geschäftsanteil
s. a. Nachfolgeregelungen im Gesellschaftsvertrag
Abfindungsbeschränkung im Nachfolgefall **Anh 15** 109 ff
Abtretungsverpflichtung **Anh 15** 107
Eintrittsrecht **Anh 15** 106
Einziehungsklausel **Anh 15** 108
Erbengemeinschaft **15 Anh** 99
Erbengemeinschaft, Mitberechtigung **18** 7
Erbschein **Anh 15** 99
Haftung **Anh 15** 103
Mehrheit von Erben **Anh 15** 100 ff
Nachfolgeregelungen in der Satzung **Anh 15** 104 ff
Rechtshandlungen der Gesellschaft **18** 33
keine Sondererbfolge **Anh 15** 104 ff
Teilung des Gechäftsanteils unter Miterben **17** 18
Teilung des Geschäftsanteils **17** 7 f
Testamentsvollstreckung **Anh 15** 119 ff
Vererblichkeit **Anh 15** 99
Vermächtnis **Anh 15** 112
Vorerbschaft **Anh 15** 116 ff
Erbringung der Einlage
als Gründerpflicht **11** 38
Erbschaft
Sacheinlage **5** 50
Erbschein und Gesellschafterstellung
Anh 15 99
Erfindung
Sacheinlage **5** 56
Erfüllung
der Geldeinlage **7** 29 ff
von Nebenleistungspflichten **3** 62, 75 ff

Erfüllung (Fortsetzung)
der Sacheinlage **7** 45
Verschmelzungsvertrag **77**
Anh II VerschmG 21, 34
Erfüllung fremder Verbindlichkeit
und Auszahlungsverbot **30** 42
Erfüllungsformen, ungeeignete
für Geldeinlage **7** 34 f
Erfüllungswirkung der Einlagepflicht
bei freiwilligen Mehrleistungen vor Eintragung **7** 40 ff
Ergänzungen des Gesellschaftsvertrags
Form, erforderliche **2** 13 ff
Ergänzungspflegschaft
bei minderjährigem Gesellschafter **2** 61
Erhaltung des Stammkapitals
s. Stammkapital unter Erhaltung
Prinzip der — **30** 1 ff
Erhöhtes Gewinnrecht
als Vorzugsrecht **5** 144
Erklärungshaftung, Lehre von der
bei Unterkapitalisierung **Anh 30** 36, 42
Erklärungsmängel
bei GmbH-Beitrittserklärung **2** 103 ff
Erlaß
der Einlage, verbotene **19** 24, 64
von Einlagen bei Kapitalherabsetzung **58** 7
Erstattungsanspruch verbotener Stammkapitalzahlung **31** 31
Erlaßverbot
bei Kapitalerhöhung **56** 48
Erledigung zur Hauptsache
Anfechtungsklage **Anh 47** 163
Erlöschen der Firma **4** 95 f
Ermessen
bei Kapitalausstattung **5** 10
Ermessensmißbrauch
durch Gesellschafterbeschluß **Anh 47** 90
Ermessensreserven **29** 28 f
Ermittlung
Grundsätze ordnungsmäßiger Buchführung **42** 15
Erneuerungsfonds
Passivierung **42** 120
Erneuerungsschein
zum Gewinnanteilschein **Anh 29** 13
Eröffnung des Konkurses
s. Konkurseröffnung
s. Konkursverfahren unter Konkurseröffnung
Eröffnungsbilanz **41** 13 ff
bei Liquidation **71** 3 ff
und Sacheinlage **5** 30
Eröffnungsbilanz in Liquidation
s. Liquidation unter Eröffnungsbilanz
Errichtende Umwandlung
s. Umwandlung
Österreich **Einl** 195
Errichtung
der Gesellschaft **1** 1
der Zweigniederlassung **12** 10
Errungenschaftsgemeinschaft
Geschäftsanteil **Anh 15** 76
Erster Aufsichtsrat **52** 45 ff
Ertragsteuern
s. Besteuerung
Erwerb des Geschäftsanteils
und vormundschaftsgerichtliche Genehmigung **15** 129
Erwerb sämtlicher Anteile
durch GmbH (Keinmann-Gesellschaft) **33** 57
Erwerber des Geschäftsanteils
Anmeldung des Erwerbs **16** 7 ff
fehlerhafte Anmeldung **16** 40 ff
Mitgliedschaftsrechte **16** 29
Rechtsstellung **16** 28 ff
Erwerbschance
Sacheinlage **5** 58
Erwerbsgeschäft und Geschäftsanteil
Gleichsetzung der Veräußerung **15** 130
Erwerbsvorrechte
als Vorzugsrecht **5** 144
Erwerbswirtschaftliche Zwecke
der GmbH **1** 6 ff
Europa, GmbH-Übersicht **Einl** 130 ff
Europäische Aktiengesellschaften, Statut für
Vorschlag einer Verordnung **Einl** 704 f
Europäische Freihandelszone
Angleichung des Gesellschaftsrechts **Einl** 711
Europäische Gemeinschaft
Anerkennung der Auslandsgesellschaft gem. EG-Übereinkommen 29.2.1968 **Einl** 96
Anerkennung, gegenseitige von Gesellschaften **Einl** 707 f
Angleichungsmaterien **Einl** 688
Europäische Kooperationsvereinigung **Einl** 706
Fusion von Aktiengesellschaften **Einl** 697 ff
gemeinschaftsrechtliches Programm **Einl** 689
Gesellschaftsrecht, Angleichung **Einl** 688 f
GmbH und europäisches Gesellschaftsrecht **Einl** 690
GmbH-Rechtsform **Einl** 130

Europäische Gemeinschaft (Fortsetzung)
Gründung von Aktiengesellschaften **Einl** 695 f
Gründungstheorie **Einl** 84
Grundlagen der — **Einl** 688
internationale Verschmelzung **Einl** 104
internationale Verschmelzung von Aktiengesellschaften **Einl** 709 f
Jahresabschluß von Kapitalgesellschaften **Einl** 699 ff
Kapitalgesellschaften, Kategorien **Einl** 690
kollisionsrechtliches Programm **Einl** 689
Konkurs-Vereinheitlichung, Vorentwurf **Einl** 92
Koordinierungsgesetz **60** 41
Mitgliedstaaten
—und GmbH-Rechtsform **Einl** 130
Nichtigkeit von Gesellschaften, Richtlinie **Einl** 691 ff
Niederlassungsrecht **Einl** 123
Publizität, Richtlinie **Einl** 691 ff
Rechtsangleichung, Formen **Einl** 688
Richtlinien **Einl** 688, 691 ff
Sitztheorie und EG-Mitgliedstaaten **Einl** 77
Statut für Europäische Aktiengesellschaften **Einl** 704 f
Übereinkommen 29.2. 1968
Verordnungen **Einl** 688
Vertretungsmacht der Organe, Richtlinie **Einl** 691 ff
Ziel der — **Einl** 688
Europäische Kooperationsverreinigung
Vorschlag einer Verordnung **Einl** 706
Europäisches Gesellschaftsrecht
EG-Programm für ein — **Einl** 689
GmbH-Stellung **Einl** 690
Europarat
Angleichung des Gesellschaftsrechts **Einl** 712
Eventualverbindlichkeiten
Passivierung **42** 105
Existenzleugnung
nach Sitztheorie **Einl** 75

F

Fabrikationsgeheimnis
Sacheinlage **5** 56
Fälligkeit
des Gewinnanspruchs **29** 74
Fahrnisgemeinschaft
Geschäftsanteil **Anh 15** 76
Faktische Gesellschaft
und Gründungsmängel **75** 7
Faktischer Geschäftsführer
Abberufung **38** 74
Konkursantrag, Konkursantragspflicht **63** 47; **64** 11
Faktischer Konzern
und GmbH **Anh II 13** 44 ff
Fakultative Bestandteile
des Gesellschaftsvertrags
s. Gesellschaftsvertrag, fakultative Bestandteile
Fakultative Firmenbestandteile **4** 57 ff
Fakultativer Aufsichtsrat
s. Aufsichtsrat
Familiengesellschaft
und GmbH-Rechtsform **1** 15
Selbstkontrahierungsverbot **47** 40
Familienname
und Personenfirma **4** 39
Familienrechtliche Fragen
des Geschäftsanteils **Anh 15** 67 ff
Fehlerhafte Änderung
des Gesellschaftsvertrags **53** 80 ff
Fehlerhafte Anmeldung
der Kapitalerhöhung **57** 20 f
bei Veräußerung des Geschäftsanteils **16** 40 ff
Fehlerhafte Anteilsübertragung **16** 41 ff
Fehlerhafte Aufsichtsratsbeschlüsse **52** 105
Fehlerhafte Beitrittserklärung
s. Beitrittserklärung, fehlerhafte
Fehlerhafte Bekanntmachung
der Gesellschaft **10** 46
der Kapitalerhöhung **57b** 4
Fehlerhafte Einladung
zur Gesellschafterversammlung **47 Anh** 27
Fehlerhafte Eintragung im Handelsregister **10** 33
Fehlerhafte Feststellung
der Stimmenmehrheit **48** 15
Fehlerhafte Gesellschafterbeschlüsse **47 Anh** 5 ff
Fehlerhafte Kaduzierung **21** 31; **22** 23; **23** 20
Fehlerhafte Kapitalerhöhung, Eintragung **57** 34 ff
Fehlerhafte Kapitalherabsetzung **58** 71 ff
Fehlerhafte Personengesellschaft **2** 77
Fehlerhafte Stimmabgabe **Anh 47** 89
Fehlerhafte Vollmacht
zum Abschluß eines Gesellschaftsvertrags **2** 30
Fehlerhafte Vorgesellschaft **2** 77
Fehlerhafter Auflösungsbeschluß **60** 35
Fehlerhafter Erwerb eigener Geschäftsanteile **2** 112

Fehlerhafter Gesellschaftsvertrag
s. Gesellschaftsvertrag, fehlerhafter
Fehlerhafter Gesellschaftsvertrag und Auflösungsklage **61** 23
Fehlerhafter Kapitalerhöhungsbeschluß **55** 30
Fehlerhafter Krediterhöhungsbeschluß mit Sacheinlage **56** 29 ff
Fehlerhafter Übernahmevertrag nach Kapitalerhöhung
und erfolgte Eintragung der Erhöhung **57** 44 ff
Fehlerhafter Übernahmevertrag neuer Stammeinlagen **55** 77
Fehlerhafter Umwandlungsbeschluß **77 Anh** UmwG 3, 11 ff
Fehlerhafter Verschmelzungsvertrag **77 Anh II** VerschmG 21, 29
Fehlerhaftes Eintragungsverfahren bei Kapitalerhöhung **57** 47 ff
Fehlerhaftes Zustandekommen
eines Gesellschafterbeschlusses **Anh 47** 89
Fehlerhaftigkeit
s. a. Mängel
Fehlerhaftigkeit, Heilung
s. Heilung des Mangels
Fehlgeschlagene Gründung
und Sitztheorie **Einl** 75
Festsetzung
Sacheinlage, Sachübernahme im Gesellschaftsvertrag **5** 103 ff
Festsetzung des Gründungsaufwands
im Gesellschaftsvertrag **5** 160
Feststellung
eines Gesellschafterbeschlusses **48** 13
der Mitgliedschaft **13** 10
der Überschuldung **63** 23 ff
der Unterkapitalisierung **Anh 30** 18 f
Feststellung des Jahresabschlusses **46** 4 ff
und Publizitätsgesetz **Anh III 42** 17
Feststellung der Jahresbilanz
Änderung des Beschlusses **29** 31
anfechtbare — **29** 27, 34
aufhebbare **29** 35
und Auszahlung des Gewinns **29** 73
Beschluß zur — **29** 26
Disposition der Gesellschafterversammlung **29** 26
Gesellschafteraufgabe **29** 24
Gewinnanspruch und — **29** 26
Gewinnbenachteiligung **29** 27
und Gewinnverteilungsbeschluß **29** 40
Jahresbilanz als festgestellte Bilanz **29** 24
Klage auf Abhaltung der Gesellschafterversammlung zwecks — **29** 24
im Liquidationsstadium **69** 47
Feststellung der Jahresbilanz (Fortsetzung)
Mehrheit, keine erforderliche für — **29** 25
Mehrheitsentscheidung **29** 26
Minderheitsgesellschafter, Rücksichtnahme **29** 26 ff
nichtige **29** 26, 33, 73
Rechtsbeständigkeit **29** 32 ff
sittenwidrige — **29** 26
Stimmrechtsmißbrauch **29** 27
unterlassene — **29** 24
Feststellungsklage
allgemeine nach § 256 ZPO **Anh 47** 195
Beschlüsse anderer Gesellschaftsorgane **Anh 47** 224
Nichtigkeit der Gründung **75** 7
Nichtigkeitsklage **Anh 47** 190
Feuerversicherung
Rechtsform, erforderliche **1** 9
Fideikommisse
und GmbH-Rechtsform **1** 21
Fiktion
Fortbestand übertragender Gesellschaft bei Verschmelzung **77 Anh II** VerschmG 29, 10 ff
Fiktionstheorie, romanistische
und Einmanngesellschaft **Anh I 13** 2
Filmvermögen, reichseigenes
Gesetz zur Abwicklung und Entflechtung **66** 42
Finanzierung
Belgien **Einl** 348
Dänemark **Einl** 572 ff
Frankreich **Einl** 293
durch Gesellschafterdarlehen **Anh 30** 68 ff
Großbritannien **Einl** 630
Italien **Einl** 458
Luxemburg **Einl** 402
Niederlande **Einl** 518
Österreich **Einl** 182
Schweiz **Einl** 239
Vereinigte Staaten von Amerika **Einl** 662 ff
Finanzierungs-Leasing
Bilanzierung **42** 67
Finanzierungsgrundlagen
und Registergericht **10** 18
Finanzplan der Gesellschaft
und Kapitalausstattung **Anh 30** 15
Fingierter Abandon **27** 15 ff
Firma
s. a. Sachfirma
abgeleitete Firma **4** 69
abgeleitete Firma der GmbH & Co. **4** 111 ff
Abkürzung des Zusatzes **4** 54

Firma (Fortsetzung)
Abkürzungen **4** 17
Abkürzungen, unverständliche **4** 62
Abwicklung **4** 97
Änderung **53** 90
Änderung der — **4** 85 f
Änderung im Gesellschafterbestand **4** 77 f
Änderung im Konkursverfahren **63** 82 ff
Änderungen der erworbenen Firma **4** 71
Aktiengesellschaft, Hinweis auf — **4** 48
Aktiengesellschaft, Verwechselungsgefahr **4** 61
Amtsverfahren nach Eintragung **4** 89
ausländischer Rechtsformzusatz **4** 47
Ausscheiden namensgebenden Gesellschafters **4** 52
Ausschreiben des Zusatzes **4** 54
Bankbezeichnung, fehlerhafte **4** 90
Belgien **Einl** 324
Beschwerde gegen Ablehnung der Eintragung **4** 88
Betriebseinstellung und — **4** 96
Branchenbezeichnung **4** 25
deutsche Sprache des Zusatzes **4** 54
doppelte Firmenführung **4** 66
Einbringung einer — als Sacheinlage **5** 52
Eintragung in das Handelsregister **10** 27
Eintragung der Löschung nach Liquidation **74** 24
Eintragung und Unzulässigkeit **4** 87 ff
Einzelkaufmann als Gesellschafter **4** 39
Einzelkaufmann, Rechtsschein eines **4** 56a
Entlehnungserfordernis **4** 12
Erkennbarkeit bei Personenfirma **4** 49
Erkennbarkeit des Zusammenhangs zwischen Gegenstand und Firma **4** 13
Erlöschen **4** 95 f
Erlöschen nach Liquidation **74** 23
erworbene Firma, abweichende Gesellschaftszusätze **4** 70
fakultative, Bestandteile **4** 57
Firma eines Gesellschafters **4** 39
Firma und Name als notwendige Einheit **4** 65
Firmenänderung und Personenfirma **4** 50
Firmeneinheit **4** 65
Firmenwahrheit **4** 29
Firmenzusätze, unzulässige **4** 60 ff
Fortführung der Firma **4** 69 ff
Fortführung durch GmbH **5** 54
Frankreich **Einl** 269
fremdsprachliche Sachbezeichnung **4** 18
Gegenstand für Sachfirma **4** 8
Gegenstand des Unternehmens, veränderter **4** 28 ff

Firma (Fortsetzung)
Gegenstandsbezeichnungen, unzulässige **4** 26
gemischte Firma **4** 58
Gesamteindruck und Täuschungseignung **4** 61
Gesamteindruck und Unterscheidbarkeit **4** 84
Geschäftsfortführung unter bisheriger — **11** 63
Gesellschafter von Handelsgesellschaften **4** 39
Gesellschafterbestand, Änderung **4** 77 f
Gesellschaftereigenschaft des Namensträgers **4** 50
Gesellschaftsverhältnis, Andeutung **4** 34
Gesellschaftszusätze bei Erwerb **4** 70
GmbH & Co. **4** 106 ff
GmbH & Co. KG, Verwechselungsprobleme **4** 81 ff
Großbritannien **Einl** 603
Gründerzahl und Firmenwahrheit **4** 35
Haftungszusatz, notwendiger **4** 53 ff
Handelsregistereintragung des Zusatzes **4** 54 f
Haupt- und Zweigniederlassung **4** 67
historische Namen **4** 22
Individualisierung **4** 23
Individualisierung, gesellschaftsrechtliche der Gegenstandsbezeichnung **4** 24
Individualisierung der Sachfirma **4** 23
Interesse des Geschäftserwerbens **4** 71
Irreführung der Allgemeinheit **4** 71
Italien **Einl** 432
Kombinationsgabe des Publikums **4** 16
Komplementär-GmbH, Sachfirma **4** 10
Komplementär-GmbH, Verwechselungsgefahr **4** 81 ff
Konkursmasse, Zugehörigkeit **63** 70
Konkursverfahren **4** 98
Kreditwesen **4** 27
Künstlername **4** 38
Liquidation **4** 97
der Liquidationsgesellschaft **68** 13; **69** 7
Liquidationszusatz **53** 91
Luxemburg **Einl** 378
Multiton-Beschluß **4** 13
mythologische Namen **4** 22
Name des Gesellschafters **4** 37 ff
namengebender Gesellschafter, Ausscheiden **4** 78
Namensangabe als Zusatz zur Sachfirma **4** 58
namensgebender Gesellschafter ist Gesellschaft mit gemischter Firma **4** 59

Firma (Fortsetzung)
Nichtangabe **60** 44
Niederlande **Einl** 488
notwendige Bestandteile **4** 5
notwendiger Hauptteil **4** 6
notwendiger Zusatz **4** 53 ff
nur eine Firma **4** 65
öffentliche Ordnung und Sachfirma **4** 27
Österreich **Einl** 156
ohne Zusatz, Gebrauch der Firma **4** 56a
Ordnungsstrafverfahren wegen unzulässigen Firmengebrauchs **4** 94
persönlich haftender Gesellschafter, Rechtsschein **4** 56
Personenfirma, Bildung **4** 33 ff
Personenfirmen aus Firmen mehrerer Gesellschafter **4** 45
Phantasiebezeichnungen **4** 63, 70
Phantasiewort mit Endung „AG" **4** 61
Pseudonym **4** 38
Rechtsform, eindeutig erkennbare **4** 56
Rechtsform, Hinweis auf andere **4** 61
Rechtsformsätze bei Personenfirma **4** 46
Rechtsformzusatz ohne Kennzeichnungskraft **4** 80
Rechtsscheinhaftung bei fehlendem Zusatz **4** 56a
Reform **4** 2 ff, 113
Registergericht und GmbH & Co. KG **4** 83
als Sacheinlage **5** 34
Sachfirma **4** 7 ff
Sachfirma aus Personennamen **4** 22
Sachfirma und zusätzliche Namensangabe **4** 58
Schlagworte **4** 61
Schuldenhaftung und Fortführung der — **4** 74
Schweiz **Einl** 213
Sparkassenbezeichnung, fehlerhafte **4** 90
Stiftung **4** 62
Symbole und Sachfirma **4** 15
täuschende Firmenzusätze **4** 60
Täuschung über Art und Umfang **4** 26
Täuschungsgefahr bei Personenfirma **4** 44
Umwandlung der AG auf bestehende oHG **77 Anh** UmwG 6, 1 ff, UmwG 14, 1
Umwandlung der AG auf errichtete oHG **77 Anh** UmwG 17, 4
Umwandlung der AG auf Gesellschafter **77 Anh** UmwG 15, 12
Umwandlung des Einzelkaufmanns in AG, KGaA **77 Anh** UmwG 52, 2
Umwandlung des Einzelunternehmens in AG, GmbH **77 Anh** UmwG 52, 1, UmwG 56c, 2 f

Firma (Fortsetzung)
Umwandlung, Firmenfortführung **4** 75
Umwandlung der Personenhandelsgesellschaft in GmbH **77 Anh** UmwG 48, 9 f
Unternehmensgegenstand, erkennbarer **4** 23
Unternehmensgegenstand, veränderter **4** 28 ff
Unterscheidbarkeit **4** 79 ff
Unterscheidungskraft der Sachfirma **4** 23
unzulässige Firmenzusätze **4** 60 ff
Unzulässigkeit nach Eintragung **4** 89 f
Unzulässigkeit vor Eintragung **4** 87 f
Vereinigte Staaten von Amerika **Einl** 653
Vergleichsverfahren **4** 99
Verkehrsanschauung, gewandelte und Sachfirma **4** 31
Vermögenswert eingeführter — **4** 66
Verschmelzung **77 Anh II** VerschmG 21, 24, VerschmG 25, 48
Verschmelzung durch Neubildung **77 Anh II** VerschmG 32, 19
Vertrauenstatbestand bei fehlendem Zusatz **4** 56a
Verwechselungsgefahr **4** 80
und Vorgesellschaft **4** 100 ff
Vorgesellschaft und Recht der Firmenführung **11** 50
Warenzeichen als Sachfirma **4** 19
Wesen der — **4** 64 ff
wesentlicher Satzungsinhalt **3** 8
Zulässigkeitsprüfung, Zeitpunkt **4** 28
Zusätze zur Firma, unzulässig **4** 60 ff
Zusammenfassung zweier Firmen **4** 73
Zusammenstellungen von Anfangsbuchstaben **4** 17
Zusatz „mit beschränkter Haftung" **4** 54 ff
Zustimmung bei Personenfirma **4** 51
Zweigniederlassung **4** 67 f; **12** 14
Zweigniederlassung, von Hauptniederlassung abweichende — **4** 68

Firmenänderung **4** 85 f
der erworbenen Firma **4** 71
wegen Gesellschafterbestand **4** 77 f
durch Gesellschaftsvertrag **4** 85 f
im Konkursverfahren **63** 82 ff

Firmenbeständigkeit **4** 78

Firmeneinheit **4** 65 f

Firmenerlöschen **4** 95 f

Firmenfortführung
und abweichende Gesellschaftszusätze **4** 70
und Änderung der Firma **4** 71
Interessen, bestehende **4** 71
Übergang eines Geschäfts **4** 69 ff

Firmenfortführung (Fortsetzung)
bei Umwandlung **4** 75
Zusammenfassung mehrerer Firmen **4** 73
Firmenklarheit
gesellschaftsrechtliche Individualisierung **4** 24
Firmenrecht
Gesellschaftsstatut **Einl** 90
Firmenschlagwort **4** 61
Firmenschutz der Vorgesellschaft **4** 104
Firmenunterscheidbarkeit **4** 79 ff
GmbH & Co. KG — Probleme **4** 81 ff
und Zusatz „mit beschränkter Haftung" **4** 80
Firmenunzulässigkeit
Rechtsfolgen vor und nach Eintragung **4** 87 ff
Firmenverschiedenheit
Haupt- und Zweigniederlassung **4** 67
Firmenwahrheit
und abgeleitete Firma eines Gesellschafters **4** 42
und gegenstandsbezogene Bezeichnung **4** 15
gesellschaftsrechtliche Individualisierung **4** 24
Komplementär-GmbH **4** 10
Zweck und Ziel **4** 29
Firmenwert
Bilanzierung **42** 97
Firmenzusätze, unzulässige **4** 60 ff
Floating charge **Einl** 630
Forderungen
Bilanzierung **42** 81
Einlagefähigkeit gegen Gesellschaft gerichtete — **5** 44
gegen Einleger, keine Sacheinlage **5** 42
Einzug im Liquidationsstadium **70** 9
als Sacheinlage **5** 40 ff
Sacheinlagevereinbarung **5** 24
gegen Vorgesellschaft, Sacheinlage **5** 44
Form
Abtretung des Geschäftsanteils **15** 73 ff
Abtretung des Geschäftsanteils, Verpflichtung **15** 9 ff
Änderung des Gesellschaftsvertrags **53** 42 ff
Änderung des Gesellschaftsvertrags im Vorgesellschaftsstadium **11** 42
Anmeldung der Änderung des Gesellschaftsvertrags **54** 8
Anmeldung der Auflösung **65** 19 f
Anmeldung der GmbH **7** 21
Anmeldung der Kapitalerhöhung **57** 8
Form (Fortsetzung)
Anmeldung der Kapitalherabsetzung **58** 60
Anmeldung des Umwandlungsbeschlusses **77 Anh** UmwG 4, 1
Anmeldung der Veräußerung des Geschäftsanteils **16** 8
Anstellungsvertrag mit Geschäftsführer **35** 107
Auflösungsbeschluß **60** 30
Beherrschungsvertrag **53** 130 f
Bekanntmachung der Gesellschaft **3** 40
Berichterstattung an Aufsichtsrat **52** 59
Einberufung der Gesellschafterversammlung **51** 3 ff
Einberufungsverlangen **50** 5
von Erfüllungsgeschäften und Sacheinlage **5** 24
Erwerb eigener voll eingezahlter Anteile **33** 35
formelle Änderung des Gesellschaftsvertrags **53** 27
freihändiger Verkauf des kaduzierten Geschäftsanteils **23** 14
Gesellschafterrechte, Wahrnehmung **48** 1
Gesellschaftsvertrag
s. Gesellschaftsvertrag
des Gesellschaftsvertrags
s. Gesellschaftsvertrag, Form
Januarliste der Gesellschafter **40** 3 ff
der Kaduzierung **21** 21
Mangel vorgeschriebener — des Gesellschaftsvertrags **75** 13
Nebenabreden zum Gesellschaftsvertrag **2** 16
schriftlicher Abstimmung **49** 21 f
Teilbarkeit des Geschäftsanteils **17** 13
Übernahme neuer Stammeinlage nach Kapitalerhöhung **55** 52 ff
Umwandlungserklärung des Einzelkaufmanns **77 Anh** UmwG 52, 1, UmwG 56c, 1
Vermächtnis auf Geschäftsanteil, Erfüllung **Anh 15** 112
Vermögensübersicht des Einzelunternehmens bei Umwandlung in AG, GmbH **77 Anh** UmwG 56c, 4
Verpfändung des Geschäftsanteils **Anh 15** 39
Verschmelzungsvertrag **77 Anh II** VerschmG 20, 19 ff, VerschmG 21, 28
der Vollmacht zum Abschluß des Gesellschaftsvertrags **2** 21
des Vorgründungsvertrags **11** 18

Form (Fortsetzung)
des Vorvertrags einer GmbH **2** 36 ff
Willenserklärung der Liquidatoren **68** 3 ff
Zustimmung betroffener Gesellschafter zur Einziehung **34** 51 f
Zustimmung der Gesellschaft zur Teilung **17** 22 ff
Form, notarielle des Gesellschaftsvertrags
Beurkundungsgesetz **2** 1, 6, 7
Formale Bilanzkontinuität **42** 44
Formale Ordnungsmäßigkeit
der Gründung **10** 4
Formelle Satzungsbestandteile **53** 8, 14, 16, 26, 27
Formfrage und Gesellschaftsstatut
Abschluß des Gesellschaftsvertrags **Einl** 100
Auslandsbeurkundung **Einl** 101
Austauschbarkeit inländischer und ausländischer Notare **Einl** 101
Formstatut **Einl** 99
Geschäftsanteil, Übertragung **Einl** 101
Gesellschaftsvertrag **Einl** 101
Inlandsbeurkundung **Einl** 101
Lex fori **Einl** 99
locus regit actum **Einl** 98
Qualifikationsfrage **Einl** 99
Satzungsänderung **Einl** 101
Satzungsänderungen **Einl** 100
Umwandlung **Einl** 100
Verfassung der Gesellschaft **Einl** 99
Verschmelzung **Einl** 100, 101
Wirkungsstatut **Einl** 98
Zweck der Beurkundung **Einl** 99
Formkaufmann
GmbH als — **13** 26
Formmangel
Sacheinlagevereinbarung **5** 78
Sachübernahme **5** 93
Formnichtige gesellschaftsrechtliche Abreden
und formlos wirksame schuldrechtliche Vereinbarungen **3** 44
Formwechselnde Umwandlung
s. Umwandlung
Forstwirtschaft
und GmbH-Rechtsform **1** 6
Fortbestand der Handelndenhaftung
nach Eintragung der Gesellschaft **11** 82
Fortbestehensprognose
im Überschuldungsfall **63** 32
Fortführungswerte
in Überschuldungsbilanz **63** 26, 28
Fortsetzung des Betriebs
zum Zwecke der Beendigung laufender Geschäfte **70** 5

Frankreich, GmbH-Recht
Abschlußprüfung **Einl** 299
Abschlußpublizität **Einl** 300
Abwicklung **Einl** 302
allgemeine Betriebsrechnung **Einl** 298
Anerkennung der Auslandsgesellschaft **Einl** 310
Anonymität **Einl** 269
Auflösung **Einl** 301
Ausschluß **Einl** 290
Austritt **Einl** 290
Beendigung **Einl** 301 ff
Beschlußfassung **Einl** 284
Einmanngesellschaft **Einl** 269
Finanzierung **Einl** 293 ff
Fremdenrecht **Einl** 312 f
Fremdfinanzierung **Einl** 293
Geltungsbereich **Einl** 260
Geschäftsbericht **Einl** 298
Geschäftsführer, Bestellung **Einl** 271, 277 f
Geschäftsführung **Einl** 277 ff
Geschichte **Einl** 262
Gesellschafterrechte und -pflichten **Einl** 288 f
Gesellschafterstellung **Einl** 286 ff
Gesellschafterversammlung **Einl** 282
Gesellschaftsanteil **Einl** 286
Gesellschaftsanteil, Übertragung **Einl** 287
Gesellschaftsstatut **Einl** 308
Gesellschaftsvertrag **Einl** 270
Gewinn- und Verlustrechnung **Einl** 298
Gründung **Einl** 270 ff
Gründungsmängel **Einl** 275
Haftung der Geschäftsführer **Einl** 279
Handelsregister **Einl** 265 ff, 273
internationales Gesellschaftsrecht **Einl** 308 ff
Inventar **Einl** 298
Jahresabschluß **Einl** 298
Jahresbilanz **Einl** 298
Kapital, festes oder variables **Einl** 269
Kapitalaufbringung **Einl** 294
Kapitalaufbringung, anfängliche **Einl** 272
Kapitalerhaltung **Einl** 295
Kapitalerhöhung **Einl** 297
Kapitalherabsetzung **Einl** 296
Konkurs **Einl** 303
Konkurs des Gesellschafters **Einl** 291
Kontrolle der Geschäftsführer **Einl** 279
Minderheitenschutz **Einl** 292
Publizität, handelsrechtliche **Einl** 265 ff
Rechnungslegung **Einl** 298 ff
Rechnungsprüfer **Einl** 281
Rechtsangleichung **Einl** 261

Frankreich, GmbH-Recht (Fortsetzung)
Rechtspersönlichkeit **Einl** 269
Rechtsquellen **Einl** 259
Reform **Einl** 263
Selbstfinanzierung **Einl** 293
Sitzverlegung **Einl** 311
Spaltung **Einl** 305
Statistik **Einl** 264
Tochtergesellschaften **Einl** 312
Trennungsprinzip **13 Anh I** 73
Umwandlung **Einl** 306
verbundene Unternehmen **Einl** 307
Verfassung **Einl** 276
Verschmelzung **Einl** 304
Vorgesellschaft **Einl** 274
Wegzug **Einl** 311
Zuzug **Einl** 311
Zwangsvollstreckung gegen Gesellschafter **Einl** 291
Zweigniederlassung **Einl** 313
Fraudulöse Schädigung Dritter
und Unterkapitalisierung **Anh 30** 38
Freie Verfügung
über Einlagen **7** 38, 45
Freie Verfügung der Einlage
Versicherung des Geschäftsführers **8** 22
Freie Widerruflichkeit der Geschäftsführerbestellung
Anstellungsvertrag, Vorbehalt der Weitergeltung **38** 35 ff
Einschränkung durch Satzung **38** 30
Grundsatz **38** 28 ff
schuldrechtliche Vereinbarung über Einschränkung **38** 31
Freihändiger Verkauf des Geschäftsanteils **23** 12 ff
Form des freihändigen Verkaufs **23** 14
Gesellschafter, neuer **23** 17
Haftung der Rechtsvorgänge, Befreiung nach Verkauf **23** 16
mehrmaliges — **23** 17
öffentliche Versteigerung ohne Kaduzierung **23** 21
Rechtsvorgänge, Haftungsbefreiung nach Verkauf **23** 16
Rechtswirkungen des Verkaufs **23** 15 ff
Freistellung des Geschäftsführers
von Handelndenhaftung **11** 85
Freiwillige Gesellschafterleistungen
vor Eintragung **7** 40 ff
Freiwillige Leistungen
und Nachschußkapital, Abgrenzung **26** 14
Freiwillige Mehrleistungen
vor Eintragung der Kapitalerhöhung **56a** 16 ff
Fremdenrecht
Abkommensrecht **Einl** 122
Angehörigkeit von Gesellschaften **Einl** 123
Ansässigkeit von Gesellschaften **Einl** 123
Ausländereigenschaft **Einl** 118
Ausländerrecht **Einl** 124
Belgien **Einl** 366 f
Dänemark **Einl** 590 f
diplomatischer Schutz **Einl** 120
Direktinvestitionen im Inland **Einl** 124
EG-Niederlassungsrecht **Einl** 123
Frankreich **Einl** 312 f
genuine link **Einl** 120
Gesellschaften, Staatszugehörigkeit **Einl** 119
Gesellschaftsstatut, Abgrenzung zur fremdenrechtlichen Bestimmung **Einl** 119
Gesetzesrecht, einfaches **Einl** 118
Großbritannien **Einl** 649 f
Gründungstheorie, Zuordnung **Einl** 119
Grundrechtsschutz **Einl** 121
Heimatstaat **Einl** 120
Inländereigenschaft **Einl** 118
Inländergleichbehandlung **Einl** 118
innerstaatliches — **Einl** 118
Italien **Einl** 476 f
Kapitalbewegungen, grenzüberschreitende **Einl** 124
keine Kollisionsnormen **Einl** 118
Kontrolltheorie, Zuordnung **Einl** 119
Meistbegünstigung **Einl** 118
Niederlande **Einl** 536
Niederlassungsrecht **Einl** 121
Österreich **Einl** 201 f
Rechtsnormen **Einl** 118
Sachnormen **Einl** 118
Schweiz **Einl** 257 f
Sitztheorie, Zuordnung **Einl** 119
Tochtergesellschaften **Einl** 124
Vereinigte Staaten von Amerika **Einl** 669
Verfassungsrecht **Einl** 118
völkerrechtliches — **Einl** 118
Zweigniederlassung **Einl** 125
Fremdenrecht und Kollisionsrecht **Einl** 73
Fremdfinanzierung
Belgien **Einl** 348
Dänemark **Einl** 572
Frankreich **Einl** 293
Großbritannien **Einl** 630
Italien **Einl** 458
Luxemburg **Einl** 402
Niederlande **Einl** 518
Österreich **Einl** 182
Schweiz **Einl** 239

Fremdfinanzierung (Fortsetzung)
Vereinigte Staaten von Amerika **Einl** 662
Fremdgeschäftsführer
und Gesellschafter-Geschäftsführer **35** 72
Sozialversicherung **35** 96 ff
Fremdsprachliche Sachbezeichnung
und Sachfirmenbildung **4** 18
Frist
Anfechtungsklage **Anh 47** 140 ff
Antragspflicht für Konkurseröffnung **64** 24 ff
Einberufung der Gesellschafterversammlung **51** 6
Jahresabschluß, Aufstellung **41** 23 ff
Nichtigkeitsklage **Anh 47** 200
Fristablauf
der im Gesellschaftsvertrag vorgesehenen Zeit **3** 50
Funktion
des Stammkapitals **5** 6
Fusion
s. Verschmelzung
Fusionskontrolle
und Verschmelzung **77 Anh II** VerschmG Einf., 13

G

Gabun
GmbH-Recht **Einl** 140
Gambia
GmbH-Recht **Einl** 141
Garantie
Rücknahme eines Geschäftsanteils **15** 37
für Veräußerung eines Geschäftsanteils **15** 16
Garantiefunktion des Stammkapitals **30** 3
Garantiehaftung
keine der anmeldenden Geschäftsführer **9** 8
Gebietsfremde
als GmbH-Gesellschafter **2** 59
Gebietskörperschaften
Umwandlung in AG für von ihnen betriebene Unternehmen **77 Anh** UmwG 57, 1 f
Umwandlung in GmbH für von ihnen betriebene Unternehmen **77 Anh** UmwG 58, 1
Geborene und gekorene Liquidatoren **66** 3 ff
Gebot guter Sitten
als allgemeine Rechtsregel **14** 29
Gebrauchsmusterrechte
Sacheinlage **5** 47
Gebrauchsüberlassung
als Nebenleistungspflicht **3** 65
Gebrauchsüberlassung (Fortsetzung)
als Sacheinlage **5** 39
Gebühren
im Gründungsstadium **7** 39
Gefahrenabwehr im öffentlichen Interesse
bei Gemeinwohlgefährdung **62** 1
Gegenforderung des Gesellschafters
und Einlageverpflichtung **19** 38 ff
Gegenleistung
vollwertige bei Einziehung **34** 17
Gegenleistungsgeschäft
und Auszahlungsverbot **30** 36 ff
Gegenrechte des Geschäftsführers
bei Haftung wegen Handelns für Vorgesellschaft **11** 81
Gegenseitige Anerkennung von Gesellschaften
Übereinkommen gem. Art. 220 EWGV **Einl** 707 f
Gegenseitiger Vertrag
und Gesellschaftsvertrag **2** 5
und Handelndenhaftung **11** 81
Gegenstände
bei Sacheinlage **5** 29 ff
Gegenstand
von Nebenleistungspflichten **3** 61 ff
eines Schuldverhältnisses **3** 61
Gegenstand des Unternehmens
s. Unternehmensgegenstand
Gegenstandsbezeichnung
unzulässige bei Firmenbildung **4** 26
Geldbuße gegen GmbH **13** 24
Geldeinlage
Agio bei Kapitalerhöhung **56a** 4
Aufstockung bestehender Geschäftsanteile bei Kapitalerhöhung **56a** 6
Ausfallhaftung **24** 3
Einmanngesellschaft und Kapitalerhöhung **56a** 7 ff
Einzahlung bei Kapitalerhöhung **56a** 13 ff
endgültig zur freien Verfügung der Geschäftsführer stehende **56a** 15
freiwillige Mehrleistungen vor Eintragung der Kapitalerhöhung **56a** 16 ff
gleichmäßige Heranziehung zur — **19** 5
Haftung der anmeldenden Geschäftsführer **9** 12
Mindesteinlage bei Kapitalerhöhung **56a** 4
Mischeinlage bei Kapitalerhöhung **56a** 5
Registergericht, Prüfung der — bei Kapitalerhöhung **57a** 6 f
und Sacheinlage, Gleichwertigkeit **5** 35
und Sacheinlage, Übergänge **5** 25 f
und Sacheinlage, Wahl **5** 27

Geldeinlage (Fortsetzung)
bei Unwirksamkeit der Sacheinlagevereinbarung **5** 77
Verbot der Schmälerung **19** 19
Geldeinlage, Anmeldevoraussetzungen
Agiozahlung nicht erforderlich **7** 28
Erfüllungswirkung freiwilliger Mehrleistungen **7** 40 ff
Gebühren, im Gründungsstadium entstandene **7** 39
Gründungskosten, notwendige **7** 39
Mindesteinzahlung **7** 25 f
Steuern, im Gründungsstadium entstandene **7** 39
Geldeinlage
s. a. Einlage; gemischte Sacheinlage; Sacheinlage
Geldleistungen
als Nebenleistungspflichten **3** 63
Geldschulden und Zahlungsunfähigkeit
63 15 f
Geltendmachung des Gesellschaftsvertragsmangels
bei fehlerhafter Vorgesellschaft **2** 77
Geltungsbereich
GmbH-Gesetz, Österreich **Einl** 147
Gemeinde
und Sitz der Gesellschaft **3** 9
Gemeindeverbände, die nicht Gebietskörperschaften sind
Umwandlung in AG für von ihnen betriebene Unternehmen **77 Anh** UmwG 57, 1 f
Umwandlung in GmbH für von ihnen betriebene Unternehmen **77 Anh** UmwG 58, 1
Gemeinsamer Vertreter
von Verwaltungsrechten **14** 36
Gemeinschaft am Geschäftsanteil
Realteilung **17** 8
Gemeinschaftliche Rechtsausübung
am Geschäftsanteil **18** 15 ff
Gemeinwohlgefährdung, Auflösung wegen —
s. Auflösung der GmbH
Gemeinwohlgefährdung durch GmbH **62** 16
Gemischte Firma **4** 58 ff
Gemischte Sacheinlage
Begriff **5** 97
einheitliches Rechtsgeschäft **5** 99
bei Kapitalerhöhung **56** 10
mangelhafte **5** 102
Vergütung, Aufnahme in Gesellschaftsvertrag **5** 100
Gemischte Sachgründung
Aufgeldvereinbarung **5** 132
gleichmäßige Heranziehung zur Einlage **19** 6
Gemischte Sachkapitalerhöhung **56a** 22
Genehmigung
der Abtretung des Geschäftsanteils **15** 104 ff
des Vormundschaftsgerichts zur Abtretung des Geschäftsanteils **15** 128 ff
Zweigniederlassung einer Austauschgesellschaft **Einl** 125
Genehmigungsbehörde
und Registergericht **8** 14
Genehmigungstatbestände
für Vormundschaftsgericht **2** 62
Genehmigungsurkunde
als Anlage der Anmeldung **8** 10 ff
bei Konzessionspflicht **54** 21
General Corporation Law **Einl** 651
General meeting **Einl** 619 ff
Generalversammlung
Belgien **Einl** 337
Luxemburg **Einl** 391
Österreich **Einl** 171 ff
Generalvollmacht
gewillkürte Vertretung durch — **35** 17
Genossenschaftsregister
Unterscheidung von den eingetragenen Firmen **4** 79
Genußrechte
Ablösung **Anh 29** 28
Änderung **Anh 29** 23
Aufhebung **Anh 29** 24
Auflösung der Gesellschaft **Anh 29** 28
Auszahlungsverbot des § 30 **Anh 29** 16
Beeinträchtigung **Anh 29** 20, 25
Beendigung **Anh 29** 28
Begriff **Anh 29** 14
Begründung **Anh 29** 22
Besteuerung **Anh 29** 31 ff
Bewertungsrecht **Anh 29** 31
Bilanzierung **Anh 29** 30
Börsenumsatzsteuer **Anh 29** 33
Dauerschuldverhältnis **Anh 29** 15
eigene —, Erwerb **Anh 29** 27
für eingezogenen Geschäftsanteil **34** 21
formwechselnde Umwandlung **Anh 29** 26
garantierte Gewinnbeteiligung **Anh 29** 16
Gesellschaftsteuer **Anh 29** 33
Gesellschaftsvertrag, Regelung **Anh 29** 15
Gesellschaftsvertrag, Regelungen im **Anh 29** 29
Gläubigerrechte **Anh 29** 19
Kapitalbeschaffung **Anh 29** 18

Genußrechte (Fortsetzung)
Kapitalertragsteuerabzug **Anh 29** 31
Kapitalverkehrsteuer **Anh 29** 33
Körperschaftsteuer **Anh 29** 31
Liquidationsergebnis **Anh 29** 21
keine Mitgliedschaftsrechte **Anh 29** 15
Organisation, besondere **Anh 29** 21
Rechtsnatur **Anh 29** 14
an Reingewinn anknüpfende — **29** 56
Reingewinnanteil **Anh 29** 21
schuldrechtliche Natur **Anh 29** 15
staatliche Genehmigung **Anh 29** 22
Treuepflicht **Anh 29** 15
Übertragung **Anh 29** 27
Umwandlung **Anh 29** 26
Verbriefung **Anh 29** 27
Vermögensübertragung **Anh 29** 26
Verwendungsmöglichkeiten **Anh 29** 18
Genußschein
über Sondervorteile **5** 151
Gerichtliche Auflösung
Großbritannien **Einl** 638
Gerichtliche Notbestellung
des Geschäftsführers **6** 11
Gerichtlicher Anmeldezwang
für AG, GmbH **7** 7 f
Gerichtlicher Vertreter
Geschäftsführer als — **35** 231
Gerichtliches Urteil, Auflösung durch —-
s. Auflösung der GmbH
Gerichtliches Verfahren
für Abfindung bei Umwandlung **77 Anh** UmwG 30, UmwG 31, UmwG 32, UmwG 33, UmwG 34, UmwG 35, UmwG 36, UmwG 37, UmwG 38, UmwG 39
Gerichtliches Vergleichsverfahren
Ablehnung **63** 102
Anlagen zum Antrag **63** 108
Anschluß-Konkurs **63** 117
Antragspflicht **64** 20
Antragsteller **63** 107
Bedenkfrist **64** 24
Geltungsbereich **63** 103
Geschäftsführer als Antragsteller **63** 107
Gläubigerverzeichnis **63** 109
GmbH & Co. KG **63** 137
Initiative des Schuldners **63** 101
Konkursreife als Voraussetzung **63** 106
und Konkursverfahren, Vergleich **63** 101
Liquidator, Antrag auf **71** 24
Neugläubiger **63** 112
Organkompetenzen **63** 114
Sanierung als Ziel **63** 101
Schuldnerverzeichnis **63** 109
Gerichtliches Vergleichsverfahren (Fortsetzung)
Verfügungsfähigkeit **63** 112
Vergleichsbeendigung **63** 116 f
Vergleichseröffnung **63** 110 ff
Vergleichsfähige Formen **63** 103
Vergleichsgericht **63** 106
Vergleichsschuldner **63** 104
Vergleichsverwalter **63** 115
Vergleichsvorschlag **63** 106, 108
Vergleichswürdigkeit **63** 105
Vermögensübersicht **63** 108
Verpflichtungsfähigkeit **63** 112
Vor-GmbH **63** 103
Vorbereitungszeit **64** 27
Vorrang vor Konkursantrag **63** 102
Gerichtskosten
Gründung **7** 39
Gerichtsstand
im Liquidationsstadium **69** 68
Streitigkeiten Geschäftsführer-Gesellschaft **35** 207 ff
Zweigniederlassung **12** 18
Gerichtsstand, allgemeiner
der GmbH **13** 15
Gesamtgut
und Geschäftsanteil **Anh 15** 76
Gesamthänderische Personenvereinigung
Vorgesellschaft als — **11** 49
Gesamthand
und Gründung **5** 16
Gesamthandseigentum
Übertragung von Geschäftsanteilen von — zu — **15** 20
Umwandlung von Bruchteilseigentum in — **15** 20
Gesamthandsgemeinschaft
mit beschränktem Haftungsfonds **63** 1
als GmbH-Gesellschafter **2** 65 f
Übernahme von Stammeinlagen **55** 37
Gesamthandsvermögen
der Vorgesellschaft **11** 40
Gesamtmindesteinlage
bei Gründung der Gesellschaft **56a** 3
Gesamtrechtsnachfolge
Geschäftsanteil **15** 80
GmbH nach Vorgesellschaft **11** 91
Umwandlung der AG auf bestehende oHG **77 Anh** UmwG 5, 1
Umwandlung des Einzelunternehmens in AG, KGaA **77 Anh** UmwG 50, 2, UmwG 52, 5
Umwandlung des Einzelunternehmens in GmbH **77 Anh** UmwG 56f, 2

Gesamtrechtsnachfolge (Fortsetzung)
Umwandlung eines Einzelunternehmens in GmbH **77 Anh** UmwG 56a, 2 f
kein Veräußerungsvertrag bei **77 Anh** UmwG 3, 10
Vermögensübergang kraft — **77 Anh** UmwG Einf., 10
Verschmelzung **77 Anh II** VerschmG 19, 5, VerschmG 25, 16 f
nach Vorgesellschaft **11** 31
Gesamtschuld
Mitberechtigte am Geschäftsanteil **18** 26
Gesamtschuldverhältnis
bei Haftung anmeldender Geschäftsführer **9** 16
Gesamtvertretung **35** 237 ff, 243 ff, 255 ff
Geschäftliche Korrespondenz
Publizität **35a** 2
Geschäftsanteil
s. a. Eigene Geschäftsanteile; Freihändiger Verkauf des Geschäftsanteils
s. a. Einziehung von Geschäftsanteilen
Abandon **27** 15 ff
Abnahmeverpflichtung **15** 36
abstrakte Abtretung **15** 93
Abtretung des Abtretungsanspruchs **15** 38
Abtretung an Dritten, Verpflichtung zur — **15** 15
Abtretung oder Einziehung **Anh 34** 29
Abtretung, fehlerhafte **Anh 15** 2, 5
Abtretung durch Gesellschafter **15** 92 ff
Abtretung, vormundschaftsgerichtliche Genehmigung **15** 128 ff
Abtretungsbeschränkung, nachträgliche **53** 114
Abtretungsbeschränkungen **15** 95 ff
Abtretungserfordernisse, einzelne nach Gesellschaftsvertrag **15** 123 ff
Abtretungsklausel für Nachfolger **Anh 15** 107
Abtretungsverpflichtung, Form **15** 9 ff
Abtretungsverpflichtung, Vertragsinhalt **15** 34 ff
Abtretungsvertrag, formbedürftiger **15** 73 ff
und Änderung des Gesellschaftsvertrags **53** 97
Aktie, Vergleich **14** 5
Anfechtbarkeit schuldrechtlichen Vertrags **Anh 15** 9 ff
Angebot zur Abtretungsverpflichtung **15** 52
Ankaufsrecht zugunsten GmbH am — **33** 36

Geschäftsanteil (Fortsetzung)
Annahme einer Abtretungsverpflichtung **15** 52
Anteilserwerb bei Verschmelzung **77 Anh II** VerschmG 25, 52
Anteilsschein, Ausstellung **15** 136
Anwachsung **15** 22
Aufhebungsvertrag **15** 41
Aufhebungsvertrag über Abtretung **15** 90
Auflösung einer Gesellschaft **15** 12
Auflösungsklage und Veräußerung des — **61** 27 f
Aufstockung bestehender — bei Kapitalerhöhung **56a** 6
Aufstockung nach Kapitalerhöhung **55** 20 f
Auftrag zum Erwerb **15** 43
Auseinandersetzung der Miterben **Anh 15** 100 ff
Auseinandersetzungsvereinbarung **15** 23
Ausgabe über pari **5** 131 ff
Auslandsbeurkundung der Abtretungsverpflichtung **15** 59
Ausschlagung der Erbschaft **Anh 15** 99
und Ausschluß eines Gesellschafters **Anh 34** 14
Ausschluß der Veräußerlichkeit **15** 4
Ausschluß der Vererblichkeit **15** 5
bedingter —, Abtretung **15** 85
Begriff **3** 37
Belgien **Einl** 341
Beschränkungen der Abtretung **15** 95 ff
Beteiligung des Gesellschafters **5** 12
Beweisurkunde Anteilschein **14** 7
Bieter für kaduzierten — **23** 9
Bruchteilsgemeinschaft am — **18** 4
Bürgschaft und Sicherheit durch — **15** 46
Dänemark **Einl** 565 ff
dingliche Rechte, Gegenstand **Anh 15** 39 ff
und Dividendenrecht **29** 90
Ehegattenverfügung **Anh 15** 69 ff
eigene Anteile nicht einbringungsfähig bei Sacheinlage **56** 12
eigener — als echter — **33** 38
eigener — der Gesellschaft, Vertrag über Abtretung **15** 32
eigener —, mangelhafter Erwerb **2** 112
eigener, Verbot bei Kapitalerhöhung **55** 38 f
Einbringung in andere Gesellschaft **Anh 15** 30
und einheitliche Stammeinlage **5** 15
und Einlage, geleistete **33** 9
einseitige Verpflichtung zur Abtretung **15** 17

Geschäftsanteil (Fortsetzung)
Eintrittsrecht des Nachfolgers **Anh 15** 106
Einziehung und Abtretung, Wahlrecht **34 Anh** 29
keine Einziehung kraft Status **15** 5 f
Einziehung zu Lasten Stammkapital **34** 39 ff
Einziehung nicht voll eingezahlter **34** 38
elterliche Gewalt **Anh 15** 77
entgeltliches Verpflichtungsgeschäft **15** 14
Entstehung eines neuen — **17** 36
Erbengemeinschaft **Anh 15** 99, 100 ff
Erbengemeinschaft und Mitberechtigung **18** 7
Erbenhaftung **Anh 15** 103
Erbfolge **15** 80
im Erbrecht **Anh 15** 99 ff
Erhöhung vorhandenen **5** 13
Ermächtigung zur Einziehung im Todesfall **Anh 15** 108
Errungenschaftsgemeinschaft **Anh 15** 76
Erwerb, genehmigungspflichtiger **15** 129
Erwerb durch Personenmehrheit **15** 8
und Erwerbsgeschäft, Gleichsetzung **15** 130
Fahrnisgemeinschaft **Anh 15** 76
familienrechtliche Fragen **Anh 15** 67 ff
fehlerhafte, Abtretung **Anh 15** 2, 5
fehlerhafter, schuldrechtlicher Vertrag **Anh 15** 9 ff
Form der Anmeldung der Veräußerung **16** 8
Form der Teilbarkeit **17** 13
formbedürftiger Abtretungsvertrag
—Abfindungsguthaben, Anspruch **15** 86
—abstrakte Abtretung **15** 93
—Abtretung durch Gesellschafter **15** 91
—Aufhebungsvertrag formbedürftig **15** 90
—Auseinandersetzungsanspruch, Abtretung **15** 86
—bedingte Abtretung **15** 85
—Bevollmächtigter **15** 92
—Erbfolge **15** 80
—Erklärung, eindeutige **15** 75
—Form der Abtretung **15** 92
—Form, nicht gewahrte **15** 94
—formfreie Abtretung sonstiger Ansprüche **15** 86 ff
—formwechselnde Umwandlung **15** 82
—Formzwang, Umfang **15** 92
—Gegenstand **15** 83 ff
—Gesamtrechtsnachfolge **15** 80
—gesetzlicher Übergang formfrei **15** 78
—Gewinnanspruch, Abtretung **15** 86
—GmbH selbst Eigentümerin **15** 91

Geschäftsanteil (Fortsetzung)
—Gütergemeinschaft **15** 78
—jede vertragliche Anteilsübertragung **15** 77
—künftige — **15** 84
—Mehrheit von Geschäftsanteilen **15** 75
—Mitberechtigung, Abtretung einer **15** 83
—als Nebenrechte **15** 78
—obligatorischer Vertrag, formloser **15** 94
—Rechtsübergang **15** 74
—Surrogation **15** 78
—Teil eines Geschäftsanteils **15** 76, 83
—Treuhandverhältnis **15** 89
—Übergang kraft Gesetzes **15** 78 f
—übertragende Umwandlung **15** 80
—Übertragungswille, unzweideutiger **15** 74
—Umwandlung **15** 80
—Unterbeteiligung **15** 89
—vermögensrechtliche Ansprüche, Abtretung einzelner **15** 86
—Vermögensübertragung **15** 80
—Verschmelzung **15** 80
—zwingendes Recht **15** 73
formbedürftiger Verpflichtungsvertrag
—Abnahmeverpflichtung **15** 36
—Abschlußvollmacht **15** 54 ff
—Abtretung an Dritten **15** 15
—Abtretung, wirksame als Heilung **15** 61 ff
—Abtretungsanspruch, dessen Abtretung **15** 38 ff
—Abtretungspflicht eigentlicher Vertragsgegenstand **15** 42
—Abtretungsverpflichtung **15** 34 ff
—Änderung des Vertrags, nachträgliche **15** 72
—Änderungen des Vertrags **15** 50
—Angebot **15** 52
—Annahme **15** 52
—Anwachsung **15** 22
—Aufhebungsvertrag, formfrei **15** 41
—Auflösung der Gesellschaft **15** 12
—Auftrag zum Erwerb, formfreier **15** 43
—Auseinandersetzungsvereinbarung **15** 23 f
—ausländische Beurkundung **15** 58
—Beurkundung im Ausland **15** 59
—Beurkundung, notarielle **15** 57
—Blanko-Vollmacht zum Verkauf **15** 55
—Bürgschaft für Schuld mit Sicherheit eines — **15** 46
—eigene Anteile der Gesellschaft **15** 32
—einseitige Verpflichtung **15** 17

Geschäftsanteil (Fortsetzung)
—Eintritt eines Gesellschafters **15** 19
—entgeltlicher Akt **15** 14
—Form **15** 57 ff
—formfreie sonstige Verträge **15** 42
—formgebundene Verträge **15** 10 ff
—Formzwang, Umfang **15** 48 ff
—fortwirkende Willensübereinstimmung **15** 66
—Garantie für Veräußerung eines — **15** 16
—gerichtlicher Vergleich **15** 58
—Gesamthandseigentum, Umwandlung **15** 20
—Gesamthandsverhältnis, Übertragung auf anderes **15** 21
—Geschäftsübernahme **15** 45
—Gesellschaftsverträge **15** 18 ff
—Handel, erschwerter **15** 42
—Heilung des Mangels **15** 61 ff
—Inhalt **15** 34 ff
—Innengesellschaft **15** 24
—künftige Anteile **15** 30
—Leistung, noch nicht bestimmte **15** 44
—nachträgliche Vertragsänderung **15** 72
—Nebenabreden **15** 49
—Nichtigkeitsfolge **15** 60
—Nichtwahrung der Form **15** 60
—notarielle Beurkundung **15** 57
—notarielle Unterschriftsbeglaubigung nicht genügend **15** 57
—Option **15** 53
—Realteilung **15** 23
—rechtskräftige Verurteilung **15** 60
—Rücknahmegarantie **15** 37
—keine Rückwirkung bei Heilung **15** 71
—sonstige Verträge formfrei **15** 42
—Teile von — **15** 31
—Teilungsanordnung **15** 11
—Treuhänderwechsel **15** 40
—Übernahmerechte **15** 29
—Umfang des Formzwangs **15** 48 ff
—Umgehung des Gesetzeszwecks **15** 39
—unentgeltlicher Akt **15** 14
—Veräußerungsauftrag, formfreier **15** 43
—Vergleich **15** 14
—Vergleich, gerichtlicher **15** 58
—Vermächtnis **15** 11
—Verpflichtung zur Abnahme **15** 36
—Verpflichtung zur Abtretung **15** 34 f
—Verpflichtungsverträge jeder Art **15** 14 ff
—Verträge, formgebundene **15** 10 ff
—Vertragsänderung, nachträgliche **15** 72
—Vertragsänderungen **15** 50

Geschäftsanteil (Fortsetzung)
—Vollmacht zum Abschluß **15** 54 ff
—Vorkaufsrechte **15** 26 ff
—Vorvertrag, formbedürftiger **15** 47
—zusammengesetzte Verträge **15** 51
—zwingendes Recht **15** 9
formloser Handel, Verhinderung **15** 9
formwechselnde Umwandlung **15** 82
Frankreich **Einl** 286
freihändiger Verkauf des kaduzierten — **23** 12 ff
Fungibilität, fehlende im Rechtsvergleich **Einl** 684
Garantie für Veräußerung eines — **15** 16
Gebietsfremde **2** 59
Gegenleistung, vollwertige **34** 17
Gegenstand einer Abtretung **15** 83
Gegenstand dinglicher Rechte **Anh 15** 39 ff
Gegenstand des Rechtsverkehrs **Anh 15** 1 ff
gemeinsame Vertretung **14** 37
gemeinsame Vertretung bei Mitberechtigung **18** 23
Gemeinschaft am —, Realteilung **17** 8
gemeinschaftliche Rechtsausübung **18** 15 ff
Gesamtgut **Anh 15** 76
Gesamthandelsgemeinschaft am — **18** 5 ff
im Gesamthandseigentum **15** 21
Gesamtrechtsnachfolge **15** 80
Gesellschafterkonkurs **Anh 15** 94
Gesellschafterwechsel und — **16** 23
Gesellschafterwechsel und Veräußerung **16** 3
und Gesellschaftsvermögen **14** 5
und Gesellschaftsvertrag
—Abtretungsbeschränkung, nachträgliche **15** 102
—Abtretungsbeschränkungen und Treuhand **15** 97
—Abtretungsbeschränkungen, Zulässigkeit weiterer **15** 95
—Anteilschein, Übergabe **15** 123 f
—Auslegungsfragen **15** 101
—Beschränkungen, unterschiedliche **15** 100
—Erwerbereigenschaften **15** 125
—Erwerberverpflichtung **15** 125
—Genehmigung **15** 104 ff
—Neuerwerbsrechte **15** 127
—Verpflichtungsgeschäfte, keine weiteren Voraussetzungen **15** 96
—Versagung der Zustimmung **15** 116 ff
—Vorkaufsrechte **15** 127

Geschäftsanteil (Fortsetzung)
—Zustimmung anderer Gesellschaftsorgane oder Dritter **15** 115
—Zustimmung der Gesellschaft **15** 104 ff
—Zustimmung der Gesellschafter **15** 114
—Zustimmung der Gesellschafterversammlung **15** 111 ff
Gesellschaftsvertrag, Abtretungsbeschränkungen **15** 95 ff
Gesellschaftsvertrag und Übertragung **53** 113
Gesellschaftsvertrag und Verpflichtung zur Einbringung eines — **15** 18
gesetzlicher Güterstand **Anh 15** 68 ff
und Gewinnanteilschein **Anh 29** 12
gleichzeitige Übertragung, Verbot **17** 9 ff
Großbritannien **Einl** 623 ff
Grundstücksgesellschaft **15** 132
Gütergemeinschaft **15** 78; **Anh 15** 76
Güterrecht, vertragliches **Anh 15** 76
Gütertrennung **Anh 15** 76
Gutglaubensschutz **15** 135 ff
Haftung Mitberechtigter **18** 25
Heilung des Mangels formunwirksamer Abtretungsverpflichtung **15** 61 ff
Herabsetzung, nicht gleichmäßige **58** 27
Innengesellschaft **15** 24
Irrtum des Erwerbers **Anh 15** 10
Italien **Einl** 452
juristische Person als Inhaberin **18** 10
kaduzierter —, Verwertung **23** 1 ff
Käuferpflichten **Anh 15** 25
Kapitalerhöhung zur Durchführung der Verschmelzung **77 Anh II** VerschmG 23, 2 ff
Kapitalerhöhung, Entstehung des — **55** 68
Kapitalherabsetzung **58** 14 ff
Kauf **Anh 15** 13 ff
Kommanditgesellschaft, Erwerb von — der GmbH **30** 62
Kommanditgesellschaft als Inhaberin **18** 11
Konkurs des Gesellschafters **Anh 15** 94 ff
künftiger —, Abtretung **15** 84
künftiger —, Verträge über Abtretung **15** 30
Legitimationszession **Anh 15** 31 ff
Leihe **Anh 15** 30
und Liquidationsstadium **69** 10 ff
Luxemburg **Einl** 396
Mängel der Übertragung **16** 41 ff
Mängelhaftung nach Kauf **Anh 15** 20 ff
Mehrheit von Erben **Anh 15** 100 ff
Miete **Anh 15** 30

Geschäftsanteil (Fortsetzung)
Mindestbetrag und Kapitalherabsetzung **58** 20
Mindestnennbetrag und Teilbarkeit **17** 12
Mitberechtigtenhaftung auf Leistungen **18** 25 ff
Mitberechtigung
—Anmeldung **18** 13
—Beendigung **18** 14
—BGB-Gesellschaft **18** 6
—Bruchteilsgemeinschaft **18** 4
—eheliche Gütergemeinschaft **18** 8
—Einmanngesellschaft **18** 34
—Erbengemeinschaft **18** 7
—Erbfall **18** 33
—gemeinsame Vertretung **18** 23 f
—gemeinschaftliche Rechtsausübung **18** 15 f
—Gesamthandsgemeinschaft **18** 5 ff
—Gesamtschuld **18** 26
—Gesellschaftereigenschaft **18** 9
—Haftung nach Ausscheiden **18** 27
—Haftung der Mitberechtigten **18** 25
—juristische Person **18** 10
—Kenntnis **18** 32
—Kommanditgesellschaft **18** 11
—Mahnung **18** 31
—Mehrheit von Geschäftsanteilen und — **18** 3
—Miteigentum nicht denkbar **18** 3
—nichtrechtsfähige Vereine **18** 12
—Nießbraucher keine — **18** 3
—offene Handelsgesellschaft **18** 11
—Personenhandelsgesellschaften **18** 11
—Pfandgläubiger keine — **18** 3
—Rechte aus dem Anteil **18** 18
—Rechtshandlungen der Gesellschaft **18** 28 ff
—Rechtsverkehr, Erleichterung **18** 1
—Reform **18** 2
—schlechter Glaube **18** 32
—Singularsukzession **18** 13
—Sonderrechte **18** 18
—ungeteilt **18** 3
—unmittelbare Rechtsausübung **18** 19 ff
—Unterbeteiligung keine — **18** 3
—unverzichtbare Rechte **18** 18
—Verjährung **18** 31
—vermögensrechtliche Leistungen **18** 18
—Verpflichtungen der Gesellschafter **18** 25
—Vertretung, gemeinsame **18** 23 f
—Verwaltungsrechte **18** 18
—Verzug **18** 31
und Mitberechtigung § 747 BGB **15** 83

Geschäftsanteil (Fortsetzung)
Mitberechtigung keine Teilung **17** 5 f
Miterben, Teilung des — **17** 18
Mitgliedschaft als Inhalt **14** 4
Nacherbfall **Anh 15** 116
und Nachschußpflichten **26** 22 ff
Nebenabreden und Abtretungsverpflichtung **15** 49
Nebenrechte einer Forderung **15** 78
Nennbetrag, Anpassung bei Kapitalherabsetzung **58** 17 f
Nennbetrag, Bezeichnung mit **14** 3
Neubildung, Beschluß **53** 99
neuer — nach Einziehung **34** 60 ff
Nichtgenehmigung der Teilung **17** 31 f
Nichtigkeit schuldrechtlichen Vertrags **Anh 15** 9
Nichtrechtsfähiger Verein als Inhaber **18** 12
Niederlande **Einl** 511 ff
Nießbrauch **Anh 15** 58 ff
Nießbrauch und Pfandrecht, Verbindung **Anh 15** 66
notarielle Beurkundung von Abtretungsverpflichtung **15** 57
Nutzungspfand **Anh 15** 66
öffentliche Versteigerung kaduzierten — **23** 4 ff
Österreich **Einl** 175
offene Handelsgesellschaft als Inhaberin **18** 11
Option auf — **15** 53
Pacht **Anh 15** 30
Personenhandelsgesellschaft als Inhaberin **18** 11
Pfändung eines Teils **17** 43 f
Pfändung durch Zwangsvollstreckung **Anh 15** 78
Pfandrecht **Anh 15** 40
Pfandrecht und Nießbrauch, Verbindung **Anh 15** 66
Pfandrecht am Teil **17** 40 ff
Preisgabe **27** 8 ff
Realteilung **15** 23
Realteilung von Nennbeträgen **17** 3 ff
Rechtshandlungen gegenüber Mitberechtigten **18** 28 ff
Rechtsübergang **15** 74
Rechtsvergleichung **Einl** 680
Rechtsverkehr **Anh 15** 1 ff
Reform **5** 4
Rücknahmegarantie **15** 37
als Sacheinlage **5** 48
sämtliche —, Erwerb durch GmbH **33** 57
Schenkung **Anh 15** 30

Geschäftsanteil (Fortsetzung)
Schweiz **Einl** 232 ff
Selbständigkeit **15** 138 f
Selbständigkeit des Teilgeschäftshandels **17** 37
Sicherungsabtretung **Anh 15** 56
keine Sondererbfolge **Anh 15** 105
Sondergut **Anh 15** 76
Sonderrechte und Mitberechtigung **18** 18
und Stammeinlage **5** 12
und Stammeinlage, Unterscheidung **3** 37
und Stammkapital nach Einziehung des — **34** 56
Stimmabgabe, unterschiedliche **47** 13 ff
Strohmann **Anh 15** 52
Surrogate des — und Zwangsvollstreckung **Anh 15** 79
Surrogation **15** 78
Täuschung des Erwerbers **Anh 15** 11
Tausch **Anh 15** 30
Teil eines —, Einziehung **34** 42
Teilbarkeit und Mindestnennbetrag **17** 12
Teile von —, Verträge über Abtretung **15** 31
Teilgeschäftsanteil, Selbständigkeit **17** 37
Teilung **17** 1 ff
—Abtretung **17** 7
—kein Anspruch auf Zustimmung **17** 30
—Aufteilung als Selbstzweck **17** 9
—bedingte Zustimmung **17** 28
—Beschluß **53** 98
—einheitliche Beteiligung, Grundsatz **17** 9
—Form der Teilabtretung **17** 13
—Form der Zustimmung **17** 22
—Gemeinschaft am Anteil, Aufhebung **17** 8
—Gesellschafterbeschluß **17** 26; **46** 12
—Gesellschafterpflichten **17** 39
—Gesellschafterrechte **17** 38
—Gesellschaftsvertrag **17** 33 ff
—Mindestnennbetrag und Teilbarkeit **17** 12
—Mitberechtigung keine Teilung **17** 5
—unter Miterben **17** 18
—Nichtgenehmigung **17** 31 f
—obligatorischer Vertrag auf — **17** 31
—Pfändung eines Teils **17** 43
—Realteilung nach Nennbeträgen **17** 3 f
—Rechtsgeschäft, Zustimmung als **17** 25
—Selbständigkeit des Teilgeschäftsanteils **17** 37
—Selbstzweck, unzulässiger **17** 9
—Veräußerung an andere Gesellschaft **17** 16 f

Geschäftsanteil (Fortsetzung)
—Verbot gleichzeitiger Übertragung **17** 9 ff
—Verpfändung eines Teils **17** 40 ff
—keine Vorratsteilung **17** 7
—Wirkung der Teilveräußerung **17** 36 ff
—Zulässigkeitsvoraussetzungen **17** 7 ff
—Zustimmung, Form und Inhalt **17** 22 ff
—Zustimmung der Gesellschaft **17** 14 ff
—zwingendes Genehmigungserfordernis **17** 21
Teilung im Liquidationsstadium **69** 15
Teilung unter Miterben **17** 18
Teilungsanordnung **15** 11
Teilveräußerung **15** 139
Testamentsvollstreckung **Anh 15** 119 ff
Todesfall und Satzungsregelung **15** 7
Treuhänderwechsel **15** 40
Treuhand **Anh 15** 51 ff
Treuhand und Abtretungsbeschränkungen **15** 97 f
Übergang kraft Gesetzes **15** 78 f
Übernahmerecht **15** 29
Übernahmerechte, sonstige **Anh 15** 26 ff
Übertragbarkeit, Grundsatz **15** 3
übertragende Umwandlung **15** 80
Übertragung, Verbot gleichzeitiger **17** 9 ff
nach Umwandlung bergrechtlicher Gewerkschaft **77 Anh** UmwG 64, 3 ff
unentgeltliches Verpflichtungsgeschäft **15** 14
bei ungültiger Beitrittserklärung **2** 89
Unterbeteiligung **Anh 15** 35 ff
Unterbeteiligung am — keine Mitberechtigung **18** 3
Untergang Rechter Dritter am — nach Einziehung **34** 55
unverbrieft **14** 6
Urkunde und Abtretungsverpflichtung **15** 35
Veräußerlichkeit, Ausschluß **15** 4
Veräußerung und Auflösungsklage **61** 27 f
Veräußerung eigener **33** 47
Veräußerung des — und Gesellschafterstellung **16** 23
Veräußerung und Gesellschafterwechsel **16** 3
Veräußerung und Gewinnanteilschein **Anh 29** 12
Veräußerung im Liquidationsstadium **69** 13
Veräußerungsauftrag **15** 43
Verbot gleichzeitiger Übertragung **17** 9 ff
Vereinigte Staaten von Amerika **Einl** 660
Vereinigung **15** 140 ff

Geschäftsanteil (Fortsetzung)
—Beschluß **53** 98
Vereinigung in einer Hand, Rechtsvergleichung **Einl** 678
Vererblichkeit **15** 5; **Anh 15** 99
Vererbung, spätere Abtretungsverpflichtungen und Einziehungsermächtigungen **53** 115
Vergleich **Anh 15** 30
Vergleich mit Abtretungsverpflichtung **15** 14
Vergleichsverfahren gegen Gesellschafter **Anh 15** 98
Verkäuferpflichten **Anh 15** 14 ff
Verkauf aus freier Hand **Anh 15** 83
Verkauf, freihändiger des kaduzierten — **23** 12 ff
Verkauf abandonnierten — **27** 21 ff
Verkauf des kaduzierten — **23** 1 ff
Verkehrswert **34** 17
Vermächtnis **15** 11; **Anh 15** 112
Verminderung **5** 13
Vermögensübertragung **15** 80
Vernichtung durch Einziehung **34** 3, 54
Verpfändung **Anh 15** 39 ff
Verpfändung eines Teils **17** 40 ff
Verpfändung, Verpflichtung zur **Anh 15** 48
bei Verschmelzung **77 Anh II** VerschmG 21, 10 ff
Verschmelzung **15** 80
Versteigerung **Anh 15** 83
Vertrag über Abtretungsverpflichtung **15** 10
vertragliches Güterrecht **Anh 15** 76
Vertretung, gemeinsame **14** 37
Vertretung bei Mitberechtigung am — **18** 23
Vervielfältigung, Erschwerung **17** 1
Verwertung kaduzierten — **23** 1 ff
Verwertung des — als Pfandrecht **Anh 15** 47
voll bezahlter **33** 9
nicht voll eingezahlter **33** 7 ff
Vollmacht zur Abtretungsverpflichtung **15** 54 ff
vollwertige Gegenleistung **34** 17
Vorerwerbsrecht **15** 29
Vorkaufrechte, später vereinbarte **53** 116
Vorkaufsrecht **15** 26 ff
Vorkaufsrecht zugunsten GmbH am — **33** 36
Vorkaufsrechte **Anh 15** 26 ff
vormundschaftsgerichtliche Genehmigung der Abtretung **15** 128 ff
Vorvertrag über Abtretung **15** 47

Geschäftsanteil (Fortsetzung)
Vorzugsgeschäftsanteil **5** 137 ff
Wert **14** 5
Wertanteil, Wertrecht **14** 5
kein Wertpapier **14** 7
Zugewinngemeinschaft **Anh 15** 68 ff
Zusammenlegung bei Kapitalherabsetzung **58** 23 f
Zuschlag für kaduzierten — **23** 10
Zustimmung zur Abtretung **15** 104 ff
Zustimmung der Gesellschaft zur Teilbarkeit **17** 14 ff
Zwangseinziehung **Anh 15** 89, 94; **34** 30 ff
Zwangsvollstreckung **Anh 15** 78 ff
Geschäftsanteil, Übertragung
Belgien **Einl** 341
Dänemark **Einl** 566
Formstatut **Einl** 100 f
Frankreich **Einl** 287
Gesellschaftsstatut **Einl** 91
Großbritannien **Einl** 623 f
Italien **Einl** 452
Luxemburg **Einl** 396
als Nebenleistungspflicht **3** 66
und Nebenleistungspflichten **3** 90 ff
Niederlande **Einl** 512
Österreich **Einl** 176
Rechtsvergleichung **Einl** 680
Schweiz **Einl** 233
Vereinigte Staaten von Amerika **Einl** 660
Geschäftsart der Gesellschaft
und Kapitalbedarf **Anh 30** 15
Geschäftsaufnahme, vorzeitige
und Kapitalrisiko **11** 29
Geschäftsbericht
Belgien **Einl** 353
Frankreich **Einl** 298
Großbritannien **Einl** 635
Niederlande **Einl** 523
nach Publizitätsgesetz **Anh III 43** 12
Rechtsvergleichung **Einl** 683
Geschäftsbriefe der GmbH
Aufsichtsratsvorsitzender **35a** 4
ausländische Gesellschaft **35a** 7
Behörden, Mitteilungen **35a** 14
Beiratsvorsitzender **35a** 4
Bestellscheine **35a** 11
EG-Recht **35a** 1
Geschäftsführernamen **35a** 4
Geschäftsverbindung, bestehende **35a** 12
Geschäftsverkehr mit Ausland **35a** 8
nicht GmbH & Co. KG **35a** 6
Informationserlangung **35a** 2
nicht im internen Schriftverkehr **35a** 10
Kapitalangaben **35a** 5
Geschäftsbriefe der GmbH (Fortsetzung)
in Liquidation **71** 26 f
Ordnungsvorschrift **35a** 15
Rechtsformangabe **35a** 4
Reform **35a** 3
Registergericht **35a** 4
Sitzangabe **35a** 4
zwingendes Recht **35a** 2
Geschäftseinbringung
Sacheinlage **5** 52
Geschäftsentwicklungskosten
Bilanzierung **42** 96
Geschäftsfähigkeit
Gesellschaftsstatut **Einl** 89
Geschäftsfähigkeit, unbeschränkte
des Geschäftsführers **35** 29 ff
Geschäftsfähigkeit, nicht volle
Beitrittserklärung zur GmbH **2** 82
und Gesellschafterstellung **2** 61
Geschäftsfortführung
unter bisheriger Firma **11** 63
Geschäftsführer
s. a. Geschäftsführer, Gründungsstadium
s. a. Geschäftsführer der Vorgesellschaft
Abberufung
— Ansehengefährdung **38** 49
— Anstellungsvertrag, weitergeltender **38** 35 ff
— Beschränkung auf wichtige Gründe **38** 39
— vor Eintragung der GmbH **2** 13
— Erfolglosigkeit, anhaltende **38** 51
— Erklärung von Widerruf und Kündigung **38** 18
— Erklärungszuständigkeit **38** 20 ff
— des faktischen Geschäftsführers **38** 74
— Folgen **38** 14
— Folgen der umstrittenen aus wichtigem Grund **38** 66
— freie Widerruflichkeit **38** 28 ff
— Geschäftsführungsbefugnis, Erlöschen **38** 14
— Gesellschafter — Geschäftsführer **38** 22
— Gesellschafterbeschluß **46** 15
— gesellschaftsvertragliche Beschränkung **38** 40 f
— grobe Pflichtverletzung **38** 47
— Konkursverfahren **38** 73
— Kreditgefährdung **38** 49
— und Kündigung des Anstellungsvertrags **38** 10 ff

Geschäftsführer (Fortsetzung)
— Kündigung aus wichtigem Grund, keine Ausschließung oder Erschwerung **38** 42
— Mitbestimmung **38** 25, 66
— Reform **38** 3 ff
— schuldrechtliche Vereinbarung **38** 31
— Sonderrecht auf Geschäftsführung **38** 12, 30
— Störung der Zusammenarbeit **38** 50
— Ungenügen gegenüber Anforderungen **38** 48
— Verfahren **38** 20 ff
— Vergleichsverfahren **38** 73
— Verhältnis zur Kündigung **38** 10
— Vertrauensentzug seitens Gesellschafter **38** 52
— Vertretungsmacht, Erlöschen **38** 14
— wichtiger Grund **38** 43 ff
— Widerruf der Bestellung **38** 11 ff
— zeitliche Grenzen **38** 58
Änderung persönlicher Daten **39** 5 f
Änderung im Personenbestand **39** 3 ff
Aktivvertretung **35** 239
Altersversorgung, betriebliche **35** 77 ff
Anforderung und Ungenügen **38** 48
Angabe in Korrespondenz **35a** 4
Angemessenheit der Vergütung **35** 113 ff
Anmeldung der Änderung persönlicher Daten **39** 5 f
Anmeldung der Änderung im Personenbestand **39** 3 ff
Anmeldung der Änderung der Vertretungsbefugnis **39** 7
Anmeldung, Anspruch des ausgeschiedenen — **39** 12
Anmeldung der Auflösung **65** 3
Anmeldung der Errichtung der Zweigniederlassung **12** 20 ff
Anmeldung der Kapitalerhöhung **57** 16
Anmeldung, Pflicht und Befugnis zur **39** 8 ff
Anstellungsverhältnis
— abhängiger Geschäftsführer **35** 73
— Abschluß **35** 99 ff
— Altersversorgung **35** 73
— Angemessenheit der Vergütung **35** 144 f
— Annahmeverzug **35** 122
— Anpassung der Vergütung **35** 117 f
— Anstellungsvertrag und Organisationsrecht **35** 85 ff
— arbeitnehmerähnliche Person **35** 77
— Arbeitsgerichte, Zuständigkeit **35** 209
— Aufsichtsrat, keine Befugnis zur Regelung **35** 89

Geschäftsführer (Fortsetzung)
— Auslagenersatz **35** 199
— beherrschender Gesellschafter-Geschäftsführer **35** 79
— Beschränkungen **37** 30
— betriebliche Altersversorgung **35** 77
— Betriebsrisikolehre **35** 122
— Form **35** 107
— Fremdgeschäftsführer **35** 72
— Fürsorgepflicht der Gesellschaft **35** 93
— nicht geborener Liquidator **65** 4
— Gerichtsstand für Streitigkeiten **35** 207 ff
— Gesellschafter-Geschäftsführer **35** 72, 76
— Gesellschafterbeschluß **46** 18 ff
— Gesellschaftsvertrag, Vorrang **35** 85
— GmbH & Co. KG **35** 149
— Gratifikation **35** 140
— als konkreter Prinzipal **35** 94
— wegen Konkurseröffnung **63** 93
— korporationsrechtliche Änderung und — **35** 91
— Kündigung und Abberufung, Verhältnis **38** 10
— mangelhaftes — **35** 108
— ordentliche Gerichte, Zuständigkeit **35** 207
— Organisationsrecht und Anstellungsvertrag **35** 85 ff
— Organstellung und Pflichtbegründung durch — **35** 202
— Pflichten aus dem — **35** 202
— Recht auf bestimmte Befugnis **35** 88
— Rechte aus dem — **35** 112 ff
— rechtliche Qualifikation **35** 84
— Ruhegehalt **35** 152 ff
— Ruhegehalt, steuerliche Behandlung **35** 184 ff
— schuldrechtliche Einordnung **35** 84
— Sozialversicherungsrecht **35** 73 f, 96 ff
— Steuerrecht **35** 79
— Tantieme **35** 138 f
— Treupflicht der Gesellschaft **35** 93
— Typendifferenzierung **35** 72 ff
— Unmöglichkeit **35** 120
— Unternehmer-Geschäftsführer **35** 73
— und unternehmerischer Einfluß **35** 82
— Urlaub **35** 200
— verdeckte Gewinnausschüttung **35** 143 ff
— Vergütung **35** 112 ff
— Vergütung, steuerliche Behandlung **35** 142 ff

Geschäftsführer (Fortsetzung)
—Vergütung in Zwangsvollstreckung, Konkurs **35** 124
—Verhinderung **35** 120
—Versorgungslohn **35** 141
—Wertsicherung der Vergütung **35** 119
—Wettbewerbsverbot, nachvertragliches **35** 204 f
—Zeugnis **35** 201
Antrag auf gerichtliches Vergleichsverfahren **63** 107
Antrag auf Konkurseröffnung **63** 46
Antragspflicht bei Konkursreife s. Konkursverfahren unter Antragspflicht
Arbeitsdirektor **35** 13 ff, 22, 49
Arbeitsdirektor, Qualifikation **35** 33
Aufsichtspflicht bei Geschäftsverteilung **43** 33
Aufsichtsrat und Bestellung des — **35** 46 ff
Aufsichtsrat, Überwachung der — **52** 122, 128
Aufsichtsrat und Vertretungsbeschränkung **35** 218 ff
Aufsichtsratsmitglieder **35** 31
ausgeschiedene —, Gesellschafterbeschluß **46** 32
Ausländer als — **35** 29
ausländischer —, Anmeldung **39** 16
Auslagenersatz **35** 199
Ausscheiden und Anmeldung **39** 10, 12
außergewöhnliche Betriebshandlungen **37** 4
außerordentliche Kündigung **38** 16, 56, 59
Autonomieproblem **37** 7 ff
Beamte **35** 31
Befugnis **35** 210
Befugnis der — und Beschränkbarkeit **37** 3 ff
Beherrschungsvertrag, keine Abschlußvollmacht **53** 128
Berichterstattung an Aufsichtsrat **52** 53 ff
Bestellung **Einl** 434
—Anstellungsverhältnis **35** 41
—Arbeitsdirektor **35** 48 f
—Aufsichtsrat, Kompetenz zur — **35** 46
—Aufsichtsratsmitglieder, Wahlfreiheit **35** 47
—Belgien **Einl** 326, 332
—beschränkt Geschäftsfähiger **35** 62
—Dänemark **Einl** 549, 555 ff
—in eindrittelmitbestimmter GmbH **35** 42
—fehlerhaftes Dauerverhältnis **35** 61
—Frankreich **Einl** 271

Geschäftsführer (Fortsetzung)
—durch gerichtliche Notbestellung **6** 11
—Gesellschafterbeschluß **46** 14
—im Gesellschaftsvertrag **6** 4, 8
—Großbritannien **Einl** 611
—im Gründungsstadium **6** 8 ff
—Italien **Einl** 440
—körperschaftlicher Organisationsakt **35** 41
—Luxemburg **Einl** 380
—mangelhafte — **35** 61
—in montanmitbestimmter GmbH **6** 12
—in nichtmitbestimmter GmbH **35** 42
—Niederlande **Einl** 490, 498 ff
—Notgeschäftsführer **35** 63 ff
—Organentstehung **35** 41
—Organisationsakt **35** 41
—in paritätisch mitbestimmter GmbH **35** 43
—Rechtsnatur **35** 41
—und Ressortzuweisung, keine Verbindung **35** 48
—schuldrechtliches Dienstverhältnis **35** 41
—Schweiz **Einl** 216
—als Sondervorteil **6** 9
—Vereinigte Staaten von Amerika **Einl** 656
—vertragliche Begründung **35** 41
—Wahlverfahren bei Mitbestimmung **35** 50 ff
Bestellung in Österreich **Einl** 158
Besteuerung **35** 79, 142 ff, 184 ff
betriebliche Altersversorgung **35** 77 ff
Bezeichnung **35** 16
Bilanzierungspflicht **41** 8
Buchführung außer Haus, Pflichten bei **41** 6
Buchführung, Sorgepflicht **41** 3 ff
deutsche Staatsangehörigkeit nicht erforderlich **35** 29
Dienstverhältnis, schuldrechtliches **35** 41
EDV-Buchführung, Pflichten bei **41** 6
eidesstattliche Versicherung **35** 235
Eignungsvoraussetzungen **35** 29 ff
Einberufung der Gesellschafterversammlung **49** 3 ff
Einberufungsverlangen an — **50** 7
eindrittelmitbestimmte GmbH und Geschäftsführerbestellung **35** 42
Einstehenmüssen der Gesellschaft für — **35** 283 f
Einzelvertretung **35** 249
Entlastung
—Gesellschafterbeschluß **46** 22 ff

Geschäftsführer (Fortsetzung)
Entlastung, ungerechtfertigte **Anh 47** 90
Erfolglosigkeit, anhaltende **38** 51
Erforderlichkeit **35** 17 ff
Ersatzansprüche gegen —, Gesellschafterbeschluß **46** 31 ff
faktischer — und Konkursantrag **63** 47; **64** 11
Fehlen der vorgesehenen Zahl der — **35** 24
Form des Anstellungsvertrags **35** 107
Fürsorgepflicht der Gesellschaft **35** 93
geborener Liquidator **66** 3 ff
Gemeinschuldnerbereich **63** 90
Generalvollmacht, unzulässige **35** 17
gerichtlicher Vertreter **35** 231 ff
gerichtliches Vergleichsverfahren, Antrag **63** 107
Gerichtsstand **35** 207 ff
Gesamtvertretung, unechte **35** 250 ff
geschäftsführerlose GmbH **35** 17
Geschäftsführungsbefugnis und Gesellschaftsvertrag **53** 108
Geschäftsführungsbefugnis, Beschränkung
—Aktienrecht, Unterschied **37** 1
—Amtsniederlegung **37** 32
—durch Anstellungsvertrag **37** 30
—Anstellungsvertrag und Gesellschaftsvertrag **37** 24
—Arbeitsdirektor **37** 13 ff
—außergewöhnliche Betriebshandlungen **37** 4
—kein Dispens von Verantwortung im Ganzen **37** 10
—Einschränkungen durch Satzung **37** 19
—erweiterte Befugnis **37** 6
—Geschäftsordnung **37** 28
—Geschäftspolitik, Präzisierung **37** 18
—Geschäftsverteilung **37** 20
—Geschäftsverteilung, Grenzen **37** 10
—durch Gesellschafterbeschluß **37** 25 ff
—durch Gesellschaftsvertrag **37** 17 ff
—gesetzliche Befugnis **37** 6
—gesetzliche Ordnung und Weisung **37** 9
—gewöhnlicher Betrieb des Unternehmens **37** 3
—Grenzen der Beschränkung **37** 7 ff
—interne Hierarchie **37** 10
—Klage auf Weisungsvollzug **37** 33
—Mindestbereich und Normalstatut **37** 8
—mitbestimmte Gesellschaft **37** 11 ff
—Nichtgesellschafter, Weisungsbefugnis **37** 21
—Personal- und Sozialfragen, Kernbereich **37** 13 f

Geschäftsführer (Fortsetzung)
—und Pflichten, zwingend auferlegte **37** 10
—Publizität **37** 9
—Rechtsfolgen **37** 31 ff
—Reform **37** 2
—Schadensersatz wegen Überschreitung **37** 34
—Selbstfinanzierungsentscheidung **37** 5
—uneinschränkbarer Bereich **37** 7
—Unternehmensgegenstand, Bestimmung **37** 17
—Unternehmensinteresse **37** 11
—Unternehmenspolitik, Grundsätze **37** 5
—Unterrichtung über andere Ressorts **37** 20
—Vertretungsbefugnis, unbeschränkbare **37** 39 ff
—Weisung, Vollzug **37** 33
—weisungsfreier Mindestbereich **37** 9
—Weisungsgebundenheit, durchgehende **37** 8
Geschäftsführungsbefugnis, Beschränkung
—keine Befugnisse **37** 8
Geschäftsgeheimnis, unbefugte Verwertung und Offenbarung **85** 4
Geschäftsordnung **35** 28
Geschäftsverteilung **37** 10
Geschäftsverteilung und Aufsichtspflicht **43** 33
Gesellschaft, Verhältnis zur **37** 31
Gesellschafterbeschluß und Beschränkungen des — **35** 25 ff
Gesellschaftervertrag und Beschränkung des — **35** 17 ff
gesellschaftsfremde Zwecke **43** 40
gesellschaftsinterne Maßnahmen und Vertretung **35** 212 ff
Gesellschaftsvertrag und Qualifikation **35** 35 ff
Gesellschaftsvertrag und Vertretungsbefugnis **35** 241 ff
gesellschaftsvertragliche Eignungsvoraussetzungen **35** 35
Gesellschaftvertrag und Anstellung **35** 85 ff
gesetzliche Vertretung unübertragbar **35** 17
gesetzliche Voraussetzungen, Wegfall **35** 34
grobe Pflichtverletzung **38** 47
Gründungstäuschung **82** 16 ff
Haftung für in Anspruch genommenes Vertrauen nach Konkursreife **64** 67
Haftung der Gesellschaft für — **35** 278 ff

Geschäftsführer (Fortsetzung)
Haftung gegenüber Gesellschaft **43** 1 ff
—Alleingesellschafter-Geschäftsführer **43** 70
—allgemeine Sorgfaltspflicht **43** 10
—Angestellte, Mitverschulden **43** 21
—Anstellungsvertrag, Pflichten **43** 54
—ausgeschiedener Geschäftsführer **43** 66
—Ausgleich der Geschäftsführer **43** 65
—Beendigung **43** 18
—Beginn **43** 14
—Bestellung, mangelhafte **43** 15
—Beweislast **43** 66
—Darlegungslast **43** 66
—Erfolgshaftung, ausgeschlossene **43** 11
—keine — für fremde Pflichtverletzung **43** 19 f
—Generalbereinigung **43** 87
—gesamtschuldnerische Haftung **43** 62
—Gesamtvertretung **43** 63
—Geschäftsverteilung **43** 33
—Gesellschafter, Geltendmachung **43** 101 f
—Gläubiger, Geltendmachung nichtberechtigter **43** 99
—haftende Personen **43** 13
—Kapitalgrundlage, Gefährdung **43** 90
—Mitverschulden **43** 21, 64
—nichtige GmbH **43** 16
—Ordentlicher Geschäftsmann **43** 56
—Reform **43** 5 ff
—Schaden **43** 60 f
—Schadensersatzhaftung **43** 55 ff
—Sorgfaltsmaßstab **43** 56
—Sorgfaltspflicht **43** 22 ff
—Sorgfaltspflicht, Doppelfunktion **43** 22
—Sorgfaltspflicht, Inhalt der Pflicht **43** 23
—Stammkapital, Schutz **43** 89
—Treuepflicht **43** 36 ff
—Vergleich **43** 85 ff
—Verjährung **43** 92
—verschärfte Haftung **43** 90
—Verschuldensmaßstab **43** 56, 56 ff
—Verschwiegenheitspflicht **43** 44 ff
—Verzicht **43** 85 ff
—Weisung, anfechtbare **43** 80
—Weisung, nichtige **43** 76 ff
—Weisung, rechtswidrige **43** 74
—Weisungsgemäßes Verhalten **43** 67 ff
—zwingendes Recht **43** 11
Haftung der — wegen Konkursverschleppungsschaden **64** 44 ff
Haftung der — wegen Masseschmälerung nach Konkursreife **64** 37 ff

Geschäftsführer (Fortsetzung)
Haftung wegen sittenwidriger Schädigung nach Konkursreife **64** 60
Haftung für verbotene Stammkapitalrückzahlung **30** 12
Handeln vor Eintragung **11** 55
Handeln im Namen der Gesellschaft **37** 4
Handeln im Rahmen der Vertretungsbefugnis **36** 3
Handlungsorgan, unverzichtbares **35** 17
Höchstzahl der — Überschreitung **35** 27 f
inländischer Wohnsitz nicht erforderlich **35** 29
innergesellschaftlicher Akt **53** 37
interne Hierarchie **35** 10
Irrtumszurechnung **35** 273 ff
Jahresabschluß, Aufstellung **41** 21
Kapitalerhöhung, Anmeldung **57** 16
Kapitalerhöhungstäuschung **82** 68
keine Kaufmannseigenschaft **35** 95
Kenntnis des — vom nichtigen Beschluß **Anh 47** 212
körperschaftlicher Akt **53** 37
Kollegialität **43** 29
konkreter Prinzipal **35** 94
nach Konkurseröffnung **63** 88
kraft Verfassungsrecht ausgeschlossene — **35** 30
Kündigung des Vertrages **38** 15 ff
—und Abberufung, Verhältnis **38** 10, 35 ff
—Angestelltenkündigungsschutzgesetz **38** 15
—Außenwirkung **38** 18
—außerordentliche **38** 16, 56, 59
—Erklärung **38** 18 f
—Erschwerung der Kündigung aus wichtigem Grund **38** 42
—durch Geschäftsführer **38** 75
—im Konkurs **38** 73
—Konkurs und Kündigung **38** 73
—Kündigung, zeitliche Grenze **38** 59
—Kündigungsfrist, ordentliche **38** 15
—Ruhegehaltsansprüche **38** 17
—Sonderrecht **38** 12, 30
—im Vergleich **38** 73
—Vergleich und Kündigung **38** 73
—Weitergeltung nach Abberufung **38** 35 ff
—Wettbewerbsverbot **38** 17
—aus wichtigem Grund, keine Ausschließung oder Erschwerung **38** 42
—wichtiger Grund **38** 43 ff
—wirksame **38** 17

Geschäftsführer (Fortsetzung)
—zeitliche Grenze für außerordentliche **38** 59
Liquidator als — **70** 25 ff
Liquidator, geborener **66** 3 ff
loyale Zusammenarbeit **43** 28
lückenhafte Regelung **35** 1
Mangelhafte Bestellung des — **35** 61 f
mangelhafter Anstellungsvertrag **35** 108 ff
Mitbestimmung und Abschluß des Anstellungsvertrags **35** 99 ff
Mitbestimmung und Qualifikationsvoraussetzung **35** 36 ff
Mitbestimmung und Vertretung **35** 223 ff
Mitbestimmung und Zahl der — **35** 22
Mitverschulden **43** 21
Montanmitbestimmungsgesetz **35** 43 ff
Namensangabe in Korrespondenz **35a** 4
nichtiger Beschluß, Kenntnis des — **Anh 47** 212
Nichtigkeitsklage, Vertretung **75** 41
nichtmitbestimmte GmbH und Geschäftsführerbestellung **45** 42
Notgeschäftsführer **35** 63 ff
notwendiges Organ **35** 2
nur natürliche Personen als — **35** 29
Ordnungswidrigkeitenverfahren **35** 236
Organbefugnisse weggefallener — **35** 21
Organisation, Sorge für Rechtmäßigkeit **43** 25
Organisationsakt der Bestellung **35** 41
Organisationswechsel und Anstellungsvertrag **35** 85 ff
Organstellung **35** 202
Organstellung, Verbot eigennütziger Ausnutzung **43** 41
paritätisch mitbestimmte GmbH und Geschäftsführerbestellung **35** 43
Passivvertretung **35** 240
persönliche Daten, Änderung **39** 5 f
Personalwesen **35** 13 ff
Personenbestand, Änderung **39** 3 ff
Pflichten aus Anstellungsverhältnis **35** 202 ff
Pflichten, Beachtung der auferlegten **43** 27
Prinzipal, konkreter **35** 94
Prüfung durch Gesellschafter **46** 27
Qualifikationsvoraussetzungen nach Satzung **35** 35 ff
Rechenschaftslegung **42** 7
rechtliche Qualifikation **35** 84 ff
rechtmäßiges Verhalten, Sorge für **43** 24
Ruhegehalt **35** 152 ff
Schadensersatz wegen Befugnisüberschreitung **37** 34

Geschäftsführer (Fortsetzung)
Schadensersatzhaftung gegenüber Gesellschaft **43** 55 ff
Schuldrechtliches Dienstverhältnis **35** 41
Selbstkontrahierungsverbot **35** 227 ff
Sorgepflicht für Buchführung **41** 3 ff
sorgfältige Geschäftsführung **43** 23
Sorgfalt ordentlichen Geschäftsmanns **43** 56
Sorgfaltspflicht **43** 10 ff
Sozialversicherung **35** 96 ff
Sozialversicherungsrecht **35** 74 ff
Sozialwesen **35** 13 ff
Stellvertreter **44** 1 ff
steuerrechtliche Buchführungspflichten, Beachtung **41** 4
Strafbarkeit **82** 3
Strafverfahren **35** 236
Tantieme **35** 127 ff
Treuepflicht **43** 37 ff
Treuepflicht der Gesellschaft **35** 93
Treuepflichtverletzungen **Vor 82** 55 ff
Typendifferenzierung **35** 72 ff
überstimmter — **43** 26
Überwachung durch Aufsichtsrat **52** 122, 128
Überwachungspflicht in Buchhaltung **41** 5
unbeschränkt geschäftsfähige — **35** 29
unechte Gesamtvertretung **35** 250 ff
unterlassene Anzeige bei Verlust der Hälfte des Stammkapitals **84** 13 ff
unterlassene Stellung von Konkurs- bzw. Vergleichsantrag **84** 45
Unternehmensleistung, Regeln sorgfältiger **43** 30
Unternehmenspolitik, Grundsätze **37** 5
Urlaub **35** 200
Verfügungsbefugnis **Vor 82** 21 ff
Vergütung **35** 112 ff
Verpflichtungsbefugnis **Vor 82** 21 ff
und Verschmelzung **77 Anh II** VerschmG 25, 28
Verschmelzung **77 Anh II** VerschmG 21, 25
Verschmelzungsvertrag **77 Anh II** VerschmG 21, 3
Verschuldensmaßstab **43** 56
Verschwiegenheitspflicht **43** 44 ff
Versicherung der — bei Anmeldung der Kapitalerhöhung **57** 7
Vertrauensentzug seitens Gesellschafter **38** 52
Vertrauenshaftung nach Konkursreife **64** 67
Vertretung
—abweichende Regelungen **35** 241

Geschäftsführer (Fortsetzung)
—Änderung, Anmeldung **39** 7
—Änderung des Gesellschaftsvertrags und Vertretungsmacht **53** 37
—Aktivvertretung **35** 237 f
—Arbeitsdirektor, gleichberechtigter **35** 247
—und Aufsichtsrat **35** 218
—Aufsichtsrat und Mitbestimmung **35** 225
—Begrenzung durch Befugnis anderer Organe **35** 217
—Betriebsverfassung **35** 215
—Direktionsrecht **35** 215
—eidesstattliche Versicherung **35** 235
—Einzelvertretung **35** 249
—Erfüllungsgeschäfte und Selbstkontrahierungsverbot **35** 227
—Ermächtigung an Geschäftsführer **35** 242
—keine gemeinsame Vertretung **35** 220
—Genehmigung nach Verstoß gegen § 181 BGB **35** 230
—gerichtlicher Vertreter **35** 231 ff
—Gesamtvertretung, Ausübung **35** 255 ff
—Gesamtvertretung durch Teil **35** 248
—Geschäftsführeramt an Dritten **35** 222
—Gesellschafterbeschluß **46** 16
—Gesellschafterkompetenz **35** 221
—und gesellschaftsinterne Maßnahme **35** 212
—Gesellschaftsvertrag, abweichende Regelung **35** 241
—Gestaltungen, zulässig und unzulässige **35** 243 ff
—gewillkürte **35** 270 ff
—Grenze zulässigen rechtlichen Handelns **35** 216
—Handeln im Namen der Gesellschaft **36** 4
—Handeln im Rahmen der Befugnis **36** 3
—Handlungsvollmacht, Erteilung **35** 214
—nicht für innergesellschaftliche Akte **53** 37
—Irrtumszurechnung **35** 273 ff
—Kenntnis, Kennenmüssen **35** 273
—Klageschrift **35** 233
—nicht für körperschaftliche Akte **53** 37
—Kollegialpinzip **35** 237
—Liquidator **70** 27 f
—Liquidatoren **35** 224
—Mehrvertretung, verbotene **35** 229
—Mitbestimmung **35** 215, 223
—Nichtigkeitsklage **35** 219
—Ordnungswidrigkeitsverfahren **35** 236

Geschäftsführer (Fortsetzung)
—Passivvertretung **35** 240
—Prokuraerteilung **35** 214
—Prokurist, Stellung **35** 252 ff
—Selbstkontrahierungsverbot **35** 277
—Strafverfahren **35** 236
—Überschreitung der Befugnis **37** 47
—Umfang **35** 216
—Unbeschränkbarkeit der Befugnis **37** 39 ff
—unechte Gesamtvertretung **35** 250
—Unterbevollmächtigter, Bestellung **35** 229
—unzulässige Gestaltungen **35** 244
—Verhinderung des Geschäftsführers **35** 246
—Vertretungsbefugnis, Änderung **39** 7
—Wahl von Aufsichtsratsmitgliedern, Mitwirkung **35** 215
—Wegfall des Geschäftsführers **35** 246
—widersprüchliche Erklärungen **36** 5
—Wissenszurechnung **35** 273 ff
—zulässige Gestaltungen **35** 243 f
—und Zustimmungserfordernisse **35** 226
Vertretung der GmbH im Prozeß **13** 15
Vertretungsbefugnis, Beschränkung
—Beherrschungsvertrag **53** 128
Vertretungsmacht in Vorgesellschaft **11** 53 ff
Vertretungswirkung **26** 1 ff
Vorhandensein aller — **35** 25
Wegfall aller — nach Anmeldung **35** 19
Wegfalles aller — nach Eintragung **35** 20
Weisung gegenüber — und Haftung **43** 67 ff
Weisungsfreier Mindestbereich **37** 9
Wettbewerbsverbot, nachvertragliches **35** 204
widersprüchliche Erklärungen **36** 5
Willenserklärung, abgegebene oder entgegengenommene **36** 1
Wohnsitz, inländischer nicht erforderlich **35** 29
Zahl der — **35** 22, 23
nicht Zeuge **13** 15
Zeugnis **35** 201
kein Zeugnisverweigerungsrecht **43** 53

Geschäftsführer, Gründungsstadium
als anmeldende Personen **7** 9
Anmeldendenhaftung **9** 1 ff
Anmeldung zum Handelsregister durch — **6** 4
Aufenthalt **6** 7
Beschluß, Bestellung durch **6** 10

Geschäftsführer, Gründungsstadium (Fortsetzung)
beschränkt Geschäftsfähiger als Anmeldender **7** 10
Bestellung **6** 8 ff
Bestellung kein Satzungsbestandteil **6** 8
Drittorganschaft, Grundsatz **6** 7
Einmanngesellschaft/Geschäftsführerin **6** 7
Eintragungshindernis bei Fehlen **6** 3
freie Verfügung über Einlagen **7** 38 f
Funktion **6** 6
gerichtliche Notbestellung **6** 11
geschäftsunfähige als Anmeldender **7** 10
Gesellschaftsvertrag, Bestellung **6** 8 f
im Gesellschaftsvertragbestellte **6** 5
Haftung der Anmeldenden **9** 1 ff
Inlandswohnsitz, — Aufenthaltsort nicht erforderlich **6** 7
keine juristische Person ohne — **6** 4
Legitimation als Anlage der Anmeldung **8** 6
montanbestimmte GmbH **6** 12
notwendiges Organ **6** 3
persönliche Voraussetzung **6** 7
Pflicht zur — **6** 9
Recht auf — als Sondervorteil **6** 9
Reform **6** 2
Rückgriffsansprüche aus Gründungsanlaß **9** 35
sämtliche Gesellschafter als — **6** 13
Selbstorganschaft-Grundsatz gilt nicht **6** 7
als Sondervorteil **6** 9
Sorgfaltspflichtverletzung **9** 36
Stellung **6** 6
Versicherung über Mindesteinlage und freie Verfügbarkeit **8** 20 ff
Wohnsitz **6** 7
Zahl **6** 5
Zeichnung der Unterschriften **8** 27 ff
Geschäftsführer der Vorgesellschaft
Bargründung **11** 54, 57
Freistellung von Handelndenhaftung **11** 85
Gegenrechte bei Handelndenhaftung **11** 81
Handeln außerhalb des Zwecks **11** 92
Handeln vor Eintragung **11** 75
Handeln namens der Gesellschaft **11** 75
als Handelnde für Haftung **11** 72 ff
Rückgriffsansprüche **11** 86
Sachgründung **11** 54, 57
Schuldbefreiung von Handelndenhaftung **11** 86
Geschäftsführer der Vorgesellschaft (Fortsetzung)
Vertragsabschluß, Beteiligung an und Handelndenhaftung **11** 74
Vertretungsmacht **11** 53 ff
Vertretungsmacht und Handelndenhaftung **11** 76
keine Vertretungsmacht für künftige GmbH **11** 59
Geschäftsführung
Belgien **Einl** 332
Bereich **37** 3
Dänemark **Einl** 555 ff
Frankreich **Einl** 277 ff
Gesellschaftsvertrag, Regeln im **53** 106 ff
Großbritannien **Einl** 610 ff
Italien **Einl** 440 ff
Luxemburg **Einl** 386 ff
als Nebenleistungspflicht **3** 67
Niederlande **Einl** 498 ff
Österreich **Einl** 164 ff
Schweiz **Einl** 222 ff
keine Übertragung an Aufsichtsrat **52** 126, 130
Vereinigte Staaten von Amerika **Einl** 656
Vorgesellschaft **11** 41
Vorzugsrecht **5** 146
und Weisungsfreiheit **37** 8 ff
Geschäftsführung im Liquidationsstadium **69** 51 ff
Geschäftsführungsinstrument GmbH **Einl** 17
Geschäftsführungsorgan GmbH
im Gleichordnungskonzern **Einl** 18
Geschäftsgeheimnis **85** 19 f
unbefugte Offenbarung, Verwertung
—abstraktes Gefährdungsdelikt **85** 5 f
—Antragsdelikt **85** 7
—Betriebsgeheimnis **85** 19 ff
—Einverständnis **85** 46 ff
—Geheimhaltungsinteresse **85** 31
—Geheimhaltungswille **85** 26
—Geheimnisbegriff **85** 22
—Geheimnisträger **85** 47
—Geschäftsgeheimnis **85** 19 ff
—Gesellschaftsgeheimnis **85** 19 ff
—Irrtum **85** 61 f
—offenbaren **85** 36 f
—Qualifikationstatbestand **85** 64 ff
—Rechtfertigungsgründe **85** 45 ff, 50 ff
—Rechtsgut, geschütztes **85** 12 ff
—Reform **85** 2
—Sonderdelikt **85** 4
—Strafantrag **85** 75 ff
—Strafe **85** 73
—im System der Strafvorschriften **85** 8 ff

Geschäftsgeheimnis (Fortsetzung)
—Täterkreis **85** 15 ff
—Täterschaft **85** 62
—Tathandlungen **85** 35 ff
—Tatobjekt **85** 18
—Teilnahme **85** 62
—unbefugt **85** 44
—Unbekanntheit **85** 23
—Verbotsirrtum **85** 62
—Verjährung **85** 74
—verwerten **85** 38 ff
—Verwertungsbefugnis nach Ausscheiden aus Dienstverhältnis **85** 56 ff
—Vollendung **85** 70
—Vorsatz **85** 60
—wirtschaftliche Ausnutzung **85** 42
—zeitlicher Geltungsbereich **85** 59
Geschäftsjahr
Änderung **53** 102
und Bilanzaufstellung **29** 15 ff
erstes **29** 20
im Liquidationsstadium **71** 15
Verlegung **29** 19
Geschäftslagetäuschung
Täterkreis **82** 92
Geschäftsordnung
des Aufsichtsrats **52** 91, 93, 97, 101
Geschäftstätigkeit, Schwerpunkt **3** 21
Geschäftsübergang
und Firmenfortführung **4** 69 ff
Geschäftsumfang der Gesellschaft
und Kapitalbedarf **Anh 30** 15
Geschäftsunfähigkeit
und Beitrittserklärung zur GmbH **2** 82
Geschäftsverteilung
unter Geschäftsführern **37** 20
und Sorgepflicht für Buchhaltung **41** 7
Geschäftswert
Bilanzierung **42** 97
Geschichte der GmbH
Belgien **Einl** 317
Dänemark **Einl** 541
Deutschland **Einl** 1
Frankreich **Einl** 259
Großbritannien **Einl** 594
Italien **Einl** 425
Luxemburg **Einl** 371
Niederlande **Einl** 481
Österreich **Einl** 149
Schweiz **Einl** 206
Geschlossenheit des Mitgliederkreises
als GmbH-Strukturelement **Einl** 671
Geschmacksmusterrechte
Sacheinlage **5** 47
Gesellschaft bürgerlichen Rechts
Vor-GmbH & Co. KG **11** 100
Vorgesellschaft **11** 7
Gesellschaft oder Verein **Einl** 4
Gesellschafter
Abtretung des Geschäftsanteils durch — **15** 91
Änderung des Vertrags, alleinige Kompetenz **53** 23
und Aktionär, Vergleich **Einl** 26
als Anfechtungskläger **Anh 47** 118 ff
Angabe der — im Gründungsvertrag **3** 39
Anspruch auf Reingewinn
s. Reingewinn unter Anspruch auf Reingewinn
Ansprüche gegen Geschäftsführer wegen Gründung **9** 39
Aufenthalt, unbekannter **51** 4
Auflösung wegen fehlender — **60** 58
Auflösungsklage wegen Gründe in Person des — **61** 21
Auflösungsklage, Klagebefugnis **61** 28
Ausgleich unter — wegen Mangel der Beitrittserklärung **2** 110
Auskunftsrecht **45** 23 ff
Beistand **48** 10
Beitrittserklärung, nichtige **75** 12
Benutzung aufbewahrter Bücher und Schriften **74** 11
als Beschlußorgan **45** 7
betroffener — von Änderung des Gesellschaftsvertrags **53** 67
Bezugsrecht bei Kapitalerhöhung **55** 44 ff
Darlehensgewährung an einzelne als Treubruchtatbestand **Vor 82** 57
Dienstleistung des — keine Sacheinlage **5** 42
Dividendenverzicht **29** 96
Drittrechte **14** 16 f
Einberufungsrecht **50** 3
Einladungen an — zur Gesellschafterversammlung **51** 4
Einsichtsrecht **45** 26
Einziehung ohne oder unter Mitwirkung des — **34** 6 ff
Einziehung, Recht auf **34** 65 f
Einziehung, Zustimmung **34** 29 ff
entziehbare Rechte **14** 13
Ersatzansprüche gegen Geschäftsführer **43** 101 f
Ersatzansprüche gegen —, Gesellschafterbeschluß **46** 31 ff
Feststellung der Eigenschaft **13** 10
Firma eines — und Personenfirma **4** 39

Gesellschafter (Fortsetzung)
freiwillige Mehrleistungen vor Eintragung **7** 40 ff
Gemeinwohlgefährdung, Zurechenbarkeit **62** 19
Geschäftsanteil, Veräußerung **16** 23
Geschäftsführung, Willensbildung **45** 4
Gläubigerrechte **14** 16 f
Gläubigerrechte und Sondervorteile **5** 150
Gleichheitsgrundsatz **14** 18
Haftung wegen Konkursverschleppung **64** 70 ff
Informationspflicht gegenüber — **45** 23
Kapitalerhöhung, Beteiligung an **55** 28a
Kapitalerhöhung, Verpflichtung zur Beschlußfassung **55** 29
Kompetenz-Kompetenz **45** 3
Konkurs **11** 46
Kontrollrechte **45** 23
legitimierter nach Veräußerung des Geschäftsanteils **16** 23
Liquidationsstadium **69** 44 ff
Liste der — als Anlage der Anmeldung **8** 7 ff
Mitgliedschaft **14** 8 ff
Mitgliedsrechte **14** 8 ff
Mitwirkungspflicht zur Satzungsänderung **53** 65
Namen der — und Firmenbildung **4** 35 ff
nichtige Gesellschaft und Verhältnis der — untereinander **77** 13
Nichtigkeit, Geltendmachung **75** 32
Nichtigkeitsklage **75** 36 ff
Österreich **Einl** 175 ff
Qualität der — bei GmbH-Gründung **2** 59 ff
Rechte des einzelnen — **45** 21 ff
Sachgründungstäuschung, Täter **82** 65
säumiger — **Vor 21** 1
kein Schlußlegungsrecht **74** 22
Schutz gegen rechtswidrigen Einfluß des beherrschenden Gesellschafters **45** 22
Sondervorteile und Gläubigerrechte **5** 150
Stimmbindungsverträge zwischen — **53** 39
Strafbarkeit **82** 4
bei Strohmanngründung **2** 51
Teilnahmerecht an Versammlung **48** 8 ff
unentziehbare Rechte **14** 14
Unterrichtung der — über Aufstellung des Jahresabschlusses **42** 193
Unterzeichnung des Gesellschaftsvertrags **2** 7
Verfehlungen **Anh 34** 41
Vermehrung von Leistungen **53** 67 ff
als Vertragspartei **Anh I 13** 48

Gesellschafter (Fortsetzung)
Vorzugsrechte **14** 9
Weisungsrecht nach Konkurseröffnung **63** 92
Weisungsrecht, umfassendes **45** 4
Willensmangel beim Gesellschaftsvertrag **75** 11
Willkürverbot **14** 19
Zulassung zur Kapitalerhöhung **55** 41
Zulassungskompetenz für Übernahme von Stammeinlagen **55** 33
Zuständigkeiten, unabdingbare **45** 20
Zustimmung zum Kapitalerhöhungsbeschluß **55** 15 f
Zustimmung zur Vermehrung von Leistungen **53** 74

Gesellschafter einer AG
Umwandlung auf den — **77 Anh** UmwG 15, 1

Gesellschafter, Ausscheiden
vor Eintragung der GmbH **2** 13

Gesellschafter und Gesellschaftsvertrag
s. Gesellschaftsvertrag, Gesellschafter

Gesellschafter, Nebenleistungen
Auflösung bei Nichterfüllung **3** 82
Ausführungsvertrag **3** 76 ff
Ausschließungsrecht bei Nichterfüllung **3** 82
Bestimmbarkeit des Leistungsinhalts **3** 72
Bestimmungsrecht §§ 315, 317 BGB **3** 73
Erfüllung und Leistungsstörungen **3** 75 ff
Erwerber, Übergang der Verpflichtung auf **3** 90
Geschäftsanteil, Veräußerung **3** 90
Gesellschaftsrechtliches Grundverhältnis **3** 76
Gesellschaftsteuerpflicht **3** 56
Konkurs des verpflichteten Gesellschafters **3** 88 f
Leistungserfüllung, Einzelheiten **3** 74
Leistungsstörungen bei einseitiger Verpflichtung **3** 81
Leistungsstörungen bei entgeltlichen — **3** 83
Leistungsstörungen und Erfüllung **3** 75 ff
Leistungsverweigerungsrecht **3** 84
Rücktrittsrecht **3** 84
Schadensersatz wegen Nichterfüllung **3** 84
Schlechterfüllung **3** 87
schuldrechtlicher Ausführungsvertrag **3** 76
Tod des verpflichteten Gesellschafters **3** 88
Undurchsetzbarkeit des Anspruchs **3** 85
Vertragsstrafeklauseln **3** 80

Gesellschafter, Nebenleistungspflichten
Änderung **3** 57
keine aktienrechtliche Beschränkung **3** 61
Ankaufsrecht **3** 66
Arten **3** 63
Aufgeldverpflichtung **3** 64
Ausführungsvertrag **3** 62
Ausgestaltung **3** 68
bedingte — **3** 60
befristete — **3** 60
Begründung **3** 57
Bestimmtheit, notwendige **3** 72
Entgeltlichkeit **3** 68
Funktion **3** 52
Gebrauchsüberlassung **3** 65
Gegenstände der — **3** 61 f
Geldleistungen **3** 63
Geschäftsanteil, Verlangen der Abtretung **3** 66
Geschäftsführungstätigkeit, Pflicht zur Übernahme **3** 67
Gesellschaftsvertrag, Bestandteil **3** 54
Konkretisierung **3** 57
Konkurrenzverbot **3** 67
Nachschlußpflicht, Abgrenzung **3** 55 f
personalistische Struktur **3** 52
Sachleistungen **3** 65
Scheingeschäfte, Einrede **3** 59
Stammeinlage, Abgrenzung **3** 55
steuerliche Bedeutung **3** 56
auf Tun gerichtetes **3** 67
Unentgeltlichkeit **3** 68
Verpflichtungen aller Art **3** 61
Wesen **3** 52
Willensmängel **3** 58
Gesellschafter, Vorzugsrechte **3** 99
Gesellschafter-Geschäftsführer
Abberufung und Stimmberechtigung **38** 22
abhängiges Beschäftigungsverhältnis **35** 76
Besteuerung **35** 79
betriebliche Alterversorgung **35** 77 f
und Fremdgeschäftsführer **35** 72
Sozialversicherung **35** 96 ff
Sozialversicherungsrecht **35** 73
Gesellschafterbeschluß **45** 12
s. a. Mehrheitserfordernisse
Abberufung der Geschäftsführer **46** 15
ablehnender — **47** 4
ablehnender Beschluß **Anh 47** 8
Abstimmung **45** 7
Änderung **47** 12
Anfechtbarkeit **Anh 47** 81 ff
Anfechtung einer Stimmabgabe **Anh 47** 12
Gesellschafterbeschluß (Fortsetzung)
Angelegenheiten **46** 1 ff
Anstellungsverhältnis mit Geschäftsführer **46** 18
Aufhebung **47** 12
Aufhebung durch neuen — **45** 13
Auflösungsbeschluß **60** 24 ff
Auflösungsbeschluß, Fortsetzung nach **60** 94
Aufsichtsratsmitglieder, Wahl **Anh 47** 56 ff
Ausschluß des Anfechtungsrechts **Anh 47** 95
Ausschluß eines Gesellschafters **Anh 34** 16 ff
Beherrschungsvertrag **53** 130 f
Beschlußgegenstände **46** 1 ff
Beschlußinhalt, fehlerhafter **Anh 47** 90
Bestätigung anfechtbaren Beschlusses **Anh 47** 100 ff
Bestellung der Geschäftsführer **46** 14
Bilanzierung, unrichtige oder mißbräuchliche **Anh 47** 91
Einberufungsmängel **Anh 47** 21 ff
Einforderung von Einzahlungen auf Stammeinlagen **46** 9
Einzelstimme, Bedeutung **Anh 47** 9
Einziehung **34** 47
Einziehung von Geschäftsanteilen **46** 13
Entlastung des Geschäftsführers **46** 22 ff
Ersatzansprüche gegen Geschäftsführer, Gesellschafter **46** 31 ff
fehlerhafte Stimmabgabe **Anh 47** 10
fehlerhafter Beschlußinhalt **Anh 47** 90
Feststellung **48** 13
Feststellung des Jahresabschlusses **46** 5
Fortsetzungsbeschluß nach Auflösung **60** 85 ff
Geschäftsführungsbefugnis, Beschränkung **37** 25 ff
Gesetzesverstoß **Anh 47** 87
Gewinnabführungsvertrag **29** 62
Gewinnverwendungsbeschluß **46** 7
gewöhnlicher — **47** 41
Gläubigerschutzbestimmungen, Verstoß **Anh 47** 42
Handlungbevollmächtigtenbestellung **46** 29 f
Heilung der Anfechtbarkeit **Anh 47** 94
Heilung der Nichtigkeit **Anh 47** 72 ff
inhaltliche Rechtsverletzung **Anh 47** 45
Jahresabschluß **46** 4 ff
Jahresabschluß, nichtiger **Anh 47** 61 ff
Kapitalerhöhung
s. Kapitalerhöhung

Gesellschafterbeschluß (Fortsetzung)
Kapitalerhöhungsbeschluß bei Verschmelzung **77 Anh II** VerschmG 20, 30
Kapitalherabsetzung s. Kapitalherabsetzung
Kausalität bei Anfechtbarkeit **Anh 47** 85 f
Liquidation, Art der **70** 19
Liquidation, Verwaltung des Vermögens **70** 19
Liquidationseröffnungsbilanz **71** 12
im Liquidationsstadium **69** 45 f, 55
Liquidator, Abberufung **66** 44 f
Liquidatorenernennung **66** 15 ff
Löschung im Handelsregister **Anh 47** 50 ff
Mängel der Einladung **Anh 47** 27
mangelhafter **Anh 47** 5 ff, 15 ff
Minderheitsverlangen **Anh 47** 14
Nachschußpflicht **26** 16 ff
Nichtbeschluß **Anh 47** 6
Nichtbeurkundung **Anh 47** 36
Nichtgesellschafter, Mitwirkung **45** 19
nichtige Einzelstimmen **Anh 47** 11
nichtiger — und Stellung des Geschäftsführers **Anh 47** 212 ff
Nichtigkeit **Anh 47** 15 ff
Nichtigkeit durch erfolgreiche Anfechtung **Anh 47** 49
Nichtigkeit, Geltendmachung **Anh 47** 79 f
und Nichtigkeit der Gesellschaft **75** 68
Nichtigkeitsgründe **Anh 47** 20 ff
Niederschrift über — **48** 3
Prokuristenbestellung **46** 29 f
Prüfung der Geschäftsführung **46** 27 ff
als Rechtsgeschäft **45** 11
Rechtsgeschäft **47** 41 f
Rechtsmißbrauch des Anfechtungsrechts **Anh 47** 99
Rechtsverstoß, wesentlicher **Anh 47** 38
Rückzahlung von Nachschüssen **46** 11
Satzungsverstoß **Anh 47** 87
Scheinbeschluß **Anh 47** 6; **53** 81, 88
schriftliches Verfahren bei Satzungsänderung **53** 40
Sittenverstoß **Anh 47** 46 ff
Sonderbeschlüsse **Anh 47** 14
Sozialakt körperschaftlicher Willensbildung **47** 41
Stimmabgabe, unzulässige Einflußnahme **Anh 47** 89
Stimmenmehrheit, fehlerhafte Annahme **48** 14 f
Tagesordnungspunkte, nicht angekündigte **Anh 47** 89
Teilnichtigkeit **Anh 47** 70 f
Teilung von Geschäftsanteilen **46** 12

Gesellschafterbeschluß (Fortsetzung)
Treuepflicht, Verstoß gegen **14** 26
Übertragung der Kompetenz **53** 39
Überwachung der Geschäftsführung **46** 27 ff
Umwandlungsbeschluß der GmbH auf Personengesellschaft und Gesellschafter **77 Anh** UmwG 24, 2 f
Unvereinbarkeit mit Wesen der GmbH **Anh 47** 39
unwirksamer — und prozessuale Behandlung **47 Anh** 210
Unwirksamkeit **Anh 47** 17 f
Verschmelzungsbeschlüsse s. Verschmelzung
Verstoß gegen Vorschriften im öffentlichen Interesse **Anh 47** 42
Vertretung **47** 34 ff
Vertretung der Gesellschaft **46** 16
vorläufiger **Anh 47** 13
Widerspruch und Anfechtung **Anh 47** 84
Widerspruch gegen Beschlußfassung **51** 9
Wirkungslosigkeit **Anh 47** 19
Zustandekommen, fehlerhaftes **Anh 47** 89
zwingende GmbH-Vorschriften **Anh 47** 43
zwingender — bei Satzungsänderung **53** 39 ff

Gesellschafterbestand
und Firmenbildung **4** 77 f

Gesellschafterbestand, Schutz Anh 34 37

Gesellschafterdarlehen
Absichtsanfechtung nach Rückzahlung **Anh 30** 90
Anfechtung nach Rückzahlung **Anh 30** 90
Anlagegegenstände, Nutzungsüberlassung an Gesellschaft **Anh 30** 95
Arten **Anh 30** 70
Aufrechnungsverbot bei Kapitalerhöhung **56** 41 ff
zur Beseitigung der Überschuldung **Anh 30** 78
Bestellung von Sicherheiten **Anh 30** 91
Besteuerung **Anh 30** 103 ff
Bürgschaft des Gesellschafters **Anh 30** 93
deliktische Ansprüche **Anh 30** 96
dingliche Sicherheiten durch Gesellschafter **Anh 30** 94
Doppelrolle Gesellschafter und Kreditgeber **Anh 30** 84
Eigenkapitalersatz in Darlehensform als mißbräuchliche Finanzierung **Anh 30** 84
Eigenkapitalersatz, Vertrauenstatbestand **Anh 30** 83
und Einlageforderung, Aufrechnung **19** 61
Erscheinungsformen **Anh 30** 70

Gesellschafterdarlehen (Fortsetzung)
Erstattungsanspruch **Anh 30** 80
Erstattungsanspruch der GmbH **Anh 30** 89
Gesellschaftsteuer **Anh 30** 106
GmbH & Co. KG **Anh 30** 98 ff
Gründe **Anh 30** 68 f
Kapitalverkehrsteuer **Anh 30** 106
Körperschaftsteuer **Anh 30** 104 f
Konkursanfechtung **Anh 30** 97
Konkurstabelle, Anmeldung zur **Anh 30** 88
mittelbare — **Anh 30** 92
und Nachschußkapital, Abgrenzung **26** 12
Nutzungsüberlassung an Gesellschaft **Anh 30** 95
Privatautonomie bei Finanzierung **Anh 30** 85
Rangrücktritt **Anh 30** 78
Rangrücktritt, mögliche Rechtsgrundlagen **Anh 30** 82 f
Rangrücktritt, Voraussetzungen **Anh 30** 86 ff
Rechtsfolgen eigenkapitalersetzender — **Anh 30** 72
Rechtsform, Mißbrauch **Anh 30** 75
Rechtsprechung **Anh 30** 75
Rückzahlung und Stammkapitalerhaltung **Anh 30** 89
Schenkungsanfechtung nach Rückzahlung **Anh 30** 90
schuldrechtliche Forderungen, andere als Darlehen **Anh 30** 87
Sicherheiten, Bestellung **Anh 30** 91
und Unterkapitalisierung **Anh 30** 71
vergleichbare Tatbestände **Anh 30** 70
Vermögensteuer **Anh 30** 106
Zahlungsunfähigkeit, Abwendung **Anh 30** 83
Gesellschaftereigenschaft
und Mitberechtigung am Anteil **18** 9
Gesellschafterherrschaft, Grenzen 45 6
Gesellschafterklage 13 8 f; **45** 2
Gesellschafterkonkurs
und Geschäftsanteil **Anh 15** 94
Gesellschafterkreis der GmbH
Vereinbarungen im Vertrag über den — **2** 70
Gesellschafterliste
als Anlage der Anmeldung **8** 7 ff
Anlage der Anmeldung der Zweigniederlassung **12** 23
sog. Januarliste **40** 1 ff
Gesellschafterrechte
Form der Wahrnehmung **48** 1
Gesellschafterrechte und -pflichten
Belgien **Einl** 343 f
Gesellschafterrechte und -pflichten (Fortsetzung)
Dänemark **Einl** 567 f
Frankreich **Einl** 288 f
und Gesellschaftsvertrag **3** 42
Großbritannien **Einl** 625 f
Italien **Einl** 452 ff
Luxemburg **Einl** 397 f
Niederlande **Einl** 513 ff
Gesellschafterschutz
und Abfindungsregelung bei Einziehung **34** 13
Gesellschafterstellung
Belgien **Einl** 341
Dänemark **Einl** 565 ff
Frankreich **Einl** 286 f
Italien **Einl** 451 ff
Luxemburg **Einl** 395
Niederlande **Einl** 511 ff
Rechtsvergleichung **Einl** 679 ff
Schweiz **Einl** 232 ff
Vereinigte Staaten von Amerika **Einl** 659
Verpfändung des Geschäftsanteils **Anh 15** 44
Gesellschaftervergleichsverfahren
und Geschäftsanteil **Anh 15** 98
Gesellschafterversammlung
Ablauf **48** 11
Antrag, formulierter **48** 1
kein Antragsrecht auf Konkurseröffnung **63** 48
Beherrschungsvertrag, Abschluß **Anh II 13** 36
Beistand **48** 10
Beschränkungen **45** 16
Dänemark **Einl** 561 ff
Einberufung durch Geschäftsführer **49** 3
Einberufung, mangelhafte **Anh 47** 21 ff
Frankreich **Einl** 282 ff
gemeinsamer Vertreter **48** 9
Geschäftsführer, Teilnahme **48** 8
Gewinnabführungsvertrag, Abschluß **Anh II 13** 36
Großbritannien **Einl** 619 ff
Italien **Einl** 447 ff
nach Konkurseröffnung **63** 86
Nichtgesellschafter **45** 19
Niederlande **Einl** 507 ff
Ort **48** 4
Präsentationsrecht **45** 16
Reform **48** 3
satzungswidriger Ort **48** 7
Schweiz **Einl** 228 ff
vom Stimmrecht ausgeschlossene Gesellschafter **48** 8

Gesellschafterversammlung (Fortsetzung)
Tagesordnung **48** 11
Teilnahmerecht **48** 8
Teilnahmerecht, Beschränkung **48** 9
Treuhänder **48** 9
Übernahmevertrag neuer Stammeinlage **55** 63
Vereinigte Staaten von Amerika **Einl** 659
Verlagerung **48** 17
Versammlungsleiter **48** 11
Verschmelzungsvertrag **77** **Anh II** VerschmG 20, 6
Vertretung **48** 9
als Vertretungsorgan **47** 46
Vollversammlung **51** 9
Vorzugsrechte einzelner Gesellschafter **45** 16 ff
Weisungsrecht gegenüber Geschäftsführer **45** 17
Widerspruch gegen Abhaltung **51** 9
Widerspruch gegen Beschlußfassung **51** 9
Zeitpunkt **48** 5
Gesellschaftervertrag
Anfechtungsrecht **Anh 47** 128
Gesellschafterwechsel
nicht eingetretener — **15** 94
im Vorgesellschaftsstadium **11** 42
Gesellschafterwechsel und Anteilsübertragung
Anfechtung der Anmeldung **16** 46 ff
Anmeldung des Erwerbs **16** 7 ff
Anmeldung, fehlerhafte **16** 40 ff
Anmeldung, Nichtigkeit und Anfechtbarkeit **16** 45 ff
Anmeldung, Widerruf **16** 43 f
Anmeldung, Wirkung **16** 26 f
Anmeldung zwingend **16** 21
Annahme der Anmeldung **16** 17
Anteilsübertragung kraft Gesetzes **16** 4
Anteilsübertragung, mangelhafte **16** 41 ff
Befreiung von Gesellschafterpflichten **16** 34 f
Einzelrechtsnachfolge **16** 3
Erklärung der Anmeldung **16** 9 f
Erwerber, Rechtsstellung **16** 28 ff
keine Erzwingung der Anmeldung durch Gesellschaft **16** 22
fehlerhafte Anmeldung **16** 40 ff
Form der Anmeldung **16** 8
Gesamtrechtsnachfolge **16** 4
Haftung für rückständige Leistungen **16** 36 ff
Legitimationsverlust **16** 33
mangelhafte Anteilsübertragung **16** 41 ff
Mitgliedschaftsrechte **16** 29
Nachweis des Übergangs **16** 15
Gesellschafterwechsel und Anteilsübertragung (Fortsetzung)
Nichtanmeldung, Folgen **16** 23 ff
Nichtigkeit der Anmeldung **16** 45
Nießbrauchbestellung **16** 51
Pfändung **16** 52
Rechtsstellung des Erwerbers **16** 28 ff
Rechtsstellung des Veräußerers **16** 33 ff
Reform **16** 2
Stimmrechtsübertragung **16** 53
Veräußerer, Rechtsstellung **16** 33 ff
Veräußerung des Geschäftsanteils **16** 3
Verpfändung **16** 51
Verpflichtungen **16** 30 ff
Widerruf der Anmeldung **16** 43 f
Zeitpunkt der Anmeldung **16** 12
Zugang der Anmeldung **16** 13
Zurückweisung der Annahme **16** 17
Gesellschafterwille
Feststellung **Einl** 4
Gesellschaftsanteil
s. Geschäftsanteil
Gesellschaftsdauer
Änderung **53** 100 f
Gesellschaftsfirma
Fortführung **4** 111
Gesellschaftsformen
dualistisches System **Einl** 672
Gesellschaftsfreundlicher Durchgriff
Anh I 13 46
Gesellschaftsgegenstand
Überschreitung des — und Gutglaubensschutz **Einl** 89
Gesellschaftsgrundlage
Gesellschaftsvertrag als — **53** 7
Gesellschaftsinteresse
und Einberufung der Gesellschafterversammlung **49** 10
Gesellschaftsinterne Maßnahmen
und Vertretungsrecht **35** 212 ff
Gesellschaftskonto
und Geldeinlage **7** 32
Gesellschaftsmantel einer Kapitalgesellschaft
3 24
Gesellschaftsorgan
s. Organ
Gesellschaftsrecht
allgemeine Normen als GmbH-Rechtsquelle **Einl** 4
und GmbH-Reform **Einl** 61
Innen- und Außenstatut **Einl** 93
locus regit actum **Einl** 98
Zuständigkeit deutscher Notare **Einl** 101
Gesellschaftsrecht und Konkursrecht **63** 84

Gesellschaftsrecht, Koordinierung
EG-Richtlinie zur — **35a** 1
Gesellschaftsrechtliches Grundverhältnis
und schuldrechtlicher Ausführungsvertrag
bei Nebenleistungspflichten **3** 76
Gesellschaftsstatut
abhängige Gesellschaft **Einl** 91
Abschluß des Gesellschaftsvertrags **Einl** 100
Abwicklung **Einl** 92
Anerkennung ausländischer Gesellschaften **Einl** 94 ff
Auflösung **Einl** 92
Auslandsbeurkundung **Einl** 101
Auslandskonkurs **Einl** 92
Außen- und Innenstatut **Einl** 93
Beendigung **Einl** 92
Beschränkungen im — und Vertrauen **Einl** 89
Dänemark **Einl** 586
Deliktsfähigkeit **Einl** 90
Differenzierungslehre **Einl** 93
EG-Übereinkommen 29.2. 1968 und Auslandsgesellschaft **Einl** 96
einheitliches für alle Fragen **Einl** 88
Enteignung **Einl** 109
Firmenschutz **Einl** 90
Formfragen **Einl** 98 ff
Formstatut oder Wirkungsstatut **Einl** 99
Frankreich **Einl** 308
Geschäftsanteilsübertragung **Einl** 91, 100
Geschäftsfähigkeit **Einl** 89
Großbritannien **Einl** 645
und Gründerwille **Einl** 83
Gründung **Einl** 89
Haftungsgrundsätze **Einl** 91
Handlungsfähigkeiten **Einl** 90
Harmonisierungsbestrebungen **Einl** 97
hoheitliche Eingriffe **Einl** 92
Inlandskonkurs **Einl** 92
Innen- und Außenstatut **Einl** 93
innerdeutsche Sitzverlegung **Einl** 109
internationale Sitzverlegung **Einl** 105 ff
internationale Verschmelzung **Einl** 102 ff
nach internationalem Gesellschaftsrecht **Einl** 73
internes Verbandsrecht **Einl** 91
Italien **Einl** 472
Kapitalerhöhung **Einl** 100
Kaufmannseigenschaft **Einl** 90
Konkurs **Einl** 92
Konzernrecht **Einl** 91
locus regit actum **Einl** 98
Luxemburg **Einl** 418
Gesellschaftsstatut (Fortsetzung)
Namensschutz **Einl** 90
Niederlande **Einl** 532
Niederlassungsrecht **Einl** 96
notarielle Beurkundung, Erfordernis **Einl** 98
und öffentliche Interessen **Einl** 82
Parteifähigkeit **Einl** 90
Persönlichkeitsrechte **Einl** 90
Prozeßfähigkeit **Einl** 90
Rechtsfähigkeit **Einl** 89
Rechtsfähigkeiten, besondere **Einl** 90
Restgesellschaft, Theorie **Einl** 110, 112
Satzungsänderungen **Einl** 100
Sitzverlegung, internationale **Einl** 105 ff
Souveränitätswechsel **Einl** 108
Statutenwechsel **Einl** 105 ff
Territorialitätsprinzip **Einl** 110
Trennung Innenstatut-Außenstatut **Einl** 93
Umwandlung **Einl** 91, 100
Vereinigte Staaten von Amerika **Einl** 668
Verlegung des Verwaltungssitzes **Einl** 85
Verschmelzung **Einl** 91, 100
Verschmelzung, internationale **Einl** 102 ff
und Vollmachtstatut **Einl** 89
Wechsel **Einl** 80
Wirkungsstatut **Einl** 98
Wirkungsstatut oder Formstatut **Einl** 99
Zweigniederlassung einer Auslandsgesellschaft **Einl** 125
Gesellschaftsteuer
Genußscheine **Anh 29** 33
Gesellschafterdarlehen **Anh 30** 106
Nachschüsse **26** 31
Nebenleistungen **3** 56
Stammkapital, Resteinzahlungsverpflichtung **70** 37
Veräußerung nach Kaduzierung **23** 27
Verschmelzung **77**
Anh II VerschmG Einf., 17
Gesellschaftsverhältnis, Streitigkeiten
und Schiedsgericht **13** 19
Gesellschaftsvermögen
und Fortsetzungsbeschluß **60** 83 f
und Geschäftsanteil **14** 5
Vorgesellschaft **11** 40
der Zweigniederlassung **12** 5
Gesellschaftsvermögen und Kapitalherabsetzung **58** 5 ff
Gesellschaftsvertrag **Einl** 157
s. a. Erbrecht und Geschäftsanteil; Nachfolgeregelungen im Gesellschaftsvertrag
s. a. Gesellschaftsvertrag, Auslegung

Gesellschaftsvertrag (Fortsetzung)
s. a. Gesellschaftsvertrag, fakultative Bestandteile
s. a. Gesellschaftsvertrag, fehlerhafter
s. a. Gesellschaftsvertrag, Form
s. a. Gesellschaftsvertrag, Gesellschafter
s. a. Gesellschaftsvertrag, wesentliche Erfordernisse
Abberufung des Geschäftsführers, Einschränkung **38** 30
Abfindung des ausgeschlossenen Gesellschafters **Anh 34** 36 ff
Abfindungsbeschränkung bei Nachfolgeregelung **Anh 15** 109 ff
Abfindungsregelung für Einziehungsfall **34** 13
Abtretungsbeschränkungen Geschäftsanteil **15** 95 ff
Abtretungsklausel **Anh 15** 107
Änderung
— Amtslöschung eingetragener Änderung **54** 50
— Anfechtbarkeit **53** 85 ff
— Anfechtungsrecht **53** 32 f
— Aufhebungsbeschluß **53** 66
— Auflösung als — **65** 3
— aufschiebend befristete — **53** 24
— Aufsichtsrat, Einführung und Beibehaltung **53** 123 f
— Auslegung **53** 23
— Ausschließung aus wichtigem Grund **53** 120
— Aussetzung der Eintragung **54** 49
— Austritt aus wichtigem Grund **53** 121
— bedingte — **53** 24
— Begriff der — **53** 23 ff
— Beherrschungsvertrag **53** 128 ff
— Bekanntmachung **54** 36 ff
— Berechnung der Mehrheit **53** 50
— Beschlußfassung **53** 39 ff
— Beschlußmängel **53** 80 ff
— Beurkundung **53** 42 ff
— Beurkundung im Ausland **53** 46 f
— Dauer der Gesellschaft **60** 22 f
— deklaratorische Bestandteile **53** 27
— Dreiviertelmehrheit, erforderliche **53** 49
— Durchbrechung des Vertrags **53** 30
— Eigennützigkeit **53** 57
— Einberufungsmängel **53** 85
— Einstimmigkeit, vorgesehene **53** 75
— Einziehung von Anteilen **53** 117
— Erwerbsvorrechte **53** 116
— Firma **53** 90
— Firmenänderung **4** 85 f
— formelle Bestandteile **53** 27

Gesellschaftsvertrag (Fortsetzung)
— formelle Mängel **53** 84 f
— Gegenstand der — **53** 26 f
— Geschäftsanteil, Abtretungsbeschränkung **52** 114
— Geschäftsanteil, Neubildung **53** 99
— Geschäftsanteil, Übertragung und Vererbung **52** 113
— Geschäftsanteile, Vereinigung **53** 93
— Geschäftsführung **52** 106 ff
— Geschäftsjahr **53** 102
— Gesellschafterbeschlüsse **53** 122
— Gesellschafterkompetenz **53** 23
— Gesellschaftsdauer **53** 100 f
— Gesellschaftsvertrag und Satzung **53** 7
— Gesellschaftszweck **53** 95
— Gewinnabführungsvertrag **53** 132
— Gewinnverteilung **52** 105
— Gewinnverwendung **53** 104
— Gleichbehandlungsgrundsatz **53** 62
— Grundlagenbeschlüsse, sonstige **53** 125 ff
— inhaltliche Mängel **53** 86
— Jahresabschluß **53** 103
— Kalenderjahr, Abweichung **53** 102
— Kapitalerhöhungsbeschluß **55** 9 ff
— Kapitalveränderungen, Sonderregeln **53** 5
— im Liquidationsstadium **53** 29; **69** 61 f
— Mängel des Beschlusses **53** 80 ff
— Mehrheit, nicht erreichte **53** 78, 81 f
— Mehrheit-Minderheitsverhältnis, etabliertes **53** 64
— Mehrheitserfordernisse **53** 49 ff
— mehrheitsfester Bereich **53** 59
— Mehrheitsherrschaft, Schranken **53** 56 ff
— Minderheitenschutz **53** 52
— Minderheitenschutz, Überspannung **53** 58
— Mindestvoraussetzungen, gesetzliche **53** 1
— Mißbrauchsvorbehalt **53** 57
— Mitgliedschaft, Kernbereich **53** 61
— Mitgliedschaftsrechte, Verkürzung **53** 70
— Mitwirkung anderer Organe **53** 76
— Mitwirkungspflicht **53** 65
— Nebenleistungspflichten **3** 57
— Nennbetrag der Beteiligung und Gleichbehandlung **53** 62
— Nichtgesellschafter, Mitwirkung **53** 76
— Nichtigkeit **53** 35, 84, 85
— notarielle Beurkundung **53** 42 ff

Gesellschaftsvertrag (Fortsetzung)
— nur körperschaftliche Bestandteile **53** 26
— nur materielle Bestandteile **53** 26
— Organe, Mitwirkung anderer **53** 76
— Pflichteneinführung **53** 68
— Pflichtenerweiterung **53** 68
— qualifizierte Beschlüsse **53** 67 ff
— Rechtssicherheit **53** 24
— redaktionelle — **53** 28
— Reform **53** 6
— Registergericht, Kontrolle **54** 41 ff
— Reingewinn, Verwendung und Verteilung **52** 104
— Rückwirkung **53** 25
— Satzungsbegriff **53** 8
— Satzungsdurchbrechung **53** 30
— Satzungserfordernisse, zusätzliche **53** 75 ff
— Scheinbeschluß **53** 78, 88
— schriftliche Beschlußfassung, fehlerhafte **53** 85
— schriftliches Beschlußverfahren **53** 40
— Selbstkontrahierungsverbot **53** 54 f
— Sitz **53** 92
— Sitzverlegung **3** 14
— Sonderrechte **52** 109 ff
— Sondervorteile **52** 109 ff; **53** 59
— Stammeinlage, Übernahme **53** 97
— Stammkapital **53** 96
— Stammkapitalerhöhung **3** 34
— Stimmabgabe **53** 87
— Stimmhindernisse **53** 53
— Stimmrechtsausschluß **53** 53
— Stimmrechtsvollmacht **53** 48
— Streichung überholter Bestandteile **53** 28
— Teilnichtigkeit **53** 89
— Treupflicht **53** 63, 65
— Umwandlung **53** 135
— unentziehbare, unverzichtbare Rechte **53** 61
— Unternehmensgegenstand **53** 93 f
— des Unternehmensgegenstandes **3** 23
— Unternehmensvertrag **53** 125 ff
— Unwirksamkeit **53** 36
— Verbot des Selbstkontrahierens **53** 54 f
— Vererbung von Anteilen **53** 115
— Verkürzung von Rechten **73** 70
— Vermehrung von Leistungen **53** 67 ff
— Vertretung **52** 107
— und Vertretungsmacht der Geschäftsführer **53** 37 f
— Vinkulierung **53** 114
— Vorkaufsrechte **53** 116

Gesellschaftsvertrag (Fortsetzung)
— vormundschaftsgerichtliche Genehmigung **53** 23
— Vorzugsrechte **53** 59
— Vorzugsrechte, Verkürzung **53** 70
— Wilkürverbot **53** 62
— Willensmängel **53** 87
— der Zeitbeschränkung **3** 51
— Zusatzerfordernisse **53** 77
— Zusatzerfordernisse, Änderung **53** 79
— Zustimmung betroffenen Gesellschafters **53** 67, 71 ff
— Zustimmung, Fehlen erforderlicher **53** 83
— Zustimmung, gesonderte **53** 41
— Zustimmungspflicht **53** 65
— Zwangseinziehung **53** 118
— zwingendes Mehrheitserfordernis **53** 52
— zwingendes Recht **53** 2 ff
Änderung des — und Handelsregistereintragung **10** 37
Änderung im Vorgesellschaftsstadium **11** 42
Amtslöschung eingetragener Änderung des — **54** 50 ff
Anfechtbarkeit von Beschlüssen **Anh 47** 106 ff
Angaben zur Sacheinlage, fehlende **5** 121
Angaben zur Sacheinlage, Sachübernahme **5** 106 ff
Angaben, unvollständige über Sacheinlage **5** 124
Ankündigung der Tagesordnung **51** 12
als Anlage der Anmeldung **8** 3 f
Anlage der Anmeldung der Zweigniederlassung **12** 23
Anmeldung der Änderung
— anmeldebedürftige Vorgänge **54** 3
— Anmeldepflicht **54** 11
— Anmelder **54** 9
— EG-Koordinierungsgesetz **54** 2
— Form der Anmeldung **54** 8
— Genehmigungsurkunde bei Konzessionspflicht **54** 21
— Gesellschaftsvertrag, Beifügung des vollständigen Wortlauts **54** 16
— im Gründungsstadium **54** 4
— Inhalt der Anmeldung **54** 6 f
— notarielle Bescheinigung **54** 20
— keine öffentlich-rechtliche Pflicht **54** 11
— Publizität **54** 1
— Registergericht, Kontrolle **54** 1
— Rücknahme **54** 23
— Sitzverlegung **54** 13
— Urkunden, beizufügende **54** 15 ff

Gesellschaftsvertrag (Fortsetzung)
—zuständiges Gericht **54** 13
—Zweck **54** 1
—Zweigniederlassung **54** 14
Anmeldung der Veräußerung des Geschäftsanteils **16** 21
Anteilserwerber, künftige **2** 5
Aufgabenübertragung **Anh 47** 227
Auflösung, vorgesehene **60** 27
Auflösungsgründe **60** 61 ff
Auflösungsklagerecht **61** 3
Aufsichtsrat **53** 123 f
Aufsichtsrat, anzuwendendes Aktienrecht **52** 8, 10, 13
Aufsichtsrat, innere Ordnung **52** 91
Aufsichtsrat ohne Grundlage im — **52** 14
Aufstellung der Bilanz **29** 22
Auskunftsrecht **45** 25
Auslegung **2** 72
Ausschließung aus wichtigem Grund **53** 120
Ausschluß von Gesellschaftern **Anh 34** 13
Ausschluß von Gewinn **29** 45 ff
Austritt aus wichtigem Grund **53** 121
Beherrschungsvertrag **53** 128 ff
Beitrittserklärung, abweichende **5** 125
Bekanntmachung einer Änderung **54** 36 ff
Belgien **Einl** 325
Benennung jeweiliger Anteilsinhaber **53** 14
beschränkte Nachschußpflicht **28** 3 ff
Bestandteile **53** 10 ff
Dänemark **Einl** 548
deklaratorische Bestandteile **53** 14, 27
Durchbrechung des — **53** 30 ff
Eignungsvoraussetzungen für Geschäftsführer **35** 35 ff
Einberufung, Form und Frist **51** 12
Einberufung der Gesellschafterversammlung **49** 14
Einberufung der Gesellschafterversammlung, Minderheitsrechte **50** 15
Einbringung mehrerer Sachen, Angaben **5** 115
einfache Stimmenmehrheit, Abweichung **47** 5
Einforderung der Einlage **20** 5
Einmann-GmbH **2** 3
Eintragung der Änderung
—Amtslöschung nach erfolgter — **54** 50 ff
—anfechtbare Änderung **54** 32
—Anfechtbarkeit der Änderung **54** 47
—ausdrückliche Eintragungen **54** 25
—Aussetzung **54** 49

Gesellschaftsvertrag (Fortsetzung)
—Bekanntmachung **54** 36 f
—bezugnehmende Eintragungen **54** 26
—Eintragung fehlerhafter Beschlüsse **54** 32 ff
—vor Eintragung, Rechtslage **54** 28 ff
—Eintragungsverfahren, mangelhaftes **54** 33
—Inhalt **54** 24
—konstitutive Wirkung **54** 27
—Löschungsverfahren **54** 54
—Mangelfolgen **54** 45
—nichtige Änderung **54** 32
—Nichtigkeit der Änderung **54** 45
—Registergericht, Kontrolle **54** 40 ff
—am Sitz der Gesellschaft **54** 24
—Tag des Beschlusses **54** 24
—Unwirksamkeit der Änderung **54** 46
—Vollzug, Rechtsbehelf gegen **54** 31
—Zwischenverfügung **54** 49
Eintrittsklausel **Anh 15** 106
Einziehung von Anteilen **53** 117
Einziehung, Recht auf **34** 66
Einziehung, vorgesehene **34** 24 ff
Einziehungsklausel im Todesfall **Anh 15** 108
keine Erschwerung der Zwangsvollstreckung **Anh 15** 88
Erwerbsvorrecht am Anteil **53** 116
fakultative Bestandteile **3** 41 ff
Festsetzung vor Sacheinlage und Sachübernahme **5** 103 ff
Firma, Änderung **53** 90
Firma, unzulässige und Registergericht **4** 87 ff
Forderung, Angaben bei Sacheinlage **5** 110
formelle Bestandteile **53** 14, 17, 27
formelle Voraussetzungen **2** 1
im formellen Sinn **53** 8, 9
Formstatut **Einl** 101
Frankreich **Einl** 270
Funktion, zweifache **2** 4
und gegenseitiger Vertrag **2** 5
Gegenstand, Angaben bei Sacheinlage **5** 107
Geldeinlage, Ausschluß **5** 79
Geldwert bei Sacheinlage **5** 113
gemischte Sacheinlage **5** 100
Genußrecht **Anh 29** 15, 29
Geschäftsanteil, Ausschluß der Veräußerlichkeit **15** 4
Geschäftsanteil, Einziehung **53** 117
Geschäftsanteil, Übertragung und Vererbung **53** 113 ff

Gesellschaftsvertrag (Fortsetzung)
Geschäftsanteil, Verpflichtung zur Einbringung **15** 18
Geschäftsanteile, Vereinigung und Neubildung **53** 98 f
Geschäftsführer **53** 106
Geschäftsführer und Änderung des — **53** 37
Geschäftsführer, im — bestellte **6** 4, 8
Geschäftsführungsbefugnis **53** 107 f
Geschäftsführungsbefugnis, Beschränkung **37** 17 ff
Geschäftsjahr, Änderung **53** 102
Geschäftsjahr, Verlegung **29** 19
Gesellschaft-Gesellschafter-Beziehung **53** 13
Gesellschafterbeschluß **53** 122
Gesellschafterversammlung, Bestimmungen über **48** 26
Gesellschaftsbeschluß, Verstoß gegen — **Anh 47** 87
Gesellschaftsdauer, Änderung **53** 100
Gesellschaftsorganisation betreffende Regelungen **53** 12, 20
Gesellschaftszweck, Änderung **53** 95
gesetzliche Bestimmung, Verstoß gegen zwingende **75** 14
Gewinnabführungsvertrag **53** 132 ff
Gewinnverteilung **53** 105
Gewinnverwendung, Regelung **53** 104
Gewinnverwendungsbestimmungen **29** 48
Gleichbehandlungsgrundsatz **53** 62
gleichmäßige Heranziehung zur Einlage **19** 13 f
Großbritannien **Einl** 603
Gründervereinigung, Rechtsverhältnisse **11** 35
Gründungsaufwand, Festsetzung **5** 160
Grundlage der Gesellschaft **2** 4
Grundlagenbeschlüsse **53** 125 ff
Immaterielle Güter, Angaben bei Sacheinlage **5** 111
Immobilien, Angaben bei Sacheinlage **5** 109
individualrechtliche Vereinbarungen **53** 21
Italien **Einl** 433
Jahresabschluß, Regeln für **53** 103
Jahresabschluß, Regeln für Aufstellung **42** 29
Kalenderjahr, Abweichung **53** 102
nach Kapitalerhöhungsbeschluß **55** 17
und Körperschaftsteuerpflicht **11** 93
Kündigungsklauseln **60** 65 ff
Liquidationsstadium **53** 29

Gesellschaftsvertrag (Fortsetzung)
Liquidationsüberschuß, Regeln der Verteilung **72** 7 ff
Liquidatoren, Vertretungsbefugnis **68** 5 ff
Liquidatorenbestimmung **66** 9
Luxemburg **Einl** 379
mangelhafte Änderung des — **53** 80 ff
mangelhafter — und Nichtigkeit der Gesellschaft **75** 7 ff
materielle Bestandteile **53** 11 ff, 16 ff, 26
im materiellen Sinn **53** 8
Mehrheitserfordernisse für Änderung **53** 49 ff
mehrheitsfester Bereich **53** 59
Mehrheitsherrschaft, Schranken **53** 56 ff
Minderheitenschutz **53** 52 ff, 56 ff
Mitgliederwechsel **53** 7
Mitgliedschaft, Kernbereich **53** 61
Mitwirkungspflicht zur Änderung **53** 65
Nachfolgeregelungen **Anh 15** 104 ff
Nachschußpflicht **26** 15
Nachschußpflicht, beschränkte **26** 24
Nachschußpflichten **53** 20
Nebenabreden, Änderung **53** 18
Nebenleistungspflichten **53** 20
Nebenleistungspflichten als Bestandteil **3** 54
Neufassung nach Kapitalerhöhung mit Sacheinlage **56** 26
Nichtigkeitsgründe **Anh 47** 78
Niederlande **Einl** 489
notwendige Bestimmung im — selbst **3** 5
Organe, Einsetzung zusätzlicher **45** 14
Organe, vorgesehene **35** 3
Organisation betreffende Bestandteile **53** 12, 20
organisationsrechtliche Natur **53** 7
Organisationsstatut **11** 87
Organisationsvertrag **2** 5
Pfändung des Geschäftsanteils **Anh 15** 88
und Publizitätsgesetz **Anh III 42** 20
Qualifikation der Geschäftsführer **35** 35 ff
Qualifizierte Änderungsbeschlüsse **53** 67 ff
Rechnungslegungsbestimmungen **42** 9
Rechtsformänderung **53** 135
Rechtsnatur **2** 4 f
redaktionelle Änderungen **53** 28
Reform **2** 3
Registergericht und Änderung des — **54** 40 ff
Reingewinn, Regeln für Verwendung **53** 104
Richtigkeitskontrolle **10** 15
Rückgewährpflichten **55** 83 ff

Gesellschaftsvertrag (Fortsetzung)
Rücklagenbildung **29** 48
Rückwirkung einer Änderung **53** 25
Sacheinlage, unvollständige Beschreibung **5** 79
und Sacheinlagevereinbarung **5** 23
Sachen, Angaben bei Sacheinlage **5** 108 ff
Sachgesamtheit, Angabe bei Sacheinlage **5** 112
Sachübernahme, Wertfestsetzung **5** 116
und Satzungsbegriff **53** 7
Scheingeschäft **10** 15
schuldrechtliche Nebenabreden **53** 15, 18
Schuldübernahme, Angaben **5** 119
Schuldvertrag, Unterschied **2** 5
sittenwidriger **75** 14
Sitzänderung **53** 92
Sonderpflichten **53** 112
Sonderrechte **5** 155 ff; **53** 109
Stammeinlage, Übernahme **53** 97
Stammkapital, Änderung **53** 96
Stammkapital, fehlende Angaben **5** 17
Stimmabgabe und Vertretung **47** 37
Stimmrechtsausschluß **47** 78 ff
Streichung inhaltlich überholter Teile **53** 28
Teilnahme an Gesellschafterversammlung **48** 9
Teilung des Geschäftsanteils **17** 33 ff
Todesfall eines Gesellschafters **Anh 15** 106
Treuepflicht und Änderung **53** 63 f
Überbewertung von Sacheinlagen **10** 16
Überpariemission **5** 114
Übertragung der Anteile **53** 113
Umwandlung in andere Rechtsform **53** 135
nach Umwandlung bergrechtlicher Gewerkschaft **77 Anh** UmwG 64, 6
Umwandlung Eigen- und Fremdmittel in haftendes Kapitel **55** 87
nach Umwandlung des Einzelunternehmens in GmbH **77 Anh** UmwG 56b, 7
unentziehbare, unverzichtbare Rechte **53** 61
Unternehmensgegenstand, Änderung **53** 93
Unternehmensgegenstand, faktische Änderung **53** 94
Unternehmensgegenstand, unrichtige Angaben **10** 15
Unternehmensverträge **53** 125 ff
Unterpariemission **5** 135
Vereinigung von Geschäftsanteilen **15** 140 ff
Vererbung von Geschäftsanteilen **53** 115

Gesellschaftsvertrag (Fortsetzung)
Verkürzung von Mitgliedschafts- und Vorzugsrechten **53** 70
Vermehrung von Leistungen **53** 67 ff
Verschmelzung durch Neubildung **77 Anh II** VerschmG 32, 4, VerschmG 32, 15 ff
Verteilung des Liquidationsüberschusses **72** 7 ff
Vertrag besonderer Art **2** 5
Vertragsurkunde als Anlage der Anmeldung **8** 3 f
Vertretung bei Stimmabgabe **47** 37
Vertretungsbefugnis, abweichende Regelung **35** 241
Vertretungsbefugnis der Liquidatoren **68** 5 ff
Vertretungsmacht **53** 107
Vertretungsmacht und Änderung des — **53** 37
Vertretungsverhältnisse, Regelung durch Geschäftsführer **35** 242
Verwertung des Geschäftsanteils **Anh 15** 88
Vinkulierung von Geschäftsanteilen **53** 114
Vollständiger Wortlaut bei Anmeldung der Satzungsänderung **54** 16
Vorabausschüttung **29** 77
Vorgesellschaft, Entstehungszeitpunkt **11** 4
Vorkaufsrecht am Anteil **53** 116
Vorzugsrechte **53** 109
wesentliche Erfordernisse **3** 4 ff
Willkürverbot **53** 62
Wirksamkeit, Prüfung durch Registergericht **10** 12
Zahl der Geschäftsführer **35** 24
Zeitdauer, Änderung **60** 22 f
Zustimmung zur Abtretung des Geschäftsanteils **15** 104 ff
Zustimmungspflicht zur Änderung **53** 65
Zwangseinziehung **34** 30 ff; **53** 118
und zwingende Anmeldevoraussetzungen **7** 23

Gesellschaftsvertrag, Auslegung
BGB-Auslegungsvorschriften **2** 119
individualrechtliche Vereinbarungen **2** 123, 126
körperschaftliche Satzungsbestandteile **2** 121
Lückenfüllung **2** 122
mittlere Ansicht **2** 120
rein personalistische GmbH **2** 127
Revisionsinstanz, Nachprüfbarkeit **2** 128
gegen Wortlaut **2** 122

Gesellschaftsvertrag, fakultative Bestandteile
Abreden über Beziehung Gesellschaft/Gesellschafter 3 41
Abreden über Rechtsverhältnisse der Gesellschaft 3 41
Beschränkung des Unternehmens auf Zeit 3 45
formlos wirksame schuldrechtliche Vereinbarungen 3 44
formnichtige gesellschaftsrechtliche Abreden 3 44
Fristablauf der Gesellschaft 3 50
Gesellschaft, Rechte und Pflichten 3 42
Gesellschafter, Rechte und Pflichten untereinander 3 42
mitgliedschaftsrechtliche Abreden 3 41
Nebenleistungspflichten der Gesellschafter 3 52 ff
schuldrechtliche Abreden, zusätzliche 3 43
Zeitbeschränkung, Abänderung 3 51
Zeitdauer, bestimmte oder bestimmbare 3 47
Gesellschaftsvertrag, fehlerhafter
Amtslöschung 2 74
Auslegung 2 71
Bestandsschutzgedanke 2 75
Eintragung, Bedeutung 2 73
Eintragung, Rechtslage nach 2 75
Rechtsverkehr, Interesse des 2 71
Registerrichter, Funktion 2 73
Vertragsmängel, eingeschränkte Geltendmachung 2 71
Vollzug formnichtigen Gesellschaftsvertrags 2 18
Gesellschaftsvertrag, Form
Abberufung des Geschäftsführers vor Eintragung 2 13
Abgabe der Gründungserklärung, Klage auf 2 11
Abschluß in notarieller Form 2 7
Änderungen vor Eintragung 2 13 ff
als Anlage zum Protokoll erklärter 2 10
ausländischer Notar 2 12
ausländischer Notar und Beglaubigung 2 22
Auslandsbeurkundung 2 12
Ausscheiden vor Eintragung 2 13
Belehrungsfunktion 2 12
Beurkundungsgesetz 2 1, 7
Bevollmächtigung 2 21 ff
deutscher Notar, ausschließlicher 2 12
Einheitsgründung 2 9
Einigung der Gründer 2 4
Eintragung und Formmangel 2 17 ff
Eintragungsvoraussetzung 2 20
Gesellschaftsvertrag, Form (Fortsetzung)
Eltern als Vertreter 2 26
Erbe und nichtiger Gesellschaftsvertrag 2 19
Ergänzungen vor Eintragung 2 13
fehlerhafte Gesellschaft 2 18
Form einer Vollmacht zwecks Vertretung 2 21
Form des Vorvertrags 2 36 ff
Formmangel des Vorvertrags 2 40
gesetzlicher Vertreter 2 26
Gleichwertigkeit ausländischer Beurkundung 2 12
Heilung des Formmangels nach Eintragung 2 20
Heilung des Vollmachtsmangel 2 21
Heilung des Vollmachtsmangels durch Eintragung 2 34
körperschaftlicher Charakter 2 5, 7
Komplementäre 2 26
Konkursverwalter 2 26
Mängel der Vollmacht 2 30 ff
Nacheinander-Erscheinen der Beteiligten 2 8
Nachlaßverwalter 2 26
Nebenabrede und Umgehung des § 2 2 16
Nebenabreden, Formbedürftigkeit 2 16
Nichtigkeit vor Eintragung bei fehlender Form 2 17
Nichtigkeitsklage, keine nach Eintragung 2 20
Notar, örtliche Zuständigkeit 2 6
notarielle Beglaubigung der Vollmacht 2 22
notarielle Beurkundung der Vollmacht 2 21
notarielle Form 2 6
öffentliche Korporation, Vertreter 2 26
OHG-Gesellschafter 2 26
Pfleger 2 26
Prokurist und Vollmachtsform 2 23
zu Protokoll erklärter Vertrag 2 10
Protokollunterzeichnung genügt 2 10
Prüfungsfunktion 2 12
Rechtsfolgen des Formmangels 2 17 ff
Selbstkontrahieren 2 25
Simultangründung 2 9
Stufengründung unbekannt 2 9
Testamentsvollstrecker 2 28
Tod eines Gründers 2 13
Unterzeichnung 2 7
Urkunden, mehrere 2 7
Urteil anstelle Willenserklärung 2 11
Vertreter ohne Vertretungsmacht 2 21
Vertretung beim Vertragsschluß 2 21 ff

Gesellschaftsvertrag, Form (Fortsetzung)
Vollmacht, fehlende **2** 35
Vollmacht, Form **2** 21
Vollmachterteilung, Wirksamkeitserfordernis **2** 21
Vollmachtgeber, mehrere **2** 25
Vollmachtsinhalt **2** 24
Vollmachtsmängel **2** 30 ff
Vollmachtsmangel, Zeilung **2** 21
Vorerbe **2** 29
Vormund **2** 26
Vorstand von Gesellschaften **2** 26
Vorvertrag, Formbedürftigkeit **2** 36 ff
Vorvertrag, Formmangel **2** 40
Vorvertrag, notwendiger Mindestinhalt **2** 41
Wettbewerbsverbot als Nebenabrede **2** 16
Widerruf der Vollmacht **2** 33
Wirkungsstatut **2** 12
Zweck des Beurkundungserfordernisses **2** 12
Gesellschaftsvertrag und Geschäftsanteil
s. Geschäftsanteil
Gesellschaftsvertrag, Gesellschafter
Auftraggeber bei Strohmanngründung, Rechtsstellung **2** 51
ausländische Handelsgesellschaften **2** 64
beschränkt Geschäftsfähige **2** 61
BGB-Gesellschaft **2** 66, 69
Ehegatten in Gütergemeinschaft **2** 48
Ehegatten in Zugewinngemeinschaft **2** 60
Einzelkaufmann unter Firma **2** 63
Ergänzungspflegschaft **2** 61
Gebietsfremde **2** 59
Gesamthandsgemeinschaft der Gründer **2** 48
Gesamthandsgemeinschaften **2** 65
Geschäftsfähige, nicht voll **2** 61
juristische Personen **2** 64
Miterbengemeinschaft **2** 69; **2** **66**
nichtrechtsfähiger Verein **2** 66
Personenhandelsgesellschaften **2** 65
Qualität der Gesellschafter **2** 59 ff
Rechtsfähigkeit, erforderliche **2** 59
Strohmanngründung **2** 49 ff
Treuhänderstellung eines Gründers **2** 49
Vereinbarungen über Mitgliederkreis **2** 70
Vormundschaftsgericht, Genehmigung **2** 62
Zahl der Gründer **2** 47
Gesellschaftsvertrag, wesentliche Erfordernisse
Ablehnung der Eintragung bei Fehlen **3** 6
und Amtslöschung **3** 1
aus einziger Urkunde ersichtlich **3** 5
Gesellschaftsvertrag, wesentliche Erfordernisse (Fortsetzung)
Fehlen wesentlicher Bestandteile **3** 6
Firma **3** 8
Form der Bekanntmachung **3** 40
Gegenstand des Unternehmens **3** 17 ff
Gesellschafterangabe **3** 39
im Gesellschaftsvertrag selbst enthalten **3** 5
Mantelgründung, -verwertung **3** 24 ff
Mindestinhalt **3** 4 f
und Nichtigkeitsgründe **3** 1
Nichtigkeitsklage **3** 6
Reform **3** 3
Sitz **3** 9 ff
Stammeinlage, Betrag einzelner **3** 35
Stammeinlage und Geschäftsanteil **3** 37
Stammkapital, Betrag **3** 32
Verpflichtung zur Beseitigung der Nichtigkeitsgründe **3** 7
kein Verweis auf Gründungsurkunde **3** 5
Gesellschaftszweck
Änderung **53** 95
ausländische juristische Person **1** 11
Banken **1** 9 f
Daseinsvorsorge **1** 13
Ermittlung des — **1** 5
Familiengesellschaft **1** 15
Gesellschaftszweck und Unternehmensgegenstand **1** 3
gesetzeswidriger **62** 18
gesetzliches Verbot, Verstoß gegen **1** 20 ff
gute Sitten, Verstoß gegen **1** 23 f
Handelsgewerbe nicht erforderlich **1** 1
ideale Zwecke **1** 14
jeder gesetzlich zulässige Zweck **1** 1
KG-Recht, Zweckabgrenzung **1** 1
Komplementär-GmbH **1** 8
oHG-Recht, Zweckabgrenzung **1** 1
politische Zwecke **1** 17
Rechtsfolgen unzulässigen Zwecks **1** 25 ff
Reform **1** 2
religiöse Zwecke **1** 17
unerreichbarer **60** 64
Unmöglichkeit des Erreichens **61** 12 ff
und Unternehmensgegenstand **3** 17
Unternehmensgegenstand und Gesellschaftszweck **1** 3 ff
Unterstützungseinrichtung **1** 16
unzulässige Zwecke **1** 19 ff
unzulässiger
s. a. Unzulässiger Gesellschaftszweck
Versicherungen **1** 9
Wesen des — **1** 4

Gesellschaftszweck (Fortsetzung)
wirtschaftliche Zwecksetzung nicht erforderlich **1** 1
Wirtschaftsverbände **1** 12
Gesellschaftszweck, Ermittlung **1** 5
erwerbswirtschaftliche Zwecke **1** 6 ff
Konzernunternehmen **1** 7
Gesellschaftszweck der Vorgesellschaft
und Vertretung **11** 57
Gesetzesentwürfe 1891 **Einl** 1
Gesetzeskraft 19. Mai 1892 **Einl** 1
Gesetzesmaterialien **Einl** 1
Gesetzesverstoß eines Gesellschaftbeschlusses
Anh 47 87
Gesetzesverstoß durch GmbH **62** 15 ff
Gesetzlich zulässiger Zweck
jeder für GmbH-Errichtung **1** 1
Gesetzliche Haftungsordnung
Normzweck der — und Unterkapitalisierung **Anh 30** 11
Gesetzlicher Güterstand
und Geschäftsanteil **Anh 15** 68 ff
Gesetzlicher Typus der GmbH
und Einmanngesellschaft **Anh I 13** 11
Gesetzlicher Übergang
von Geschäftsanteilen **15** 78 f
Gesetzlicher Vertreter
und Abschluß eines Gesellschaftsvertrags **2** 26
und Anmeldung der Gesellschaft **8** 5
Gesetzliches Leitbild **Einl** 12
Gesetzliches Verbot
Gesellschaftszweck als Verstoß gegen — **1** 20
Gesetzliches Verbot mit Erlaubnisvorbehalt
Gesellschaftszweck als Verstoß gegen — **1** 22
Geständnis
Nichtigkeitsklage **Anh 47** 204
Gestaltungsklage
Anfechtungsklage **Anh 47** 112
Nichtigkeitsklage **75** 40
Gestaltungsrecht
Einziehung von Geschäftsanteilen **34** 3
Gestaltungsurteil
Auflösungsklage **61** 40 ff
Ausschlußurteil gegen Gesellschafter **Anh 34** 23
Getrennte Vermögensverwaltung
bei Umwandlung der AG auf bestehende oHG **77 Anh** UmwG 8, 1
Gewerbebetrieb
GmbH unterhält immer — **13** 27
Gewerbeerlaubnis, Entzug
kein Auflösungsgrund **60** 59
Gewerbekapitalsteuer
Genußscheine **Anh 29** 31
Gewerbeordnung
Anwendung auf GmbH **13** 27
Gewerberechtliche Genehmigung
Zweigniederlassung ausländischer Gesellschaft **Einl** 125
Gewerbliche Schutzrechte der GmbH **13** 11
Gewillkürte Vertretung **35** 270 ff
Gewinn
der GmbH
s. Reingewinn
bei Verschmelzung **77 Anh II** VerschmG 27, 7
Gewinn- und Verlustrechnung
aktienrechtliches Gliederungsschema **42** 34
Belgien **Einl** 353
Bruttoprinzip **42** 34
Dänemark **Einl** 577
Frankreich **Einl** 298
Großbritannien **Einl** 635
Italien **Einl** 463
im Liquidationsstadium **71** 16
Luxemburg **Einl** 407
Mindestgliederung **42** 34
Niederlande **Einl** 523
Österreich **Einl** 187
Produktionsrechnung **42** 35
Rechtsvergleichung **Einl** 683
Schweiz **Einl** 244
Staffelform **42** 34
Umsatzrechnung **42** 35
Vereinigte Staaten von Amerika **Einl** 663
Vollständigkeit **42** 46
Gewinnabführungsvertrag
Abfindung, angebotene **29** 66
Abschluß des Vertrags **29** 63
und Aktienrecht **29** 58
Ausgleichszahlung **29** 64 ff
Begriff **29** 59
Beherrschungsvertrag, Verbindung mit **29** 59
Eintrag im Handelsregister **29** 62
Gesellschafterversammlung, Beschluß **29** 62
GmbH als Untergesellschaft **Anh II 13** 32
auf Jahresüberschuß bezogener — **29** 59
als Organvertrag **29** 61
auf Reingewinn bezogener — **29** 59
schuldrechtliche Natur **29** 60
Teilgewinnabführungsvertrag **29** 69
und Verlustausgleich **29** 68
Zulässigkeit **29** 60 f

Gewinnanspruch
Absicht der Verminderung **29** 30
Gewinnanteilscheine
Aktienrecht, Vergleich **Anh 29** 1
Anteilschein, Abgrenzung **Anh 29** 2
als Beweisurkunde **Anh 29** 3
Einwendungen gegen — **Anh 29** 8
Erneuerungsscheine **Anh 29** 13
Geschäftsanteil, Veräußerung **Anh 29** 12
und Gesellschafter **Anh 29** 5
keine gesetzliche Regelung **Anh 29** 1
Gewinnanspruch, verbriefter **Anh 29** 1
Gewinnbezugsrecht, Verkörperung **Anh 29** 5
gutgläubiger Erwerb **Anh 29** 6
Inhabergewinnschein **Anh 29** 6 ff
Inhalt **Anh 29** 5
mehrere — für einen Anteil **Anh 29** 4
auf Order **Anh 29** 9
Pfändung **Anh 29** 10
Praxis **Anh 29** 1
als Schuldschein **Anh 29** 9
Übertragung **Anh 29** 10
Verpfändung **Anh 29** 10
als Wertpapier **Anh 29** 2 f
durch Zession übertragbare **Anh 29** 9
Zulässigkeit **Anh 29** 1
Gewinnausschüttung
begrenzte **29** 99
Höchstgrenze **29** 38
verdeckte **29** 97
Gewinnbeteiligung Dritter
Arbeitnehmer **29** 53
Aufsichtsratsgremien **29** 55
Beiratsgremien **29** 55
Besserungsrechte **29** 56
Genußrechte **29** 56
Geschäftsführer **29** 54
Gewinnabführungsverträge **29** 58 ff
Gewinngemeinschaft **29** 70
Gewinnschuldverschreibungen **29** 56
partiarisches Darlehen **29** 57
stille Gesellschaft **29** 57
Teilgewinnabführungsverträge **29** 69
Gewinnbeteiligung, garantierte
durch Genußrecht **Anh 29** 16
Gewinnermittlung
und Gewinnverwendung **29** 41
Gewinnermittlungsbilanz 42 7
Gewinngemeinschaft Anh II 13 33; **29** 70
Gewinnrecht, erhöhtes
als Vorzugsrecht **5** 144
Gewinnschuldverschreibung
an Reingewinn anknüpfende — **29** 56
Gewinnthesaurierung
verdeckte durch Reservebildung **29** 28
Gewinnverlagerung
als verdeckte Gewinnverwendung **29** 28
Gewinnverteilung
Gesellschaftsvertrag **53** 105
Liquidationsstadium **69** 20 f
Gewinnverteilung, Maßstab 29 84 ff
Gewinnverteilungsbeschluß
und Bilanzfeststellungsbeschluß **29** 40
Gesellschaftsvertrag, Regelungen im **29** 45 ff
Notwendigkeit **29** 40
und Zurückbehaltung von Gewinn **29** 42 ff
Gewinnverteilungsbeschluß und Reingewinn
s. Reingewinn unter Gewinnverteilungsbeschluß
Gewinnverwendung
Gesellschaftsvertrag **53** 104
und Gewinnermittlung **29** 41
Publizität **41** 35
verdeckte **29** 28
Gewinnverwendungsbeschluß 46 7
Gewinnvortrag 29 37
Gewohnheitsrecht
Anerkennung der Auslandsgesellschaft **Einl** 94
und Anknüpfung des Gesellschaftsstatuts **Einl** 74
Ghana
GmbH-Recht **Einl** 141
Gläubiger
Antrag auf Konkurseröffnung **63** 49
Einsicht in Bücher, Schriften nach Liquidation **74** 11 ff
im Liquidationsstadium **70** 7
und Sacheinlage, Qualität **5** 30, 33
und Sachgründung **5** 20
Gläubigeranfechtung
Beitrittserklärung zur GmbH **2** 114 ff
Einmann-GmbH **Anh I 13** 59
Gläubigeraufruf bei Auflösung 65 29 ff
Gläubigerinteresse
und gleichmäßige Heranziehung der Gesellschafter zur Einlageverpflichtung **19** 12
Gläubigerrechte
des Gesellschafters **14** 16 f
und Sondervorteile, Abgrenzung **5** 151
Gläubigerschädigung, sittenwidrige
und Unterkapitalisierung **Anh 30** 33
Gläubigerschutz 34 13
s. a. Haftung
und Abfindung bei Ausschluß **Anh 34** 38

Gläubigerschutz (Fortsetzung)
und Abfindungsregelung bei Einziehung **34** 13
Anfechtungsbestimmungen und Gläubigerschutz **34** 13
und Anmeldendenhaftung **9** 20
und Aufrechnungsverbot mit Einlage **19** 31 ff
und Austritt des Gesellschafters **Anh 34** 47
Diskriminierungsklausel **34** 15
Einheitsgesellschaft **Anh I 13** 19 ff
und Einheitsgesellschaft **Einl** 41
Gesellschafterbeschluß, Verstoß gegen **Anh 47** 42
und Gleichbehandlungsgrundsatz **56a** 23
und GmbH & Co. KG **Einl** 37
und GmbH-Reform **Einl** 58
Innen- und Außenstatut **Einl** 93
bei Kapitalherabsetzung **58** 42 ff
Konkursgläubiger **34** 15
im Liquidationsstadium **73** 5 ff
neue Gläubiger und Vorbelastungsverbot **11** 34
nach Pfändung, Zulässigkeit geringer Abfindung **34** 14
Sacheinlage bei Kapitalerhöhung **56** 2
Überschuldung als Konkursgrund **63** 1
Umwandlung der AG auf bestehende oHG **77 Anh** UmwG 7, 1
Umwandlung bergrechtlicher Gewerkschaft in GmbH **77 Anh** UmwG 65, 4
Verkehrswert **34** 17
Verschmelzung **77 Anh II** VerschmG 26, 1 ff
Vollstreckungsgläubiger **34** 15
Vollwertigkeit der Gegenleistung **34** 17
Gläubigerschutzfunktion
der Bilanz **42** 7
Glaubhaftmachung
des Konkursantrags **63** 51 ff
Gleichbehandlungsgrundsatz
Änderung des Gesellschaftsvertrags **53** 62
und Ausgleichsanspruch **14** 20
Einforderung der Einlagen bei Kapitalerhöhung **56a** 21 ff
und Gläubigerschutz **56a** 23
und Nachschußpflichten **26** 22 ff
und Nennbeträge der Beteiligung **14** 18
und verdeckte Gewinnausschüttung **14** 20
bei Verschmelzung **77 Anh II** VerschmG 21, 7
Zulassung zur Kapitalerhöhung **55** 41
Gleichheitssatz und GmbH **13** 22
Gleichlauf von Herrschaft und Haftung
und Einmanngesellschaft **Anh I 13** 10
Gleichmäßige Heranziehung zur Einlage
Geldeinlage **19** 5
gemischte Sachgründung **19** 6
Kapitalerhöhung **19** 7
Gleichmäßige Zahlungspflichten der Gesellschafter **19** 8
Gleichordnungskonzern
GmbH als Geschäftsführungsorgan **Einl** 18
Gleichwertigkeit
von Geld- und Sacheinlage **5** 35
in- und ausländischen Notariats **Einl** 101
Gliederung
Liquidationseröffnungsbilanz **71** 11
nach Publizitätsgesetz **Anh III 43** 11
Gliederung der Bilanz **42** 32 ff
Gliederung der Gewinn- und Verlustrechnung **42** 34
GmbH & Co.
abgeleitete Firma **4** 111 f
Firmenbildung **4** 106 ff
als Personenhandelsgesellschaft **4** 106
Rechtsformzusätze, Häufung **4** 108
Rechtsformzusatz **4** 108
unterscheidungskräftiger Zusatz **4** 110
GmbH & Co. KG
abgeleitete Firma **4** 82, 113
Anerkennung **Einl** 35
Arbeitnehmermitbestimmung **52** 21
Arbeitnehmerzurechnung **52** 28, 31
Auflösung **60** 109 ff
Auflösungsklage **61** 55 f
Aufsichtsrat der mitbestimmten — **52** 31 ff
Auszahlungen de GmbH **30** 61
Auszahlungen der KG **30** 59
mit beschränktem Haftungsfonds **Anh 30** 99
Betrieb eines Handelsgewerbes **Einl** 32
Doppelgesellschaft **Einl** 19
Einheitsgesellschaft **Einl** 39 ff
Entstehung **11** 99
Erscheinungsformen **Einl** 32
Erstattung verbotener Stammkapitalrückzahlung **31** 39
fakultativer Aufsichtsrat **52** 18
Firmenbildung und Unterscheidbarkeit **4** 81 ff
gerichtlicher Vergleich **63** 137
geschäftliche Korrespondenz **35a** 6
Geschäftsanleihe, Erwerb der GmbH durch KG **30** 62
Gesellschaftsvertrag, Ausgestaltung **Einl** 38
Gläubigerschutz **Einl** 37, 41

GmbH & Co. KG (Fortsetzung)
GmbH-Anteile, Erwerb aller durch KG **33** 60
GmbH-Fortentwicklung **Einl** 36
und GmbH-Recht **Einl** 37
Gründe für die Wahl **Einl** 34
haftungsrechtliche Vergleichbarkeit von GmbH mit — **Anh 30** 98
Haftungsverhältnisse vor Eintragung **11** 103
Harmonisierung GmbH-KG-Recht **Einl** 38
herrschendes Unternehmen eines Konzerns **52** 41
innere Verhältnisse **Einl** 38
als Kapitalanlagegesellschaft **Einl** 33
kapitalersetzende Gesellschafterdarlehen **Anh 30** 98
kollektivistisch-kapitalistische Ausgestaltung **Einl** 33
mit Komplementär-GmbH als einzig persönlich haftenden Gesellschafter **4** 111
Komplementärin GmbH **Einl** 47
Konzernverhältnisse und Mitbestimmung **52** 20, 25 ff
Korrespondenz, geschäftliche **35a** 6
Leistungsaustausch mit Komplementär-GmbH **35** 150
mehrstöckige — und Mitbestimmung **52** 36
Mitunternehmer **Einl** 36
Nachschüsse, Rückzahlung eingezahlter **30** 64 ff
Namensunterschrift bei Anmeldung **8** 27
Oechelhäuser'sche Handelsgesellschaft **Einl** 36
Personengesellschaft **Einl** 36
Rechtsnatur **Einl** 36
Reformbestrebungen **Einl** 68 ff
Rückzahlung eingezahlter Nachschüsse **30** 64 ff
Ruhegehaltvereinbarung mit Geschäftsführer **35** 196
sollkaufmännisches Gewerbe **11** 100
steuerliche Gründe **Einl** 35
Typen **Einl** 32
Umwandlungsfähigkeit, aktive und passive **77 Anh** UmwG 40, 4
Unterkapitalisierung **Anh 30** 100
Vergütung des GmbH-Geschäftsführers **35** 149
Vertragsfreiheit **Einl** 38
Vor-GmbH & Co. KG **11** 99 ff
GmbH-Novelle 1980 **56** 3; **56a** 24 f; **57** 3; **57b** 1; **58** 29; **60** 4, 42, 52, 102
Going-concern-concept **42** 190 ff
Griechenland
GmbH-Recht **Einl** 134
Grobe Pflichtverletzung
des Geschäftsführers **38** 47
Großbritannien, GmbH-Recht
Abschlußprüfung **Einl** 636
Abschlußpublizität **Einl** 602, 637
Abwicklung **Einl** 639
Anerkennung der Auslandsgesellschaft **Einl** 647
Anmeldung zum Handelsregister **Einl** 606
Anonymität **Einl** 602, 623
Auflösung **Einl** 638
Ausschluß **Einl** 627
Austritt **Einl** 627
Beendigung **Einl** 638 ff
Beendigung ohne Auflösung/Abwicklung **Einl** 641
Beschlußfassung **Einl** 621
Boardsystem **Einl** 610
Direktoren, Bestellung **Einl** 604
Direktorium **Einl** 609 ff
Einmanngesellschaft **Einl** 602, 638
Finanzierung **Einl** 630 ff
Firma **Einl** 602, 603
floating charge **Einl** 630
Fremdenrecht **Einl** 649 f
Fremdfinanzierung **Einl** 630
Generalversammlung **Einl** 619 ff
Geschäftsanteil **Einl** 623
Geschäftsanteil, Übertragung **Einl** 624
Geschäftsbericht **Einl** 635
Geschichte **Einl** 594
Gesellschafterrechte und -pflichten **Einl** 625 f
Gesellschafterstellung **Einl** 623
Gesellschaftsstatut **Einl** 645
Gesellschaftsvertrag **Einl** 603
Gewinn- und Verlustrechnung **Einl** 635
Gründung **Einl** 603 ff
Gründungsbescheinigung **Einl** 606
Gründungsmängel **Einl** 608
Haftung der Direktoren **Einl** 613
Handelsregister **Einl** 597 ff
internationales Gesellschaftsrecht **Einl** 645 ff
Jahresbilanz **Einl** 635
Kapitalaufbringung **Einl** 631
Kapitalaufbringung, anfängliche **Einl** 605
Kapitalerhaltung **Einl** 632
Kapitalerhöhung **Einl** 634
Kapitalgesellschaftsform, Prinzip einheitlicher **Einl** 601
Kapitalherabsetzung **Einl** 633

Großbritannien, GmbH-Recht (Fortsetzung)
Konkurs **Einl** 640
Konkurs des Gesellschafters **Einl** 628
Kontrolle des Direktoriums **Einl** 614
Konzernrechnungslegung **Einl** 644
Minderheitenschutz **Einl** 629
private company, allgemeine Merkmale **Einl** 602
Publizität **Einl** 598 ff
Rechnungslegung **Einl** 635
Rechnungsprüfer **Einl** 609, 618
Rechtsangleichung **Einl** 593
Rechtsquellen **Einl** 592
Reform **Einl** 595
Sekretär **Einl** 609, 617
Selbstfinanzierung **Einl** 630
Sitzverlegung **Einl** 648
Sonderprüfung **Einl** 615
Staatsaufsicht **Einl** 616
Statistik **Einl** 596
Tochtergesellschaft **Einl** 649
Umwandlung **Einl** 643
verbundene Unternehmen **Einl** 644
Verfassung **Einl** 602, 609 ff
Vermögensübertragung **Einl** 642
Verschmelzung **Einl** 642
Vorgesellschaft **Einl** 607
Zwangsabwicklung **Einl** 640
Zwangsvollstreckung gegen Gesellschafter **Einl** 628
Zweigniederlassung **Einl** 650
Große GmbH
Reformbestrebungen **Einl** 65
Großunternehmen
und GmbH als Rechtsträger **Einl** 51 ff
Grote vennootschap (Niederlande) **Einl** 497
Gründer
Angabe im Gründungsvertrag **3** 39
Außenhaftung **11** 61
Bargründung, Pflichten der — **11** 36
deliktische Haftung **11** 65
Einlagenerbringung, Pflicht zur **11** 38
Eintragungshindernis, Beseitigungspflicht **11** 38
nicht zu Geschäftsführern gehörende — und Haftung vor Eintragung **11** 33
Haftung nach allgemeinen Rechtsgrundsätzen **9** 41
Haftung der — und Entstehung der GmbH **11** 64
keine Handelndenhaftung **11** 73
Konkurs eines — **11** 46
persönliche Haftung **11** 60
Pflichten der — **11** 36
Rechtsscheinhaftung **11** 30, 58
Gründer (Fortsetzung)
Rechtsverhältnisse in Gründervereinigung **11** 35
Sachgründung, Pflichten der — **11** 37
Tod **11** 46
Verpflichtung zur Beseitigung von Nichtigkeits- und Auflösungsgründen **3** 7
Vollendung juristischer Person, Pflicht zur **11** 38
Zwangseinziehung **34** 32
Gründervereinigung
Rechtsverhältnisse **11** 1
Rechtsverhältnisse in — **11** 35
Willensbildung **11** 39
Gründerzahl und Firmenbildung **4** 35
Gründung
s. a. Sachgründung
s. a. Sondervorteile bei Gründung
s. a. Strohmanngründung
Änderung des Gesellschaftsvertrags **54** 4
alle Gründer als Geschäftsführer **6** 13
Anmeldendenhaftung **9** 1 ff
nach ausländischem Recht **Einl** 77
Bareinleger und Sacheinleger, Verhältnis **19** 6
Belgien **Einl** 325
Dänemark **Einl** 548 ff
und EG-Übereinkommen 29.2. 1968 **Einl** 77
Einlagenschmälerung, Verbot **19** 21
Eintragung in Handelsregister **10** 24 ff
fehlgeschlagene und Sitztheorie **Einl** 75
formale Ordnungsmäßigkeit **10** 4
freie Verfügung über Einlagen **7** 38 f
Gebühren **7** 39
Gerichtskosten **7** 39
gesamthänderisch verbundener Personen **5** 16
gesamthänderischer Personenverband **11** 4
Geschäftsführerbestellung, notwendige **6** 4
Gesellschafterqualität **2** 59 ff
Gesellschafterwechsel im —stadium **11** 43
Gesellschaftskonto und Geldeinlage **7** 32
Gesellschaftsstatut **Einl** 89
gesetzlich veranlaßte Aufwendungen **7** 39
gleichmäßige, Heranziehung zur Einlage **19** 6
Großbritannien **Einl** 603 ff
Gründerwille und Gesellschaftsstatut **Einl** 83
Gründungstheorie **Einl** 85
Grunderwerbsteuer **7** 39
Grundsätze, allgemeine **5** 76

Gründung (Fortsetzung)
Innenstatut **Einl** 93
und Kapitalerhöhung, Normenanwendung **55** 5
Kapitalrisiko für vorzeitige Geschäftsaufnahme **11** 29
Kapitalverkehrsteuer **7** 39
konzernabhängige Tochter und Sitztheorie **Einl** 78
Luxemburg **Einl** 379
Mängel des Gesellschaftsvertrags **75** 7 f
Mängelbeseitigung **10** 19
materielle Eintragungsvoraussetzungen **10** 4
Mitgliederkreis, Vereinbarung über **2** 70
Niederlande **Einl** 489 ff
Notargebühren **7** 39
notwendige Gründungskosten **7** 39
Österreich **Einl** 157 ff
Personenverband, noch nicht vollendeter **11** 5
Rückgriffsansprüche gegen Geschäftsführer **9** 35
Sacheinleger und Bareinleger, Verhältnis **19** 6
Satzungssitz und Verwaltungssitz **Einl** 77
Scheingründung **75** 25
Schweiz **Einl** 214 ff
Sitzrechtsvorbehalt **Einl** 79
nach Sitzstaatrecht **Einl** 77
und Sitztheorie **Einl** 77
Steuern **7** 39
Strohmanngründung **2** 49 ff; **10** 15; **75** 25
nach Umwandlung eines Einzelunternehmens **77 Anh** UmwG 56b, 1 ff
durch Umwandlungsbeschluß **77 Anh** UmwG 41, 1, UmwG 41, 7, UmwG 41, 15, UmwG 47, 1, UmwG 47, 8, UmwG 47, 9
unsolider Gesellschaften **Einl** 83
Vereinigte Staaten von Amerika **Einl** 654
Volleinzahlung der Stammeinlage **20** 6
Gründung der GmbH
Zahl der Gründer **2** 47 f
Gründungsaufwand
Begriff **5** 158, 161
Betrieb des Unternehmens künftiger GmbH kein — **5** 159
Eintragungsgebühren **5** 161
falsche Angaben **82** 31
Festsetzung im Gesellschaftsvertrag **5** 160
Gerichtsgebühren **5** 158
Gesellschaftsteuer **5** 158, 161
Kapitalerhaltung **5** 162
Notargebühren **5** 158
Gründungsaufwand (Fortsetzung)
Sondervorteile, Abgrenzung **5** 149
Vergütungen **5** 158
Verkehrsteuer **5** 158
Veröffentlichungskosten **5** 161
Gründungskosten, notwendige **7** 39
Gründungsmängel **Einl** 330
Dänemark **Einl** 553
Frankreich **Einl** 275
Großbritannien **Einl** 608
Italien **Einl** 438
Luxemburg **Einl** 384
und Nichtigkeit der Gesellschaft **75** 7 ff
Niederlande **Einl** 495
Österreich **Einl** 162
Schweiz **Einl** 219
Vereinigte Staaten von Amerika **Einl** 654
Gründungsphase
Kapitalerhöhung **55** 24
Gründungsphase und Geschäftsführer
s. Geschäftsführer, Gründungsstadium
Gründungsprüfung
Ablehnung des Antrags **10** 20
Anforderung weiterer Informationen **10** 19
kein Anlaß zu Zweifeln **10** 7
Anmeldung, ordnungsgemäße **10** 13
Aussetzung des Verfahrens **10** 21
Beanstandungen **10** 19
Beitrittserklärungen **10** 12
Beschwerde **10** 22
keine Beschwerde gegen Eintragung **10** 23
Bewertungskontrolle **10** 16
Einlageleistung, Versicherung **10** 17
fehlende sonstige Instanzen **10** 6
Finanzierungsgrundlagen **10** 18
Form der Beurkundung **10** 12
Frist zur Mängelbeseitigung **10** 19
Gegenstand, nicht geklärter **10** 9
Gesellschaftsvertrag, Inhalt **10** 12
Gesellschaftsvertrag, Wirksamkeit **10** 12
inhaltliche Richtigkeit der Erklärungen **10** 14
Legitimation der Anmelder **10** 13
mißbräuchliche Ausnutzung, Vorkehrung **10** 6
Normativsystem **10** 5
Rechtsmittel gegen Entscheidungen **10** 22
Reform **10** 3
durch Registergericht **10** 4 ff
richterliche Prüfungsfunktion **10** 4 ff
sachlicher Umfang, nicht geklärter **10** 9
Sachverständigengutachten **10** 19
Scheingeschäft **10** 15
steuerlich angemessene Gestaltung **10** 18

Gründungsprüfung (Fortsetzung)
Strohmanngründung **10** 15
Überbewertung von Sacheinlagen **10** 16
Unterkapitalisierung **10** 18
Unternehmensgegenstand **10** 15
Unterpariemission, Verbot **10** 16
verfahrensrechtliche Folgen **10** 19 ff
verschleierte Sachgründung **10** 15
Versicherung über Einlageleistung **10** 17
Voraussetzungen **10** 7
weitere Beschwerde **10** 22
Wirtschaftlichkeit **10** 18
Zuständigkeit **10** 11
Zwischenverfügung **10** 19
Gründungsschwindel
und Geschäftsführerhaftung **9** 40
Gründungsstatut
s. a. Internationales Gesellschaftsrecht
Gründungstäuschung
Angaben, falsche **82** 20 ff
Eigentum, fehlendes eingebrachten **82** 38
Einlageversprechen **82** 25
Einreichung der Anmeldung **82** 46
Einzahlungen, bewirkte **82** 39
Erklärung, vorherige zu notariellem Protokoll **82** 44
Erkundigungen, geeignete **82** 54
gegenüber Gericht **82** 40
Geschäftsführer als Täter **82** 17
Gesellschafter als Täter **82** 16
Gründungsaufwand **82** 31
Konkurrenzen **82** 59
Kreis der Gegenstände **82** 24
mittelbare Täterschaft **82** 58
positives Tun **82** 47
Rechenfehler **82** 52
Rechtsgut, geschütztes **82** 14
Rechtswidrigkeit **82** 49
Reform **82** 8
Sacheinlagen **82** 32
Schuld **82** 50 ff
Schuldausschließungsgründe **82** 55
Schutzgesetz **82** 64
Sicherung für nicht voll eingezahlte Geldeinlagen **82** 34
Sondervorteile **82** 30
Stammeinlage statt in bar durch Sachen **82** 36
Strafen **82** 60 f
Strohmänner **82** 23
Täter **82** 16 ff
Täterschaft **82** 56 ff
Täuschungsabsicht nicht erforderlich **82** 51
Tatbestand **82** 15 ff
Gründungstäuschung (Fortsetzung)
Tatbestandsirrtum **82** 52
Tathandlungen **82** 20
Teilnahme **82** 56 ff
Überstimmung des Täters **82** 48
Unrechtsbewußtsein **82** 53
Unterlassen **82** 47
Verbotsirrtum **82** 52 f
Verjährung **82** 62
Vermeidbarkeit des Irrtums **82** 53
Verpflichtungen, weitere neben Sacheinlage **82** 33
Versicherung nicht vereinbarter Mehrleistung **82** 37
Versuch **82** 42, 45
Verwendung eingezahlter Beträge **82** 29
Vollendung **82** 42
Wechselhingabe **82** 52
Wissen um Unwahrheit **82** 46
zum Zweck der Eintragung **82** 41
Gründungstheorie Einl 84
anglo-amerikanischer Rechtskreis **Einl** 84
Anknüpfung **Einl** 83
ausländisches Gründungsrecht **Einl** 85
Auslandsgesellschaft, Anerkennungsproblem **Einl** 95
EG-Übereinkommen 29.2. 1968 **Einl** 84
eingeschränkte **Einl** 87
Gründerwille **Einl** 83
Gründung **Einl** 85
Haager Abkommen 1.6. 1956 **Einl** 86
inländischer Verwaltungssitz **Einl** 85
internationale Sitzverlegung **Einl** 106
als kollisionsrechtlicher Ausgangspunkt **Einl** 84
Nachteil **Einl** 83
Rechtssicherheit **Einl** 83
Sitzrechtsvorbehalt **Einl** 79, 86
Verbreitung **Einl** 84
Vorbehalte, erforderliche **Einl** 87
Vorzug **Einl** 83
Zuordnung der Gesellschaft zu einem Staat **Einl** 119
Gründungszweck
jeder gesetzlich zulässige **Einl** 11
Grunderwerbsteuer
Einziehung von Geschäftsanteilen **34** 72
Gründung **7** 39
Verschmelzung **77**
Anh II VerschmG Einf., 19
Vorgesellschaft **11** 98
Grundhandelsgewerbe 1 6
Grundlagen der Gesellschaft
Bedeutung für Satzungsauslegung **2** 123

Grundpfandrechte
Sacheinlage **5** 46
Grundrechtsfähigkeit der GmbH 13 22
Grundrechtsschutz
ausländische Gesellschaften **Einl** 121
Grundsätze ordnungsmäßiger Buchführung
Aktiengesetz 1965, Einfluß **42** 17 ff
betriebswirtschaftliche Grundsätze **42** 17
deduktive Ermittlung **42** 15
empirische Festlegung **42** 15
Ermittlung **42** 15
gesellschaftsvertragliche Regelungen **42** 29
Gewohnheitsrecht **42** 17
Handelsbrauch **42** 17
kodifiziertes Recht **42** 17
Legitimation, besondere **42** 14
Rechnungslegungszweck **42** 13
Rechtsnatur **42** 12
und Sacheinlage **5** 31
Steuerrecht **42** 22 f
Verkehrsanschauung **42** 17
Vierte EG-Richtlinie **42** 21
Grundstück
und Geschäftsanteil **15** 132
und Sacheinlagevereinbarung **5** 24
Guatemala
GmbH-Recht **Einl** 139
Gütergemeinschaft
und bestehender Geschäftsanteil **15** 78
und Geschäftsanteil **Anh 15** 76
Gütergemeinschaft, eheliche
und Mitberechtigung am Geschäftsanteil **18** 8
Güterrecht, vertragliches
und Geschäftsanteil **Anh 15** 76
Güterstand
und Geschäftsanteil **Anh 15** 68 ff
Güterstand von Ehegatten
und GmbH-Gesellschafter **2** 60
Gütertrennung
und Geschäftsanteil **Anh 15** 76
Guinea
GmbH-Recht **Einl** 140
Guinea-Bissau
GmbH-Recht **Einl** 143
Gute Sitten
Verstoß gegen — im Gesellschaftszweck **1** 23 f
Gute-Sitten-Gebot
als allgemeine Rechtsregel **14** 29
Guter Glaube
Unkenntnis vom Stand des Gesellschaftsvermögens **31** 15
Gutgläubiger Empfang
von Zahlung als Gewinnanteil **32** 1 ff
Gutgläubiger Erwerb
Gewinnanteilschein **Anh 29** 6
Gutglaubensschutz
Geschäftsanteil **15** 135 ff
Überschreitung des Gesellschaftsgegenstandes **Einl** 89

H

Haager Abkommen 1.6.1956
Sitzstaattheorie **Einl** 86
Haager Übereinkommen 1.6.1956 Einl 97
Häufung
von Rechtsformzusätze **4** 108
Haftung
s. a. Deliktische Haftung
Haftung für Altschulden
eines übernommenen Handelsgeschäfts **11** 77
Haftung für Altverbindlichkeiten
eines eingebrachten Handelsgeschäfts **11** 63
Haftung anmeldender Geschäftsführer
Abwendungsvergleich **9** 28
Anspruchsberechtigung **9** 13
deliktische Haftung **9** 39
Entlastungsbeweis **9** 9
Entstehung mit Eintragung **9** 4
Ersatzanspruch gegen säumigen Gesellschafter **9** 18
garantieähnliche Ausgestaltung **9** 3
Garantiehaftung nicht gegeben **9** 8
bei Geldeinlagen **9** 12
Gesamtschuldner **9** 16 ff
Geschäftsführer, beteiligte **9** 14
Gesellschaft als Gläubigerin **9** 19
Gesellschafteransprüche **9** 39
Gläubigeransprüche **9** 39
Gläubigerin **9** 19
Gläubigerschutz **9** 20
Gründungsschwindel **9** 40
Haftungsumfang **9** 11
Klagebefugnis **9** 13
Konkurs **9** 25
prozessuale Fragen **9** 31
Prozeßvergleich **9** 24
Prozeßverzicht **9** 24
Rechtsnatur **9** 3
Reform **9** 2
Regreßansprüche der GmbH **9** 3
Regreßansprüche, sonstige aus Anlaß der Gründung **9** 35 ff
bei Sacheinlagen **9** 12
Schuldnerkreis **9** 14 ff

Haftung anmeldender Geschäftsführer (Fortsetzung)
sonstige Personen **9** 15
Sorgfaltspflicht, Verletzung **9** 36
unrichtige Angaben **9** 7
unvollständige Angaben **9** 7
unwahre Tatsachenangaben **9** 7
Unwirksamkeit Verzicht und Vergleich **9** 25 ff
Vergleich **9** 23
Verjährung **9** 32 ff
Verschulden, erforderliches **9** 8
Verzicht **9** 22
Voraussetzungen **9** 6 ff
Zahlungsschwierigkeiten **9** 25
zivilrechtliche Verantwortlichkeit **9** 1
zwingendes Recht **9** 5
Haftung der Anmelder der Kapitalerhöhung 57 22 ff
Haftung des Anteilsveräußerers für rückständige Leistungen 16 36 ff
Haftung des Aufsichtsratsmitglieds
für Sorgfaltspflicht- und Verschwiegenheitspflichtverletzung **52** 146, 150, 152
Haftung für Ausfall bei Kaduzierung
s. Kaduzierungsverfahren
Haftung des ausgeschlossenen Gesellschafters für Ausfall an Rückständen 21 33 ff
Haftung, deliktische der Gründer 11 65
Haftung des Einzelkaufmanns
bei Umwandlung in AG, KGaA **77 Anh** UmwG 55, 3 ff
bei Umwandlung in GmbH **77 Anh** UmwG 56f, 3 ff
Haftung der Erben eines Geschäftsanteils Anh 15 103
Haftung aus Geschäftsfortführung
unter bisheriger Firma **11** 63
Haftung der Geschäftsführer
s. a. Geschäftsführer
gegenüber Dritten aufgrund Pflichtverletzung gegenüber Gesellschaft **43** 112 ff
für Erstattung verbotener Stammkapitalrückzahlung **31** 34 ff
gegenüber Gesellschaft **43** 1 ff
gegenüber Gesellschaftern aufgrund Pflichtverletzungen gegenüber Gesellschaft **43** 103 ff
gegenüber Gläubigern auf Ersatz des Konkursverschleppungsschadens **64** 44 ff
gegenüber Gläubigern wegen sittenwidriger Schädigung bei Konkursreife **64** 60
wegen Masseschmälerung nach Konkursreife **64** 37 ff
Haftung der Geschäftsführer (Fortsetzung)
für Stammkapitalrückzahlung **30** 12
aus Vertreterhaftung wegen wirtschaftlichen Eigeninteresses nach Konkursreife **64** 68
Haftung der Gesellschafter
wegen Konkursverschleppung **64** 70 ff
Rechtsvergleichung **Einl** 681
wegen rechtswidriger Einflußnahme auf Geschäftsführung **43** 117
wegen überbewerteter Sacheinlage bei Kapitalerhöhung **56** 32 ff
bei Umwandlung der Personenhandelsgesellschaft in GmbH **77 Anh** UmwG 49, 11
Haftung der Gesellschafter für Ausfall nach Kaduzierung 24 1 ff
Haftung der Gesellschafter für Nachschüsse 26 26 f
Haftung der Gesellschafter einer Personenhandelsgesellschaft
nach Umwandlung in AG **77 Anh** UmwG 45, 1
Haftung der Gesellschafter wegen Unterkapitalisierung
deliktische Haftung **Anh 30** 31 ff
Erklärungshaftung, Lehre **Anh 30** 42
Garantievertrag **Anh 30** 26
Konkursverschleppung **Anh 30** 32
Kreditauftrag **Anh 30** 26
Kreditbetrug **Anh 30** 31
Normenzwecklehren **Anh 30** 43 ff
Organisationsfehlerhaftung **Anh 30** 40
Patronatserklärung **Anh 30** 26
qualifizierte, materielle Unterkapitalisierung **Anh 30** 35
rechtsgeschäftliche Haftung **Anh 30** 26
Rechtsscheinhaftung **Anh 30** 28
Schuldbeitritt **Anh 30** 26
sittenwidrige Gläubigerschädigung **Anh 30** 33
subjektive Mißbrauchslehre **Anh 30** 38 f
Verschulden bei Vertragsschluß **Anh 30** 27
Vertrauenshaftung **Anh 30** 27
Haftung für Gesellschaftsverbindlichkeiten 13 25
Haftung der GmbH
bei Firmenfortführung **5** 54
Haftung der GmbH für ihre Geschäftsführer 35 278 ff
Haftung der Gründer 9 41; **11** 60
und Entstehung der GmbH **11** 64
Haftung der Gründer aus Rechtsschein
wegen vorzeitiger Geschäftsaufnahme **11** 31

Haftung der Gründer der Vorgesellschaft
die nicht Geschäftsführer sind **11** 33
Haftung der Handelnden
Altschulden aus übernommenem Handelsgeschäft **11** 77
Anstellungsvertrag **11** 86
Arbeitsvertrag **11** 80
Art der Mitwirkung **11** 74
Auslegung, weite **11** 71
Ausschluß, stillschweigender **11** 84
Ausschluß, vertraglicher **11** 84 f
Bevollmächtigte **11** 74
Dauerschuldverhältnisse **11** 80
Druckfunktion **11** 67, 69
Eigener Anspruch des Haftenden **11** 81
eigener Name des Geschäftsführers **11** 75
und Eintragung der Gesellschaft **11** 82
Fortbestand der Organhaftung **11** 82
Freistellung analog § 41 Abs. 2 AktG **11** 85
Gegenrechte des Haftenden **11** 81
Gegenseitiger Vertrag **11** 81
Gesamtschuldverhältnis **11** 79
Geschäftsführer als Handelnde **11** 72
Grad an Mitwirkung **11** 74
Gründer, die nicht Geschäftsführer sind **11** 73
Haftungsvoraussetzungen **11** 74 ff
Handeln namens Gesellschaft **11** 75
Handelnde **11** 70 ff
Handelnde nur Geschäftsführer **11** 72
Handelsgeschäft, Übernahme und Altschulden **11** 77
Handlungshaftung, Wesen und Funktion **11** 66 ff
Inhalt **11** 79 ff
Kreis der Handelnden **11** 70 ff
Mietvertrag **11** 80
Mitwirkung, Art **11** 74
namens der Gesellschaft **11** 75
notwendige Geschäfte **11** 82
nur Dritten gegenüber **11** 78
nur Organe der Vorgesellschaft **11** 72
Rahmenvertrag **11** 80
rechtsgeschäftliches Handeln **11** 77
rechtsgeschäftliches Handeln, Voraussetzung **11** 74
Rückgriffsansprüche **11** 86
Schadensersatzansprüche **11** 77
Schuldbefreiung des Handelnden **11** 85 f
Sicherung des Vertragspartners **11** 67, 69
stillschweigender Haftungsausschluß **11** 84
Strafsanktion **11** 67 f
Sukzessivlieferungsvertrag **11** 80
Umfang **11** 79 ff

Haftung der Handelnden (Fortsetzung)
ungerechtfertigte Bereicherung, Ansprüche **11** 77
kein Veranlassungsprinzip **11** 74
Verjährung **11** 79
Vertrag, maßgeblicher für Umfang der — **11** 79
vertraglicher Haftungsausschluß **11** 84 f
Vertragsabschluß, Beteiligung an — **11 rd/4**
Vertretungsmacht nicht erforderlich **11** 76
Vorgesellschaft als Vertragspartner **11** 81
Vorgründungsgesellschaft, Handlung namens **11** 75
Haftung und Herrschaft
Gleichlauf von — und Einmanngesellschaft **Anh I 13** 10
Haftung des Konzerns
Anscheinshaftung **Anh II 13** 51
keine Gesamthaftung **Anh II 13** 48
konzerntypische Haftungstatbestände **Anh II 13** 49
Patronatserklärung **Anh II 13** 50
Haftung der Liquidatoren
für Verletzung von Gläubigerschutzvorschriften **73** 25 ff
Haftung des Mitberechtigten nach Ausscheiden 18 27
Haftung der Mitberechtigten am Geschäftsanteil 18 25 ff
Haftung der nichtigen GmbH
für unerlaubte Handlung der Organe **77** 12
Haftung aus Rechtsschein
der Gründer **11** 58
Haftung des Rechtsvorgängers des kaduzierenden Gesellschafters 22 1 ff
Haftung der Restgesellschaft nach Enteignung Einl 113
Haftung des stellvertretenden Geschäftsführers 44 7
Haftung aus Treuepflichtverletzung 14 27
Haftung eines Überwachungsorgans 52 16
Haftung übriger Gesellschafter
für Erstattung verbotener Stammkapitalzahlung **31** 20 ff
Haftung der Verwaltungsträger der übernehmenden Gesellschaft
für Verschmelzungsschäden **77 Anh II** VerschmG 30, 1 ff
Haftung der Verwaltungsträger der übertragenden Gesellschaft
für Verschmelzungsschäden **77 Anh II** VerschmG 29, 2 ff
Haftungsansprüche der Gesellschaft
nach Konkurseröffnung **63** 78 f

Haftungsausschluß, vertraglicher
der Handelndenhaftung **11** 84 f
Haftungsbefreiung aus Handelndenhaftung **11** 82
Haftungsfonds
und Haftungsbeschränkung, Zusammenhang **11** 62
Stammkapital als — **5** 6
Haftungsgrundsätze
Gesellschaftsstatut **Einl** 91
Haftungsordnung, gesetzliche
und Unterkapitalisierung **Anh 30** 11
Haftungsrechtliche Gleichstellung
des Strohmanns mit Gesellschafter **2** 52
Haftungsverhältnisse
bei Vorgesellschaft und GmbH **11** 32
Haftungsverhältnisse vor Eintragung der GmbH & Co. KG **11** 103
Hagelversicherung
Rechtsform, erforderliche **1** 9
Handel mit Geschäftsanteilen
Verhinderung des formlosen — **15** 9
Handeln für künftige GmbH **11** 56
Handeln im Namen der GmbH **36** 4
Handeln namens der Gesellschaft
durch Vorgesellschaft **11** 55
Handeln namens der Vorgesellschaft **11** 56
Handeln im Rahmen der Vertretungsbefugnis **36** 4
Handeln für Vorgesellschaft **11** 56
Handelndenhaftung bei GmbH
s. Haftung der Handelnden
Handelndenhaftung bei Vor-GmbH & Co. KG **11** 104
Handelsabkommen
und Sitztheorie **Einl** 81
Handelsbilanz
s. Bilanzierung, Bewertung
Handelsbilanz und Steuerbilanz
Formalvorschriften **Vor 41** 26
Handelsbücher Vor 41 33
Handelsgeschäft
Altverbindlichkeiten eines eingebrachten — **11** 63
Bewertung eingebrachten — **5** 64 ff
Einbringung in GmbH **11** 54
Einbringung eines — und Haftung für Altschulden **11** 77
Kauf des Geschäftsanteils **Anh 15** 13
Sacheinlage **5** 52 ff, 136
Handelsgeschäft als Einlage
nach Umwandlung **77 Anh** UmwG 47, 4, UmwG 51, 3, UmwG 56b, 3
Handelsgeschäfte
Geschäfte der GmbH immer — **13** 26
Handelsgesellschaft Einl 2
Auslegung des GmbHG **Einl** 3
GmbH als — **13** 26
Konkursfreies Vermögen **63** 72
im Liquidationsstadium **69** 11, 36
nur vollendete GmbH gilt als — **4** 100
Handelsgesellschaft auf Einlage Anh I 13 16
Handelsgesetzbuch
als GmbH-Rechtsquelle **Einl** 4
Handelsgewerbe
erforderliches und Unternehmensform **1** 1
Handelsrechtliche Aktivierungsgrundsätze
und Sacheinlage **5** 32
Handelsregister 60 92
s. a. Anmeldung; Bekanntmachung; Eintragung; Registergericht
Aktenbehandlung bei Verschmelzung **77 Anh II** VerschmG 25, 49
anfechtbarer Gesellschafterbeschluß **Anh 47** 220
Anmeldungsverfahren für Geschäftsführer **39** 14 ff
Aufsichtsrat, erster **52** 45 ff
ausländischer Geschäftsführer **39** 16
Ausscheiden des Geschäftsführers **39** 10, 12
Bank, unzulässige Bezeichnung **4** 90
Belgien **Einl** 320
und Besitzstand **4** 90
Dänemark **Einl** 543 ff
Eintragung, Bedeutung bei fehlerhaften Gesellschaftsverträgen **2** 73
Eintragung der GmbH **10** 24 ff
Firmenunzulässigkeit **4** 87 ff
Firmenzusatz „mit beschränkter Haftung" **4** 54
Frankreich **Einl** 265 ff, 273
und Genossenschaftsregister **4** 79
gerichtliches Vergleichsverfahren **63** 111
Geschäftsführer, Änderung persönlicher Daten **39** 5 f
Geschäftsführer, Änderung im Personenbestand **39** 3 ff
geschäftsführerlose GmbH **35** 18
Gesellschaftsvertrag, Eintragung formnichtigen **2** 20
Gewinnabführungsvertrag **29** 62
Großbritannien **Einl** 597
Heilung formnichtigen Gesellschaftsvertrags **2** 20
Italien **Einl** 428 ff, 436
Januar-Liste **40** 1 ff
Januarliste der Gesellschafter **40** 1 ff
Konkurseröffnung **63** 64
Löschung **60** 14 ff

Handelsregister (Fortsetzung)
Löschung von Amts wegen **4** 90
nach Löschung keine Fortsetzung **60** 80
Luxemburg **Einl** 374, 382
nichtiger Gesellschafterbeschluß **Anh 47** 218 ff
Niederlande **Einl** 484 ff, 493
Notgeschäftsführer **35** 70
Österreich **Einl** 152 ff, 160
Schweiz **Einl** 209 ff, 218
Sparkasse, unzulässige Bezeichnung **4** 90
Stellvertreter des Geschäftsführers **44** 10
Strohmanngründung **2** 50
Unternehmensvertrag **Anh II 13** 38 ff; **53** 131
Unterscheidung der Firmen **4** 79 ff
unwirksamer Gesellschafterbeschluß **Anh 47** 223
unzulässige Firma **4** 87 ff
unzulässiger Gesellschaftszweck **1** 25
Vereinigte Staaten von Amerika **Einl** 652
Vorgesellschaft **4** 103
und Zweigniederlassung **12** 19 ff
Zweigniederlassung einer Auslandsgesellschaft **Einl** 127

Handelsverträge
Anerkennung von Auslandsgesellschaften **Einl** 94

Handlungsbevollmächtigter
Bestellung durch Gesellschafter **46** 29 ff
Bestellung im Liquidationsstadium **69** 53; **70** 3
inländischer Zweigniederlassung einer ausländischen Gesellschaft **12** 35
und Konkurseröffnung **63** 67

Handlungsfähigkeiten
Gesellschaftsstatut **Einl** 90

Handwerksbetrieb
keine Genehmigungsurkunde nach § 8I4 **8** 12

Harmonisierung
der Anerkennung von Auslandsgesellschaften **Einl** 97

Hauptgesellschafter einer AG
Umwandlung auf den — **77 Anh** UmwG 15, 5

Hauptniederlassung
und Zweigniederlassung **12** 4, 8

Heilung des Mangels
Abtretungsverpflichtung Geschäftsanteil, unwirksame **15** 61 ff
Änderung des Gesellschaftsvertrags **53** 83 ff
Anfechtbarkeit **Anh 47** 94

Heilung des Mangels (Fortsetzung)
bedingte Beitrittserklärung zur GmbH **2** 97
wegen Formmangels unwirksamer Vollmacht zum Abschluß eines Gesellschaftsvertrags **2** 34
formnichtiger Gesellschaftsvertrag **2** 17 ff
Geltendmachung des Erklärungsmangels vor Eintragung **2** 105
Gesellschaftsvertragsmängel **75** 7 f
Gründungsmängel nach Eintragung **10** 35
heilbare und nicht heilbare Nichtigkeit **76** 6
der Nichtigkeit **75** 35
Nichtigkeit von Gesellschafterbeschlüssen **Anh 47** 72 ff
relative Heilung von Nichtigkeitsgründen **76** 15
Sacheinlagevereinbarung, fehlende im Gesellschaftsvertrag **5** 122
Stammeinlage, Stammkapital, Differenz **5** 18
Unternehmensgegenstand **76** 1 ff
unzulässiger Gesellschaftszweck **1** 30
Verschmelzungsvertrag **77 Anh II** VerschmG 21, 28, VerschmG 25, 8 ff
Vertragsinhalt betreffende Mängel **2** 76
Vorvertrag, formnichtiger **2** 40

Heimatstaat
diplomatischer Schutz **Einl** 120

Herrschaft und Haftung
Gleichlauf von — und Einmanngesellschaft **Anh I 13** 10

Herrschaftsrecht
als Vorzugsrecht **5** 146

Herrschaftsrechte **5** 152 f
Änderung des Gesellschaftsvertrags **5** 156
Gesellschaftsvertrag, Aufnahme **5** 154
Gesellschaftsvertrag, unterlassene Aufnahme **5** 155
höchstpersönlich **5** 152
nur an Gesellschafter **5** 154
persönliche Ansprüche **5** 155
als Sonderrechte **5** 152
Zulässigkeitsvoraussetzungen **5** 154

Herstellungskosten
Anlagevermögen **42** 157 ff
Umlaufvermögen **42** 165 ff

Hinkende Gesellschaften **Einl** 83

Hintermann
als Strohmann, Haftung **2** 51 ff

Höchstbegrenzung
keine der Stammeinlage **5** 13
keine des Stammkapitals **5** 8

Höchstbetrag
der Kapitalherabsetzung **58** 30
Höchstgrenze des Ausschüttbaren 29 38
Höhe
des Stammkapitals **5** 8
Holdinggesellschaft
als GmbH-Erwerbsgesellschaft **1** 7
Honduras
GmbH-Recht **Einl** 139
Hypothekenbank
Rechtsform, erforderliche **1** 10

I

Idealer Gesellschaftszweck
und GmbH-Rechtsform **1** 14 ff
Identität
von Anerkennung und Anwendung des Gesellschaftsstatuts **Einl** 95
einer Gesellschaft nach Sitzverlegung **Einl** 107
Gesellschaftszweck und Unternehmensgegenstand **1** 4
der Restgesellschaft nach Enteignung **Einl** 113
Identität der Gesellschaft
ernsthafte Zweifel an — **10** 36
Identitätstheorie 11 5, 25, 31
Immaterialgüterrechte
Sacheinlage **5** 47
Immaterielle Vermögensgegenstände
Aktivierung **42** 85 ff
Imparitätsprinzip 42 146 ff
In-sich-Geschäft
bei Stimmabgabe **47** 39
Verbot des — für Geschäftsführer **35** 227 ff
Indien
GmbH-Recht **Einl** 144
Individualisierung
der Sachfirma **4** 23 f
des Unternehmensgegenstandes **3** 19
Individualistisch-personalistische Struktur
Einl 10
Individualistischer GmbH-Gedanke Einl 1
Individualrechtliche Vereinbarung
in der Satzung **2** 126
Informationspflicht
gegenüber Gesellschafter **45** 23
Informationsrechte
bei Verschmelzung **77 Anh II** VerschmG 20, 34 ff
Inhabergewinnschein Anh 29 6 ff
Inhaltliche Richtigkeit der Erklärungen
bei Errichtung und Anmeldung **10** 14
Inländereigenschaft
und Fremdenrecht **Einl** 118
von Gesellschaften **Einl** 119
Inländische Direktinvestitionen
von Auslandsgesellschaften **Einl** 124
Inländische Gesellschaft Einl 73
Verlegung in das Ausland **Einl** 80
mit Zweigniederlassung im Ausland **12** 45
Inländische Tochtergesellschaft
ausländischer Gesellschaft **Einl** 124
Inländische Zweigniederlassung ausländischer Gesellschaft
ausländische Gesellschaft, Begriff **12** 32 f
Inländische Zweigniederlassung einer DDR-Gesellschaft 12 44
Inländischer Geschäftsverkehr
und Auslandsgesellschaft **Einl** 89
Inländischer Notar
Zuständigkeit **Einl** 101
Inländischer Verwaltungssitz
und ausländisches Gründungsrecht **Einl** 77, 85
einer Auslandsgesellschaft **Einl** 95
Inländisches Gründungsrecht
und ausländischer Verwaltungssitz **Einl** 77
Inlandsbeurkundung Einl 101
Inlandskonkurs
einer Auslandsgesellschaft **Einl** 92
Innengesellschaft
und Geschäftsanteil **15** 24
Innenstatut
Trennung von Außenstatut **Einl** 93
Innerdeutsche Sitzverlegung Einl 109
Innere Ordnung
des Aufsichtsrats **52** 91 ff
Innere Verfassung der GmbH 45 3 ff
Interesse der Gesellschaft
und Einberufung der Gesellschafterversammlung **49** 10
Interessenlage
und Sitztheorie **Einl** 82
Internationale Fusion 77
Anh II VerschmG Einf., 21
Internationale Konzernverhältnisse
und Sitztheorie **Einl** 78
Internationale Sitzverlegung Einl 105 ff
Internationale Unternehmensverbindungen
Gesellschaftsstatut **Einl** 91
Internationale Verschmelzung
von Aktiengesellschaften, Entwurf eines Übereinkommens **Einl** 709 f
in EG-Bereich **Einl** 104
Gesellschaftsstatut, zu kombinierende **Einl** 102
Normenhäufung **Einl** 103

Internationale Verschmelzung (Fortsetzung)
Regelungslücken **Einl** 103
Internationales Gesellschaftsrecht
s. a. Gründungsstatut, Gründungstheorie, Sitztheorie
Abschluß des Gesellschaftsvertrags **Einl** 100
Abwicklung **Einl** 92
Anerkennung von Auslandsgesellschaften **Einl** 94 ff
Anknüpfung **Einl** 74
Auflösung **Einl** 92
Auslandsbeurkundung **Einl** 101
Außenstatut **Einl** 93
Beendigung **Einl** 92
Belgien **Einl** 362 ff
Dänemark **Einl** 586 ff
Deliktsfähigkeit **Einl** 90
Differenzierungslehre **Einl** 93
EG-Übereinkommen 29.2.1968 **Einl** 77, 79, 85, 86, 87, 96
eingeschränkte Sitztheorie **Einl** 76
Einheitslehre **Einl** 93
Enteignung, internationale **Einl** 110 ff
Formfragen **Einl** 98 ff
Fragestellung **Einl** 73
Frankreich **Einl** 308 ff
Fremdenrecht, Abgrenzung **Einl** 73
Gegenstand **Einl** 73
Geschäftsanteile, Übertragung **Einl** 91, 100
Geschäftsfähigkeit **Einl** 89
Gesellschaftsstatut, Frage nach **Einl** 73
Gewohnheitsrecht und Anknüpfung **Einl** 74
Großbritannien **Einl** 645 ff
Gründerwille **Einl** 83
Gründung **Einl** 89
Gründungstheorie **Einl** 74, 83 ff
Haftungsgrundsätze **Einl** 91
Handlungsfähigkeit **Einl** 90
Harmonisierungsbestrebungen **Einl** 97
Innenstatut **Einl** 93
innerdeutsche Sitzverlegung **Einl** 109
internationale Konzernverhältnisse **Einl** 78
internationale Sitzverlegung **Einl** 105 ff
internationale Verschmelzung **Einl** 102 ff
internes Verbandsrecht **Einl** 91
Italien **Einl** 472 ff
Kollisionsrecht **Einl** 73
Konkurs **Einl** 92
Kontrolltheorie **Einl** 74
Konzernrecht **Einl** 91

Internationales Gesellschaftsrecht (Fortsetzung)
Konzernverhältnisse, internationale **Einl** 78
Luxemburg **Einl** 416 ff
Niederlande **Einl** 532 ff
Niederlassungsrecht und Anerkennung **Einl** 96
Österreich **Einl** 197 ff
Ordre public **Einl** 117
Parteifähigkeit **Einl** 90
Persönlichkeitsrecht **Einl** 90
Prozeßfähigkeit **Einl** 90
Rechtsfähigkeit **Einl** 89
Regelungsbereich des Gesellschaftsstatuts **Einl** 88 ff
Restgesellschaft und Enteignung **Einl** 112 f
Rückverweisung **Einl** 81
Satzungsänderungen **Einl** 100
Schweiz **Einl** 253 ff
Sitzrechtsvorbehalt **Einl** 79
Sitztheorie **Einl** 74, 75 ff
Sitzverlegung **Einl** 80
Sitzverlegung, internationale **Einl** 105 ff
Souveränitätswechsel **Einl** 108
Spaltgesellschaft und Enteignung **Einl** 114 f
Staatsangehörigkeit **Einl** 74
Statutenwechsel **Einl** 105 ff
Territorialitätsprinzip und Enteignung **Einl** 110 f
Umwandlung **Einl** 100
Vereinigte Staaten von Amerika **Einl** 668
Verschmelzung **Einl** 102 ff
Verwaltungssitz, Ort des tatsächlichen **Einl** 75
Verwaltungssitz, Verlegung **Einl** 85
Vollmachtsstatut **Einl** 89
Weiterverweisung **Einl** 81
Wirkungsstatut **Einl** 98
Internationales Privatrecht
Einmanngesellschaft **Anh I 13** 76
grenzüberschreitende Verschmelzung 77 **Anh II** VerschmG Einf., 20
Internes Organisationsrecht
der Einmann-GmbH **Anh I 13** 31
Internes Verbandsrecht
Gesellschaftsstatut **Einl** 91
Interstate commerce clause
in den Vereinigten Staaten von Amerika **Einl** 651
Inventar
Belgien **Einl** 353
Frankreich **Einl** 298

Inventar (Fortsetzung)
Italien **Einl** 463
Luxemburg **Einl** 407
Österreich **Einl** 187
Schweiz **Einl** 244
Investitionen, sinnlose und überhöhte
Strafbarkeit **Vor 82** 34
Investmentgesellschaften
Rechtsform, erforderliche **1** 10
Investmentsparer
GmbH & Co. KG als Sammelbecken **Einl** 33
Iran
GmbH-Recht **Einl** 136
Irrtümliche Beitrittserklärung
eines GmbH-Gesellschafters **2** 103, 111
Irrtum
bei Anmeldung der GmbH **7** 19
Erwerber des Geschäftsanteils **Anh 15** 10
Geschäftsgeheimnis, unbefugte Offenbarung und Verwertung **85** 61 f
Geschäftslagetäuschung **82** 113
Gründungstäuschung **82** 52 ff
unterlassene Anzeige bei Verlust der Hälfte des Stammkapitals **84** 37 ff
Untreue, GmbH-rechtliche **Vor 82** 85 ff
Irrtumszurechnung **35** 273 ff
Italien, GmbH-Recht
Abschlußprüfung **Einl** 464
Abschlußpublizität **Einl** 432, 465
Abwicklung **Einl** 467
Anerkennung der Auslandsgesellschaft **Einl** 474
Auflösung **Einl** 466
Aufsichtsrat **Einl** 444 ff
Ausschluß **Einl** 455
Austritt **Einl** 455
Beendigung **Einl** 466
Beschlußfassung **Einl** 449
Einmanngesellschaft **Einl** 432
Finanzierung **Einl** 458 ff
Firma **Einl** 432
Fremdenrecht **Einl** 476
Fremdfinanzierung **Einl** 458
Geschäftsanteil **Einl** 452
Geschäftsanteil, Übertragung **Einl** 451
Geschäftsführer, Bestellung **Einl** 434, 440
Geschäftsführung **Einl** 440 ff
Geschichte **Einl** 425
Gesellschafterrechte und -pflichten **Einl** 453 f
Gesellschafterstellung **Einl** 451
Gesellschafterversammlung **Einl** 447 ff
Gesellschaftsstatut **Einl** 472
Gesellschaftsvertrag **Einl** 433

Italien, GmbH-Recht (Fortsetzung)
Gewinn- und Verlustrechnung **Einl** 463
Gründungsmängel **Einl** 438
Handelsregister **Einl** 428, 436
internationales Gesellschaftsrecht **Einl** 472
Inventar **Einl** 463
Jahresabschluß **Einl** 463
Jahresbilanz **Einl** 463
Kapitalaufbringung **Einl** 459
Kapitalaufbringung, anfängliche **Einl** 435
Kapitalerhaltung **Einl** 460
Kapitalerhöhung **Einl** 462
Kapitalherabsetzung **Einl** 461
Konkurs **Einl** 468
Konkurs des Gesellschafters **Einl** 456
Konzernrechnungslegung **Einl** 471
Mandatstheorie **Einl** 439
Minderheitenschutz **Einl** 457
Mitgliedschaft **Einl** 451
Publizität **Einl** 429
Rechnungslegung **Einl** 463
Rechtsangleichung **Einl** 424
Rechtspersönlichkeit **Einl** 432
Rechtsquellen **Einl** 422
Reform **Einl** 426
Selbstfinanzierung **Einl** 458
Sitzverlegung **Einl** 475
Statistik **Einl** 427
Tochtergesellschaft **Einl** 476
Umwandlung **Einl** 470
verbundene Unternehmen **Einl** 471
Verfassung **Einl** 439 ff
Verschmelzung **Einl** 469
Vorgesellschaft **Einl** 437
Wegzug **Einl** 475
Zuzug **Einl** 475
Zwangsvollstreckung gegen Gesellschafter **Einl** 456
Zweigniederlassung **Einl** 477

J

Jahresabschluß
s. a. Bewertung; Bilanzierung; Reingewinn
Aufsichtsrat **52** 124, 128, 132
Aufstellung **41** 21 ff
Begriff Jahresabschluß **41** 20
Belgien **Einl** 353
Bilanz **41** 26
Dänemark **Einl** 577
Feststellung **41** 22; **46** 5 ff
Frankreich **Einl** 298
Frist **41** 23

Jahresabschluß (Fortsetzung)
Fristverlängerung **41** 24
Geschäft in Übersee **41** 25
durch Geschäftsführer **41** 21
Gesellschaftsvertrag **53** 103
Gewinn- und Verlustrechnung **41** 27
Gliederung und Inhalt nach Richtlinienvorschlag **Einl** 700
Großbritannien **Einl** 635
Grundsätze, allgemeine **42** 6
Inventur **41** 26
Italien **Einl** 463
von Kapitalgesellschaften, Richtlinienvorschlag **Einl** 699 f
und Kapitalherabsetzung **58** 5
und Liquidationsjahresbilanzen **71** 14 ff
lückenhafte Regelung **42** 1
Luxemburg **Einl** 407
Nichtigkeit **Anh 47** 61 ff
Niederlande **Einl** 523
Österreich **Einl** 187
Prüfung
—Aktiengesetz 1965 **42a** 8
—und Aufsichtsratsprüfung **42a** 35
—Bausparkassen **42a** 12
—Einführungsgesetz zum AktG 1965 **42a** 8
—Ermächtigung **42a** 3
—freiwillige — **42a** 22 ff, 29 ff
—Gegenstand **42a** 21
—gemeinnützige Wohnungsunternehmen **42a** 14
—gesetzlich vorgeschriebene **42a** 23 ff
—Kapitalanlagegesellschaften, Gesetz **42a** 10
—Kapitalerhöhung aus Gesellschaftsmitteln **42a** 13
—Makler- und Bauträgerordnung **42a** 17
—öffentliche Wirtschaft **42a** 16
—Orderlagerscheine **42a** 8
—Prüfungsvorschriften, bestehende **42a** 6
—Publizitätsgesetz **42a** 7
—Reform **42a** 2
—Umfang **42a** 21 f
—Urheberrechte, Wahrnehmung **42a** 15
—Versicherungsunternehmen **42a** 12
—Vertrieb ausländischer Investmentanteile **42a** 11
Publizität **41** 29 f; **Anh III 42** 1 ff
Reform **42** 2 ff
Vermögenslage, erkennbare **42** 7
Zweck **42** 7 ff
Jahresbericht
Dänemark **Einl** 577
Jahresbilanz, Rechtsvergleich
Belgien **Einl** 353
Dänemark **Einl** 577
Frankreich **Einl** 298
Großbritannien **Einl** 635
Italien **Einl** 463
Luxemburg **Einl** 407
Niederlande **Einl** 523
Österreich **Einl** 187
Rechtsvergleichung **Einl** 683
Schweiz **Einl** 244
Vereinigte Staaten von Amerika **Einl** 663
Jahresbilanz und Reingewinn
s. Reingewinn
Januarliste der Gesellschafter 40 1 ff
Liquidationsstadium **69** 35
Japan
GmbH-Recht **Einl** 144
Jugoslawien
GmbH-Recht **Einl** 134
Juristische Fantasie
GmbH als Konstruktion der — **Einl** 12
Juristische Person
s. a. Kapitalgesellschaft
als Aufsichtsratsmitglied **52** 69
und Einmanngesellschaft **Anh I 13** 9
Entstehung durch Eintragung **10** 32
Fortbestand nach Auflösung **60** 82
Gefahr der — und Verwaltungsrecht **62** 4
Geschäftsanteil im Vermögen der — **18** 10
als GmbH-Gesellschafter **2** 64
Liquidator **66** 10
Mißbrauch **Anh 30** 38
keine Strafbarkeit der — **Vor 82** 30
Übereinkommen gem. Art. 220 EWGV über gegenseitige Anerkennung **Einl** 707 f
Überschuldung als spezifischer Konkursgrund **63** 1
Umwandlung auf Allein- oder Hauptgesellschafter **77 Anh** UmwG 1, 10
Vollendung der — als Gründerpflicht **11** 38
und Vorgesellschaft **11** 49
werdende — und Organisationszustand **11** 10
Juristische Theorie
des Vermögensschadens **Vor 82** 63

K

Kaduzierungsverfahren
Ausfallhaftung
—Abtretung der Forderung **24** 37
—Art der Haftung **24** 25 ff
—Aufrechnungsverbot **24** 36

Kaduzierungsverfahren (Fortsetzung)
—Ausfall durch Kaduzierten **24** 10
—Ausgeschlossener **24** 20
—ausgeschlossener Gesellschafter **21** 33 f
—Ausgleichsanspruch **24** 33
—Beweis der Voraussetzungen **24** 12
—eigene Anteile **24** 19
—nicht erlangte Beiträge **24** 30
—Erlaßverbot **24** 36
—Ersteigerer, Haftung **24** 18
—Geldeinlage **24** 3
—Geldeinzahlungspflicht nach mangelhafter Sacheinlage **24** 4
—keine gesamtschuldnerische Haftung **24** 25
—Geschäftsführer, Befugnis **24** 29
—Gesellschaftereigenschaft **24** 13 ff
—Gesellschafterhaftung **24** 31
—Haftung des Ersteigerers **24** 18
—Haftung des Gesellschafters beschränkt sich nicht auf Einlage **24** 1
—Haftung des Rechtsvorgängers **24** 8, 17
—Haftung übriger Gesellschafter **24** 13 ff
—Insolvenz des Kaduzierten **24** 10
—Kapitalerhöhung, Mithaftung von Gesellschaftern **24** 21 ff
—Kündigungsverbot **24** 36
—notarielle Aufklärung über — **24** 1
—ordnungsgemäße Kaduzierung **24** 7
—Pfändung der Forderung **24** 37
—Reform **24** 2
—Rückgriffsanspruch gegen Geschäftsführer **24** 34
—Sacheinlage, mangelhafte **24** 4
—Schuldendeckung nicht erforderlich **24** 11
—Stammeinlage, nicht eingezahlte **24** 3
—Stammeinlage, durch Verkauf nicht zu deckende **24** 9
—Stammkapitalsicherung als Zweck **24** 1
—subsidiäre — **24** 1
—Verhältnis der Geschäftsanteile **24** 27
—Verpfändung der Forderung **24** 37
—Voraussetzungen **24** 3 ff
—Zahlung, unterbliebene des haftenden Gesellschafters **24** 6
—Zahlung, Wirkung **24** 32
—Zurückbehaltungsverbot **24** 36
—zwingendes Recht **24** 35
und Auszahlungsverbot **30** 46
Besteuerung **21** 42
Besteuerung des Erwerbsvorgangs **23** 27
Bieter bei Versteigerung **23** 9
bilanzielle Behandlung **23** 28

Kaduzierungsverfahren (Fortsetzung)
Börsenumsatzsteuer bei Weiterverkauf **23** 27
ertragsteuerliche Folgen **23** 27
und Erwerb eigener Anteile, Abgrenzung **33** 61
fehlerhafte — und Haftung **22** 23
fehlerhafte Kaduzierung **21** 30 ff
fehlerhafte Kaduzierung und Veräußerung des Geschäftsanteils **23** 20
fehlerhafter Verkauf des Geschäftsanteils **23** 22 ff
Form der Kaduzierung **21** 21
Gesellschaftsteuer und Erwerb **23** 27
kein gutgläubiger Erwerb **22** 23
Haftung der Rechtsvorgänger **22** 1 ff
Kaduzierung nach Fristablauf **21** 16
Kapitalverkehrsteuergesetz und Erwerb **23** 27
Konkurs des säumigen Gesellschafters **21** 39
Mängel des Verkaufs des Geschäftsanteils **23** 22 ff
Nachfristsetzung mit Verfallsandrohung **21** 1 ff
Nichterfüllung anderer als Einlageverpflichtung **21** 40
öffentliche Versteigerung des Geschäftsanteils **23** 4 ff
Österreich **Einl** 178
Rechte Dritter an Geschäftsanteil **21** 24
rechtliche Konstruktion **21** 25
Rechtsbehelf **21** 32
Rechtsvorgänger, Haftung **22** 1 ff
Reform **Vor 21** 2; **23** 2
unverkäuflicher Geschäftsanteil **23** 25
Verkauf des Geschäftsanteils **23** 4 ff
Wirkung der Kaduzierung **21** 23
Zuschlag bei Versteigerung **23** 10
Zweck **Vor 21** 1
zwingendes Recht **21** 41; **22** 24

Käuferpflichten
Geschäftsanteil **Anh 15** 25

Kalenderjahr
Abweichungen vom — **53** 102

Kamerun
GmbH-Recht **Einl** 140

Kanada
GmbH-Recht **Einl** 138

Kapital, ausländische Rechte
Kapitalaufbringung Belgien **Einl** 327, 349
Kapitalaufbringung Dänemark **Einl** 550, 573
Kapitalaufbringung Frankreich **Einl** 272, 294

Kapital, ausländische Rechte (Fortsetzung)
Kapitalaufbringung Großbritannien und Irland **Einl** 605, 631
Kapitalaufbringung Italien **Einl** 435, 459
Kapitalaufbringung Luxemburg **Einl** 381, 403
Kapitalaufbringung Niederlande **Einl** 491, 519
Kapitalaufbringung Österreich **Einl** 183
Kapitalaufbringung Schweiz **Einl** 217, 240
Kapitalaufbringung USA **Einl** 654, 662
Kapitalerhaltung Belgien **Einl** 350
Kapitalerhaltung Dänemark **Einl** 574
Kapitalerhaltung Frankreich **Einl** 295
Kapitalerhaltung Großbritannien und Irland **Einl** 632
Kapitalerhaltung Italien **Einl** 460
Kapitalerhaltung Luxemburg **Einl** 404
Kapitalerhaltung Niederlande **Einl** 520
Kapitalerhaltung Österreich **Einl** 184
Kapitalerhaltung Schweiz **Einl** 241
Kapitalerhaltung USA **Einl** 662
Kapitalerhöhung Belgien **Einl** 352
Kapitalerhöhung Dänemark **Einl** 576
Kapitalerhöhung Großbritannien und Irland **Einl** 634
Kapitalerhöhung Italien **Einl** 462, 522
Kapitalerhöhung Luxemburg **Einl** 406
Kapitalerhöhung Österreich **Einl** 186
Kapitalerhöhung Schweiz **Einl** 243
Kapitalerhöhung USA **Einl** 662
Kapitalherabsetzung Belgien **Einl** 351
Kapitalherabsetzung Dänemark **Einl** 575
Kapitalherabsetzung Frankreich **Einl** 296
Kapitalherabsetzung Großbritannien und Irland **Einl** 633
Kapitalherabsetzung Italien **Einl** 461, 521
Kapitalherabsetzung Luxemburg **Einl** 405
Kapitalherabsetzung Österreich **Einl** 185
Kapitalherabsetzung Schweiz **Einl** 242
Kapitalherabsetzung USA **Einl** 662
Mindestkapital Belgien **Einl** 324
Mindestkapital Dänemark **Einl** 547
Mindestkapital Frankreich **Einl** 269
Mindestkapital Großbritannien und Irland **Einl** 602
Mindestkapital Italien **Einl** 432
Mindestkapital Luxemburg **Einl** 378
Mindestkapital Niederlande **Einl** 488
Mindestkapital Österreich **Einl** 156
Mindestkapital Rechtsvergleichung **Einl** 682
Mindestkapital Schweiz **Einl** 213
Mindestkapital USA **Einl** 653

Kapital- und Personengesellschaft
Unterscheidung **Einl** 36
Kapitalanlagegesellschaft
als GmbH & Co. KG **Einl** 33
Kapitalanlagegesellschaften
Rechtsform, erforderliche **1** 10
Kapitalaufbringung
Belgien **Einl** 349
Dänemark **Einl** 573
Frankreich **Einl** 294
Großbritannien **Einl** 631
Italien **Einl** 459
Luxemburg **Einl** 403
Niederlande **Einl** 519
Österreich **Einl** 183
Reform **5** 5
Schweiz **Einl** 240
Sicherung bei Umwandlung eines Einzelunternehmens **77 Anh** UmwG 56b, 4
bei Umwandlung der Personenhandelsgesellschaft in GmbH **77 Anh** UmwG 47, 2 ff
bei ungültiger Beitrittserklärung **2** 89 ff
Vereinigte Staaten von Amerika **Einl** 654, 662
Kapitalaufbringung, anfängliche
Belgien **Einl** 327
Dänemark **Einl** 550
Frankreich **Einl** 272
Großbritannien **Einl** 605
Italien **Einl** 435
Luxemburg **Einl** 381
Niederlande **Einl** 491
Österreich **Einl** 159
Schweiz **Einl** 217
Kapitalaufbringung, reale **19** 31
Kapitalaufbringung, Sicherung
und Einlagemängelhaftung **5** 77
Kapitalausstattung
Österreich **Einl** 151
Kapitalausstattung, Angemessenheit
keine Pflicht der Gesellschafter **Anh 30** 10
Kapitalausstattungsproblematik
und Gesellschafterdarlehen **Anh 30** 12
Kapitalbeschaffung
Genußrecht als Mittel der — **Anh 29** 18
durch Gesellschafterdarlehen **Anh 30** 68 ff
Nachschußpflicht als Mittel zulässiger — **Vor 26** 1
Kapitalbindung und Kapitalherabsetzung **58** 4
Kapitalerhaltung
Belgien **Einl** 350
Dänemark **Einl** 574
Frankreich **Einl** 295
Großbritannien **Einl** 632

Kapitalerhaltung (Fortsetzung)
im Gründungsaufwand **5** 162
Italien **Einl** 460
Luxemburg **Einl** 404
Niederlande **Einl** 520
Österreich **Einl** 184
und Rückforderung wegen Gläubiger- und Konkursanfechtung **2** 116
Schweiz **Einl** 241
und Unternehmensverbindungen **Anh II 13** 13 ff
Vereinigte Staaten von Amerika **Einl** 662
und Vorzugsrechte **5** 145
Zeitpunkt für Beurteilung der — **30** 24
Kapitalerhöhung
Ablehnung der Eintragung der — **57a** 1 ff
Aktienrecht, Vergleich **55** 8
Alt- und Neueinlagen **56a** 21
Anfechtbarkeit der Übernahme **55** 49
Anlagen bei Anmeldung der — **57** 9 ff
Anmeldung
—Anlagen **57** 9 ff
—keine Anmeldepflicht **57** 17
—Anmelder **57** 16
—deliktische Haftung gegenüber Gläubigern **57** 22
—Erhöhungsbeschluß als Gegenstand der — **57** 6
—Form **57** 8
—Gegenstand der — **57** 6
—Gesellschaftsvertrag, Neufassung **57** 14
—Haftung der Anmelder **57** 22 ff
—Höhe eingezahlter Beträge **57** 7
—Kapitalerhöhungsbeschluß **57** 14
—Liste der Übernehmer **57** 10 f
—mangelhafte — **57** 20 f
—materielle Voraussetzungen **57** 4 f
—Mindesteinlage, Bewirkung **57** 5
—keine öffentlich-rechtliche Pflicht **57** 17
—öffentliche Beglaubigung **57** 8
—Reform **57** 3
—Sacheinlage, Zusatzerfordernisse **57** 12
—schlagwortartige Bezeichnung **57** 6
—Sicherung bei Einmanngesellschaft **57** 7a
—Stammeinlage, Übernahme **57** 4
—Strafbarkeit der Anmelder **57** 22
—Übernahmeerklärung als Anlage **57** 9
—Unbedenklichkeitsbescheinigung der Kapitalverkehrsteuer-Stelle nicht erforderlich **57** 15
—Versicherung der Geschäftsführer **57** 7
—nach vollständiger Zeichnung **57** 4
—zuständiges Gericht **57** 19

Kapitalerhöhung (Fortsetzung)
Anpassung an erhöhtes Mindestkapital **55** 28
Anwendbarkeit von Gründungsrecht **55** 5
Arten **55** 6 ff
Aufgeld **56a** 4
Aufgeldvereinbarung **5** 132
Aufrechnungsschranken bei Sacheinlage **56** 48
Aufrechnungsverbot bei Sacheinlage **56** 41 ff
Aufstockung bestehender Geschäftsanteile **56a** 6
Aufstockung der Geschäftsanteile **55** 20 f
Ausschüttungs-Rückholverfahren **55** 7
—über Kapitalerhöhung **55** 86 f
—Rückgewährpflichten, satzungsrechtliche **55** 83 ff
—Sachkapitalerhöhung **55** 87
—satzungsrechtliche Gestaltungen **55** 82
—schuldrechtliche Gestaltungen **55** 81
—Verrechnung mit Gewinnansprüchen **55** 87
bedingte Übernahmeerklärung **55** 61
Bekanntmachung **57b** 1 ff
Belgien **Einl** 352
Beschluß
—Änderung des Gesellschaftsvertrags **55** 9
—anfechtbarer, aber eingetragener **57** 37
—Anpassung von Altgesellschaften **55** 13
—Anpassung an erhöhtes Mindestkapital **55** 28
—Aufgeld **55** 18
—Aufhebung **55** 10
—Aufstockung von Geschäftsanteilen **55** 20 f
—Ausfallhaftung, erhöhte **55** 15
—bis Höchstziffer **55** 12
—Erfordernisse, notwendige **55** 9 ff
—keine erhöhte Leistungspflicht **55** 15
—Erhöhungsbetrag **55** 11
—fakultative Bestandteile des — **55** 19
—Festlegung des neuen Kapitals **55** 12
—Form **55** 9
—Gleichbehandlungsgrundsatz **55** 16
—im Gründungsstadium **55** 24
—nach Konkurseröffnung **55** 26
—vor Konkurseröffnung **55** 27
—im Liquidationsstadium **55** 25
—mangelhafter — **55** 30
—mangelhafter, aber eingetragener **57** 37 ff
—Mehrheit, erforderliche **55** 9
—Mindestbetrag **55** 13

Kapitalerhöhung (Fortsetzung)
— Mindestkapital, Anpassung an erhöhtes **55** 28
— Mindestkapital, erhöhtes **55** 13
— Nachschußpflichten **55** 18
— Nebenpflichten **55** 18
— Neufassung des Gesellschaftsvertrags **55** 17
— nichtiger, aber eingetragener **57** 39
— notarielle Beurkundung **55** 9
— bei Sacheinlage **56** 17 ff
— Sonderrecht, entgegenstehendes **55** 16
— Stammeinlagen, Höhe der neuen **55** 14
— Stammkapitalziffer **55** 17
— Stimmbindungsvertrag **55** 29
— Stimmverbot **55** 9
— stufenweise Erhöhung des Mindestkapitals **55** 13
— Übernehmer **55** 14
— Verpflichtung zur Beschlußfassung **55** 29
— Volleinzahlung bisherigen Kapitals **55** 23
— Vorzugsrechte **55** 18
— Zeitpunkt **55** 22 ff
— Zulassungsbeschluß, Verhältnis **55** 33 f
— Zustimmung einzelner Gesellschafter **55** 16
Bestimmungen über — **55** 2 f
Bezugsrecht der Gesellschafter **55** 44 ff
Dänemark **Einl** 576
Differenzhaftung bei Überbewertung **56** 32 ff
Dritte oder Gesellschafter als Übernehmer **55** 31 ff
eigene Anteile, Übernahme **33** 55
eigene Anteile, Zeichnungsverbot **55** 38 f
Einforderung **56a** 21 ff
Einlage, Leistungspflicht **55** 67
Einlageforderung, Vollstreckung **56a** 23
Einlageleistung bei Sacheinlage vor Anmeldung **56** 47
Einmanngesellschaft **55** 65; **56a** 7 ff
Eintragung der Kapitalerhöhung
— Ablehnung der — **57a** 1 ff
— Amtslöschung **57** 36
— anfechtbarer Kapitalerhöhungsbeschluß **57** 37
— Anmeldung, fehlende **57** 47
— Bekanntmachung, fehlerhafte **57b** 4
— Bekanntmachung, Sonderregelung bei Sachkapitalerhöhung **57b** 1 ff
— Eintragungsverfahren **57a** 11 ff
— GmbH-Novelle 1980 **57** 3; **57a** 1
— Inhalt **57** 32

Kapitalerhöhung (Fortsetzung)
— Kapitalerhöhungsbeschluß, mangelhafter **57** 37 ff
— mangelhafte Kapitalerhöhung **57** 34 ff
— mangelhafter Inhalt der — **57** 50
— mangelhaftes Eintragungsverfahren **57** 47
— nichtiger Kapitalerhöhungsbeschluß **57** 39
— Prüfungsunterlagen für Registergericht **57a** 6 ff
— Registergericht, Prüfungsfunktion **57a** 3 ff
— Überbewertung, Ablehnung **57a** 12 ff
— Übernahmevertrag, mangelhafter **57** 44
— unwirksamer Kapitalerhöhungsbeschluß **57** 43
— Wirksamkeit der Kapitalerhöhung **57** 33
— Zwischenverfügung **57a** 11
Einzahlungsbedingungen **55** 19
Einzahlungsgrundsätze **56a** 13 ff
Erhöhungsbetrag **55** 11
Erlaßverbot bei Sacheinlage **56** 48
Festsetzung der Sacheinlage **56** 17 ff
Form der Übernahmeerklärung **55** 52 ff
Formen der Sacheinlage **56** 7
Frankreich **Einl** 296
freiwillige Mehrleistungen vor Eintragung **57a** 16 ff
Gegenstand der Sacheinlage **56** 11 ff
Geldeinlagen **56a** 4 ff
gemischte Sacheinlage **56** 22
gemischte Sachkapitalerhöhung **56a** 22
Gesamthandsgemeinschaft als Übernehmerin **55** 37
Geschäftsanteil, Entstehung **55** 68
Geschäftsanteile, Aufstockung **55** 20 f
Geschäftsführer, Versicherung bei Anmeldung **57** 7 f
Gesellschaft, Verbot der Übernahme **55** 38 f
Gesellschafter — Bezugsrecht **55** 44 ff
Gesellschafter oder Dritte als Übernehmer **55** 31 ff
Gesellschafter, neu eintretender **55** 57
Gesellschafterdarlehen bei Sacheinlage **56** 43
Gesellschafterforderungen und Sacheinlage **56** 42
aus Gesellschaftsmitteln **55** 6
Gesellschaftsvertrag, Neufassung **55** 17 f; **56** 26
Gewinnberechtigung neuer — **55** 19

Kapitalerhöhung (Fortsetzung)
Gleichbehandlung und Übernahme **55** 41 ff
Gleichbehandlungsgrundsatz **56a** 21 ff
gleichmäßige Heranziehung zur Einlage **19** 7
GmbH-Novelle 1980 **56a** 24 f
Großbritannien **Einl** 634
Gründungsrecht, Anwendbarkeit **55** 5
im Gründungsstadium **55** 24
Haftung der Anmelder **57** 22 ff
Haftung der Gesellschafter für Überbewertung **56** 32 ff
Höchstziffer **55** 12
Italien **Einl** 462
Kapitalherabsetzung, Verbindung **58** 79 ff
nach Konkurseröffnung **55** 26
vor Konkurseröffnung **55** 27
im Liquidationsstadium **55** 25; **69** 66
Luxemburg **Einl** 406
mangelhafte Anmeldung **57** 20 f
mangelhafte Sacheinlage **56** 6
mangelhafte — und Wirkung der Eintragung **57** 34 ff
mangelhafter Beschluß **55** 30
mangelhafter Kapitalerhöhungsbeschluß **56** 29 f
mangelhafter Übernahmevertrag **55** 77 ff
mangelhafter Übernahmevertrag und Eintragung der — **57** 44 ff
mangelhaftes Eintragungsverfahren **57** 47 ff
Mehrheitserfordernis **55** 9 ff
Mehrleistungen, freiwillige vor Eintragung **56a** 16 ff
Mindestbetrag **55** 13
Mindesteinlage **56a** 4 ff
Mindestkapital, Anpassung **55** 28
Mischeinlage **56** 22; **56a** 5
Mithaftung von Gesellschaftern **24** 21 ff
Nebenabreden **55** 72
Nebenpflichten **55** 18
Neu- und Alteinlagen **56a** 21
Neufassung des Gesellschaftsvertrags **55** 17 f; **56** 26
Nichtbeteiligung bisheriger Gesellschafter **55** 43
Niederlande **Einl** 522
Nominalbetrag bei Sacheinlage **56** 21
notarielle Beglaubigung der Übernahmeerklärung **55** 52 ff
Österreich **Einl** 186
Personenhandelsgesellschaft als Übernehmerin **55** 37
rechtsgeschäftliches Element **55** 1

Kapitalerhöhung (Fortsetzung)
Reform **55** 4
Registergericht, Prüfungsfunktion **57a** 1 ff
Rücktritt des Übernehmers **55** 69
Sacheinlage
—Änderung nach Beschluß **56** 27 f
—Aktienrecht, Unterschied **56** 5
—Anwendungsbereich **56** 4 ff
—Aufrechnungsschranken **56** 48
—Aufrechnungsverbot **56** 41 ff
—Ausschüttungs-Rückholverfahren **56** 45
—als Barkapitalerhöhung wirksame **56** 29
—Begriff **56** 4
—Bewertung **56** 6
—Dienstleistungen **56** 14
—Differenzhaftung bei Überbewertung **56** 32 ff
—eigene Anteile **56** 12
—Einbringung von Sachen **56** 7
—Einlageleistung vor Anmeldung **56** 47; **56a** 19
—Erhöhungsbeschluß, Inhalt **56** 17 ff
—Erlaßverbot **56** 48
—Festsetzung **56** 17 ff
—Formen **56** 7
—Gegenstände **56** 11 ff
—Gegenstand **56** 6
—Gegenstand, Identität **56** 19
—gemischte **56** 10, 22
—Genußscheine **56** 13
—Gesellschafterdarlehen **56** 43 f
—Gesellschafterforderungen **56** 42
—Gesellschafterforderungen, nachträglich entstandene **56** 46
—gesellschaftsrechtliche Nutzungsrechte **56** 16
—Gläubigerschutz **56** 2
—Haftung der Geschäftsführer **56** 50
—künftige Gewinne, Teilnahme **56** 13
—Liquidationserlös, Teilnahme **56** 13
—mangelhafte **56** 6
—mangelhafte Übernahmeerklärung **56** 31
—mangelhafter Erhöhungsbeschluß **56** 29 f
—Neufassung des Gesellschaftsvertrags **56** 26
—Neufassung 1980 **56** 3
—Nominalbetrag der Stammeinlage **56** 21
—obligatorische Nutzungsrechte **56** 15 f
—Registergericht, Prüfungspflicht **56** 51
—Sacheinlage i. e. S. **56** 7
—kein Sacheinlagebericht **56** 49
—Sacheinlagevereinbarung **56** 6

Kapitalerhöhung (Fortsetzung)
— Sachgründung, Annäherung an **56** 2
— Sachübernahme **56** 8
— Sachübernahme, Leistung vor Anmeldung **56** 20
— Sonderregelungen **56** 1 ff
— Überbewertung, Differenzhaftung **56** 32 ff
— Übernahmeerklärung **56** 24 f
— Umgehungsverbot **56** 41 ff
— Unternehmenseinbringung **56** 20
— verschleierte **56** 9
kein Sacheinlagebericht der Gesellschafter **56** 49
Sachübernahme **56** 8
zu Sanierungszwecken **5** 136
Scheitern der — **55** 67
schuldrechtliche Nebenabreden **55** 72
Schweiz **Einl** 242
Selbstkontrahierungsverbot **55** 64
Sicherung ausstehender Einlagen bei Einmanngesellschaft **56a** 10 ff
Stammeinlage bei Sacheinlage **56** 21
Stammeinlagen, Übernahme neuer **55** 50 ff
Stammeinlagen, Zahl und Höhe neuer **55** 19
Stimmbindungsverträge **55** 29
Überbewertung der Sacheinlage und Ablehnung der Eintragung **57a** 12 ff
Überbewertung der Sacheinlage, Differenzhaftung **56** 32 ff
Übergangsregelung nach GmbH-Novelle 1980 **56a** 24 f
Übernahme neuer Stammeinlagen
— Anfechtung des Übernahmevertrags **55** 76
— bedingte Übernahmeerklärung **55** 61
— Befristung, Fehlen ausdrücklicher **55** 60
— Einlageleistung, Pflicht zur **55** 67
— Einmanngesellschaft **55** 65
— Form der Übernahmeerklärung **55** 52 ff
— Geschäftsanteil, Entstehung **55** 68
— körperschaftlicher Vertrag **55** 51
— Mängel des Übernahmevertrags **55** 44 ff, 77 ff
— Mängel des Übernahmevertrags und erfolgte Eintragung der Kapitalerhöhung **57** 44 ff
— notarielle Beglaubigung **55** 52 ff
— Rechtsnatur **55** 50
— Rücktritt **55** 69
— schuldrechtliche Nebenabreden **55** 72
— Selbstkontrahierungsverbot **55** 64

Kapitalerhöhung (Fortsetzung)
— Übernahmeerklärung **55** 52 ff
— Überzeichnung **55** 70
— Unterzeichnung **55** 71
— Vertrag **55** 50 f
— Vorverträge **55** 73 ff
— Wirkungen der — **55** 66
— zeitliche Bindung **55** 59
— Zusicherung von Anteilen **55** 76
— Zustandekommen des Vertrags **55** 62 ff
Übernahmeerklärung bei Sacheinlage **56** 24 ff
Übernahmevertrag und Erhöhungsbeschluß **55** 34
Übernehmerperson **55** 36 ff
Übernehmerpflichten **55** 67
Übernehmerproblem **55** 31 ff
Überzeichnung **55** 70
Umgehungsverbot bei Sacheinlage **56** 41 ff
Unterzeichnung **55** 71
verbundene Unternehmen, Übernahmeverbot **55** 40
Vereinigte Staaten von Amerika **Einl** 662
Verpflichtung zur Beschlußfassung **55** 29
verschleierte Sacheinlage **56** 9, 41
Verschmelzung, zur Durchführung s. Verschmelzung
Verschmelzung durch Neubildung **77** **Anh II** VerschmG 32, 25
Versicherung der Geschäftsführer bei Anmeldung **57** 7 f
Vollstreckung in Einlageforderung **56a** 23
Vorverträge auf Übernahmevertrag **55** 73
Vorzugsrechte **55** 18
Zeitpunkt **55** 22 ff
Zulassung zur Übernahme
— Aktienrecht, Grundsätze **55** 41
— Anfechtbarkeit des Beschlusses **55** 49
— Anwartschaft auf Teilnahme **55** 48
— Beitritt neuer Gesellschafter **55** 36
— Beschlußnotwendigkeit **55** 48
— Bezugsrecht der Gesellschafter **55** 45 ff
— Erhöhungsbeschluß, Verhältnis zu **55** 34
— fehlerhafte Zulassung **55** 49
— Gesamthandsgemeinschaft, Beitritt **55** 37
— keine durch Gesellschaft selbst **55** 38 f
— Gleichbehandlungsgrundsatz **55** 41
— Minderheit und Bezugsrecht **55** 47
— Nichtbeteiligung bisheriger Gesellschafter **55** 43
— Person des Übernehmers **55** 36
— Schranken **55** 41 ff
— Treupflicht **55** 42

Kapitalerhöhung (Fortsetzung)
—Übernahmevertrag, Verhältnis zum **55** 34 f
—Verbot der Zeichnung eigener Anteile **55** 38 ff
—keine durch verbundene Unternehmen **55** 40
—Zulassungsbeschluß **55** 31 ff
—Zuständigkeit der Gesellschafter **55** 33
Zusicherung von Anteilen **55** 76
Zustimmungserfordernis **55** 15
Zweigniederlassung **59** 1 ff
Zwischenverfügung **57a** 11
Kapitalerhöhungstäuschung **82** 67 ff
Kapitalersetzende Gesellschafterdarlehen und Auszahlungsverbot **30** 31 ff
Kapitalertragsteuer
Genußrechte **Anh 29** 31
Vorabausschüttung **29** 81
Kapitalflexibilität **5** 6
Kapitalgesellschaft
s. a. Juristische Person
ausländische Gesellschaft als — **12** 33
Auslegung von Satzungen **2** 119
Drittorganschaft, Grundsatz **6** 7
Gesellschaftsmantel **3** 24
Jahresabschluß, Richtlinienvorschlag **Einl** 699 f
Kategorien von — im europäischen Gesellschaftsrecht **Einl** 690
Mißbrauchsvorbehalt **Anhalt 30** 11
Kapitalgesellschaftsform, einheitliche in Großbritannien **Einl** 601
Vereinigte Staaten von Amerika **Einl** 651
Kapitalgrundlage der GmbH **5** 1
Kapitalherabsetzung
Abfindung ausscheidender Gesellschafter **58** 9
Änderungsbeschluß **58** 37
Aktienrecht, Unterschied **58** 3
Altgesellschaft **58** 29
Amtslöschung **58** 76
Angaben im Beschluß **58** 28 ff
Anlagen zur Anmeldung **58** 62
Anmeldung
—Anlagen **58** 62
—Anmelder **58** 58
—Inhalt **58** 60
—mangelhafte **58** 74
—Sperrjahr **58** 59
—Versicherung der Geschäftsführer **58** 61
Aufforderung der Gläubiger **58** 42
Aufhebungsbeschluß **58** 38
ausschüttungsfähiger Gewinn **58** 6
Befriedigung der Gläubiger **58** 52

Kapitalherabsetzung (Fortsetzung)
Belgien **Einl** 351
Beschluß
—Änderung des Gesellschaftsvertrags **58** 25
—Altgesellschaft **58** 29
—anfechtbarer **58** 27, 73
—Angaben **58** 33
—Herabsetzungsbetrag **58** 28 ff
—Höchstbetrag **58** 30
—Inhalt **58** 28 ff
—mangelhafter **58** 72 f
—Mindestkapital **58** 29
—nachträgliche Änderungen **58** 36 ff
—nichtiger **58** 72
—Zustimmungserfordernisse **58** 26 f
—Zweckangabe **58** 31 ff
Buchungsvorgang, kein reiner **58** 4
Dänemark **Einl** 575
Einlagen, Rückzahlung oder Erlaß **58** 6, 16
Eintragung **58** 63 ff
Eintragung, mangelhafte **58** 74
und Einziehung **58** 39 f
und Einziehung von Geschäftsanteilen **34** 37
Erlaß von Einlagenforderungen **58** 7
Frankreich **Einl** 296
Geschäftsanteile, Folgen für
—Einlagenrückzahlung **58** 16
—mit Einziehung verbundene **58** 15
—Gesellschaftsvermögen, Verfügbarmachung **58** 14
—Mindestbetrag der Anteile **58** 20 f
—Nennbetrag, Herabsetzung **58** 14
—Rücklagen, Einstellung **58** 16
—Unterbilanz, Beseitigung **58** 17 f, 22
—Zusammenlegung **58** 23 f
Geschäftsführer, Versicherung **58** 61
Gesellschaftsvermögen, Verfügbarmachung **58** 5, 14
Gesellschaftsvertrag, Änderung **58** 25
Gläubiger, bevorrechtigte **58** 51 ff
Gläubigerschutz **58** 42 ff
Gleichbehandlungsgrundsatz **58** 6, 27
Herabsetzungsbetrag **58** 28 ff
Höchstbetrag **58** 30
Italien **Einl** 461
Kapitalbindung, Verminderung **58** 4
Kapitalerhöhung, Verbindung mit — **58** 79 ff
Keine vereinfachte Kapitalherabsetzung **58** 3
im Liquidationsstadium **58** 41; **69** 67
Luxemburg **Einl** 405

Kapitalherabsetzung (Fortsetzung)
mangelhafte — **58** 71 ff
Mindestkapital **58** 29
Mindestkapitalvorschriften, Nichteinhaltung **58** 72
Mindestkapitalziffer nach GmbH-Novelle 1980 **58** 29
Mitteilung, besondere an bekannte Gläubiger **58** 44
nachfolgende Kapitalerhöhung **58** 81 ff
Niederlande **Einl** 521
öffentliche Bekanntmachung **58** 42
Österreich **Einl** 185
Rechtsstellung der Gläubiger **58** 47 ff
Registergericht, Prüfungsaufgaben **58** 68 ff
Rücklageneinstellung **58** 11, 16
Sanierungsmaßnahmen **58** 77 ff
Schweiz **Einl** 242
Sicherstellung der Gläubiger **58** 53 f
Sperrgrenze, Herabsetzung **58** 4
Sperrjahr für Anmeldung **58** 59
Übergehung von Gläubigern **58** 55 ff
Überschuldung **58** 13
Unterbilanz, Beseitigung **58** 12, 17, 22, 77 ff
Verbot des Einlagenerlasses **19** 28
Vereinigte Staaten von Amerika **Einl** 662
Veröffentlichung **58** 63 ff
Versicherung der Geschäftsführer **58** 61
vorangehende Kapitalerhöhung **58** 84
Widerspruchsrecht der Gläubiger **58** 47 ff
Wirksamkeit **58** 64
Zeitpunkt der Wirksamkeit **58** 64
Zustimmungserfordernisse **58** 26 f
Zweck **58** 1 ff, 4 ff
Zweckangabe im Beschluß **58** 31 ff
Zweigniederlassung, Anmeldung der — **59** 1 ff
Kapitalherabsetzungstäuschung **82** 82 ff
Kapitalistisch strukturierte Gesellschaft
und Ausschluß aus wichtigem Grunde **Anh 34** 8
Kapitalistische GmbH **Einl** 16
Kapitalrisiko
für vorzeitige Geschäftsaufnahme **11** 29
Kapitalschutzvorschriften
Fortfall im Liquidationsfall **74** 42
Kapitalsicherung
und Vorbelastungsverbot **11** 27
Kapitalverkehrsteuer
Genußscheine **Anh 29** 33
Gründung **7** 39
Nachschüsse **26** 31
Kapitalverkehrsteuer (Fortsetzung)
Stammkapital, Resteinzahlungsverpflichtung **70** 37
Unbedenklichkeitsbescheinigung **7** 39; **8** 18
Veräußerung nach Kaduzierung **23** 27
Kartell-GmbH **Anh 34** 1
Kartelle
und GmbH-Rechtsform **1** 12
Kartellführungsinstrument GmbH **Einl** 17
Kartellrecht
und Verschmelzungsrecht **77 Anh II** VerschmG Einf., 13
Kauf des Geschäftsanteils
Käuferpflichten **Anh 15** 25
Mängelhaftung **Anh 15** 20 ff
Rechtsnatur **Anh 15** 13
Verkäuferpflichten **Anh 15** 14 ff
Kauf-Option bei Leasing-Verträgen
Bilanzierung **42** 71
Kaufmännischer Geschäftsbetrieb **1** 6
Kaufmannseigenschaft
keine des Geschäftsführers **35** 95
Gesellschaftsstatut **Einl** 90
der Vorgesellschaft **11** 50
Kausalität bei Anfechtbarkeit **Anh 47** 85 f
Keinmann-Gesellschaft
durch Erwrb sämtlicher Anteile durch GmbH **33** 58
Auflösung **60** 58
Kenia
GmbH-Recht **Einl** 141
Kernbereich der Mitgliedschaft **14** 33
Klage
auf Anmeldung der Gesellschaft **7** 7 f
Klagebefugnis
Auflösungsklage **61** 26 ff
bei Haftung anmeldender Geschäftsführer **9** 13
Klagerücknahme
Nichtigkeitsklage **Anh 47** 204
Klageschrift und GmbH **35** 233
Kleine Aktiengesellschaft
als GmbH-Vorstellung **Einl** 12
Know-how
Sacheinlage **5** 56
Körperschaft des öffentlichen Rechts
Umwandlung **77 Anh** UmwG 59, 1 f
Körperschaftliche Akte
Nichteinbeziehung in gesetzliche Vertretungsmacht **53** 128
Körperschaftliche Satzungsbestandteile
Auslegung **2** 121
Körperschaftliche Satzungsbestandteile und individualrechtliche Vereinbarungen **2** 123

Körperschaftliche Struktur
als wesentliches Merkmal **Einl** 9
Körperschaftliche Verfassung
der GmbH **Einl** 30
Körperschaftlicher Charakter
des Gesellschaftsvertrags **2** 7
Körperschaftsteuer
Einmann-GmbH **Anh I 13** 64
Genußrechte **Anh 29** 31
Gesellschafterdarlehen **Anh 30** 104 f
verdecktes Stammkapital **Anh 30** 105
Vorgesellschaft **11** 93 ff
Vorgründungsgesellschaft **11** 93
Körperschaftsteuerpflicht Einl 35
Kollegialität der Geschäftsführer 43 29
Kollegialprinzip
bei Liquidatoren **68** 4 ff
Rechtsvergleichung **Einl** 679
Kollektivistisch-kapitalistische GmbH & Co. KG Einl 33
Kollektivistischer GmbH-Gedanke Einl 1
Kollisionsrecht
s. Internationales Gesellschaftsrecht
Fremdenrecht, Abgrenzung **Einl** 94
und notarielle Beurkundung **Einl** 99
Kollisionsrecht und Fremdenrecht Einl 73
Kolonialgesellschaften
Umwandlung **77 Anh** UmwG 61, 1 f, UmwG 61a, 1 f
Kommanditgesellschaft
Auszahlungen der — an Kommanditisten **30** 59
Beteiligung an GmbH **5** 16
Geschäftsanteil im Vermögen der — **18** 11
GmbH, Annäherung der **3** 53
GmbH als persönlich haftender Gesellschafter ihres Alleingesellschafters **Anh I 13** 16
und GmbH, Zweckabgrenzung **1** 1
als GmbH-Gesellschafter **2** 65
Kenntlichmachung des Geschäftszweigs **3** 22
Kommanditgesellschaft auf Aktien
Umwandlung auf Personengesellschaft und Gesellschafter **77 Anh** UmwG 23, 1 f
Verschmelzung
s. Verschmelzung
Kommanditgesellschaft, Vermögensübertragung auf AG, KGaA
s. Umwandlung, Personenhandelsgesellschaft, Vermögensübertragung auf AG, KGaA
Kommissionsgeschäft
Bilanzierung **42** 65
Kompetenz-Kompetenz 45 3
Komplementär-GmbH
Auflösung **60** 109, 111
Auflösungsklage **61** 55 f
Erwerb teileingezahlten Anteils an — **33** 6
fehlende Eintragung **11** 101
Firmenbildung und Unterscheidbarkeit **4** 81 ff
Firmenwahrheit **4** 10
Geschäftsführung **52** 37
einer GmbH & Co. KG als Erwerbsgesellschaft **1** 8
Konkurs **63** 120
Leistungsaustausch mit GmbH & Co. KG **35** 150
Überschuldung **63** 121
Unternehmensgegenstand **3** 19, 22
Konfusion
nach Erwerb eigener Anteile **33** 44, 47
bei Verschmelzung **77 Anh II** VerschmG 25, 40
Kongo
GmbH-Recht **Einl** 140
Konkreter Prinzipal
Geschäftsführer als — **35** 94
Konkurrenzverbot
als Nebenleistungspflicht **3** 67
Konkurs
Anfechtungsrecht bei Rückzahlung von Gesellschafterdarlehen **Anh 30** 90
und Anmeldendenhaftung **9** 25
Belgien **Einl** 356
Dänemark **Einl** 582
EG-Vereinheitlichung **Einl** 92
Firma **4** 99
Frankreich **Einl** 303
der Gesellschaft und Anfechtungsklage **Anh 47** 130
der Gesellschaft und Aufrechnungsverbot mit Einlage **19** 35
der Gesellschaft und Geschäftsführervergütung **35** 124
der Gesellschaft und Kündigung des Geschäftsführers **38** 73
des Gesellschafters und Ausschluß **Anh 34** 38
des Gesellschafters und Einlageanspruch **19** 12
des Gesellschafters und Einziehung seines Anteils, Abfindungsproblem **34** 14 f
des Gesellschafters und Fortbestand der Gesellschaft **63** 66
des Gesellschafters und Geschäftsanteil **Anh 15** 94

Konkurs (Fortsetzung)
des Gesellschafters und Gewinnanspruch **29** 88
Gesellschaftsstatut **Einl** 92
der GmbH und Unterkapitalisierung **Anh 30** 65
Großbritannien **Einl** 640
eines Gründers **11** 46
auf Inland beschränkter **Einl** 92
Italien **Einl** 468
Luxemburg **Einl** 412
des nebenleistungspflichtigen Gesellschafters **3** 88
Niederlande **Einl** 528
Österreich **Einl** 193
säumigen Gesellschafters und Kaduzierungsverfahren **21** 39
Schweiz **Einl** 249
Treugut, Zugehörigkeit zum Treugebervermögen **2** 56
des Treuhänders und Geschäftsanteil **Anh 15** 96
des Treuhänders und Strohmanngründung **2** 56
Verletzung von Buchführungspflichten **41** 10
Vorgesellschaft **11** 45
Konkurs des Gesellschafters, Rechtsvergleichung
Belgien **Einl** 346
Dänemark **Einl** 570
Frankreich **Einl** 291
Großbritannien **Einl** 628
Italien **Einl** 456
Luxemburg **Einl** 400
Österreich **Einl** 180
Schweiz **Einl** 237
Konkursantrag
Einmann-GmbH **Anh I 13** 58
unterlassene Stellung, Strafbarkeit **84** 42 ff
Konkurseröffnung
Auflösungsgrund **60** 38
Fortsetzung nach — **60** 97 ff
Gesellschaftsstatut **Einl** 92
Konkursfähigkeit
der Vorgesellschaft **11** 52
Konkursfreies Vermögen **63** 71 ff
Konkursmasse
Auffang-GmbH, Einbringung **5** 49
Konkursreife
und Unterkapitalisierung Kausalität **Anh 30** 62 f
Konkursreife und Aufklärungspflicht **64** 65
Konkursreife und Masseerhaltung **64** 33
Konkursreife und Schadenzufügung **64** 35 ff
Konkursstatistik und GmbH **Anh 30** 8
Konkurstabelle
Gesellschafterdarlehen **Anh 30** 88
Konkursverfahren
Ablehnung des Konkurses **63** 57
Ablehnung mangels Masse **63** 3, 8
Änderung der Organkompetenzen **63** 67
Aktiva in Überschuldungsbilanz **63** 35 ff
Amtstheorie **63** 74
Anfechtung im — **63** 80
Anschluß-Konkursverfahren **63** 102
Anstellungsvertrag **63** 93
Antrag auf Konkurs der KG **63** 127
Antragspflicht
—Alleingesellschafter, keine — **64** 12
—Amtsniederlegung nach Konkursreife **64** 9
—Antrag, von jedem möglich **64** 28
—außergerichtliche Sanierung **64** 23
—Bedenkfrist **64** 24
—Beginn **64** 8
—Beweislast **64** 19
—Bilanzerfordernis **64** 17 f
—Dreiwochenfrist als Höchstfrist **64** 26
—Einwilligung in Unterlassung **64** 32
—faktische Geschäftsführer **64** 11
—Frist **64** 24 ff
—Geltungsbereich **64** 4
—Geschäftsführer **64** 7 ff
—Gläubiger, Haftung gegenüber wegen Unterlassens **64** 44 ff
—Gläubigerantrag, vorheriger **64** 30
—Haftung von Gesellschaftern wegen Unterlassens **64** 70 ff
—Haftung wegen unterlassener — **64** 35 ff
—Konkursgründe, Vorliegen **64** 15 ff
—Konkursreife, Beseitigung **64** 31
—Konkursreife, Eintritt **64** 8
—Konkursverschleppung, Rechtsprechung zur **64** 17
—Liquidation **64** 10
—Masse, kostendeckende nicht Voraussetzung **64** 14
—öffentlichrechtliche **64** 1
—Reform **64** 5
—Sanktion **64** 3
—oder Vergleichsantrag **64** 20
—Vergleichsvorbereitung **64** 27
—Verschulden **64** 36
—Voraussetzungen **64** 13 ff
—Vorgesellschaft **64** 4
—Wahlrecht Konkurs oder Vergleich **64** 20 f

Konkursverfahren (Fortsetzung)
—zivilrechtliche Haftung wegen Unterlassung **64** 35, 44 ff
—Zweck **64** 1
Antragsverfahren bei Eröffnung **63** 45 ff
Arbeitgeberstellung **63** 76
aufgelöste GmbH **63** 4
Auflösungsgrund **63** 3, 7
Auflösungsklage **61** 28
Aufsichtsrat, Rechtsstellung **63** 94
außergerichtliche Sanierung **64** 23
Beendigungsgründe **63** 95
Beschwerdeverfahren im — **63** 58 ff
Beseitigung der Konkursreife **64** 31
Beseitigung der Überschuldung **63** 44
Beseitigung der Zahlungsunfähigkeit **63** 17
Bestand der Gesellschaft **63** 98 f
Bilanzansätze in Überschuldungsbilanz **63** 35 ff
Bilanzerfordernis und Konkursreife **64** 17 ff
drohende Zahlungsunfähigkeit **63** 22
Einlageneinforderung **63** 77
Eintragung im Handelsregister **63** 54
Ersatzfirma, Wahl **63** 84
faktischer Geschäftsführer
—Antrag, Antragspflicht **63** 47; **64** 11
Feststellung der Überschuldung **63** 23 ff
Firma als Immaterialgut **63** 83
Firma der KG **63** 132 ff
Firma und Konkursmasse **63** 70
Firmenänderung **63** 82 ff
formelles Konkursrecht **63** 2
Fortsetzung der Gesellschaft **63** 100
Geldschulden, relevante für Zahlungsunfähigkeit **63** 15
gelöschte GmbH **63** 4a
Geltungsbereich der GmbH-Normen **63** 3
Gemeinschuldnerbereich **63** 90
Geschäftsführer, Antrag auf — **63** 46
Geschäftsführer, Antragspflicht **64** 1, 7, 7 ff
Geschäftsführer, Rechtsstellung **63** 88 ff
Gesellschafter, kein Antrag auf — **63** 47
Gesellschafterdarlehen **63** 78
und Gesellschafterrechte, Ausübung **Anh 15** 95
Gesellschafterversammlung, Rechtsstellung **63** 86 f
Gesellschaftsstatut **Einl** 92
Gläubiger, Antrag auf — **63** 49
Gläubigerinteresse und Überschuldung **63** 21

Konkursverfahren (Fortsetzung)
Glaubhaftmachung des Antrags auf — **63** 51 ff
GmbH & Co. KG
—Firma **63** 132 ff
—der Kommanditgesellschaft **63** 122 ff
—der Komplementär-GmbH **63** 120 f
—Konkurseröffnung, Wirkung **63** 130 f
—Konkursgründe **63** 121, 124
—Verfahren, getrennte **63** 118
Haftungsansprüche **63** 78
Handelsregister **63** 54
Indizien für Zahlungsunfähigkeit **63** 14
Kaduzierungsverfahren **63** 77
Kapitalaufbringung, Forderungen **63** 78
Kapitalerhöhung **55** 26
Kommanditgesellschaft, Konkursfähigkeit **63** 122 f
Komplementär-GmbH **63** 120 f
Konkursablehnung **63** 57
Konkursanfechtung **63** 80
Konkursantrag
—Vergleichsverfahren, Vorrang **63** 102
Konkursbeendigung
—Aufhebungsbeschluß **63** 95
—Beendigungsgründe **63** 95 ff
—Fortsetzung der Gesellschaft **63** 100
—Nachtragsverteilung **63** 96
—Schlußverteilung **63** 95
—Vermögenslosigkeit oder Restvermögen **63** 98 f
—Zwangsvergleich **63** 95
Konkurseröffnung
—Ablehnung **63** 57
—Ablehnung, sofortige Beschwerde **63** 63
—Änderung der Organkompetenzen **63** 67
—Antrag, Antragsverfahren **63** 45
—Antrag auf — oder Vergleichsantrag **64** 20 ff
—Antragsberechtigte **63** 46
—Antragspflicht **63** 50
—Auflösung **63** 66
—Eintragung im Handelsregister **63** 64
—Eröffnungsbeschluß **63** 55
—Geschäftsführer, Antragberechtigung **63** 46
—Gesellschafterversammlung, keine Antragsberechtigung **63** 48
—Gläubiger, Antragsberechtigte **63** 49
—Glaubhaftmachung **63** 51 ff
—Konkursgericht, Entscheidung **63** 55 ff
—Liquidatoren, Antragsberechtigung **63** 46
—Organe, fortbestehende **63** 67

Konkursverfahren (Fortsetzung)
— Rechtsmittel **63** 58 ff
— sofortige Beschwerde **63** 58 ff
— Vertretungsmacht **63** 67
— Wirkungen **63** 66 ff
konkursfreies Vermögen **63** 71 ff
Konkursgericht **63** 55 ff
Konkursgründe
— Antragspflicht des Geschäftsführers bei Vorliegen **64** 13 ff
— Differenzierung, erforderliche **63** 10
— Rechtstatsachen **63** 11
— Überschuldung
— — Aktiva, Ansatz **63** 34 ff
— — Aktiva, Bewertung **63** 38
— — Begriff **63** 18
— — Beseitigung **63** 44
— — dynamische Betrachtung **63** 25
— — Feststellung **63** 23 ff
— — Fortbestehensprognose **63** 30 ff
— — Fortführungswerte **63** 28
— — Gläubigerinteresse **63** 21
— — Komplementär-GmbH **63** 121
— — Liquidationswerte **63** 27, 33
— — Masselosigkeit, Abgrenzung **63** 19
— — Passiva, Ansatz **63** 39 ff
— — Selbstprüfungspflicht **63** 22
— — statische Betrachtung **63** 25
— — teleologische Reduktion **63** 29
— — Überschuldungsbilanz **63** 24 ff
— — Unterbilanz, Abgrenzung **63** 19
— — Unterkapitalisierung, Abgrenzung **63** 19
— — Vermögenslosigkeit, Abgrenzung **63** 19
— — Wertansätze **63** 26, 33
— — Widerbeschaffungswerte **63** 28
— — Zerschlagungswert **63** 34
— — Zweck **63** 20
— Zahlungsunfähigkeit **63** 12 ff
Konkursmasse
— Bestimmung **63** 68 f
— Firma **63** 70 f
— konkursfreies Vermögen **63** 71 ff
— Schlußverteilung **63** 95
Konkursrecht und GmbH **63** 2
Konkursreife und Antragspflicht **64** 9 ff, 13 ff
Konkursreife und Bilanzerfordernis **64** 17 ff
Konkursverwalter
— Amtstheorie **63** 74
— Arbeitgeberfunktion **63** 76
— Aufgaben **63** 73

Konkursverfahren (Fortsetzung)
— Einforderung von Einlagen, Nachschüsse **63** 77
— Ersatzfirma, Recht zur Wahl **63** 84
— Firmenänderung **63** 82 ff
— und Gesellschafterrechte, Ausübung **15 Anh** 95
— und Gesellschaftsrecht **63** 84
— Gesellschaftsstatut **Einl** 92
— Kapitalaufbringung und -erhaltende Forderungen **63** 78
— Konkursanfechtung **63** 80
— Nachschußforderung, **63** 78
— Organtheorie **63** 74
— Prozeßführungsbefugnis **63** 75
— Rechtsstellung **63** 74
— Schadensersatzansprüche gegen Geschäftsführer **63** 79
— Vertretertheorie **63** 74
— Verwertungsbefugnis **63** 84
Kosten **63** 65
Kündigung der Anstellung **63** 93
Liquidationswerte in Überschuldungsbilanz **63** 27 f, 33
Liquidatoren, Antrag auf — **63** 46
Liquidatorenbezüge **66** 50
nach Löschung **63** 4a
Masseerhaltung, Pflicht zur nach Konkursreife **64** 33 f
Masselosigkeit und Überschuldung **63** 19
Masseschmälerung
— Geschäftsführerhaftung gegen GmbH **64** 37 ff
materielles Konkursrecht **63** 2
Nachschüsse, Forderung **63** 77
Nachtragsverteilung **63** 96
Namensträger **63** 70
Neuerwerb, Konkurs über **63** 97
nichtige GmbH **63** 4
Organe im — **63** 85 ff
Organkompetenzen, Änderung **63** 67
Organstellung und Antrag auf — **63** 48
Organtheorie **63** 74
Passiva in Überschuldungsbilanz **63** 39 ff
Personenfirma **63** 70
Prozeßführung **63** 75
Rechtsmittel im — **63** 58
Rechtstatsachen zu den Gründen **63** 11
Reform **63** 9; **64** 5
Sanierung, außergerichtliche **64** 23
Schlußverteilung **63** 95
Sofortige Beschwerde im — **63** 58 ff
Überlebenschancen **63** 22
Überschuldung, Begriff und Ermittlung **63** 18 ff

Konkursverfahren (Fortsetzung)
Überschuldung, Beseitigung **63** 44
Überschuldung der KG **63** 124
Überschuldung der Komplementär-GmbH **63** 121
Überschuldung und positive Fortbestehensprognose **63** 30 ff
Überschuldungsbilanz **63** 24
Unterbilanz und Überschuldung **63** 19
Unterkapitalisierung und Überschuldung **63** 19
Verfügungsbefugnis **63** 73
Vergleichsantrag oder Konkursantrag **64** 20 ff
Vergleichsverfahren, Vergleich **63** 101
Vermögen, noch vorhandenes nach — **63** 99
Vermögenslosigkeit nach — **63** 98
Vermögenslosigkeit und Überschuldung **63** 19
Vertretertheorie **63** 74
Verwaltungsbefugnis **63** 73
Vorgesellschaft **63** 5
Vorgründungsgesellschaft **63** 6
Wertansätze in Überschuldungsbilanz **63** 26
Zahlungseinstellung **63** 13
Zahlungsstockung **63** 12
Zahlungsunfähigkeit **63** 12 ff
Zahlungsunfähigkeit, Beseitigung **63** 17
Zahlungsunfähigkeit der KG **63** 124
Zerschlagungswerte in Überschuldungsbilanz **63** 34
Zwangsvergleich **63** 95
Konkursverschleppung
Rechtsprechung zum Straftatbestand **64** 17
und Unterkapitalisierung **Anh 30** 32
Konkursverschleppungsschaden
Haftung der Geschäftsführer wegen — **64** 44 ff
Haftung der Gesellschafter wegen — **64** 70 ff
Konkursverwalter
s. Konkursverfahren
Konkursverwalter, GmbH nicht als — 13 12
Kontinuität
zwischen Vorgesellschaft und GmbH **11** 31
Kontinuitätsgrundsatz
für Aufsichtsrat **52** 49, 63, 67
Konto
der Vorgesellschaft **11** 51
Kontogutschrift
als Geldeinlage **7** 32
Kontokorrentabrede
über Einlageforderung **19** 44
Kontrolle
Niederlande **Einl** 501
Kontrollrechte
als Sonderrechte **5** 152
Kontrollrechte des Gesellschafters 45 23
Kontrollstelle
Schweiz **Einl** 227
Kontrolltheorie
Zuordnung der Gesellschaft zu einem Staat **Einl** 119
Konzern
einheitliche Leitung durch herrschende GmbH **Anh II 13** 8
Konzernabhängige Tochtergesellschaft
Sitz nach Sitztheorie **Einl** 78
Konzernbilanz
der GmbH **Anh II 13** 27
Konzernbilanzierung Anh III 43 6, 21
Konzernbildung
und Verschmelzung, Abgrenzung **77 Anh II** VerschmG 19, 9
Konzernführungsinstrument GmbH Einl 17
Konzernkollisionsrecht
Gesellschaftsstatut **Einl** 91
Konzernrechnungslegung
Dänemark **Einl** 585
Großbritannien **Einl** 644
Konzernrecht
Gesellschaftsstatut **Einl** 91
und GmbH **Anh II 13** 30 ff
und GmbH-Reform **Einl** 66
und GmbH-Verwendung **Einl** 47
Konzernspitze GmbH
mit inländischer AG, KGaA als Konzerngesellschaft **1** 7
im Unterordnungskonzern **Einl** 17
Konzerntypische Haftungstatbestände Anh II 13 49
Konzernunternehmen
als Erwerbsgesellschaft **1** 7
Konzernverband und GmbH
s. a. Unternehmensverbindungen
Abhängigkeit **Anh II 13** 7
Anfechtung wegen Sondervorteil **Anh II 13** 26
Anscheinshaftung **Anh II 13** 51
Aufsichtsratsmitgliedschaft gesetzlicher Vertreter abhängiger Unternehmen **Anh II 13** 23
Auskunftsrecht **Anh II 13** 22
Außenhaftung **Anh II 13** 48 ff
Beherrschungsvertrag **Anh II 13** 31, 35
Betriebspachtvertrag **Anh II 13** 34

Konzernverband und GmbH (Fortsetzung)
Betriebsüberlassungsvertrag **Anh II 13** 34
Einflußnahme zum Schaden der Gesellschaft **Anh II 13** 24
keine Eingliederung der GmbH **Anh II 13** 11
einheitliche Leitung durch herrschende GmbH **Anh II 13** 8
und Erwerb eigener Geschäftsanteile **33** 28
faktischer Konzern **Anh II 13** 44 ff
keine Gesamthaftung **Anh II 13** 48
Gewinnabführungsvertrag **Anh II 13** 32, 35
Gewinngemeinschaft **Anh II 13** 33
Haftungstatbestände für Obergesellschaft **Anh II 13** 49
Kapitalerhaltung **Anh II 13** 13 ff
Konzernaußenhaftung **Anh II 13** 48 ff
Konzernbilanz **Anh II 13** 27
Konzerne **Anh II 13** 8
Konzernrecht **Anh II 13** 30 ff
Kreditgewährung an Konzernorgane **Anh II 13** 18
Mehrheitsbesitz **Anh II 13** 6
Obergesellschaft, Anteilserwerb an **Anh II 13** 13 ff
Patronatserklärung **Anh II 13** 50
Publizität **Anh II 13** 29
Rechte von Gesellschaften **Anh II 13** 19 ff
Reform **Anh II 13** 52
Stimmrecht **Anh II 13** 19
Unternehmensbegriff **Anh II 13** 4
Unternehmensverbindungen, Arten **Anh II 13** 3
Unternehmensverbindungen, Auswirkungen **Anh II 13** 12 ff
Unternehmensverträge **Anh II 13** 10
verbundene Unternehmen **Anh II 13** 5
Vertragskonzern **Anh II 13** 31 ff
wechselseitige Beteiligung **Anh II 13** 9

Konzernverhältnis
und obligatorischer Aufsichtsrat **52** 20, 25 ff
und Stammkapitalerhaltung **30** 51

Konzernverhältnisse, internationale
und Sitztheorie **Einl** 78

Konzernverschmelzung **77 Anh** UmwG Einf., 11

Konzernzugehörigkeit
und Untreue **Vor 82** 76

Konzessionssystem **11** 1
und Handlungshaftung **11** 66 f

Kooperationsvereinigung, Europäische
Vorschlag einer Verordnung **Einl** 706

Koordinierung des Gesellschaftsrechts
EG-Richtlinie — **35a** 1

Koordinierungsgesetz **54** 2

Korrespondenz, geschäftliche
Publizität **35a** 2

Kosten
Anfechtungsklage **Anh 47** 165
Konkurseröffnungsverfahren **63** 65
Nichtigkeitsklage **Anh 47** 205
der Verschmelzung **77 Anh II** VerschmG 19, 17

Krankenversicherung
Geschäftsführer **35** 96 f

Kreditbetrug
bei Unterkapitalisierung **Anh 30** 31

Kreditfähigkeit der Gesellschaft
und Kapitalausstattung **Anh 30** 16

Kreditgewährung
an Aufsichtsratsmitglieder **52** 138, 142, 143

Kreditinstitute
Publizität des Jahresabschlusses **41** 30
Treuhandgeschäfte **42** 62

Kreditverträge
und Verschmelzung **77 Anh II** VerschmG 25, 32

Kreditwesen
und Firmenführung **4** 27

Kreditwesengesetz
Erlaubnispflicht von Bank- und Sparkassengeschäft **1** 10
Verbotsbefugnis gegenüber GmbH **62** 10

Kündigung
des Geschäftsführers s. Geschäftsführer
des Geschäftsführungsvertrags **38** 15 ff
des Liquidators **66** 49
Verschmelzungsvertrag **77 Anh II** VerschmG 21, 32 f
Vorgesellschaft **2** 43

Kündigung aus wichtigem Grund
Vorgesellschaft **11** 45

Kündigungsklauseln im Gesellschaftsvertrag **60** 65 ff

Künftige Dividendenansprüche
und Einziehung des Anteils **34** 11

Künftige Forderungen
als Sacheinlage **5** 41, 58

Künftige Sachen
als Sacheinlage **5** 38, 58

Künftiger Geschäftsanteil
Abtretung **15** 84
Vertrag über Abtretung — **15** 30

Künstlername
und Personenfirma **4** 38
Kundenstamm
Sacheinlage **5** 52

L

Ladungen **35** 234
Landwirtschaft
und GmbH-Rechtsform **1** 6
Langfristige Verträge
Bilanzierung **42** 149
Lateinamerika
GmbH-Rechte **Einl** 139
Laufende Geschäfte
Beendigung im Liquidationsstadium **70** 4 ff
Leasing-Verhältnisse
Bilanzierung **42** 67 ff
Lebensversicherung
Rechtsform, erforderliche **1** 9
Legitimation der Geschäftsführer
als Anlage der Anmeldung **8** 6
Legitimation Grundsätze ordnungsmäßiger Buchführung **42** 16 f
Legitimationszession Anh 15 31 ff
Leihe
Geschäftsanteil **Anh 15** 30
Leistungsstörung
Sacheinlagevereinbarung **5** 81 ff
Sachübernahme **5** 96
Leistungsstörungen
von Nebenleistungspflichten **3** 75 ff
Leistungsverweigerungsrecht
wegen Auszahlungsverbots **30** 57
Leitbild, gesetzliches Einl 12
Leitende Angestellte (officers)
im amerikanischen Gesellschaftsrecht **Einl** 657
Leitungsmacht von Organen **35** 4
Leitungsorgan, zweigliedriges
in Dänemark **Einl** 555 ff
Lesotho
GmbH-Recht **Einl** 141
Letztwillige Anordnung
und Vorvertrag **2** 46
Lex fori
notarielles Formerfordernis **Einl** 99
Libyen
GmbH-Recht **Einl** 136
Liechtenstein
GmbH-Recht **Einl** 133
Liechtensteinische Anstalt mit deutschem Sitz **Einl** 117
Liechtensteinisches Treuunternehmen **Einl** 117
Lieferverträge
und Verschmelzung **77 Anh II** VerschmG 25, 34
Liquidation
s. a. Abwicklung
Abtretung der Einlageforderung **19** 68
Änderung des Gesellschaftsvertrags **53** 29; **69** 61 ff
Aktivvermögen, noch nachträglich gefundenes **74** 25
Altersversorgungsansprüche **73** 17
Angaben auf Geschäftsbriefen **71** 26 f
Anwendbarkeit der GmbH-Normen **69** 3
Aufbewahrung von Büchern und Schriften **74** 3 ff
Aufrechnung mit Einlage **69** 18
Aufrechnungsverbot mit Einlage **19** 34
Aufsichtsrat **69** 60
Auskunftsrecht **69** 51
Auszahlung an Gesellschafter, verbotene **69** 23
Auszahlungssperre, allgemeine **73** 3
Bankbilanzen **71** 13, 18
Benutzung aufbewahrter Bücher und Schriften **74** 11 ff
Beschlußfassung **69** 55
Besteuerung der Liquidationsausschüttung **72** 24 ff
Besteuerung des Liquidationsgewinns **71** 28 ff
Bewertung in Eröffnungsbilanz **71** 9
Bilanzaufstellung **69** 37
Bilanzierung **69** 38
Bücher, Aufbewahrung **74** 3 ff
Büchereinsichtsrecht **69** 51
Durchführungspflicht **69** 36
Einforderung der Einzahlung auf Stammeinlagen **69** 48
Einlagenschmälerung, Verbot **19** 21
Einlagerückstände **69** 48
Einsichtsrecht **69** 51
Eintragung der Löschung **74** 24
Einziehung von Geschäftsanteilen **34** 3
Entlastung **69** 51
Erlaß der Einlage **69** 18
Eröffnungsbilanz
—Aktivposten **71** 9
—Bewertung **71** 9
—Gesellschafterbeschluß **71** 12
—Gliederung **71** 11
—Liquidationsplanungsrechnung **71** 8
—Liquidatoren, Aufstellungspflicht **71** 3
—keine bei Nachtragsliquidation **74** 41
—Neubewertungspflicht **71** 9
—Passivposten **71** 10

Liquidation (Fortsetzung)
—keine Publizität **71** 13
—Realisationswerte **71** 9
—Rücklagen **71** 10
—Stammkapital **71** 10
—Stichtag **71** 4
—stille Reserven, zulässige **71** 9
—Vermögensüberschuß, zu erwartender **71** 8
—Vermögensverteilungsbilanz **71** 8
—Zeitpunkt **71** 3
—Zweck **71** 8
Ersatzansprüche, Geltendmachung **69** 54
Ersatzansprüche gegen Liquidatoren **73** 25 ff
Erwerber eines Geschäftsanteils **69** 14
Feststellung der Jahresbilanz **69** 47
Firma **69** 7
Firma, erloschene **74** 23
Firmenänderung **69** 62
Gerichtsstand, bleibender **69** 68 ff
Geschäftsanteil **69** 12
Geschäftsanteil, Einziehung **69** 27
Geschäftsanteil, Erwerb eigener **69** 26
Geschäftsanteil, Mehrheit von Berechtigten **69** 16
Geschäftsanteil, Teilung **69** 15
Geschäftsanteil, Übertragung **69** 13
Geschäftsbriefe, Angaben auf **71** 26 f
Geschäftsführer, Abberufung und Bestellung **69** 51
Geschäftsführer, vorhandener **69** 8
Geschäftsführung, Prüfung und Überwachung **69** 52
Geschäftsjahr, Beibehaltung **71** 15
Geschäftsjahr, neues mit Beginn der — **71** 14
Gesellschafterbefugnisse **69** 46
Gesellschafterbeschlüsse über — **70** 19
Gesellschafterbeschluß **69** 55 f
Gesellschafterliste, jährliche **69** 35
Gesellschafterversammlung **69** 57 ff
Gesellschaftsvertrag **69** 45
Gesellschaftsvertrag, Änderung **69** 61 ff
gesetzlicher Vertreter **69** 29
Gewinnanspruch des Gesellschafters **29** 93
Gewinnausschüttung **69** 20
Gewinne, vor — entstandene **69** 20
Gewinnverteilung **69** 47
Gewinnverteilungsbeschluß nach Auflösung **69** 21
Gläubiger, befriedigte und nichtbefriedigte **73** 42
Gläubiger, bekannter **73** 13
Gläubiger, unbekannter **73** 20

Liquidation (Fortsetzung)
Gläubigerbefriedigung **73** 22 ff
Gläubigerschutz
—Altersversorgungsansprüche **73** 17
—Aufforderung an Gläubiger **73** 5
—Gläubiger, bekannter meldet sich nicht **73** 9 ff
—Gläubiger, sich meldender **73** 8
—Gläubiger, unbekannter **73** 20
—Hinterlegung und Sicherheitsleistung **73** 11 f
—Sperrjahr keine Ausschlußfrist **73** 6
—Verletzung der Vorschriften **73** 25 ff
Haftung der Geschäftsführer **69** 43
Haftung für Verletzung der Gläubigerschutzvorschriften **73** 25 ff
Handlungsbevollmächtigter, Bestellung **69** 53
Hinterlegung für bekannte Gläubiger **73** 11
Jahresbilanz
—Eröffnungsbilanz, Übereinstimmung **71** 19
—Geschäftsjahr **71** 14 f
—Schlußbilanz **71** 20
—Umfang **71** 16
—Zeitbestimmung **71** 14
Kapitalerhöhung **55** 25; **69** 66
Kapitalertragsteuer, keine auf Ausschüttung **72** 26
Kapitalherabsetzung **58** 41; **69** 67
Kapitalschutzvorschriften **74** 42
Liquidationsplanungsrechnung **71** 8
Löschung, deklaratorische **74** 25
Mehrheitserfordernisse **69** 55
Nachschüsse, Rückzahlung **69** 49
Nachschußpflicht **69** 19
Nachtragsliquidation **74** 28 ff, 34 ff
Nachtragsliquidation und Liquidatoren **74** 31
Österreich **Einl** 192
Organ, oberstes **70** 19
Pflichten, selbständige **69** 11
Pflichtverletzung **69** 40 f
Prokuristenbestellung **69** 53
Prozeßstellung **69** 11
Rechnungslegung **69** 51; **74** 17
Rechte, selbständige **69** 11
Rechtsfolge der Auflösung **72** 1
Reform **69** 4; **71** 1; **74** 2
Regreßansprüche **69** 9
Reingewinnanspruch **69** 20
Reingewinnverteilung **69** 47
Restgesellschaft nach Enteignung **Einl** 113
rückständige Einlagen **69** 17

Liquidation (Fortsetzung)
Rückzahlung von Nachschüssen **69** 49
Schlußbilanz **71** 20
Schlußrechnung **74** 16 ff
Schriften, Aufbewahrung **74** 3 ff
Schweiz **Einl** 248
Sicherheitsleistung für bekannte Gläubiger **73** 11
Sicherheitsleistung für strittige Forderung **73** 15
Sonderleistungspflichten **69** 6
Sonderrechte **69** 8
Sorgfaltspflichten **69** 39 f
Sperrjahr für Überschußverteilung **73** 3 f
Stammeinlage, Einzahlung **69** 17 f
Stichtag für Eröffnungsbilanz **71** 4
stille Reserven in Eröffnungsbilanz **71** 9
Stundung der Einlage **69** 18
Verbindlichkeit, nicht ausführbare Berichtigung **73** 15 ff
Vermögensverteilung, unzulässige **69** 24
Vermögensverteilungsbilanz **71** 8
Verteilung des Reingewinns **69** 47
Verteilung des Überschusses
—Aktienrecht **72** 6
—Anteil an — als Kernbereich der Mitgliedschaft **72** 15
—Ausschluß vom Anteil **72** 14 f
—Besteuerung **72** 24 ff
—Einlagerückstände **72** 6
—in Geld **72** 19
—Geld- oder Sacheinlage, Unerheblichkeit **72** 5
—Geschäftsanteile, Verhältnis **72** 5
—Gesellschaftsvertrag **72** 6
—Gläubigerschutz **73** 5 ff
—Grundsätze **72** 5
—keine Kapitalertragsteuer **72** 26
—durch Liquidatoren **72** 16
—Rechtsfolge der Auflösung **72** 1
—Reform **72** 2; **73** 2
—Sperrjahr, erforderlicher Ablauf **73** 3 f
—Streitigkeiten **72** 21
—Verhältnis der Verteilung **72** 6 ff
—Verjährung der Ansprüche **72** 20
Vorgesellschaft **11** 47
Liquidationserlös
Vorzug bei Verteilung **5** 144
Liquidationsfirma 4 7
Liquidationsgewinn, Besteuerung 71 28 ff; **72** 24 ff
Liquidationsmasse
Ausschüttung **70** 12 ff
Liquidationsüberschuß, Verteilung 72 5 ff
Liquidationswerte
in Überschuldungsbilanz **63** 26 ff
Liquidator
Antrag auf Konkurseröffnung **63** 46
unterlassene Stellung von Konkurs- bzw. Vergleichsantrag **84** 45
Liquidatoren
Abberufung **66** 43 ff
Abwicklung nach Auflösung **66** 1
Amtsbeginn des geborenen **66** 5
Amtsbeginn bei Notbestellung **66** 39
Amtsbeginn bei richterlicher Entscheidung **66** 34
Amtsniederlegung **66** 49
Angemessenheit der Vermögensverwaltung **70** 17
Angemessenheit der Verwertung **70** 16
Angestellter, Aufgabenerfüllung durch **70** 3
Anlagen zur Anmeldung **67** 15
Anmeldung
—Anlagen **67** 15
—der Beendigung **67** 8
—Bestellungsform unerheblich **67** 3
—Eintragungsmethode **67** 5
—erste Liquidatoren **67** 10
—Geschäftsführerpflicht **67** 10
—durch notariell beglaubigte Erklärung **67** 15
—Ordnungsstrafzwang **67** 12
—Personenwechsel des Geschäftsführers **67** 10
—Reform **67** 2
—spätere Liquidatoren **67** 11
—Verpflichtung **67** 10
—Versicherungen, Abgabe bestimmter **67** 16a
—Zweigniederlassung **67** 16
Anmeldung der Auflösung **65** 3
Anmeldung der Beendigung **67** 8
Anmeldung der Beendigung des Amts **74** 30
Anmeldung des Erlöschens der Firma **74** 23
Antrag auf richterliche Ernennung **66** 19
Antragspflicht bei Konkursreife **64** 10
Anwendbarkeit von GmbH-Normen **71** 21
Arbeitsdirektor **66** 54 f
Aufgaben **70** 3 ff
Ausschüttung in natur **70** 12
Beendigung des Amtes **74** 30
durch Behörde bestellte — **66** 42
Bekanntmachung **67** 19
Beschwerde gegen richterliche Entscheidung **66** 32

Liquidatoren (Fortsetzung)
Besteuerung der Vergütung **66** 50 ff
Betriebsfortsetzung **70** 5
Einlagerückstände **70** 10
einstweilige Verfügung **66** 48
Eintragung **67** 17, 19
Einzelvertretung **68** 11
Erfüllung der Aufgaben, Klage auf **70** 26
Ernennung durch andere Person **66** 13, 15
Ersatzansprüche gegen — wegen Verletzung von Gläubigerschutzvorschriften **73** 25 ff
Firma, Anmeldung des Erlöschens **74** 23
Forderungen, Einzug **70** 9 f
Form der Willenserklärung **67** 3
Fortsetzung des Betriebs **70** 5
geborene — **66** 3 ff
Geld, Umsetzung in **70** 16
gerichtliches Vergleichsverfahren, Antragspflicht **71** 23
Gesamtvertretung, unechte **67** 2
Geschäfte, zulässige **70** 16
Geschäftsführer als geborene — **66** 3 ff
Geschäftsgeheimnis, unbefugte Verwertung und Offenbarung **85** 4
Gesellschafter als — und Verteilung **72** 17
durch Gesellschafterbeschluß abberufene — **66** 44
durch Gesellschafterbeschluß ernannte — **66** 15 ff
Gesellschaftsteuer und Erfüllung von Resteinzahlungsverpflichtungen **70** 37
durch Gesellschaftsvertrag ernannte — **66** 9
durch Gesetz bestellte — **66** 42
Gutglaubensschutz nach Eintragung **67** 20
Haftung für Pflichtverletzung **70** 26
Haftung für Steuerschulden **70** 35
Haftung für Verletzung von Gläubigerschutzvorschriften **73** 25 ff
Handelsregistereintragung von Amts wegen **67** 17
juristische Person als — **66** 10
Kapitalverkehrsteuer und Erfüllung von Resteinzahlungsverpflichtungen **70** 37
Keine Gläubigeransprüche unmittelbar gegen — **73** 40
Kollegialprinzip **68** 4
im Konkurs **66** 7
Konkursantragspflicht **71** 23
Konkursfall und Vergütung **66** 50
laufende Geschäfte, Beendigung **70** 4 ff
Liquidationseröffnungsbilanz, Pflicht zur Aufstellung **71** 3
liquidationswidriges Geschäft **70** 28

Liquidatoren (Fortsetzung)
Löschungsgesetz **66** 8
Lohnsteuerpflicht **66** 51
Mehrheit von — **66** 14
Mehrzahl von — und Vertretung **68** 6
Minderheitsrecht auf richterliche Ernennung **66** 21
Mitarbeiter, Aufgabenerfüllung durch **70** 3
Nachtragsliquidation **67** 8; **74** 28 ff, 34 ff
Nachtragsliquidator **74** 38 ff
Neubestellung **74** 32
Nichtigkeit eines Auflösungsbeschlusses, Klage auf **70** 24
Notbestellung durch Gericht **66** 35 ff
keine öffentlich-rechtliche Pflichtenstellung **66** 4
Passivvertretung **68** 10
Personengesellschaft als — **66** 12
Personenhandelsgesellschaft als — **66** 12
Reform **66** 2; **67** 2; **70** 2
richterlicher Ernennung **66** 19 ff
richterliches Abberufungsrecht **66** 46 f
rückständige Einlagen **70** 10
Schlußrechnung **74** 16 ff
Schwebende Geschäfte **70** 22
Sonderrecht **66** 4, 44
Sonderrecht des Geschäftsführers **66** 4
Sozialversicherungspflicht **66** 51
Steuerrecht, Aufgaben der — **70** 35 ff
Strafbarkeit **82** 5
Unparteilichkeit, Mißtrauen **66** 24
Unternehmensveräußerung **70** 15
Veräußerung des Unternehmens im ganzen **70** 15
verdeckte Gewinnausschüttung **66** 53
Vergütung **66** 50 ff
Verjährung der Ansprüche gegen — **71** 22
Verkehrsschutz und Vertretungsbefugnis **70** 28
Vermögen in Geld umsetzen **70** 11
Vermögenslosigkeit **66** 8
Vermögensverwaltung **70** 17
Verpflichtung zur Anmeldung **67** 10 ff
Verpflichtungen, zu erfüllende **70** 7 f
Versilberung, nicht unbedingt erforderliche **70** 12
Verteilung in Sachwerten **70** 12
Verteilung des Überschusses **72** 16
Vertretung, gerichtliche und außergerichtliche **70** 20
Vertretungsbefugnis **67** 3 ff; **70** 28 ff
Vorgesellschaft **66** 30
Wechsel **67** 6

Liquidatoren (Fortsetzung)
wichtiger Grund für richterliche Ernennung **66** 23
Willenserklärung, Form **67** 3
Wissen, Wissenmüssen **68** 10
Zeichnung **68** 12 ff
Zeichnung der Unterschrift **67** 18
Zweigniederlassung **67** 16
zwingendes Recht **66** 1
Zwischenbilanzaufstellung **71** 25
Liste der Gesellschafter
als Anlage der Anmeldung **8** 7 ff
Anlage der Anmeldung der Zweigniederlassung **12** 23
sog. Januarliste **40** 1 ff
Liste der Übernehmer
bei Anmeldung der Kapitalerhöhung **57** 10
Lizenzverträge
und Verschmelzung **77 Anh II** VerschmG 25, 31
Locus regit actum Einl 98
Löschung
der Firma nach Liquidation **74** 25
kein —Verfahren zwecks Löschung einer Löschungseintragung **77** 14
Löschung von Amts wegen
Aufhebung **75** 65
Benachrichtigung **75** 59
Eintragung eines Vermerks **75** 66
freiwillige Gerichtsbarkeit **75** 57
bei Gebrauch von Schutzbezeichnungen **4** 90
Gesellschafterbeschlüsse **75** 68
Landgericht **75** 58
nichtige Gesellschaft **75** 52 ff
Nichtigkeitsklage, Verhältnis **75** 67
Nichtigkeitsklage, Voraussetzungen wie **75** 53
Rechtsmittel **75** 64
Registergericht **75** 52, 55
Sitzverlegung **75** 55
Verfahrensbeginn **75** 59
Widerspruch der Gesellschaft **75** 61 ff
Zuständigkeit **75** 58
Zustellung **75** 59
Zweigniederlassung **75** 56
Löschung nach Löschungsgesetz
Aktivvermögen, fehlendes **60** 10
Auflösung nach — **60** 55
keine Fortsetzung der Gesellschaft nach — **60** 104 ff
GmbH & Co. KG **60** 116
Lückenausfüllung des GmbHG Einl 3
Lückenfüllung
der Satzung **2** 122
Luxemburg, GmbH-Recht
Abschlußprüfung **Einl** 408
Abschlußpublizität **Einl** 409
Abwicklung **Einl** 411
Anerkennung der Auslandsgesellschaft **Einl** 418
Anonymität **Einl** 378
Auflösung **Einl** 410
Ausschluß **Einl** 399
Austritt **Einl** 399
Beendigung **Einl** 410
Beschlußfassung **Einl** 393
Einmanngesellschaft **Einl** 378, 410
Einmanngesellschaft, Unzulässigkeit **Anh I 13** 75
Finanzierung **Einl** 401
Firma **Einl** 378
Fremdenrecht **Einl** 420 f
Fremdfinanzierung **Einl** 402
Generalversammlung **Einl** 391 ff
Geschäftsanteil **Einl** 396
Geschäftsanteil, Übertragung **Einl** 396
Geschäftsführer, Bestellung **Einl** 380
Geschäftsführung **Einl** 386 ff
Geschichte **Einl** 371
Gesellschafterrechte und -pflichten **Einl** 397 ff
Gesellschafterstellung **Einl** 395 ff
Gesellschaftsstatut **Einl** 416
Gesellschaftsvertrag **Einl** 379
Gewinn- und Verlustrechnung **Einl** 407
Gründung **Einl** 379
Gründungsmängel **Einl** 384
Handelsregister **Einl** 374 ff, 382
internationales Gesellschaftsrecht **Einl** 416 ff
Inventar **Einl** 407
Jahresabschluß **Einl** 407
Jahresbilanz **Einl** 407
Kapitalaufbringung **Einl** 403
Kapitalaufbringung, anfängliche **Einl** 381
Kapitalerhaltung **Einl** 404
Kapitalerhöhung **Einl** 406
Kapitalherabsetzung **Einl** 405
Konkurs **Einl** 412
Konkurs des Gesellschafters **Einl** 400
Mandatstheorie **Einl** 385
Minderheitenschutz **Einl** 401
Mitgliedschaft **Einl** 395
Publizität **Einl** 374 ff
Rechnungslegung **Einl** 407
Rechnungsprüfer **Einl** 390
Rechtsangleichung **Einl** 370

Luxemburg, GmbH-Recht (Fortsetzung)
Rechtspersönlichkeit **Einl** 378
Rechtsquellen **Einl** 368
Reform **Einl** 372
Selbstfinanzierung **Einl** 402
Sitzverlegung **Einl** 419
Statistik **Einl** 373
Tochtergesellschaft **Einl** 420
Umwandlung **Einl** 414
verbundene Unternehmen **Einl** 415
Verfassung **Einl** 378, 385 ff
Verschmelzung **Einl** 413
Vorgesellschaft **Einl** 383
Wegzug **Einl** 419
Zuzug **Einl** 419
Zwangsvollstreckung gegen Gesellschafter **Einl** 400
Zweigniederlassung **Einl** 421

M

Madagaskar
GmbH-Recht **Einl** 140
Mängel, Heilung
s. Heilung des Mangels
Mängel der Sacheinlage
anfängliche Unmöglichkeit **5** 81
Beschreibung, unvollständige in Satzung **5** 79
Bestandsschutz **5** 77
Eigenschaft, Fehlen zugesicherter **5** 85
Formmängel **5** 78
Funktionstauglichkeit als Mangel **5** 88
Geldeinlage, Pflicht bei Unwirksamkeit der Sacheinlage **5** 77
Gründungsrecht, Rückgriff auf allgemeine Grundsätze **5** 76
Kapitalaufbringung, Sicherung **5** 77
Kaufrecht, Heranziehung **5** 86
Leistungsstörungen **5** 81 ff
Minderung **5** 84
nachträgliche Unmöglichkeit **5** 82
Rechtsmängel **5** 81
der Sacheinlagevereinbarung **5** 75
Sachmängel **5** 84 ff
Überbewertung, Zusammenhang zwischen **5** 76
Unmöglichkeit **5** 81 ff
Unwirksamkeit **5** 78
Verzug **5** 83
beim Vollzug **5** 75
Wandlung **5** 84, 87
Wertminderung als Mangel **5** 88
Willensmängel **5** 80
Mängelhaftung
Kauf des Geschäftsanteils **Anh 15** 20 ff
Maklerprovision
Einmann-GmbH **Anh I 13** 55
Malawi
GmbH-Recht **Einl** 141
Mali
GmbH-Recht **Einl** 140
Mandatstheorie
Belgien **Einl** 331
Italien **Einl** 439
Luxemburg **Einl** 385
Rechtsvergleichung **Einl** 679
Mangelfeststellung durch Registergericht
60 40 ff
Fortsetzung aufgelöster Gesellschaft **60** 100
Mangelhaftigkeit
s. Fehlerhafter, Fehlerhaftes
Mantelgründung
als Problem des Unternehmensgegenstandes **3** 26
reine — als unzulässig anzusetzen **3** 26
Zulässigkeit **3** 26
Mantelkauf
und Einmann-GmbH, Entstehung **Anh I 13** 28
Mantelkauf, Mantelbewertung
Umgehung der Gründungsvorschriften **3** 31
Mantelkauf, Mantelverwertung
Begriff **3** 27
ertragsteuerlicher Verlustabzug **3** 28
Kauf **3** 28
nach Konkursbeendigung **60** 98
rechtliche Zulässigkeit **3** 29
Sittenwidrigkeit **3** 29
wirtschaftsrechtliches Interesse **3** 28
Marokko
GmbH-Recht **Einl** 135
Masseerhaltung
Pflicht zur — nach Konkursreife **64** 33
Masselosigkeit **63** 19
Maßgebliches Gesellschaftsstatut
und Anerkennungsproblem **Einl** 95
Maßgeblichkeit ausländischen Gesellschaftsstatuts
und Rechtsstellung inländischer Zweigniederlassung **12** 34
Maßgeblichkeit deutschen Registerrechts
für inländische Zweigniederlassung **12** 38
Maßgeblichkeitsprinzip **Vor 41** 27
Maßnahmen aus wichtigem Grund
Stimmrechtsausschluß **47** 74
Maßstab
der Unterkapitalisierung **Anh 30** 13
Maßstab der Gewinnverteilung **29** 84 ff

Materielle Bilanzkontinuität 42 45
Materielle Eintragungsvoraussetzungen
bei Gründung **10** 4
Materielle Satzungsbestandteile 53 8, 10, 16
Materielle Unterkapitalisierung Anh 30 22
Mauretanien
GmbH-Recht **Einl** 140
Mehrheit
von Gesellschaftern und Strohmann **2** 57
von Liquidatoren **66** 14
von Nichtigkeitsklagen **75** 44
Mehrheit abgegebener Stimmen 47 3
Mehrheit von Erben
Geschäftsanteil **Anh 15** 100 ff
Mehrheit-Minderheit-Verhältnis
und gesellschaftliche Treuepflicht **14** 24
Mehrheits-Minderheitsverhältnisse
Treupflichten bei etablierten — **53** 64
Mehrheitsbesitz
GmbH-Recht und § 16 AktG **Anh II 13** 6
Mehrheitserfordernisse
Abberufung des Geschäftsführers **38** 21
Änderung formeller Satzungsbestandteile **53** 27
Änderung des Gesellschaftsvertrags **53** 49 ff
Änderung des GmbH-Vertrags vor Eintragung **2** 14
Auflösungsbeschluß **60** 26 ff
Ausschluß eines Gesellschafters **Anh 34** 17
Fortsetzung nach Auflösung **60** 86 ff
Gewinn, Zurückbehaltung **29** 42 ff
Übernahmevertrag neuer Stammeinlage **55** 63
Umwandlung der AG auf bestehende oHG **77 Anh** UmwG 9, 3
Umwandlung der AG auf errichtete oHG **77 Anh** UmwG 19, 4 ff
Umwandlung der GmbH auf Personengesellschaft und Gesellschafter **77 Anh** UmwG 24, 3
Umwandlung der Personenhandelsgesellschaft in AG **77 Anh** UmwG 42, 3
Umwandlung der Personenhandelsgesellschaft in GmbH **77 Anh** UmwG 48, 3
Verschmelzungsvertrag **77 Anh II** VerschmG 20, 10 ff
Vorzugsrechte **5** 141
Mehrheitsfester Bereich
bei Änderung des Gesellschaftsvertrags **53** 59
Mehrheitsherrschaft
und Auflösungsbeschluß **60** 29
Mehrheitsherrschaft, Schranke
Gleichheitsgrundsatz als — **14** 18
Mehrheitsherrschaft, Schranken
bei Änderung des Gesellschaftsvertrags **53** 56 ff
Mehrheitsprinzip
in Gründervereinigung **11** 39
Mehrheitsverhältnisse
im Liquidationsstadium **69** 55
Mehrleistungen, freiwillige
vor Eintragung der Kapitalerhöhung **56a** 16 ff
Mehrstöckige GmbH & Co. KG
Mitbestimmung **52** 36
Meistbegünstigung
im Fremdenrecht **Einl** 118
Merkmale
wesentliche der GmbH **Einl** 9
Merkposten 42 47
Mexiko
GmbH-Recht **Einl** 139
Miete
Geschäftsanteil **Anh 15** 30
Mietverhältnisse
Bilanzierung **42** 66
Mietverlängerungsoption bei Leasing-Verträgen
Bilanzierung **42** 71
Minderheit
und Mitgliedsrechte **14** 25
und Verschmelzungsbeschluß **77 Anh II** VerschmG 20, 31
Minderheitenschutz
bei Änderung des Gesellschaftsvertrags **53** 52 ff
Belgien **Einl** 347
Dänemark **Einl** 571
Frankreich **Einl** 291
und GmbH-Reform **Einl** 59
Großbritannien **Einl** 629
Italien **Einl** 457
Luxemburg **Einl** 401
Niederlande **Einl** 517
Österreich **Einl** 181
Rechtsvergleichung **Einl** 684
Schweiz **Einl** 238
Vereinigte Staaten von Amerika **Einl** 661
Minderheitsgesellschafter
und Bilanzfeststellung, Rücksichtnahme **29**
bilanzpolitische Ziele, Hinnahme **42** 11
Sicherung bei Unternehmensverträgen **Anh II 13** 42
stille Reserven **29** 28 ff
Minderheitsrecht
Auflösung durch gerichtliches Urteil **61** 1

Minderheitsrecht (Fortsetzung)
Liquidatorenernennung durch Gericht **66** 19 ff
Minderheitsverlangen Anh 47 14
Minderjährige Gesellschafter
und Beitrittserklärung zur GmbH **2** 83
Geschäftsanteil **Anh 15** 77
Geschäftsanteil, Abtretung und Erwerb **15** 128
und Gesellschafterstellung **2** 61
Stimmabgabe **47** 40
Verschmelzungsvertrag **77 Anh II** VerschmG 20, 15
Minderung
Sacheinlage **5** 84
Mindestbetrag der Geschäftsanteile und Kapitalherabsetzung 58 20 ff
Mindestbetrag der Stammkapitalerhöhung 55 13
Mindesteinlage
Auflösungsfolge wegen fehlender **60** 54, 102
Mindesteinzahlung
der Geldeinlage **7** 25, 25 f
Gesamtmindesteinlage bei Gründung **56a** 3
auf jede bei Kapitalerhöhung übernommene Stammeinlage **56a** 4
und noch nicht am 1. 1. 1981 eingetragene Kapitalerhöhung **56a** 24
Mindestinhalt
des Gesellschaftsvertrags **3** 4 f
des GmbH-Vorvertrags **2** 41
Mindestkapital
Anpassung an das auf 50000,— DM erhöhte **55** 28
und Kapitalherabsetzung **58** 29
Mindestkapitalvorschriften
Nichteinhaltung bei Kapitalherabsetzung **58** 72
Mindeststammkapital
Funktion **5** 7
nach GmbH-Novelle 1980 **56a** 25
Österreich **Einl** 156
Reform **5** 7
zwingendes Recht **5** 17
Mischeinzahlung
bei Kapitalerhöhung **56a** 5
Mischtyp GmbH Einl 29
Mißbräuchliche Finanzierung
bei Eigenkapitalersatz in Darlehensform **Anh 30** 84 f
Mißbrauch
s. a. Umgehung
der Einmann-GmbH **Anh I 13** 13
Mißbrauch (Fortsetzung)
juristischer Person **Anh 30** 38
der Wahl des Sitzes **3** 9
Mißbrauch der Befugnis
beim Mißbrauchstatbestand **Vor 82** 33
Mißbrauchslehre, subjektive
und Unterkapitalisierung **Anh 30** 38 f
Mißbrauchstatbestand Vor 82 15 ff
Mißbrauchsvorbehalt
Änderung des Gesellschaftsvertrags **53** 57
für Kapitalgesellschaften **Anh 30** 11
Mitarbeitergemeinschaft
s. Erbengemeinschaft
Mitberechtigung nach § 747 BGB und Geschäftsanteil 15 83
Mitberechtigung am Geschäftsanteil
und Einziehung **34** 9
ist keine Teilung **17** 5 f
Mitbestimmte GmbH
Abberufung des Geschäftsführers **38** 25 ff
Anstellungsvertrag mit Geschäftsführer **35** 100 ff
Arbeitsdirektor **35** 247
Aufsichtsrat und Geschäftsführbefugnis **35** 89
Beschränkung der Vertretungsmacht **35** 225
Bestellung der Geschäftsführer **35** 43 ff
Geschäftsführerautonomie **37** 11 ff
Geschäftsführerqualifikation **35** 36 ff
obligatorischer Aufsichtsrat **35** 5
Unternehmensinteresse, Anerkennung **35** 6
Verhältnis der Organe **35** 8
Vertretung **35** 215, 219, 223
Weisungsrecht der Gesellschafter **35** 8
Mitbestimmung
und obligatorischer Aufsichtsrat **52** 9, 11 ff
Umwandlung **77 Anh** UmwG **1**, 15
Mitbestimmung, Rechtsformspezifität 35 10
Miterbenanteil
Sacheinlage **5** 51
Miterbengemeinschaft
s. Erbengemeinschaft
als GmbH-Gesellschafter **2** 66, 69
Mitgliederkreis, Geschlossenheit
als GmbH-Strukturelement **Einl** 671
Mitgliedschaft
allgemeine — **14** 9
Arten **14** 8
und Ausschlußurteil **Anh 34** 27
und Austritt des Gesellschafters **Anh 34** 52
Dänemark **Einl** 565
Drittrechte **14** 16 f
Einheitlichkeit **14** 31

Mitgliedschaft (Fortsetzung)
entziehbare **14** 13
und Geschäftsanteil **14** 4
Gläubigerrechte **14** 16 f
Gleichheitsgrundsatz **14** 18
Großbritannien **Einl** 623
gute Sitten, Gebot **14** 29 f
Inhaber der — nach Veräußerung des Geschäftsanteils **16** 23
Italien **Einl** 451
Kernbereich **14** 33; **48** 10; **53** 61
und Kündigung **60** 67
und Leitung, Annäherung als GmbH-Strukturelement **Einl** 671
Luxemburg **Einl** 395
Mehrheitsherrschaft, Schranke **14** 18
nichtiger Kapitalerhöhungsbeschluß **57** 41
Niederlande **Einl** 511
Pfändung von Einzelrechten **Anh 15** 93
Rechtsgrundsätze **14** 18 ff
Sonderrechte **14** 9
als sonstiges Recht nach § 823 I BGB **43** 105
Streit um — **13** 10
Treuepflicht **14** 23 ff
Übertragung **15** 133
Übertragung einzelner Verwaltungsrechte **14** 31 ff
unentziehbare **14** 14 f
verdeckte Gewinnausschüttung **14** 20
Vereinigte Staaten von Amerika **Einl** 660
Vermögensrechte **14** 8
Verpfändung von Einzelansprüchen **Anh 15** 49
und Verpfändung des Geschäftsanteils **Anh 15** 42 ff
Verschmelzungsfall, Erwerb **77 Anh II** VerschmG 25, 50 ff
Verwaltungsrechte **14** 8
Vorzugsrechte **14** 9
Willkürverbot **14** 19
Mitgliedschaft in nichtrechtsfähiger Vorgesellschaft
und Haftung **11** 33
Mitgliedschaftsrecht
Ausübung **14** 24 f
Dividendenbezugsrecht **29** 8
Enteignung **Einl** 114 ff
Erforderlichkeit **14** 24
Erwerber des Geschäftsanteils **16** 29
und Genußrecht **Anh 29** 19
Mehrheit-Minderheit-Verhältnis **14** 24
Minderheit **14** 25
Sacheinlage **5** 48
Treuepflicht **15** 23 ff
Mitgliedschaftsrecht (Fortsetzung)
Verhältnismäßigkeit **14** 24
Verkürzung **53** 70
Mitgliedschaftsrechtliche Abreden
im Gesellschaftsvertrag **3** 41 ff
Mitteilung über Vermögenslage
und Geschäftslagetäuschung **82** 93 ff
Mittelbare Auszahlung **30** 43
Mittelbare Gesellschafterdarlehen **Anh 30** 92
Mittelform GmbH **Einl** 675
Mitunternehmerschaft
bei GmbH & Co. KG **Einl** 36
Model Business Corporation Act **Einl** 651
Monopol des Staates
und GmbH-Gesellschaftszweck **1** 20
Montanmitbestimmung
Geschäftsführerbestellung **6** 12
Mozambique
GmbH-Recht **Einl** 143

N

Nacherbfall
Geschäftsanteil **Anh 15** 116
Nachfolgeregelungen im Gesellschaftsvertrag
s. a. Erbrecht und Geschäftsanteil
Abfindungsbeschränkung **Anh 15** 109
Abtretungsverpflichtung **Anh 15** 107
Eintrittsrecht **Anh 15** 106
Ermächtigung zur Einziehung **Anh 15** 108
qualifizierte Nachfolgeklausel **Anh 15** 105
keine Sondererbfolge **Anh 15** 105
Testamentsvollstreckung **Anh 15** 119 ff
Unvererblichkeit nicht möglich **Anh 15** 104
Vermächtnis **Anh 15** 112
Vorerbschaft **Anh 15** 113 ff
Nachfristsetzung mit Verfallsandrohung
im Kaduzierungsverfahren **21** 1 ff
Nachlaßpfleger, GmbH als — **13** 12
Nachlaßverbindlichkeiten
bei Erbschaft als Sacheinlage **5** 50
Nachlaßverwalter, GmbH als — **13** 12
Nachschüsse
Abgrenzung zu sonstigen Leistungen **26** 10 ff
nicht im Aktienrecht **Vor 26** 1
Arten **Vor 26** 3
Begriff **26** 3
beschränkte Nachschußpflicht **28** 1 ff
Beschränkung im Gesellschaftsvertrag **26** 24
Besteuerung **26** 31 f
Bilanzierung **26** 33; **42** 132
Ertragsteuern **26** 32
Form zusätzlicher Kapitalbeschaffung **Vor 26** 1

Nachschüsse (Fortsetzung)
formelle Bestimmungen **26** 15 ff
freiwillige Leistungen, Abgrenzung **26** 14
Geschäftsanteil, -lasten auf ihm **27** 1
Geschäftsanteil und Pflicht zu — **26** 22
Gesellschafterbeschluß, erforderlicher **26** 16 ff
Gesellschafterdarlehen, Abgrenzung **26** 12
Gesellschaftsvertrag und beschränkte -pflicht **28** 6
Gesellschaftsvertrag, Regelung im **26** 15
gleichmäßige Behandlung der Gesellschafter **26** 23
haftender Gesellschafter **26** 26
Legaldefinition **26** 3
Liquidationsstadium **69** 19
im Liquidationsverfahren **69** 49
Nachschußkapital, Verhältnis zum Stammkapital **26** 4 ff
Nebenleistungen, Abgrenzung **26** 13
Praxis **Vor 26** 4
Preisgaberecht
—Abandon **27** 1
—aller Geschäftsanteile **27** 36
—Aufforderung zur Nachschußzahlung **27** 6
—Ausübung des — **27** 8 ff
—Bergrecht, Parallele im **27** 1
—nicht bei beschränkter Nachschußpflicht **27** 3
—beschränktes — **27** 37
—fingierter Abandon **27** 15 ff
—Geschäftsanteil, erfolgloser Verkauf **27** 29 f
—Geschäftsanteil, Rechtslage bis Verkauf **27** 19
—Geschäftsanteil, zur Verfügung gestellter **27** 10
—Geschäftsanteil, Verkauf **27** 21 ff
—Leistungsfähigkeit nicht Voraussetzung **27** 7
—Reform **27** 2
—Stammeinlage, voll eingezahlte **27** 4
—Willenserklärung, empfangsbedürftige **27** 11
—Wirkungen **27** 18 ff
—zwingendes Recht **27** 35
Reform **Vor 26** 5; **26** 2; **28** 2
Rückzahlung **26** 30
Rückzahlung bei eigenen Anteilen **28** 42
Rückzahlung eingezahlter — **30** 64 ff
Rückzahlung von —, Gesellschafterbeschluß **46** 11
Sacheinlage, Abgrenzung **5** 21
Stammeinlagepflichten, Abgrenzung **26** 11

Nachschüsse (Fortsetzung)
Stammkapital, Verhältnis zum Nachschußkapital **26** 4 ff
unmittelbare Haftung **26** 27
Verkehrsteuern **26** 31
Zahlungsfolgen **26** 29
Zubußen bei bergrechtlicher Gewerkschaft **Vor 26** 2
Zweck **26** 7
Nachschußkapital
und Stammkapital, Verhältnis **26** 4 ff
Nachschußpflicht
und Nebenleistungspflicht, Abgrenzung **3** 55 f
Nachteilszufügung
und Untreue **Vor 82** 60 ff
Nachträglich unzulässiger Gesellschaftszweck **1** 29
Nachträgliche Unterkapitalisierung Anh 30 23
Nachtragsliquidation **74** 28 ff, 34 ff
Nachtragsverteilung im Konkursverfahren **63** 96
Nachzahlungsrecht
als Vorzugsrecht nach gewinnlosen Jahren **5** 144
Name
der Anteilsinhaber im Gesellschaftsvertrag **53** 14
der Vorgesellschaft **11** 50
Name des Aufsichtsrats **52** 15
Name des Geschäftsführers
in geschäftlicher Korrespondenz **35a** 4
Name der Gesellschaft
Handeln im — **36** 4
Name des Gesellschafters
und Personenfirma **4** 37
Name der GmbH **4** 64
Namensrecht
Gesellschaftsstatut **Einl** 90
Namensträger für GmbH
und Konkursverfahren **63** 70
Natürliche Person
als Aufsichtsratsmitglied **52** 68
als Geschäftsführer **35** 29
als GmbH-Gesellschafter **2** 59 ff
Nebenabrede
Abtretung eines Geschäftsanteils **15** 49
Formbedürftigkeit **2** 16
zum Gesellschaftsvertrag **53** 15, 18, 20
zu Kapitalerhöhung **55** 72
bei Sacheinlage **5** 104
bei Sachübernahme **5** 104
beim Vorvertrag einer GmbH **2** 38
Nebenintervention
Anfechtungsklage **Anh 47** 135

Nebenintervention (Fortsetzung)
Auflösungsklage **61** 33 f
Nichtigkeitsklage **Anh 47** 198
Nebenleistung
und Auszahlungsverbot **30** 44
und Nachschußkapital, Abgrenzung **26** 13
kein Schmälerungsverbot **19** 20
Nebenleistungen der Gesellschafter
s. Gesellschafter, Nebenleistungen
Nebenleistungs-GmbH Anh 34 1, 43
Nebenleistungspflicht
Sacheinlage, Abgrenzung **5** 21
Nebenleistungspflichten, Begründung und Änderung 3 57
Vorzugsrechte der Gesellschafter **3** 99 f
Nebenleistungspflichten der Gesellschafter
s. Gesellschafter, Nebenleistungspflichten
Nebenpflichten
und Kapitalerhöhungsbeschluß **55** 18
bei Verschmelzung **77 Anh II** VerschmG 25, 37
und Verschmelzung **77 Anh II** VerschmG 21, 19
Nebenrecht einer Forderung
Geschäftsanteil als — **15** 78
Nebenverpflichtung
von Sacheinlagen, Schmälerungsverbot **19** 19
Negativerklärung betreffend Anfechtung
bei Anmeldung der Verschmelzung **77 Anh II** VerschmG 24, 5
Negatives Schuldanerkenntnis über Einlage, verbotene 19 24
Nennbetrag
der Beteiligung und Gleichheitsgrundsatz **14** 18
Bezeichnung des Geschäftsanteils mit — **14** 3
Neue Gesellschaftsform GmbH Einl 1
Neuer Geschäftsanteil
nach Einziehung **34** 60 ff
Neufassung des Gesellschaftsvertrags
nach Kapitalerhöhung **55** 17 f
Neugläubiger, Schutz
und Vorbelastungsverbot **11** 34
Neugründung
durch Änderung der Satzung des bestehenden Gesellschaftsmangels **3** 25
Neuseeland
GmbH-Recht **Einl** 145
New South Wales (Australien)
GmbH-Recht **Einl** 145
Nicht rechtsfähige Gesellschaft
und Sitztheorie **Einl** 75

Nichtanerkennung, steuerliche
einer GmbH und Gesellschaftszweck **1** 23
Nichtbeschluß 47 4; **Anh 47** 6
Nichtbeurkundung
eines Gesellschafterbeschlusses **Anh 47** 36 f
Nichterfüllung gesellschaftsrechtlicher Leistungspflichten Anh 34 8
Nichtgenehmigung
der Teilung des Geschäftsanteils **17** 31 ff
Nichtgesellschafter
Änderung des Gesellschaftsvertrags **53** 76
Geschäftsführungsbefugnis **37** 21
als Organ **45** 19
Nichtiger Grund
Abberufung des Aufsichtsrats **52** 86 f, 90
Nichtigkeit
s. a. Anfechtbarkeit; Nichtigkeitsgründe; Nichtigkeitsklage
Änderung des Gesellschaftsvertrags **53** 85 f
Änderung des Gesellschaftsvertrags und Registergericht **54** 45
Auflösungsbeschluß **60** 35
Aufsichtsratsbeschluß **52** 105
Aufsichtsratswahl **52** 69, 73
Ausschluß des Gesellschafters **Anh 34** 19
bedingter Beitrittserklärung zur GmbH **2** 95
befristeter Beitrittserklärung zur GmbH **2** 102
Beitrittserklärung des Geschäftsunfähigen zur GmbH **2** 82
Bestellung von Aufsichtsratsmitgliedern **52** 77, 80, 83
Bestellung zum Geschäftsführer **35** 34
Bilanzfeststellungsbeschluß **29** 26
der Einmann-GmbH **Anh I 13** 30
der Einziehung des Geschäftsanteils **34** 64
Erwerb nicht voll eingezahlten Geschäftsanteils **33** 10 ff
der Gesellschaft und Auflösung **60** 11
Gesellschafterbeschluß **Anh 47** 16 ff, 20 ff
Gesellschafterbeschluß nach nichtordnungsgemäßer Einberufung **51** 10
Gesellschafterbeschluß, von Satzung abweichender **53** 35
eines Gesellschaftsvertrags und Erbe **2** 19
des Gesellschaftsvertrags wegen unzulässiger Firma **4** 87
Jahresbilanz **29** 33
Kapitalerhöhungsbeschluß, eingetragener **57** 39
Kapitalherabsetzung **58** 72
mißbräuchlicher Sitzwahl **3** 9
Sacheinlagevereinbarung **5** 70

Nichtigkeit (Fortsetzung)
Stimmabgabe des Gesellschafters **45** 10
Stimmbindung **47** 30
Umwandlungsbeschluß **77 Anh** UmwG 3, 11
Umwandlungsbeschluß AG auf bestehende oHG **77 Anh** UmwG 13, 3
Verschmelzungsbeschluß **77 Anh II** VerschmG 20, 32, VerschmG 25, 11 f
Verschmelzungsbeschluß der übertragenden Gesellschaft **77 Anh II** VerschmG 31, 1 ff
Verschmelzungsvertrag **77 Anh II** VerschmG 21, 30, VerschmG 23, 19, VerschmG 25, 11 f
in Vollzug gesetzter Vorgesellschaft wegen Formmangels **2** 18
Vorvertrag mit Formmangel **2** 40
Nichtigkeitsgründe
fehlende Angaben im Gesellschaftsvertrag **3** 1
Verpflichtung zur Beseitigung der — **3** 7
Nichtigkeitsklage
Aktienrecht, Vergleich **75** 2, 6
Anerkenntnis **Anh 47** 204
Anfechtungsklage, Abgrenzung **Anh 47** 190
Anmeldungsvorschriften, Verstoß **75** 16
Anträge **Anh 47** 202
Auflösung der Gesellschaft und Nichtigkeit **75** 29 f
Beitrittserklärung, nichtige **75** 12
Beweislast **Anh 47** 203
bis Erlaß des Nichtigkeitsurteils **75** 32
Darlegungslast **Anh 47** 203
Einrede der Vernichtbarkeit der GmbH **75** 29
nach Eintragung **75** 8
vor Eintragung **75** 7
Eintragung der Nichtigkeit **75** 33, 50
Eintragungsfolge **75** 30
bei fehlenden wesentlichen Satzungsbestandteilen **3** 1
Feststellungsklage **Anh 47** 190
Feststellungsklage unter Gründern **75** 7
formelle Existenz **75** 30
Formmangel **75** 13
keine bei formnichtigem Gesellschaftsvertrag nach Eintragung **2** 20
Frist **Anh 47** 200
keine Frist für Erhebung **75** 46
Gegenstand, fehlende oder nichtige Bestimmung **75** 19 ff
Geschäftsanteil, Veräußerung **75** 31

Nichtigkeitsklage (Fortsetzung)
gegen Gesellschaft **75** 40 f
Gesellschaft als Beklagte **Anh 47** 197
Gesellschafter als Kläger **Anh 47** 193 ff
Gesellschafterbeschlüsse, vorangegangene **75** 34
Gesellschaftsvertrag, ungültiger **75** 14
Geständnis **Anh 47** 204
Gestaltungsklage **75** 40
Gründungsmängel **75** 10
Handelsregistereintragung **75** 50
Heilung von Mängeln des Gesellschaftsvertrags **75** 7 f
von jedem Gesellschafter erhebbare **75** 37
Klageerhebung **75** 45
Klagerücknahme **Anh 47** 204
Kosten **Anh 47** 205
Legitimation **75** 37 ff
Liquidationszustand nach Nichtigkeit **75** 33
Löschung von Amts wegen, Verhältnis **75** 67
Mangel des Gesellschaftsvertrags **75** 10
Mehrheit von Klagen **75** 44
nachträglich unzulässiger Gesellschaftszweck **1** 29
Nebenintervention **Anh 47** 198
Nichtigkeit, rechtliche Bedeutung **75** 28 ff
Organ, befugtes **Anh 47** 195
Prozeßbeteiligte **Anh 47** 193 ff
Publizität **75** 45
Rechtsmittel **Anh 47** 206
Rechtsnatur **Anh 47** 190
Rechtsschutzbedürfnis **Anh 47** 199
Rechtsverkehr und Nichtigkeit **75** 28 ff
Reform **75** 4
Scheingründung **75** 25
keine Schiedsgerichtszuständigkeit **75** 43
sittenwidriger Gesellschaftsvertrag **75** 14
Stammkapital, Fehlen der Bestimmung über Höhe **75** 26
Streitgenossenschaft **Anh 47** 198
Streitwert **Anh 47** 205
Unternehmensgegenstand, fehlende oder nichtige Bestimmung **75** 19 ff
Unternehmensgegenstand, fehlender **3** 18
unzulässiger Gesellschaftszweck **1** 27
Urteilswirkung **75** 49
Urteilswirkungen **Anh 47** 208
Verbindung mehrerer Prozesse **Anh 47** 207
Vergleich **Anh 47** 204
Versäumnisurteil **Anh 47** 204
Vertretung der Gesellschaft **75** 41
Verzicht **Anh 47** 204
Vorgesellschaft **75** 7

Nichtigkeitsklage (Fortsetzung)
Willenserklärung, mangelhafte **75** 11
Zuständigkeit **Anh 47** 201; **75** 43
Zustellung **Anh 47** 201
Zustellung der Klage **75** 46
Nichtmitbestimmte GmbH
Organe **35** 2 ff
Nichtrechtsfähiger Verein
Geschäftsanteil im Vermögen des — **18** 12
als GmbH-Gesellschafter **2** 66, 69
Haftung aus Handeln für — **11** 76
Vorgesellschaft **11** 7
Niederlande, GmbH-Recht
Abschlußprüfung **Einl** 524
Abschlußpublizität **Einl** 488, 497
Abwicklung **Einl** 527
Anerkennung der Auslandsgesellschaft **Einl** 534
Anonymität **Einl** 488
Auflösung **Einl** 526
Aufsichtsrat **Einl** 503 ff
Ausschluß **Einl** 515
Austritt **Einl** 515
Beendigung **Einl** 526 ff
Beschlußfassung **Einl** 509
Einmanngesellschaft **Einl** 488
Finanzierung **Einl** 518
Firma **Einl** 488
formwechselnde Umwandlung **Einl** 530
Fremdenrecht **Einl** 536 f
Fremdfinanzierung **Einl** 518
Geschäftsanteil **Einl** 511 ff
Geschäftsbericht **Einl** 523
Geschäftsführer, Bestellung **Einl** 490
Geschäftsführung (Vorstand) **Einl** 498 ff
Geschichte **Einl** 481
Gesellschafterrechte und -pflichten **Einl** 512 f
Gesellschafterstellung **Einl** 511 ff
Gesellschafterversammlung **Einl** 507 ff
Gesellschaftsstatut **Einl** 532
Gesellschaftsvertrag **Einl** 489
Gewinn- und Verlustrechnung **Einl** 523
große Gesellschaft **Einl** 497, 525
Gründung **Einl** 489
Gründungsmängel **Einl** 495
Handelsregister **Einl** 484 ff, 493
internationales Gesellschaftsrecht **Einl** 532
Inventar **Einl** 523
Jahresabschluß **Einl** 523
Jahresbilanz **Einl** 523
Kapitalaufbringung **Einl** 519
Kapitalerhaltung **Einl** 520
Kapitalerhöhung **Einl** 522
Niederlande, GmbH-Recht (Fortsetzung)
Kapitalherabsetzung **Einl** 521
Konkurs **Einl** 528
Konkurs des Gesellschafters **Einl** 516
Kontrolle des Vorstandes **Einl** 501
Konzernrechnungslegung **Einl** 531
Minderheitenschutz **Einl** 517
Mitgliedschaft **Einl** 511
Präventivkontrolle **Einl** 492
Publizität **Einl** 484 ff
Rechnungslegung **Einl** 523
Rechnungsprüfer **Einl** 524
Rechtsangleichung **Einl** 480
Rechtspersönlichkeit **Einl** 488
Rechtsquellen **Einl** 478
Reform **Einl** 482
Selbstfinanzierung **Einl** 518
Sitzverlegung **Einl** 535
Sonderprüfung **Einl** 502
Statistik **Einl** 483
Tochtergesellschaft **Einl** 536
Trennungsprinzip **Anh I 13** 72
Umwandlung **Einl** 530
verbundene Unternehmen **Einl** 531
Verfassung **Einl** 496 ff
Vermögensübertragung **Einl** 529
Verschmelzung **Einl** 529
Vorgesellschaft **Einl** 494
Wegzug **Einl** 535
Zuzug **Einl** 535
Zwangsvollstreckung gegen Gesellschafter **Einl** 516
Zweigniederlassung **Einl** 537
Niederlassungsabkommen
Anerkennung von Auslandsgesellschaften **Einl** 94
Niederlassungsrecht
Auslandsgesellschaften **Einl** 121
in der EG **Einl** 123
Parallelität zum Anerkennungsrecht **Einl** 96
Niederschrift
des Aufsichtsrats **52** 95, 99
Niederstwertprinzip **42** 150, 174 ff
Nießbrauch
Auflösungsklage **61** 29
am eigenen Geschäftsanteil **33** 37
am Geschäftsanteil **Anh 15** 58 ff
am Geschäftsanteil, keine Anmeldung **16** 51
am Geschäftsanteil und Einziehung **34** 10
am Geschäftsanteil und Gewinnanspruch **29** 89
Sacheinlage **5** 46
Stimmabgabe, uneinheitliche **47** 18

Nießbrauch (Fortsetzung)
am nicht voll eingezahlten Geschäftsanteil **33** 5
Niger
GmbH-Recht **Einl** 140
Nigeria
GmbH-Recht **Einl** 141
Nominelle Unterkapitalisierung Anh 30 22
Nordischer Rat
Angleichung des Gesellschaftsrechts **Einl** 712
Normalstatut
und Geschäftsführerbefugnis **35** 88
Normanwendungsproblem Durchgriff
Anh I 13 41
Normanwendungsproblem Einmann-GmbH
Anh I 13 12
Normativsystem
und Gründungsprüfung **10** 5
Notar, ausländischer und/oder deutscher
bei Beurkundung des Gesellschaftsvertrags **2** 12
Notar, Belehrung Einl 101
Notar, deutscher Einl 101
Notar, Prüfungs- und Belehrungsfunktion
2 12
Notargebühren
Gründung **7** 39
Notarielle Beglaubigung
Übernahmeerklärung neuer Stammeinlagen **55** 52
der Vollmacht zum Abschluß des Gesellschaftsvertrags **2** 22
Notarielle Bescheinigung
bei Anmeldung der Satzungsänderung **54** 20
Notarielle Beurkundung
s. a. Ausländische Beurkundung
Abtretungsverpflichtung Geschäftsanteil **15** 57
Änderung des Gesellschaftsvertrags **53** 42 ff
Auflösungsbeschluß **60** 31
im Ausland **Einl** 100
Ergänzung, Änderung des Gesellschaftsvertrags **2** 13 ff
Förmlichkeit **Einl** 99
des Gesellschaftsvertrages, Formen **2** 10
Gleichwertigkeit im Ausland vollzogener **2** 12
lex fori **Einl** 99
Rechtspflegefunktion **Einl** 99
Verschmelzungsvertrag **77 Anh II** VerschmG 20, 19
Notarielle Beurkundung (Fortsetzung)
der Vollmacht zum Abschluß des Gesellschaftsvertrags **2** 21
Notbestellung, gerichtliche
des Geschäftsführers **6** 11
Notbestellung eines Liquidators 66 35 ff
Notgeschäftsführer 35 63 ff
Notlage der Gesellschaft
und Ruhegehalt des Geschäftsführers **35** 179
Notwendige Geschäfte
und Handelndenhaftung **11** 82
und Vorbelastungsverbot **11** 22
Notwendige Gründungskosten 7 39
Notwendiger Zusatz bei Firmenbildung
„mit beschränkter Haftung" **4** 53 ff
Notwendiges Organ
Geschäftsführer im Gründungsstadium **6** 3
Nutzungspfand
am Geschäftsanteil **Anh 15** 66
Nutzungsrecht
bei Sacheinlage **5** 21
als Sacheinlage bei Kapitalerhöhung **56** 15 f

O

Obergesellschaft
Und Unternehmensverbindung **Anh II 13** 12
Obervolta
GmbH-Recht **Einl** 140
Objektive Normzwecklehre
bei Unterkapitalisierung **Anh 30** 36, 43
Obligatorische Ansprüche
gegen Dritte als Sacheinlage **5** 60
gegen Einlageschuldner nicht einlagefähig **5** 59
Obligatorischer Aufsichtsrat
s. Aufsichtsrat
in mitbestimmter GmbH **35** 5
Oechelhäuser'sche Handelsgesellschaft
als GmbH & Co. KG-Vorbild **Einl** 36
Öffentliche Hand
Einmanngesellschaft **Anh I 15** 6
Wirtschaftstätigkeit **1** 13
Öffentliche Interessen
und Gesellschaftsstatut **Einl** 82
Öffentliche Ordnung
und Verbot von Sachfirma **4** 27
Öffentliche Register
Berichtigung nach Verschmelzung **77 Anh II** VerschmG 25, 21
Öffentliche Versteigerung
kaduzierten Geschäftsanteils **23** 4 ff

Öffentliches Recht
und Umwandlungsverfahren **77**
Anh UmwG 59, 2
Öffentliches Recht und GmbH 13 22 ff
Öffentlichrechtliche Pflicht
Sorgepflicht für Buchhaltung **41** 9
Örtliche Zuständigkeit
Anmeldung der Gesellschaft **7** 15
Österreich, GmbH-Recht
Abschlußprüfer **Einl** 189
Abschlußprüfung **Einl** 188
Abschlußpublizität **Einl** 156, 190
Anerkennung ausländischer Gesellschaften **Einl** 199
Anmeldung **Einl** 160
Anonymität **Einl** 156
Auflösung **Einl** 191
Aufsichtsrat **Einl** 168
Ausgestaltung, allgemeine **Einl** 156
Ausschluß **Einl** 179
Austritt **Einl** 179
Beendigung **Einl** 191
Beschlußfassung **Einl** 173
Bestellung der Geschäftsführer **Einl** 158
Einmanngesellschaft **Einl** 156
errichtende Umwandlung **Einl** 195
Finanzierung **Einl** 182 ff
formwechselnde Umwandlung **Einl** 195
Fremdenrecht **Einl** 201 f
Fremdfinanzierung **Einl** 182
Geltungsbereich **Einl** 147
Generalversammlung **Einl** 171 ff
Geschäftsanteil **Einl** 175
Geschäftsanteil, Übertragung **Einl** 176
Geschäftsanteile **Einl** 156
Geschäftsbericht **Einl** 187
Geschäftsführer, Bestellung **Einl** 158
Geschäftsführung **Einl** 163 ff
Geschichte **Einl** 149
Gesellschafterrechte und -pflichten **Einl** 177 f
Gesellschafterstellung **Einl** 175 ff
Gesellschaftsstatut **Einl** 197
Gesellschaftsvertrag **Einl** 157
Gewinn- und Verlustrechnung **Einl** 187
Gründung **Einl** 157
Gründungsmängel **Einl** 162
Haftung der Geschäftsführer **Einl** 166
Handelsregister **Einl** 153
Handelsregister, Anmeldung **Einl** 160
internationales Gesellschaftsrecht **Einl** 197 ff
Jahresabschluß **Einl** 187
Jahresbilanz **Einl** 187
Kaduzierungsverfahren **Einl** 178
Österreich, GmbH-Recht (Fortsetzung)
Kapitalaufbringung **Einl** 159, 183
Kapitalerhaltung **Einl** 184
Kapitalerhöhung **Einl** 186
Kapitalherabsetzung **Einl** 185
Konkurs **Einl** 193
Konkurs des Gesellschafters **Einl** 180
Kontrolle der Geschäftsführung **Einl** 167
Konzernrecht **Einl** 196
Liquidation **Einl** 192
Minderheitenschutz **Einl** 181
Mindestkapital **Einl** 156
Publizität, handelsrechtliche **Einl** 152 ff
Rechnungslegung **Einl** 187
Rechtsangleichung **Einl** 148
Rechtspersönlichkeit **Einl** 156
Rechtsquellen **Einl** 146
Reform **Einl** 150
Selbstfinanzierung **Einl** 182
Sitztheorie **Einl** 197
Sitzverlegung **Einl** 200
Statistik **Einl** 151
Tochtergesellschaft **Einl** 201
Trennungsprinzip **Anh I 13** 72
übertragende Umwandlung **Einl** 195
Umwandlung **Einl** 195
verbundene Unternehmen **Einl** 196
Verfassung **Einl** 163
Verfassung, flexible **Einl** 156
Verschmelzung **Einl** 194
Vorgesellschaft **Einl** 160
Wegzug einer Gesellschaft **Einl** 200
Zuzug einer Gesellschaft **Einl** 200
Zwangsvollstreckung gegen Gesellschafter **Einl** 180
Zweigniederlassungen **Einl** 202
Offene Handelsgesellschaft
Beteiligung an GmbH **5** 16
Firmenbildung **4** 33
Geschäftsanteil im Vermögen der — **18** 11
GmbH, Annäherung der **3** 53
und GmbH, Zweckabgrenzung **1** 1
als GmbH-Gesellschafter **2** 65
Vorgesellschaft **11** 7
Offene Handelsgesellschaft, Vermögensübertragung auf AG, KGaA
s. Umwandlung unter Personenhandelsgesellschaft, Vermögensübertragung auf AG, KGaA
Offene Rücklagen
Passivierung **42** 123
Option
auf Geschäftsanteil **15** 53
Ordentliches Austrittsrecht
bei unbefristeten Gesellschaften **Anh 34** 46

Ordnungsgemäße Buchführung 41 4
Ordnungsmäßigkeit von Errichtung
und Anmeldung der Gesellschaft **10** 9
Ordnungsstrafverfahren
wegen unzulässigen Firmengebrauchs **4** 94
Ordnungsvorschriften
Gesellschafterbeschluß, Verstoß gegen **Anh 47** 93
Ordnungswidrigkeit und GmbH 13 24
Ordnungswidrigkeitsverfahren gegen GmbH 35 236
Ordre public
im internationalen Gesellschaftsrecht **Einl** 117
Organ
und Änderung des Gesellschaftsvertrags **53** 76
Anfechtungsberechtigung **Anh 47** 127 ff
Aufgabenkreis, Übertragung auf anderes — **Anh 47** 227
Aufsichtsrat, Verhältnis zu anderen — **52** 7, 11
Beirat **52** 17
Bestellung bei Neubildung nach Verschmelzung **77 Anh II** VerschmG 32, 23 f
Bestellung nach Umwandlung **77 Anh** UmwG 47, 10
Bestellung nach Umwandlung des Einzelunternehmens **77 Anh** UmwG 56b, 9
Bestellungsorgan **45** 15
betroffenes und Stimmrechtsausschluß **47** 68 ff
keine eigene Leitungsmacht der Geschäftsführer **35** 4
Einsetzung zusätzlicher durch Gesellschaftsvertrag **45** 14 ff
und gerichtliches Vergleichsverfahren **63** 114
Geschäftsführer im Gründungsstadium **6** 3
Geschäftsführer als notwendiges **35** 2
Gesellschafter als notwendiges **35** 2
Gesellschaftergesamtheit als oberstes **45** 13
Konkurseröffnung und Kompetenzen **63** 67
in mitbestimmter GmbH **35** 5 ff
Mitwirkungs- oder Entscheidungskompetenz **Anh 47** 226
Nichtgesellschafter als — **45** 19
in nichtmitbestimmter GmbH **35** 2
obligatorischer Aufsichtsrat **35** 5
Organbegründung durch Organe **35** 3
Schiedsgericht als — **13** 21
Organ (Fortsetzung)
Strafbarkeit **82** 6
und Untreue, GmbH-rechtliche **Vor 82** 27
und Vertretung **35** 217
der Vorgesellschaft **11** 41, 56
Organbildung durch Organ 35 3
Organgesellschaft
als GmbH-Erwerbsgesellschaft **1** 7
Organhaftung der GmbH nach § 31 BGB 13 13
Organisation
Sonderrecht unterstehend **11** 8
Organisation der Gesellschaft
materielle Satzungsbestandteile **53** 12, 20
Organisationsakt der Geschäftsführerbestellung 35 41 ff
Organisationsfehlerhaftung
bei Unterkapitalisierung **Anh 30** 36, 40
Organisationskosten
Bilanzierung **42** 96
Organisationsrecht
der Einmann-GmbH **Anh I 13** 22
Organisationsrecht und Anstellung des Geschäftsführers 35 85 ff
Organisationsrechtliche Natur
des Gesellschaftsvertrags **53** 7
Organisationsstatut
Gesellschaftsvertrag **11** 87
Mängel des — und Interesse des Rechtsverkehrs **2** 71
Organisationsvertrag
Gesellschaftsvertrag als — **2** 5
Organschaftlicher Akt
der Anmeldung der GmbH **7** 17
Organstellung und Anstellungsvertrag 35 202
Organtheorie
Rechtsvergleichung **Einl** 679
Organverträge
allgemeine Anerkennung **29** 61
Ort
der Gesellschafterversammlung **48** 4 ff
des tatsächlichen Verwaltungssitzes **Einl** 75
Ort der Veröffentlichung
Eintragung der Gesellschaft **10** 43

P

Pacht
Geschäftsanteil **Anh 15** 30
Pachtverhältnisse
Bilanzierung **42** 66
Panama
GmbH-Recht **Einl** 139
Paraguay
GmbH-Recht **Einl** 139

Paritätisch mitbestimmte GmbH
Bestellung der Geschäftsführer **35** 43
Parteiautonomie
und Sitztheorie **Einl** 75
Parteifähigkeit
Gesellschaftsstatut **Einl** 90
Parteifähigkeit der GmbH 13 14
Parteifähigkeit, passive
der Vorgesellschaft **11** 52
Partiarisches Darlehen
und gewinnabhängiger Zins **29** 57
Passive Parteifähigkeit
der Vorgesellschaft **11** 52
Passivierungsfähigkeit 42 103 ff
Passivierungspflicht 42 48, 142
Passivlegitimation
Anfechtungsklage **Anh 47** 130
Passivvertretung 35 240
im Liquidationsstadium **68** 10
Patentrechte
Sacheinlage **5** 47
Patronatserklärung Anh II 13 50
Pensionsgeschäfte
Bilanzierung **42** 72 ff
Pensionszusagen
bei Einmann-GmbH **Anh I 13** 69
Persönliche Gewährung
der Sondervorteile **5** 149
Persönliche Voraussetzungen
des Aufsichtsratsmitglieds **52** 68, 70, 74
Persönlichkeitsrecht
Gesellschaftsstatut **Einl** 90
Persönlichkeitsrechte der GmbH 13 11
Personalfragen
Arbeitsdirektor **37** 13
Personalistische GmbH Einl 31
Auslegungsgrundsätze **2** 127
freie Widerruflichkeit der Geschäftsführerbestellung **38** 28 f
Haupttyp **Einl** 15
und Nebenleistungspflichten der Gesellschafter **3** 52
Rechtsbeziehungen innerhalb **3** 52
Personen- und Kapitalgesellschaft
Unterscheidung **Einl** 36
Personenfirma
abgeleitete Firma des Gesellschafters **4** 39 ff
ausländischer Rechtsformzusatz **4** 47
Ausscheiden namengebenden Gesellschafters **4** 52, 78
Bildung **4** 33 ff
Einzelkaufmann als Gesellschafter **4** 39
kein falsches Bild von Zahl der Gründer **4** 35
Personenfirma (Fortsetzung)
Familienname **4** 39
Firma eines Gesellschafters **4** 39
Firmen mehrerer Gesellschafter **4** 45
Gesellschafter, Aufnahme aller in — **4** 36
Gesellschaftereigenschaft des Namensträgers **4** 50
GmbH & Co. **4** 106
Künstlername **4** 38
Name **4** 37 ff
und Namensrecht **4** 51
OHG-Firma, Übereinstimmung **4** 33
Pseudonym **4** 38
Rechtsformzusätze der Gesellschafterfirma **4** 46
Täuschungsgefahr **4** 43 f
Vorgesellschaft **4** 102
Zusatz „mbH", notwendiger **4** 53 ff
Zustimmung des Namensgebers **4** 51
Personengesellschaft
GmbH & Co. KG als — **Einl** 36
und GmbH, Vergleich **Einl** 27 ff
Liquidator **66** 10
Selbstorganschaft, Grundsatz **6** 7
verselbständigte als GmbH **Einl** 675
Personengesellschaft mit beschränkter Haftung
Forderung nach gesetzlicher Verwirklichung **Einl** 64
als GmbH-Vorbild **Einl** 12
Personengesellschaft, fehlerhafte 2 77
Personengesellschaftsrecht
und Liquidation der Vorgesellschaft **11** 47
Personengesellschaftsrecht und Aktienrecht
GmbH im Spannungsfeld zwischen — **Einl** 672
Personengesellschaftsrecht, Normen
als subsidiäre GmbH-Rechtsquelle **Einl** 4
Personenhandelsgesellschaft
Auflösungsklage **61** 1
Firmenbildung **4** 78
Geschäftsanteil im Vermögen der — **18** 11
GmbH & Co. als — **4** 106
als GmbH-Gesellschafter **2** 65
Liquidator **66** 10
Übernahme von Stammeinlagen **55** 37
Umwandlung
s. Umwandlung
Umwandlung in GmbH **5** 53
Personenname
und Sachfirmenbildung **4** 22
Personenverband besonderer Art Einl 4
Personenverband, GmbH als — 13 5
Personenverbandsrecht
als GmbH-Rechtsquelle **Einl** 4

Peru
GmbH-Recht **Einl** 139
Pfändung
Ausfallhaftungsanspruch nach Kaduzierung **24** 37
der Einlageforderung **19** 71; **56a** 23
von Einzelrechten aus Mitgliedschaft **Anh 15** 93
Entschädigungsregelung bei Einziehung **34** 14 ff
des Geschäftsanteils, keine Anmeldung **16** 51
des Geschäftsanteils und Einziehung **34** 10
des Geschäftsanteils und Zwangseinziehung **Anh 15** 91
des Geschäftsanteils in Zwangsvollstreckung **Anh 15** 78
Geschäftsführervergütung **35** 124
Gewinnanteilschein **Anh 29** 10
eines Teils eines Geschäftsanteils **17** 43 f
und Verweisung auf Einziehungsentgelt **34** 14
nicht voll eingezahlten Geschäftsanteil **33** 5
Pfändungspfandrecht
Auflösungsklage **61** 30
Pfändungsschutz
für Geschäftsführervergütung **35** 124
Pfandrecht
am eigenen Geschäftsanteil **33** 37
am Geschäftsanteil **Anh 15** 40
am Geschäftsanteil und Auflösungsklage **61** 29
Teil eines Geschäftsanteils **17** 40 ff
am nicht voll eingezahlten Geschäftsanteil **33** 5
Pflicht
zur GmbH-Anmeldung **7** 5 ff
Pflichtenkollision
und Geschäftslagetäuschung **82** 111
Pflichtverletzungen
des Geschäftsführers **43** 1 ff
Phantasiebezeichnungen
bei Firmenbildung **4** 63
Polen
GmbH-Recht **Einl** 131
Politische Entwicklung
und GmbH-Recht **Einl** 5
Politischer Zweck
und GmbH-Rechtsform **1** 17
Portugal
GmbH-Recht **Einl** 134
Positive Vertragsverletzung
gesellschaftsvertraglicher Nebenleistungspflichten **3** 87
Präsentationsrecht **45** 16
Präventivkontrolle
Niederlande **Einl** 492
Preisermäßigung
und Gleichheitsgrundsatz **14** 22
Preisgaberecht
s. Nachschüsse unter Preisgaberecht
Pressefreiheit und GmbH **13** 23
Prinzipal konkreter
Geschäftsführer als — **35** 94
Privatautonomie und Eigenkapitalausstattung
Anh 30 11
Private company **Einl** 129, 601 f
Private company limited by shares **Einl** 592 ff
Privatgeheimnisse
Strafvorschriften zum Schutz **85** 8 ff
Produktionsrechnung
Gewinn- und Verlustrechnung als — **42** 35
Prokura
und Konkurseröffnung **63** 67
Prokura und Vertretung **35** 252 ff
Prokurist
und Abschluß eines Gesellschaftsvertrags **2** 23
Bestellung durch Gesellschafter **46** 29 f
Bestellung im Liquidationsstadium **69** 53; **70** 3
inländischer Zweigniederlassung einer ausländischen Gesellschaft **12** 35
Prokurist, Verhältnis zum **35** 252 ff
Gesamtvertretungsbefugnis, Ausübung **35** 255 ff
gewillkürte Vertretung **35** 270 ff
Wissenszurechnung **35** 273 ff
Proprietory company **Einl** 145
Protokoll
und Abschluß des Gesellschaftsvertrags **2** 7 ff
Prozeßbeteiligte
Anfechtungsklage **Anh 47** 118 ff
Nichtigkeitsklage **Anh 47** 193
Prozesse, schwebende
und Verschmelzung **77 Anh II** VerschmG 25, 36
Prozeßfähigkeit
Gesellschaftsstatut **Einl** 90
Zweigniederlassung **12** 17
Prozeßfähigkeit der GmbH **13** 14
Prozeßführung im Konkurs **63** 75
Prozeßführungsbefugnis
Anfechtungsklage **Anh 47** 131
Prozeßhandlungen
Anfechtungsklage **Anh 47** 158
Nichtigkeitsklage **Anh 47** 203

Prozeßrecht
Einmann-GmbH **Anh II 13** 61
Prozeßstandschaft
bei actio pro socio **13** 8
Prozeßvergleich
bei Anmeldendenhaftung **9** 24
Prozeßvertreter für GmbH
durch Prozeßgericht **6** 11
Prozeßverzicht
bei Anmeldendenhaftung **9** 24
Prüfung des Jahresabschlusses
s. Jahresabschluß
Prüfungsfunktion des Notars **2** 12
Pseudonym
und Personenfirma **4** 38
Public companies **Einl** 601
Public-issue corporation **Einl** 651
Publizität
Auflösung **65** 27 f
Belgien **Einl** 321
Dänemark **Einl** 543 ff
Frankreich **Einl** 265 ff
in geschäftlicher Korrespondenz **35a** 2
Gewinnverwendung **41** 35
Großbritannien **Einl** 597 ff
Italien **Einl** 428 ff
Jahresabschluß **41** 28 ff
Januarliste der Gesellschafter **40** 10
der Konzernbilanz **Anh II 13** 29
Luxemburg **Einl** 376
Niederlande **Einl** 484 ff
Österreich **Einl** 152 ff
und Publizitätsgesetz **Anh III 42** 1 ff
Schweiz **Einl** 209 ff
Stammkapital **5** 6
Vereinigte Staaten von Amerika **Einl** 652

Q

Qualifikation
Formstatut oder Wirkungsstatut **Einl** 99
der Geschäftsführer **35** 35 ff
Qualifizierte Änderungsbeschlüsse **53** 67 ff
Qualifizierte materielle Unterkapitalisierung
Anh 30 35
Qualifizierte Unterkapitalisierung **Anh 30** 24, 55, 59 ff
Queensland (Australien)
GmbH-Recht **Einl** 145
Quorum
Auflösungsklagerecht **61** 31

R

Rabattsätze
und Gleichheitsgrundsatz **14** 22
Rahmenvertrag
Handelndenhaftung **11** 80
Rangrücktritt
von Gesellschafterdarlehen **Anh 30** 78 ff
für Gesellschaftermittel **30** 30
Reale Kapitalaufbringung **19** 31
der Sacheinlage **5** 34
Realform GmbH
Rechtsvergleichung **Einl** 670 ff
Realgemeinden
Umwandlung **77 Anh** UmwG 60, 1 f
Realisationsprinzip **42** 146 ff, 152
Realisationswerte
in Liquidationseröffnungsbilanz **71** 9
Realteilung
und Geschäftsanteil **15** 23
Realteilung der Gemeinschaft
und Geschäftsanteil **17** 8
Realteilung nach Nennbeträgen
des Geschäftsanteils **17** 3 ff
Rechenschaftslegung
der Geschäftsführung gegenüber Gesellschaftern **42** 7
Rechnungsabgrenzung
Bilanzierung **42** 134
Rechnungslegung
Belgien **Einl** 353
Dänemark **Einl** 577 ff
Frankreich **Einl** 298
Großbritannien **Einl** 635 ff
Italien **Einl** 463
Luxemburg **Einl** 407
Niederlande **Einl** 523
Österreich **Einl** 187 ff
Rechtsvergleichung **Einl** 683
Schweiz **Einl** 244
Vereinigte Staaten von Amerika **Einl** 663
Rechnungslegungsvorschriften
s. a. Bewertung; Bilanzierung
Aktienrecht **Vor 41** 4
Aufzeichnungspflichten **Vor 41** 22
Bausparkassen **Vor 41** 12
Beaufsichtigung der privaten Versicherungsunternehmen und Bausparkassen, Gesetz über **Vor 41** 11
Bilanzierungsvorschriften **Vor 41** 3
Buchführungsvorschriften **Vor 41** 3, 17, 22
Einführungserlaß zu AO 1977 **Vor 41** 22
Einführungsgesetz zum AKtG **Vor 41** 6 ff
Gemeinnützigkeit im Wohnungswesen **Vor 41** 14
gesetzliche Sonderregelungen **Vor 41** 5 ff
GmbH-Gesetz **Vor 41** 1 f

Rechnungslegungsvorschriften (Fortsetzung)
Grundsätze ordnungsmäßiger Buchführung **Vor 41** 3, 25
Handelsrechtliche — **Vor 41** 26
Kapitalanlagegesellschaften, Gesetz über **Vor 41** 9
Kapitalerhöhung aus Gesellschaftsmitteln **Vor 41** 13
Kreditwesengesetz **Vor 41** 8
Maßgeblichkeitsprinzip **Vor 41** 27
Publizitätsgesetz **Vor 41** 3, 5
Reform **Vor 41** 4
Richtlinien zur Buchführungsorganisation **Vor 41** 23
Steuerrecht, maßgebliches **Vor 41** 28
steuerrechtliche — **Vor 41** 26
steuerrechtliche Buchführungspflichten **Vor 41** 22
Urheberrechte, Gesetz über Wahrnehmung **Vor 41** 15
Vertrieb ausländischer Investmentanteile, Gesetz über **Vor 41** 10

Rechnungslegungszweck
und Grundsätze ordnungsmäßiger Buchführung **42** 13

Rechnungsprüfer
Belgien **Einl** 336
Dänemark **Einl** 560
Frankreich **Einl** 281
Großbritannien **Einl** 618
Luxemburg **Einl** 390
Niederlande **Einl** 497, 524
Rechtsvergleichung **Einl** 679

Rechnungsprüfer (auditors) **Einl** 658

Rechte, sonstige
Sacheinlage **5** 46 ff

Rechtfertigungsgründe
Geschäftsgeheimnis, unbefugte Verwertung und Offenbarung **85** 50 ff

Rechtsangleichung
Abschlußpublizität **Einl** 700
Aktiengesellschaft, Fusion **Einl** 697 f
Aktiengesellschaft, Gründung **Einl** 695 f
Aktiengesellschaft, internationale Verschmelzung **Einl** 709 f
Aktiengesellschaft, Statut für europäische **Einl** 703
Anerkennung, gegenseitige **Einl** 707 f
Begriff der — **Einl** 687
Belgien **Einl** 316
Bewertungsmethoden **Einl** 700
Bilaterale Angleichungsversuche **Einl** 714 f
Dänemark **Einl** 540
Europäische Freihandelszone **Einl** 711

Rechtsangleichung (Fortsetzung)
Europäische Kooperationsvereinigung **Einl** 706
Europäische Wirtschaftsgemeinschaft **Einl** 688 ff
europäisches Gesellschaftsrecht **Einl** 689
Europarat **Einl** 712
Frankreich **Einl** 259
Gliederung des Jahresabschlusses **Einl** 700
Großbritannien **Einl** 593
Harmonisierung **Einl** 687
Inhalt des Jahresabschlusses **Einl** 700
Irland **Einl** 593
Italien **Einl** 424
Jahresabschluß **Einl** 699 f
Koordinierung **Einl** 687
Lagebericht **Einl** 700
Luxemburg **Einl** 369
Nichtigkeit von Gesellschaften **Einl** 691 f
Niederlande **Einl** 480
Nordischer Rat **Einl** 713
Österreich **Einl** 148
Pflichtprüfung **Einl** 700
Publizität **Einl** 691 f
Richtlinien **Einl** 691 ff
Schweiz **Einl** 205
Vertretungsmacht der Organe **Einl** 691 f

Rechtsbeziehungen
in personalistischer GmbH **3** 52

Rechtsbeziehungen unter den Gesellschaftern
Überblick **13** 6 ff

Rechtsfähigkeit
Auslandsgesellschaft **Einl** 92
Belgien **Einl** 324
Dänemark **Einl** 547
eigene der GmbH **13** 3
Frankreich **Einl** 269
Gesellschaftsstatut **Einl** 89
des GmbH-Gesellschafters **2** 59 ff
internationale Sitzverlegung **Einl** 107
Italien **Einl** 432
Luxemburg **Einl** 378
Niederlande **Einl** 488
Rechtsvergleichung **Einl** 677
Vereinigte Staaten von Amerika **Einl** 653

Rechtsfähigkeit, eigene **Einl** 9

Rechtsfähigkeiten, besondere
Gesellschaftsstatut **Einl** 90

Rechtsfolgen
fehlende Anmeldevoraussetzungen **7** 24
des Fehlens wesentlicher Satzungsbestimmungen **3** 6
Sacheinlagemängel **5** 75 ff
Unzulässigkeit des Gesellschaftszwecks **1** 25 ff

Rechtsform
Angabe in Korrespondenz **35a** 4
eindeutig erkennbare bei Firmenbildung **4** 56
und Mitbestimmung **35** 10
Täuschung anderer — bei Firmenbildung **4** 61 f
Rechtsform, äußere einer juristischen Person
als Gesellschaftsmantel einer Kapitalgesellschaft **3** 24
Rechtsform GmbH
Rechtsvergleichung **Einl** 673
Rechtsform und Handelsgewerbe **1** 1
Rechtsform und Unternehmenszweck
Bankgeschäfte **1** 10
Bausparkassen **1** 10
Daseinsvorsorge **1** 13
Erwerbsgesellschaften **1** 6
Familiengesellschaft **1** 15
Forstwirtschaft **1** 6
gesetzliche Verbote **1** 20 ff
Grundhandelsgewerbe **1** 6
Holdinggesellschaft **1** 7
Hypothekenbank **1** 10
idealer Zweck **1** 14 ff
Investmentgesellschaft **1** 10
Kapitalanlagegesellschaft **1** 10
Kartelle **1** 12
Konzernunternehmen **1** 7
Landwirtschaft **1** 6
Organgesellschaft **1** 7
politische Zwecke **1** 17
religiöse Zwecke **1** 18
Schiffspfandbriefbank **1** 10
Syndikate **1** 12
Unterstützungseinrichtungen **1** 16
unzulässige Zwecke **1** 19 ff
Urproduktion **1** 6
Versicherungsgeschäfte **1** 9
Versteigerungsgewerbe **1** 10
Wirtschaftsverbände **1** 12
Zuwendungen aus Gesellschaftsvermögenserträgen **1** 15
Rechtsform, vorgeprägte
Vorgesellschaft **11** 8
Rechtsformänderung **Einl** 48 ff
als Änderung des Gesellschaftsvertrags **53** 135
Rechtsformzusatz
und Firma eines Gesellschafters bei Personenfirma **4** 39 ff
bei GmbH & Co. **4** 108
Häufung **4** 108
Rechtsgesamtheit
Sacheinlage **5** 49
Rechtsgeschäft
Aufteilung auf mehrere Urkunden **2** 7
Form **Einl** 98
Gesellschafterbeschluß **45** 11
nichtiges über Erwerb eigener, nicht voll eingezahlter Anteile **33** 10
als Voraussetzung der Handelndenhaftung **11** 74
Rechtsgeschäfte des Liquidators **70** 28 ff
Rechtsgeschäftliche Haftung
für Unterkapitalisierung **Anh 30** 26
Rechtsgrundsätze der Mitgliedschaft **14** 18 ff
Rechtsgut von Strafbestimmungen
falsche Angaben **82** 14
Geschäftsgeheimnis, unbefugte Offenbarung und Verwertung **85** 12
der Untreue **Vor 82** 5 ff
Rechtshandlung der Gesellschaft
und Mitberechtigte am Gesellschaftsanteil **18** 28 ff
Rechtsinstitute
Vergleich **Einl** 670
Rechtskräftige Ablehnung
des Eintragungsantrags **11** 44
Rechtskräftiges Nichtigkeitsurteil **75** 49
Rechtsmißbrauch
des Anfechtungsrechts **Anh 47** 99; **53** 33
Rechtsmittel
Anfechtungsklage **Anh 47** 168
im Konkursverfahren **63** 58 ff
Nichtigkeitsklage **Anh 47** 206
Rechtsnatur
Anfechtungsklage **Anh 47** 111 ff
der Anmeldung der GmbH **7** 17
des Gesellschaftsvertrags **2** 4 f
der GmbH & Co. KG **Einl** 36
der Grundsätze ordnungsmäßiger Buchführung **42** 12
Sacheinlagevereinbarung **5** 23
Vorgesellschaft **11** 7
Vorgründungsgesellschaft **11** 17
Rechtsnormverstoß eines Gesellschafterbeschlusses **Anh 47** 87
Rechtspflegefunktion
der Beurkundung **Einl** 99
Rechtsquellen der GmbH
Aktienrecht **Einl** 3
im Ausland (Übersicht) **Einl** 129 ff
Belgien **Einl** 314
BGB **Einl** 2
Dänemark **Einl** 538
Deutschland **Einl** 2 ff
Frankreich **Einl** 259
Gesellschaftsrecht, allgemeine Sätze **Einl** 3
GmbH-Gesetz **Einl** 2

Rechtsquellen der GmbH (Fortsetzung)
Großbritannien **Einl** 592
HGB **Einl** 2
Irland **Einl** 592
Italien **Einl** 422
juristische Person, Recht der **Einl** 3
für Lückenausfüllung **Einl** 3
Luxemburg **Einl** 368
Niederlande **Einl** 478
Nordirland **Einl** 592
Österreich **Einl** 146
Personengesellschaftsrecht **Einl** 4
Personenverbandsrecht **Einl** 3
Schweiz **Einl** 203
Rechtsscheinerwerb
und Einmann-GmbH **Anh I 13** 54
Rechtsscheinhaftung
bei fehlendem Firmenzusatz „mit beschränkter Haftung" **4** 56a
der Gründer **11** 58
der Gründer aus vorzeitiger Geschäftsaufnahme **11** 31
bei Unterkapitalisierung **Anh 30** 28
Rechtsschutzbedürfnis
Anfechtungsklage **Anh 47** 137 ff
Nichtigkeitsklage **Anh 47** 199
Rechtsstreit
und Stimmrechtsausschluß **47** 72 f
Rechtstatsachen
Unterkapitalisierung **Anh 30** 8
zur Vorgesellschaft **11** 11
Rechtsträger GmbH eines Großunternehmens
Einl 51 ff
Rechtsträger einer Unterstützungseinrichtung
GmbH als — **1** 16
Rechtsübergang
von Geschäftsanteilen **15** 74
Rechtsvergleichung
Abschlußpublizität **Einl** 683
aktien- und personengesellschaftliche Form **Einl** 672
Aktienrecht, Anpassung an **Einl** 673
Auflösung **Einl** 685
Aufsichtsrat **Einl** 679
Außenhaftung **Einl** 681
Begriff der — **Einl** 670
Deckungspflicht der Gesellschafter **Einl** 681
Drittorganschaft **Einl** 679
dualistisches System **Einl** 672
Eigenkapitalausstattung **Einl** 682
Einmann-GmbH **Anh I 13** 70 ff
Einmanngesellschaft **Einl** 678
externe Rechnungslegung **Einl** 683
festes Kapital **Einl** 682
Rechtsvergleichung (Fortsetzung)
Finanzierung, private **Einl** 674
Geschäftsanteil, summenmäßig fester **Einl** 680
Geschäftsanteil, Übertragung **Einl** 674
Geschäftsführungszuweisung an Gesellschafter **Einl** 679
Gesellschafterrechte und -pflichten **Einl** 680
Gewinn- und Verlustrechnung **Einl** 683
Haftungsbegrenzung **Einl** 681
Haftungsbeschränkung **Einl** 674
interne Rechnungslegung **Einl** 683
Jahresbilanz **Einl** 683
juristische Person **Einl** 677
Kapital **Einl** 682
kleine Aktiengesellschaft **Einl** 675
Kollegialprinzip **Einl** 679
Kontrollfunktion **Einl** 679
Leitungsstruktur **Einl** 679
Mandatstheorie **Einl** 679
Minderheitenschutz **Einl** 684
Mindestkapital **Einl** 682
Mitgliederkreis, geschlossener **Einl** 671
Mitgliederwechsel **Einl** 680
Mitgliederwechsel, Beschränkung **Einl** 674
Mitgliedschaft **Einl** 680
Mitgliedschaft und Leitungsfunktion **Einl** 674
Mitgliedschaft und Unternehmensleitung **Einl** 671
Mittelform **Einl** 675
Nominalkapital, festes **Einl** 674
Organtheorie **Einl** 679
Realform GmbH **Einl** 670 ff
Rechnungslegung **Einl** 683
Rechnungsprüfer **Einl** 679
Rechtsfähigkeit **Einl** 674, 677
Rechtsform GmbH **Einl** 673 ff
Risikobegrenzung **Einl** 671
Selbstorganschaft **Einl** 679
Strukturelemente, einzelne **Einl** 671
Strukturmerkmale, universelle **Einl** 674
Trennungsprinzip, Aufhebung **Anh I 13** 74
Typologie **Einl** 675
Verfassung **Einl** 679
verselbständigte Personengesellschaft **Einl** 675
Verselbständigung gegenüber Trägern **Einl** 671
keine wertpapiermäßige Anteilsverbriefung **Einl** 674
Willensbildung der Gesellschafter **Einl** 679

Rechtsverhältnisse
der Gesellschafter und Aufnahme in Gesellschaftsvertrag **3** 41
der Gründervereinigung **11** 1
zwischen Gesellschaft und Gesellschafter und Aufnahme in Gesellschaftsvertrag **3** 41
Rechtsverkehr
und fehlerhaftes Organisationsstatut **2** 71
Rechtsverkehr der GmbH
und Nichtigkeit derselben **75** 28 ff; **77** 4 ff
Rechtsverkehr, GmbH im —
Armenrecht **13** 15
Berufsfreiheit **13** 23
BGB-Vorschriften, Anwendbarkeit **13** 12
Eigentumsschutz **13** 23
Erbe **13** 12
Firmenrecht **13** 11
Geldbuße **13** 24
Gerichtsstand **13** 15
Gesellschafter, anderer Gesellschaft **13** 11
gewerbliche Schutzrechte, Inhaberin **13** 11
Gleichheitssatz **13** 22
Grundrechtsfähigkeit **13** 22
Konkursverwalter **13** 12
im öffentlichen Recht **13** 22 ff
Ordnungswidrigkeit **13** 24
Organhaftung § 31 BGB **13** 13
Parteifähigkeit **13** 14
Persönlichkeitsrechte, Inhaberin **13** 11
Pressefreiheit **13** 23
Privatrecht **13** 11 ff
Prozeß, Vertretung im **13** 15
Prozeßfähigkeit **13** 14
Schiedsgericht, satzungsmäßiges **13** 16 ff
Straftat **13** 24
unerlaubte Handlung **13** 13
Vereinigungsfreiheit **13** 23
Vormund **13** 12
wirtschaftliche Entfaltungsfreiheit **13** 22
im Zivilprozeß **13** 14
Rechtsverstoß, wesentlicher
durch Gesellschafterbeschluß **Anh 47** 38
Rechtswidrigkeit
Geschäftslagetäuschung **82** 111
Gründungstäuschung **82** 49
unterlassene Anzeige bei Verlust der Hälfte des Stammkapitals **84** 35
Untreue, GmbH-rechtliche **Vor 82** 79 f
Redaktionelle Änderung
des Gesellschaftsvertrags **53** 28
Reform Einl 57 ff
Abberufung des Geschäftsführers **38** 3 ff
Anfechtbarkeit von Beschlüssen **Anh 47** 4
Anlagen zur Anmeldung **8** 2
Reform (Fortsetzung)
Anmeldung der Auflösung **65** 2
Anmeldung der ersten Liquidatoren **67** 2
Anmeldung der GmbH **7** 3 f
Aufbewahrung von Büchern und Schriften nach Beendigung der Liquidation **74** 2
Auflösung **60** 4
Aufsichtsrat **52** 4
Ausfallhaftung nach Kaduzierung **24** 2
Ausschluß des Gesellschafters **Anh 34** 2
Belgien **Einl** 318
Einberufung der Gesellschafterversammlung **49** 2
Einberufung der Gesellschafterversammlung, Recht auf **50** 3 ff
Einberufungsfrist **51** 2
Einforderung der Stammeinlage **20** 2
Einmanngesellschaft **Anh I 13** 7
Einmanngründung **Einl** 60
Einziehung von Geschäftsanteilen **34** 2
Erhaltung des Stammkapitals **30** 2
Eröffnungsbilanz bei Liquidation **71** 2
Erstattung verbotener Zahlungen **31** 2
faktischer Konzern **Anh II 13** 54
Firma der GmbH **4** 2 ff
Frankreich **Einl** 263
Geheimnisverrat, Bestrafung **85** 2 f
Gesamtkonzeption, fehlende **Einl** 72
Geschäftsanteil, Selbständigkeit **15** 144
Geschäftsbriefe, Angabenpflicht **35a** 3
Geschäftsführerhaftung gegenüber Gesellschaft **43** 5 ff
Geschäftsführungsbefugnis **37** 2
Gesellschafterdarlehen **Anh 30** 3 f
Gesellschafterliste **40** 2
Gesellschafterrechte **45** 28 ff
Gesellschafterversammlung **48** 3
Gesellschaftsrechtliche Würdigung **Einl** 61
Gesellschaftsversammlung **45** 2
Gesellschaftszweck **1** 2
Gläubigerschutzverstärkung **Einl** 58
GmbH & Co. KG, Sonderbestimmungen **Einl** 68
Großbritannien **Einl** 595
große GmbH **Einl** 65
Gründerhaftung **9** 41
Gründungsprüfung **10** 3
Gründungstäuschung **82** 8 ff
gutgläubiger Empfang von Gewinnanteilen **32** 2
Haftung anmeldender Geschäftsführer **9** 2
Haftung des Rechtsvorgängers des kaduzierenden Gesellschafters **22** 2
Haftungsregelung für Liquidatoren **73** 2

Reform (Fortsetzung)
Italien **Einl** 426
Januar-Liste **40** 2
Kaduzierungsverfahren **Vor 21** 2
Kapitalerhöhung **55** 4
Konkursantrag **64** 6
Konkursverfahren **63** 9
Konzernrecht **Einl** 66; **Anh II 13** 52 ff
Liquidation und GmbH-Recht **69** 4
Liquidatorenaufgaben **70** 2
Luxemburg **Einl** 372
Minderheitenschutz **Einl** 59
mitbestimmte GmbH **35** 11 ff
Nachschußpflichten **Vor 26** 5; **26** 2
Nichtigkeit von Beschlüssen **Anh 47** 4
Nichtigkeitsklage **75** 4
Niederlande **Einl** 482
Österreich **Einl** 150
Publizität des Jahresabschlusses **41** 29
Rechnungslegungsvorschriften **42** 3
Regierungsentwurf der 6. und 7. Wahlperiode **Einl** 57
Reingewinn, Gesellschafteranspruch **29** 3
Schweiz **Einl** 207
Strafbarkeit falscher Angaben **82** 8 ff
Struktur der GmbH **13** 2
Teilung von Geschäftsanteilen **17** 2
unternehmensrechtliche Würdigung **Einl** 61
Verschmelzungsrecht **77 Anh II** VerschmG Einf., 9
Verteilung des Liquidationsüberschusses **72** 2
Vertragskonzern **Anh II 13** 53
Vertretung durch Liquidatoren **68** 2
Vertretungsbefugnis **37** 2
Verwertung kaduzierten Geschäftsanteils **23** 2
Volleinzahlung des Stammkapitals **Vor 21** 2
Vorgesellschaft **11** 2 f
wesentliche Erfordernisse des Gesellschaftsvertrags **3** 3
Wettbewerbsfähigkeit **Einl** 63

Regelungsbereich
des internationalen Gesellschaftsrechts **Einl** 88 ff

Registergericht
s. a. Anmeldung; Bekanntmachung; Eintragung; Handelsregister
s. a. Anmeldung, Bekanntmachung, Handelsregister
Änderung des Gesellschaftsvertrags **54** 40 ff
Amtsermittlung **10** 5

Registergericht (Fortsetzung)
Amtshaftung **10** 35
anfechtbarer Gesellschafterbeschluß **Anh 47** 220 ff
Angabe in Korrespondenz **35a** 4
Anmeldung der Gesellschaft **7** 14 ff
Anmeldung der Kapitalherabsetzung **58** 68 ff
Auflösung der Gesellschaft **65** 22 ff
Aufsichtsfunktion **60** 40
Bewertung der Sacheinlage **5** 67 f
Firmenänderung, Hinwirken **53** 90
Firmenmißbrauchsverfahren **60** 45
und Genehmigungsbehörde **8** 14
Geschäftsführer, Eintragungsverfahren **39** 17 f
Gründungsprüfung **10** 1 ff
Januarliste der Gesellschafter **40** 7
Kapitalaufbringung bei Umwandlung eines Einzelunternehmens in GmbH **77 Anh** UmwG 56b, 6
Kapitalerhöhung **57a** 3 ff
Komplementär-GmbH und GmbH & Co. KH, Verwechselungsgefahr **4** 83
Kontrolltätigkeit und Haftungsbeschränkung **11** 62
Liquidatorenernennung **66** 19 ff
Mangelfeststellung §§ 144a, b FGG **60** 40 ff
nichtiger Gesellschafterbeschuß **Anh 47** 218 ff
Notbestellung eines Liquidators **66** 35 ff
Ordnungsstrafverfahren **4** 94
Prüfungsfunktion bei Sachgründung **5** 20
Sacheinlage, Sachübernahme, deren Festsetzung im Gesellschaftsvertrag **5** 103
des Sitzes der Gesellschaft und Zweigregister, Zusammenwirken **12** 25 ff
Stammkapital, Feststellung von Mängeln **5** 17
unwirksamer Gesellschafterbeschluß **Anh 47** 223
unzulässige Firma im Gesellschaftsvertrag **4** 87
Verschmelzung **77 Anh II** VerschmG 24, 18 f

Registerrecht
Maßgeblichkeit deutschen — bei inländischer Niederlassung **12** 38
und notarielle Beurkundung **Einl** 99

Reingewinn
Absicht der Verminderung **29** 30
Aktienrecht, Vergleich **29** 1, 36
Anfechtbarkeit der Bilanzfeststellung **29** 27, 34

Reingewinn (Fortsetzung)
Anspruch auf Reingewinn
—Absicht der Verminderung **29** 30
—Abtretung **29** 90
—Abtretung des Anspruchs auf künftigen **29** 10
—Aktiengesetz 1965, Anwendbarkeit **29** 29
—Anfechtbarkeit der Bilanz **29** 26
—Anspruchsberechtigte **29** 87 ff
—aufgeschobener **29** 37
—aufhebbare Bilanz **29** 35
—Aufstellung der Bilanz **29** 21 ff
—Ausschüttbarkeit, Höchstgrenze **29** 38
—Auszahlung **29** 71 ff
—Auszahlungsverbot des § 30 **29** 13
—bedingter Anspruch bis Eintritt der Voraussetzungen der Dividendenauszahlung **29** 9
—Benachteiligung eines Gesellschafters **29** 27
—Betriebsgewinn und Reingewinn **29** 39
—Bilanz, Aufstellung und Feststellung **29** 21 ff
—Bilanz zur Disposition der Gesellschafterversammlung **29** 26
—Bilanz des Geschäftsjahrs **29** 16
—Bilanzansatz, zweifelhafter **29** 26
—Bilanzaufstellung, Weigerung **29** 23
—Bilanzfehler **29** 31
—Bilanzfeststellung, Weigerung **29** 24
—Bilanzfeststellungsbeschluß **29** 24 ff
—Bilanzfeststellungsbeschluß, Änderung **29** 31
—Bilanzgewinn und Reingewinn **29** 36
—Bilanzierung, Bilanzfeststellung, Einklagung einer bestimmten **29** 26
—Dividendenanspruch als unbedingtes Recht **29** 12
—Ermessensreserven **29** 29
—Fälligkeit **29** 74
—gerichtliche Nachprüfung **29** 27
—Geschäftsanteil, Verkauf und Abtretung **29** 11
—Geschäftsjahr, erstes **29** 20
—Geschäftsjahr, Verlegung **29** 19
—Gesellschafterversammlung und Bilanzvorlage **29** 25
—Gesellschafterversammlung, Disposition **29** 9
—Gesellschaftsvertrag, zu beachtender **29** 26
—gesetzliche Voraussetzungen **29** 14
—Gewinnbenachteiligung **29** 27

Reingewinn (Fortsetzung)
—Gewinnverlagerung durch stille Reserven **29** 28
—Gewinnvortrag aus Vorjahr **29** 37
—Grundsätze ordnungsmäßiger Buchführung **29** 26
—gültige Bilanz als Voraussetzung **29** 32
—Höchstgrenze des Ausschüttbaren **29** 38
—Interessen, unterschiedliche **29** 27
—jährliche Bilanz **29** 15
—Konkurs des Gesellschafters **29** 88
—in der Liquidation **29** 93
—Maßstab der Verteilung **29** 84 ff
—Mehrheit, nicht gegebene für Bilanzgenehmigung **29** 25
—Mehrheitsverhältnisse **29** 26
—Minderheitsgesellschafter **29** 26 f
—Mitgliedsrecht **29** 8
—Nichtigkeit der Bilanz **29** 26, 33
—Nießbraucher am Geschäftsanteil **29** 89
—Pensionszusage und Einmalrückstellung **29** 27
—Rechtsbeständigkeit der Jahresbilanz **29** 32
—Rechtsnatur **29** 8 ff
—Reingewinn und Bilanzgewinn **29** 36
—Rücklagenbildung und Gewinnvortrag **29** 37
—Rücksichtnahme auf Minderheitsgesellschafter **29** 27
—Rückstellungsbildung, höchstmögliche **29** 27
—Rumpfgeschäftsjahr **29** 17
—Schätzreserven **29** 28
—schuldrechtliche Forderungen, Abgrenzung gegenüber **29** 13
—Sonder-Abschreibungskonto **29** 27
—steuerliche Sonderabschreibungen **29** 28
—steuerpflichtiges Einkommen **29** 39
—stille Reserven, Frage nach Grenze **29** 28 ff
—stille Reserven, unzulässige Formen **29** 30
—Stimmrechtsmißbrauch **29** 27
—Treuepflicht der Gesellschafter untereinander **29** 27
—unbedingter Anspruch nach Eintritt der Voraussetzungen der Dividendenauszahlung **29** 12 ff
—Unterbeteiligung **29** 83
—venünftige wirtschaftliche Gesamtbetrachtung **29** 27
—verdeckte Gewinnthesaurierung **29** 28
—Verjährung **29** 92

Reingewinn (Fortsetzung)
—Verlegung des Geschäftsjahrs **29** 19
—Verlustvortrag **29** 37
—Vermögensrecht **29** 8
—Verteilungsmaßstab **29** 84 ff
—Verzicht auf Bilanzfeststellung **29** 31
—Vorabausschüttung **29** 75 ff
—Wahlrechte, bilanzielle **29** 28
—Willkürreserven **29** 28 ff
—Zwangsreserven **29** 28
—Zwischendividende **29** 75 ff
Arbeitnehmer, Beteiligung am — **29** 53
Aufsichtsratsgremien, Beteiligung am — **29** 55
Aufstellung der Bilanz **29** 21 ff
Ausschluß von Verteilung **29** 42 ff
keine Ausschüttungsbegrenzung auf — **29** 1, 37
Auszahlung **29** 71 ff
Bauzinsen **29** 82
Begriff **29** 36
Beiratsgremien, Beteiligung am — **29** 55
Besserungsrechte **29** 56
Bilanz
—Anfechtbarkeit **29** 34
—Anfechtbarkeit der Feststellung **29** 27
—aufhebbare — **29** 35
—Aufstellung **29** 21 ff
—Disposition der Gesellschafterversammlung **29** 26
—Ermessensreserven **29** 28 f
—Feststellung **29** 24 ff
—Feststellungsbeschluß **29** 26
—Feststellungsbeschluß, Änderung **29** 31
—Geschäftsjahr, Verlegung **29** 19
—des Geschäftsjahres **29** 16 f
—Gesellschafterversammlung, Feststellung durch **29** 24 f
—jährliche **29** 15 ff
—Mehrheitserfordernisse für Feststellung **29** 25
—Minderheitsgesellschafter **29** 26 f
—Nichtigkeit **29** 33
—Pensionszusage und hohe Rückstellung **29** 27
—Rechtsbeständigkeit **29** 32
—Rückstellung erheblicher Größenordnung **29** 27
—Rumpfgeschäftsjahr **29** 17
—Schätzreserven **29** 28
—stille Reserven, Grenze für Bildung **29** 28 ff
—Stimmrechtsmißbrauch **29** 27
—vernünftige wirtschaftliche Gesamtbetrachtung **29** 27

Reingewinn (Fortsetzung)
—Verzicht auf Feststellung **29** 31
—Wahlrechte und Rücksichtnahme **29** 27
—Weigerung der Aufstellung, Feststellung **29** 23
—Willkürreserven **29** 28 ff
—Zwangsreserven **29** 28
Bilanzgewinn heutiger Sprachgebrauch **29** 1, 36
Bilanzierung **42** 141
Bildung stiller Reserven **29** 28 ff
Dividendenanspruch, bedingter und unbedingter **29** 9 ff
Dividendengarantie **29** 94 ff
Ermessensreserven **29** 28 ff
Fälligkeit des Gewinnanspruchs **29** 74
Feststellung der Bilanz **29** 24 ff
Genußrechte **29** 56
Geschäftsanteil, Verkauf und Abtretung **29** 11
Geschäftsführer, Beteiligung am — **29** 54
Geschäftsjahr **29** 16 ff
Gesellschafterrücksichtnahme und Bilanzierung **29** 27 ff
Gesellschafterversammlung und Bilanzfeststellung **29** 24 ff
gesellschaftsvertragliche Verwendungsbestimmungen **29** 48 ff
Gewinnabführungsverträge **29** 58 ff
Gewinnbeteiligung Dritter
—Arbeitnehmer **29** 53
—Aufsichtsgremien **29** 55
—Beiratsgremien **29** 55
—Besserungsrechte **29** 56
—Genußrechte **29** 56
—Geschäftsführer **29** 54
—Gewinnabführungsvertrag **29** 58 ff
—gewinnabhängige Vergütung **29** 52
—Gewinngemeinschaft **29** 70
—Gewinnschuldverschreibungen **29** 56
—partiarisches Darlehen **29** 57
—stille Gesellschaft **29** 57
—Teilgewinnabführungsvertrag **29** 69
Gewinnermittlung und Gewinnverwendung **29** 41
Gewinngemeinschaft **29** 70
Gewinnschuldverschreibungen **29** 56
Gewinnverlagerung **29** 28
Gewinnverteilung, Maßstab **29** 84 ff
Gewinnverteilungsbeschluß
—Aktienrecht, Unterschied **29** 41
—Ausschluß aller Gesellschafter vom Gewinn **29** 46
—Ausschluß einzelner Gesellschafter vom Gewinn **29** 47

Reingewinn (Fortsetzung)
—Ausschluß von Reingewinn von Verteilung **29** 42
—einfache Gesellschaftermehrheit, Überlassung an **29** 49 f
—Ermittlung, vorangegangene **29** 41
—Gesellschaftsvertrag **29** 40
—gesellschaftsvertragliche Verwendungsbestimmungen **29** 48 ff
—Gewinnermittlung und -verwendung, Unterscheidung **29** 41
—gewinnlose Gesellschaft **29** 46
—idealer Zweck einer Gesellschaft **29** 46
—Interessengegensatz Unternehmen—Gesellschafter **29** 41
—Mehrheitserfordernisse **29** 42 ff
—Notwendigkeit **29** 40
—restlose Ausschüttung nach Vertrag **29** 44
—Rücklagenbildung **29** 48
—statutarische Voraussetzungen **29** 45 ff
—Thesaurierungsproblem **29** 41
—unternehmerische Entscheidung **20** 41
—Vorzugsgeschäftsanteile **29** 47
—keine Wllkür **29** 43
und Gewinnvortrag **29** 37
gutgläubiger Bezug als — **32** 10
Höchstgrenze des Ausschüttbaren **29** 1, 38
Kaduzierung **29** 11
Konkurs des Gesellschafters **29** 88
und Liquidation **29** 93
Liquidationsstadium **69** 20
Mehrheitsverhältnisse und Verteilung des — **29** 45 ff
Mitgliedsrecht und Gewinnanspruch **29** 8
Nichtigkeit der Bilanzfeststellung **29** 33
Nießbraucher **29** 89
partiarisches Darlehen **29** 57
Rechtsbeständigkeit der Jahresbilanz **29** 32
Reform **29** 3
Rücklagenbildung **29** 48
Rumpfgeschäftsjahr **29** 17
Schätzreserven **29** 28
stille Gesellschaft **29** 57
Stille Reserven **29** 28 ff
Teilgewinnabführungsverträge **29** 69
Unterbeteiligung **29** 84
verdeckte Gewinnausschüttung **29** 28, 97
Verjährung **29** 92
Verlegung des Geschäftsjahrs **29** 19
Verlustbeteiligung nicht erwähnt **29** 2, 36
Verzicht auf Dividende **29** 96
Verzinsung der Stammeinlagen **29** 82
Vorabausschüttung **29** 75 ff

Reingewinn (Fortsetzung)
Weigerung von Bilanzaufstellung, — Feststellung **29** 23
Zurückbehaltung **29** 42 ff
Zwangsreserven **29** 28
Zwischendividende **29** 75 ff
Reinverlust
Bilanzierung **42** 141
Religiöser Zweck
und GmbH-Rechtsform **1** 18
Rentabilitätsgarantie **29** 94
Rentenversicherung
Geschäftsführer **35** 96
Reservefonds
Passivierung **42** 123
Restgesellschaft
nach Enteignung **Einl** 112
Revision
und Nachprüfung der Satzung **2** 128 f
RGW
und GmbH-Rechtsform **Einl** 131
Rhodesien
GmbH-Recht **Einl** 141
Richterliche Anerkennung
der Einmanngesellschaft **Anh I 13** 2
Richterliche Prüfungsfunktion
anläßlich der Gründung **10** 4 ff
Richtigkeitskontrolle
Gesellschaftsvertrag **10** 15
Richtlinien gem. Art. 54 III lit g EWGV
Einl 691 ff
Risiko und Geschäftslagetäuschung **82** 111
Risikobegrenzung
als GmbH-Strukturelement **Einl** 671
Risikogeschäfte als Untreue Vor 82 36 ff
Romanistische Fiktionstheorie
und Einmanngesellschaft **Anh I 13** 2
Rückgewähr
ausgeschütteter Gewinne **55** 80 ff
Rückgriffsanspruch
der GmbH gegen anmeldende Geschäftsführer **9** 3 ff
Rückgriffsansprüche
des Geschäftsführers der Vorgesellschaft **11** 86
Rücklagen
Passivierung **42** 123
Rücklagenbildung
nach Gesellschaftsvertrag **29** 48
Rücknahme
Anmeldung der Satzungsänderung **54** 23
Rücknahmegarantie
Geschäftsanteil **15** 37

Rückstellungen
Abraumbeseitigung, unterlassene Aufwendungen **42** 110
Aufwandsrückstellungen **42** 110, 118
Begriff **42** 110
betriebliche Altersversorgung **42** 117
betriebliche Berufsausbildung **42** 116
Bewertung **42** 186 f
drohende Verluste aus schwebenden Geschäften **42** 110, 115
Gewährleistungen **42** 110
gewinnabhängige Verbindlichkeiten **42** 116
Handelsvertreter, Ausgleichsansprüche **42** 116
Instandhaltung, unterlassene Aufwendungen **42** 110
Jahresabschluß, Kosten **42** 116
Körperschaftsteuer **42** 116
Pachterneuerungspflichten **42** 116
Passivierungspflicht **42** 112
Pensionsrückstellungen **42** 117
für Ruhegehalt des Geschäftsführers **35** 185 ff
Sozialplanlasten **42** 116
in Überschuldungsbilanz **63** 40
für ungewisse Verbindlichkeiten **42** 113
ungewisse Verbindlichkeiten **42** 110
Verlustabdeckung bei Unternehmensverträgen **42** 116
für Verluste aus schwebenden Leasinggeschäften **42** 70
Rücktritt
Verschmelzungsvertrag **77** **Anh II** VerschmG 21, 32
Rückverweisung
nach Sitztheorie **Einl** 81
Rückwanderungen von Gesellschaften
Einl 108
Rückwirkung
der Änderung des Gesellschaftsvertrags **53** 25
Rückzahlung
eingezahlte Nachschüsse **30** 64 ff
von Einlagen bei Kapitalherabsetzung **58** 6
der Stammeinlage **30** 20 ff
Ruhegehalt des Geschäftsführers **35** 152 ff
Rumänien
GmbH-Recht **Einl** 131
Rumpfgeschäftsjahr
und Bilanzaufstellung **29** 17

S

Sacheinbringungspflicht
und Sacheinlagevereinbarung **5** 23
Sacheinlage
s. a. Geldeinlage; gemischte Sacheinlage
Ablehnung der Eintragung wegen Wertansatzes **5** 68
anfängliche Unmöglichkeit **5** 81
Angaben, erforderliche im Gesellschaftsvertrag **5** 106 ff
Angaben, Unterlassen erforderlicher **5** 120 ff
Anlagevermögen, Bewertung **5** 62
Anmeldevoraussetzung **7** 44
und Anmeldung der Gesellschaft **5** 22
Anmeldung der Kapitalerhöhung mit — **57** 12 f
keine — anstelle geschuldeter Bareinlage **19** 25
Anteil eines Miterben **5** 51
Auffang-GmbH **5** 49
Aufrechnungsverbot und Schuldbefreiung **5** 44a
Aussonderung aus Vermögen des Sacheinlegers **5** 35
bebautes Grundstück **5** 38
bedingte Forderung **5** 41
befristete Forderung **5** 41
Begriff **5** 21
beschränkt dingliche Rechte **5** 46
bewegliche Sachen, Angaben **5** 108
Bewertung **5** 61 ff
Bewertungszeitpunkt **5** 63
BGB-Gesellschaft **5** 49
Bilanzfähigkeit des Vermögenswerts **5** 29
Bürgschaftsübernahme, Zusage **5** 59
Darlehensforderung, Einräumung **5** 59
Darlehensumwandlung **5** 44a
auf Dienstleistung gerichtete Forderung **5** 42
Dienstleistungen Dritter **5** 43
Differenzhaftung des Einlegers **5** 71
dynamische Bilanzauffassung **5** 30
Eigenschaft, Fehlen zugesicherter **5** 85
Eigentum des Sacheinlegers nicht erforderlich **5** 36
Eigentumsübertragung der Nutzung **5** 21
Einlage in Sachwerten **5** 19
einlagefähige Vermögensgegenstände **5** 37
Erbbaurechte **5** 46
Erbschaft **5** 50
Erfindungen **5** 56
Eröffnungsbilanz **5** 30
Erwerbschance **5** 58
Fabrikationsgeheimnisse **5** 56

Sacheinlage (Fortsetzung)
falsche Angaben **82** 32
Festsetzung im Gesellschaftsvertrag **5** 103 ff
Firma **5** 34, 52
Firmenfortführung **5** 54 f
Forderung gegen Einleger, erforderliche **5** 42
Forderung gegen Gesellschaft **5** 44
Forderungen **5** 40
Forderungen, Angaben **5** 110
Formmängel **5** 78 f
Gebrauchsmusterrechte **5** 47
Gebrauchsüberlassung **5** 39
Gegenstände **5** 29 ff
Gegenstandsangabe **5** 107
und Geldbetrag, funktionelle Äquivalenz **5** 29, 35
und Geldeinlage, Gleichwertigkeit **5** 35
Geldleistung, Übergang zur **5** 25
Geldleistung, Übergang von **5** 26
Geldwert, Angabe **5** 113
gemischte **5** 97 ff
Geschmacksmusterrechte **5** 47
gegen Gesellschaft gerichtete Forderung **5** 44
Gesellschaftertätigkeit **5** 42
Gesellschaftsanteile **5** 48
Gesellschaftsgläubiger, Zugriff **5** 30, 33
Gesellschaftsvermögen **5** 49
Gesellschaftsvertrag, Festsetzung **5** 103 ff
Grundpfandrechte **5** 46
und Grundsätze ordnungsmäßiger Buchführung **5** 31
Haftung der anmeldenden Geschäftsführer **9** 12
Handelsgeschäft **5** 52
Handelsgeschäft, Bewertung eingebrachten **5** 64 ff
handelsrechtliche Aktivierungsgrundsätze **5** 32
Höchstwertbegrenzung **5** 61
Höchstwertermittlung **5** 62
Immaterialgüterrechte **5** 47
immaterielle Güter, Angaben **5** 110
immaterielle Vermögenswerte, Bewertung **5** 62
Immobilien, Angaben **5** 109
bei Kapitalerhöhung s. Kapitalerhöhung
bei Kapitalerhöhung, Bewirken vor Anmeldung **56a** 19
Kaufrecht, Anwendung **5** 86
know-how **5** 56
Konkursmasse **5** 49

Sacheinlage (Fortsetzung)
künftige Forderung **5** 41
künftige Sachen **5** 38, 58
Kundenstamm **5** 52
Leistungsstörungen **5** 81 ff
Lizenz an Rechten **5** 47
Mängel, Rechtsfolgen **5** 75 ff
Mehrheit von Sachen, Wertangabe **5** 115
Minderung **5** 84
Miterbenanteil **5** 51
Mitgliedschaftsrechte **5** 48
Nachlaßvermögen **5** 49
Nachschüsse, Abgrenzung **5** 21
nachträgliche Unmöglichkeit **5** 82
Nebenleistungspflichten, Abgrenzung **5** 21
Nießbrauch **5** 46
Nutzung oder Eigentumsübertragung **5** 21
objektiv feststellbarer Wert **5** 30
obligatorische Ansprüche gegen Dritte **5** 60
obligatorische Ansprüche gegen Einlageschuldner **5** 59
Patentrechte **5** 47
Personenangabe **5** 106
reale Kapitalaufbringung **5** 34
Rechtsgesamtheit **5** 49
Rechtsmängel **5** 81
Reform **5** 5, 19
Registergericht, Bewertungskontrolle **5** 67
Registergericht, Prüfung der — bei Kapitalerhöhung **57a** 8 ff
Sacheinbringung **5** 21
Sachen **5** 38 f
Sachen i.S. des § 90 BGB, keine Beschränkung auf **5** 29
Sachgesamtheit **5** 49
Sachgesamtheiten, Angaben **5** 112
Sachmängel **5** 84
Sachübernahme, Abgrenzung **5** 89
Sachübernahme bei Kapitalerhöhung **56a** 20
Schadensersatzpflicht des Einlegers **5** 74
Schuldübernahme **5** 118, 118 f
sonstige absolute Rechte **5** 47
sonstige Rechte **5** 46 ff
sonstige Vermögenswerte **5** 56 ff
Über-pari und Übergang zur Geldeinlage **5** 25
Überbewertung der — bei Kapitalerhöhung und Ablehnung der Eintragung **57a** 12 ff
Überbewertung, Rechtsfolgen **5** 69 ff
Überpariemission **5** 114
Übertragbarkeit, Merkmal **5** 29, 33

Sacheinlage (Fortsetzung)
Umgehung der Einzahlungspflicht **5** 59
Umlaufvermögen, Bewertung **5** 62
Umwandlung **5** 53
ungeeignete Vermögensgegenstände **5** 58
Unmöglichkeit **5** 81 f
Unterpariemission, Verbot und Bewertung **5** 61
Unterwert, nicht begrenzter **5** 61
unvertretbare Sachen, Angaben **5** 109
unvollständige Angaben über — **5** 124
unwirksamer Teil **5** 38
Urheberrechte **5** 47
Valutaforderungen **5** 40
Verbot der Schmälerung **19** 19
Verbot der Umgehung der Vorschriften für — **19** 47
verkehrstypische Nutzbarkeit **5** 33
vermögenswerte Gegenstände **5** 21, 29
Veröffentlichung **10** 39
Vertragsangebote von Dritten **5** 57
vertretbare Sachen, Angaben **5** 108
Verzug **5** 83
Vollzugsakt, Anforderungen **5** 36
Vorgesellschaft, vollwertige Forderung gegen **5** 44
Wahl zwische mehreren Sachwerten **5** 28
Wandlung **5** 84, 87
Warenlager **5** 49
Warenzeichen **5** 34
Warenzeichenrechte **5** 47
Wechselakzept, Hingabe **5** 59
Werk **5** 59
Wertpapierdepot **5** 49
Willensmängel **5** 80
Wirtschaftsgut **5** 30
Zeitpunkt **5** 22
Zurückbehaltungsrecht **19** 45
Sacheinlage, Anmeldevoraussetzung 7 44
Sacheinlagebericht
kein bei Kapitalerhöhung **56** 49
Sacheinlagevereinbarung
Anfechtbarkeit **5** 80
Auslegung **5** 23
und Beitrittserklärung **5** 23
bewegliche Sachen **5** 24
Forderungen, forderungsgleiche Rechte **5** 24
formbedürftige Erfüllungsgeschäfte **5** 24
Formmangel und Unwirksamkeit der — **5** 78
Geldeinlagepflicht nach Nichtigkeit der — **5** 70
und Gesellschaftsvertrag **5** 23
Sacheinlagevereinbarung (Fortsetzung)
Gesellschaftsvertrag, fehlende Angaben **5** 122
als Gesellschaftsvertragsteil **5** 23
Grundstücke **5** 24
Inhalt **5** 23
Mängelhaftung **5** 75 ff
nichtige wegen Überbewertung **5** 70
Rechtsnatur **5** 23
und Sacheinbringungspflicht **5** 23
Überbewertung der Sacheinlage **5** 61 ff
unvollständige Angaben **5** 124
Verpflichtungsgeschäft **5** 24
und Vollzugsakt **5** 24
Vollzugsakt, Aufnahme in Gesellschaftsvertrag **5** 24
Willensmängel **5** 80
Sachen
als Sacheinlage **5** 38 f
Sachenrecht
und locus regit actum **Einl** 98
Sachfirma
s. a. Firma
Abkürzungen, Anfangsbuchstaben **4** 17
Beibehaltung trotz Änderung **4** 29 ff
Branchenbezeichnung **4** 25
Entlehnen der — vom Unternehmensgegenstand **4** 12 ff
Firmenwahrheit **4** 15
fremdsprachliche Sachbezeichnung **4** 18
Gegenstandsbezeichnung, unzulässige **4** 26
Individualisierung **4** 23 f
Komplementär-GmbH **4** 10
und öffentliche Ordnung **4** 27
aus Personennamen **4** 22
Produktbezeichnung, bloße **4** 24
Reform **4** 2
Symbole **4** 16
und Unternehmensgegenstand **4** 7 ff
Unternehmensgegenstand, erkennbarer **4** 23
Unterscheidungskraft **4** 23
Verkehrssitte **4** 16, 24
Vorgesellschaft **4** 102
Waren, Warenzeichen **4** 19 ff
Zulässigkeitsprüfung, Zeitpunkt **4** 28
Zusatz „mbH“, notwendiger **4** 53 ff
Sachgesamtheit
Sacheinlage **5** 49
Sachgründung
effektive Prüfung **5** 20
Geschäftsführer der Vorgesellschaft, Vertretungsmacht **11** 57
Geschäftsführung in Vorgesellschaft **11** 41

Sachgründung (Fortsetzung)
und Gesellschaftsgläubiger **5** 20
gesetzliche Vorschriften **5** 19
Gründerpflichten **11** 37
Praxis und Gesetz **5** 20
Registergericht, Prüfungsfunktion **5** 20
und Sacheinlage bei Kapitalerhöhung **56** 1
Statistik **5** 19
nach Umwandlung eines Einzelunternehmens **77 Anh** UmwG 56b, 2
Unterpariemission, Verbot **5** 20
Vertretungsmacht der Geschäftsführer **11** 54
und Vorbelastungsverbot **11** 26
Sachgründungsbericht
Umwandlung des Einzelunternehmens in AG, GmbH **77 Anh** UmwG 53, 1 ff, UmwG 56d, 1 f
Sachgründungstäuschung **82** 65 f
Sachleistung
als Nebenleistungspflicht **3** 65
Sachmängel
Sacheinlage **5** 84 ff
Sachübernahme
Arten **5** 91
Aufrechnungsvoraussetzungen **19** 51 ff
Begriff **5** 89
Bewertung **5** 92
Formmängel **5** 93
Gesellschaftsvertrag, Festsetzung **5** 103 ff
bei Kapitalerhöhung **56** 8; **56a** 20
kaufrechtliche Mangelvorschriften **5** 96
Leistungsstörungen **5** 96
Mängel, Rechtsfolge **5** 93
Sacheinlage, Abgrenzung **5** 89
als selbständige Übernahmevereinbarung **5** 91
Umgehungsfall **5** 91
Vergütung **5** 116
Veröffentlichung **10** 39
Voraussetzungen **5** 92
Wertfestsetzung im Gesellschaftsvertrag **5** 116
Willensmängel **5** 94
Sachwerte
bei Sacheinlage, Wahl **5** 28
Sämtliche Anteile
Erwerb — durch GmbH **33** 57
Säumiger Gesellschafter
Möglichkeiten gegen — **Vor 21** 1
Saldierungsverbot **42** 39
Sambia
GmbH-Recht **Einl** 141
Sanierung und Kapitalherabsetzung **58** 77 ff
Sanierungsverfahren
Forderung eines besonderen — **63** 9
Satzung
s. Gesellschaftsvertrag
Satzung und Gesellschaftsvertrag
Begriffsidentität **53** 7
Satzungsänderung
Formstatut **Einl** 100 f
Satzungsmäßiger Sitz **3** 9
Satzungsmäßiges Schiedsgericht **13** 16 ff
Satzungssitz
im EG-Bereich **Einl** 96
und Verwaltungssitz **Einl** 77
Schadensersatz
Sacheinlage, überbewertete **5** 74
Schadensersatzanspruch
fehlerhafte Beitrittserklärung, Veranlassung **2** 110
Schätzreserven **29** 28
Scheinbeschluß **Anh 47** 6; **53** 81, 88
Scheinerklärung
der GmbH-Beitrittserklärung **2** 107 f
Scheingeschäft
und Nebenleistungspflicht **3** 59
Scheingründung **75** 25
und Strohmanngründung **2** 109
Schenkung
Geschäftsanteil **Anh 15** 30
Schenkungsanfechtung
bei Rückzahlung von Gesellschafterdarlehen **Anh 30** 91
Schenkungsteuer
Einziehung des Geschäftsanteils **34** 67 f
Schiedsgericht
für Auflösungsklage **61** 36 ff
als Gesellschaftsorgan **13** 21
Schiedsgericht, satzungsmäßiges **13** 16 ff
Schiffpfandbriefbanken
Rechtsform, erforderliche **1** 10
Schlechterfüllung
gesellschaftsvertraglicher Nebenleistungspflichten **3** 87
Schlußbilanz
nach Liquidation **71** 20
der übertragenden Gesellschaft bei Verschmelzung **77 Anh II** VerschmG 24, 14 f
Schlußrechnung
der Liquidatoren nach beendigter Liquidation **74** 16 ff
Schlußverteilung der Konkursmasse **63** 95 ff
Schriften und Bücher
Aufbewahrung nach Liquidation **74** 1 ff
Schriftliche Abstimmung **48** 18 ff
im Aufsichtsrat **52** 104, 109, 114

Schuld
Geschäftslagetäuschung **82** 112 ff
Gründungstäuschung **82** 50 ff
unterlassene Anzeige bei Verlust der Hälfte des Stammkapitals **84** 36 ff
unterlassener Konkurs- bzw. Vergleichsantrag **84** 61 ff
Untreue, GmbH-rechtliche **Vor 82** 81 ff
Schuldausschließungsgründe
Geschäftslagetäuschung **82** 115
Gründungstäuschung **82** 55
Untreue, GmbH-rechtliche **Vor 82** 98
Schuldbefreiung
Geschäftsführer der Vorgesellschaft von Handelndenhaftung **11** 86
der Gesellschaft, Einlagefähigkeit **5** 44 f
Schuldfähigkeit
Untreue, GmbH-rechtliche **Vor 82** 96 f
Schuldrechtliche Abreden
und Gesellschaftsvertrag **3** 43
Schuldrechtliche Nebenabreden
zum Gesellschaftsvertrag **53** 15, 18
Schuldrechtliche Nebenpflichten
außerhalb des Gesellschaftsvertrags **3** 101 f
Schuldübernahme
und Sacheinlage **5** 118
Schwebende Geschäfte
im Liquidationsstadium **70** 22
Passivierung **42** 107
Schwebende Unwirksamkeit
der Beitrittserklärung eines Minderjährigen **2** 83
Schweiz, GmbH-Recht
Abschlußprüfung **Einl** 245
Abschlußpublizität **Einl** 246
Anerkennung der Auslandsgesellschaft **Einl** 255
Auflösung **Einl** 247
Aufsichtsrat **Einl** 226
Ausgestaltung, allgemeine **Einl** 213
Ausschluß **Einl** 236
Austritt **Einl** 236
Beendigung **Einl** 247 ff
Beschlußfassung **Einl** 230 f
Einmanngesellschaft **Einl** 213
Finanzierung **Einl** 239 ff
Fremdenrecht **Einl** 257 f
Fremdfinanzierung **Einl** 239
Geltungsbereich **Einl** 204
Geschäftsanteil **Einl** 232 f
Geschäftsanteil, Übertragung **Einl** 233
Geschäftsführer, Bestellung **Einl** 216
Geschäftsführung **Einl** 222 ff
Geschichte **Einl** 206
Schweiz, GmbH-Recht (Fortsetzung)
Gesellschafterrechte und -pflichten **Einl** 234 f
Gesellschafterstellung **Einl** 232 ff
Gesellschafterversammlung **Einl** 228 ff
Gesellschaftsstatut **Einl** 253
Gewinn- und Verlustrechnung **Einl** 244
Gründung **Einl** 214
Gründungsmängel **Einl** **220**
Handelsregister **Einl** 209 ff, 218
internationales Gesellschaftsrecht **Einl** 253 ff
Inventar **Einl** 244
Jahresabschluß **Einl** 244
Jahresbilanz **Einl** 244
Kapitalaufbringung **Einl** 240
Kapitalaufbringung, anfängliche **Einl** 217
Kapitalerhaltung **Einl** 241
Kapitalerhöhung **Einl** 243
Kapitalherabsetzung **Einl** 242
Konkurs **Einl** 249
Konkurs des Gesellschafters **Einl** 237
Kontrollstelle **Einl** 227
Liquidation **Einl** 248
Minderheitenschutz **Einl** 238
Publizität, handelsrechtliche **Einl** 209 ff
Rechnungslegung **Einl** 244 ff
Rechtsangleichung **Einl** 205
Rechtspersönlichkeit **Einl** 213
Rechtsquellen **Einl** 203
Reform **Einl** 207
Selbstfinanzierung **Einl** 239
Selbstorganschaft **Einl** 221
Sitzverlegung **Einl** 256
Statistik **Einl** 208
Tochtergesellschaft einer Auslandsgesellschaft **Einl** 257
Trennungsprinzip **Anh I 13** 73
Umwandlung **Einl** 251
verbundene Unternehmen **Einl** 252
Verfassung **Einl** 213, 221 ff
Vermögensübertragung **Einl** 251
Verschmelzung **Einl** 250
Vorgesellschaft **Einl** 219
Wegzug einer Gesellschaft **Einl** 256
Zuzug einer Gesellschaft **Einl** 256
Zwangsvollstreckung gegen Gesellschafter **Einl** 237
Zweigniederlassung einer Auslandsgesellschaft **Einl** 258
Securities Act 1933 **Einl** 651
Securities and Exchange Act 1934 **Einl** 651
Securities and Exchange Commission **Einl** 651

Sekretär (secretary) (Fortsetzung)
Großbritannien **Einl** 617
Selbständigkeit
des Teilgeschäftsanteils **17** 37
Selbständigkeit der GmbH-Beteiligung 13 4
Selbstbestimmung der Gesellschaft 14 31
Selbstfinanzierung
Belgien **Einl** 348
Dänemark **Einl** 572
Frankreich **Einl** 293
Großbritannien **Einl** 630
Italien **Einl** 458
Luxemburg **Einl** 402
Niederlande **Einl** 518
Österreich **Einl** 182
Schweiz **Einl** 239
Vereinigte Staaten von Amerika **Einl** 662
Selbsthilferecht
auf Ankündigung **50** 12
auf Einberufung der Gesellschafterversammlung **50** 8 ff
Selbstkontrahieren
bei Mehrheit von Vollmachtgebern zum Abschluß eines Gesellschaftsvertrags **2** 25
Selbstkontrahieren des Geschäftsführers, Verbot 35 227 ff
Selbstkontrahierungsverbot
Änderung des Gesellschaftsvertrags **53** 54
Aufösungsbeschluß **60** 26
Übernahmevertrag neuer Stammeinlage **55** 64
Selbstorganschaft
Rechtsvergleichung **Einl** 679
nicht in Vorgesellschaft **11** 41
Selbstorganschaft, Grundsatz
für Personengesellschaft **6** 7
Senegal
GmbH-Recht **Einl** 140
Shareholders' meeting Einl 659
Sicherheitsbestellung
und Stammkapitalerhaltung **30** 53
Sicherheitsleistung für Gläubiger
Umwandlung der AG auf bestehende oHG **77 Anh** UmwG 7, 3
Verschmelzung **26, 11; 77 Anh II** VerschmG
Sicherstellung
der Gläubiger im Liquidationsstadium **73** 8 ff
Sicherungsabtretung
und Bilanzierung **42** 58
Geschäftsanteil **Anh 15** 56
Sicherungsfunktion
der Handlungshaftung **11** 67
Sicherungshypothek
Einmann-GmbH **Anh I 13** 56
Sicherungsübereignung
und Bilanzierung **42** 58, 63
Siège réel Einl 75
Sierra Leone
GmbH-Recht **Einl** 141
Simultangründungen
und zeitlich auseinanderfallende Beschlußfassung über Gesellschaftsgründung **2** 9
Singularsukzession
Mitberechtigung durch — **18** 13
Sinnzusammenhang
der Satzung **2** 121
Sitten, gute
Verstoß gegen — im Gesellschaftszweck **1** 23
Sittenverstoß
Gesellschafterbeschluß **Anh 47** 46 ff
Sittenwidrige Gläubigerschädigung
und Unterkapitalisierung **Anh 30** 33
Sittenwidrige Schädigung
der Gläubiger nach Konkursreife **64** 60
Sittenwidrigkeit
Bilanzfeststellungsbeschluß **29** 27
der Wieder-Verwendung eines GmbH-Mantels **3** 29
Sitz
s. a. Satzungssitz, Sitztheorie, Verwaltungssitz
Änderung **53** 92
Angabe in Korrespondenz **35a** 4
in bestimmter Gemeinde **3** 11
Doppelsitz **3** 11 ff
Eintragung in das Handelsregister **10** 27
inländischer — bei mitbestimmter GmbH & Co. KG **52** 35
innerhalb Deutschlands **3** 9
im internationalprivatrechtlichen Sinn **3** 10
mißbräuchliche Wahl **3** 9
Nichtangabe **60** 46
Restgesellschaft nach Enteignung **Einl** 113
satzungsmäßiger **3** 9
Sitzverlegung **3** 14
Sitzverlegung und Auflösungsbeschluß **3** 16
Sitzverlegung in DDR **3** 15
Verfahren bei Sitzverlegung **3** 15
Wahl **3** 9
wesentlicher Satzungsinhalt **3** 9 ff
Sitz in der DDR
und inländische Zweigniederlassung **12** 44

Sitzrechtsvorbehalt
nach EG-Übereinkommen v. 29.2. 1968 **Einl** 79, 86
Sitzregister
und Zweigregister, Zusammenwirken **12** 25 ff
Sitzstaatrecht
Gründung **Einl** 77
Sitztheorie
ausländischer Verwaltungssitz **Einl** 77
Auslandsgesellschaft, Anerkennungsproblem **Einl** 95
Bedenken **Einl** 82
EG-Mitgliedstaaten **Einl** 77
eingeschränkte **Einl** 76
Existenzleugnung **Einl** 75
extreme Sitztheorie **Einl** 75
fehlgeschlagene Gründung **Einl** 75
gesellschaftsrechtliches Leben nach Gründung **Einl** 79
Gesellschaftsstatut, Wechsel **Einl** 80
Gründung der Gesellschaft **Einl** 77
Gründungstheorie, Abgrenzung **Einl** 75
Haager Abkommen 1.6.1956 **Einl** 86
und Handelsabkommen, bilaterale **Einl** 81
inländischer Verwaltungssitz **Einl** 77
Interessenlage **Einl** 82
Interessenschutz **Einl** 75
internationale Konzernverhältnisse **Einl** 78
internationale Sitzverlegung **Einl** 106
Kerngedanke **Einl** 75
Kollisionsregel, allseitige **Einl** 76
konzernabhängige Tochtergesellschaft **Einl** 78
negative Wirkung **Einl** 75
öffentliche Interessen **Einl** 82
Ort des tatsächlichen Verwaltungssitzes **Einl** 75
und Parteiautonomie **Einl** 75
nicht rechtsfähige Gesellschaften **Einl** 75
Rückverweisung **Einl** 81
Satzungssitz und Ort der Geschäftsleitung **Einl** 77
Satzungssitz, unzulässiger im Inland **Einl** 77
Sitzrechtsvorbehalt nach EG-Übereinkommen **Einl** 79, 86
Sitzstaat, Gründung nach seinem Recht **Einl** 77
Sitzverlegung **Einl** 80
Verwaltungssitz im Ausland **Einl** 77
Verwaltungssitz in der BRD **Einl** 77
Weiterverweisung **Einl** 81
Sitztheorie (Fortsetzung)
Zuordnung der Gesellschaft zu einem Staat **Einl** 119
Sitzverlegung
Anmeldung **54** 13
Belgien **Einl** 365
Dänemark **Einl** 589
Frankreich **Einl** 311
Großbritannien **Einl** 648
innerdeutsche **Einl** 109
ins Ausland **3** 16; **60** 59
internationale **Einl** 105 ff
Italien **Einl** 475
Löschung von Amts wegen **75** 55
Luxemburg **Einl** 419
in das Mutterland **Einl** 108
Niederlande **Einl** 535
in Österreich **Einl** 200
Satzungsänderung **3** 14
in Schweiz **Einl** 256
und Sitztheorie **Einl** 80
Skandinavien
GmbH-Recht **Einl** 132
Societa a responsabilità limitata Einl 422 ff
Société à responsabilité limitée
Einl 259 ff, 368 ff
Société de personnes à responsabilité limitée
Einl 314 ff
Sofortige Beschwerde
im Konkursverfahren **63** 58 ff
Soll-GmbH & Co. KG 11 11
Sollkaufmännisches Gewerbe
einer GmbH & Co. KG **11** 100
Somali
GmbH-Recht **Einl** 141
Sonderbeschlüsse Anh 47 14
Sondererbfolge
keine — in Geschäftsanteil **Anh 15** 105
Sondergut
Geschäftsanteil **Anh 15** 76
Sonderleistungspflicht
im Liquidationsstadium **69** 6
Sonderpflichten
Änderung **53** 112
Sonderposten mit Rücklageanteil
und Auszahlungsverbot **30** 15
Passivierung **42** 128
Sonderprüfung
Dänemark **Einl** 578
Großbritannien **Einl** 615
Niederlande **Einl** 502
Sonderrecht
Änderung **53** 109 ff
und Auszahlungsverbot **30** 44

Sonderrecht (Fortsetzung)
auf Geschäftsführung und Abberufung **38** 30
der Gründungsgesellschaft **11** 8
Liquidator **66** 4
und Mitberechtigung am Geschäftsanteil **18** 18
Sonderrechtscharakter
der Vorzugsrechte **5** 142
Sondervermögen
bei Umwandlung der AG auf bestehende oHG **77 Anh** UmwG 8, 4 ff
Sondervorteile
bei Kapitalerhöhung **55** 18
und Satzungsänderung **53** 59
Sondervorteile bei Gründung
Anlaß **5** 150
Aufhebung **5** 157
Austauschvertrag, Abgrenzung **5** 151
Begriff **5** 149
Einstimmigkeit **5** 156
vor Eintragung **5** 147
Erlaßvertrag zur Aufhebung **5** 157
Gefahren **5** 147
Gegenleistung, fehlende **5** 149
Genußscheine **5** 151
Geschäftsführerbestellung **6** 9
Gläubigerrechte, Abgrenzung zu gewöhnlichen **5** 151
Gläubigerschutz **5** 156
Gleichbehandlungsgrundsatz, Durchbrechung **5** 156
Gründungsaufwand, Abgrenzung **5** 148
Inhalt **5** 151
Kontrollrechte **5** 152 f
persönliches Gewähren **5** 149
Reform **5** 147
Sozialsphäre der Gesellschaft **5** 150
Stammkapital, Erhaltung **5** 156
vermögensrechtliche **5** 151
Vorbelastung der GmbH **5** 147
Sonstige absolute Rechte
Sacheinlage **5** 47
Sonstige Rechte
Sacheinlage **5** 46 ff
Sonstige Vermögenswerte
Sacheinlage **5** 56 ff
Sorgepflicht für Buchführung
durch Geschäftsführer **41** 3 ff
Sorgfältige Geschäftsführung **43** 23
Sorgfaltspflicht
des Aufsichtsratsmitglieds **52** 144, 149, 152
der Geschäftsführer **43** 10 ff
Sorgfaltspflichtverletzung
Geschäftsführer im Gründungsstadium **9** 36
South-Australia
GmbH-Recht **Einl** 145
Souveränitätswechsel **Einl** 108
Sowjetunion
GmbH-Recht **Einl** 131
Sozialadäquanz
und Geschäftslagetäuschung **82** 111
Soziale Zweckverfehlungstheorie **Vor 82** 69
Sozialfragen
Arbeitsdirektor **37** 13
Sozialsphäre der Gesellschaft
Nebenleistungspflichten **5** 150
Sondervorteile **5** 150
Sozialversicherung
abhängiges Beschäftigungsverhältnis **35** 74
arbeitnehmerähnliche Gesellschafter-Geschäftsführer **35** 96 ff
beherrschender Gesellschafter-Geschäftsführer **35** 97
bestimmender Gesellschafter-Geschäftsführer **35** 98
Fremdgeschäftsführer **35** 96
Gesellschafter-Geschäftsführer **35** 73
Liquidator **66** 51
Spaltgesellschaft
nach Enteignung **Einl** 114
Spaltgesellschaft, Theorie **Einl** 110, 114
Österreich **Einl** 197
Ordre public **Einl** 117
Spaltung
eines Unternehmens **Einl** 50
Spanien
GmbH-Recht **Einl** 134
Sparkasse
Bezeichnung, unzulässige **4** 90
Spekulationsgeschäft als Untreue **Vor 82** 36
Sperrjahr
bei Kapitalherabsetzung **58** 59
für Verteilung des Liquidationsüberschusses **73** 3
Spezial-Leasing
Bilanzierung **42** 71
Staatliche Genehmigung
für Unternehmensgegenstand **8** 10 ff
Staatsangehörigkeit
und GmbH-Gesellschafterstellung **2** 59
Staatsangehörigkeit von Gesellschaften **Einl** 119
Staatsaufsicht
in Großbritannien **Einl** 616

Staffelform
der Gewinn- und Verlustrechnung **42** 34
Stammeinlage
und Abandon **27** 4
alte — und neugeschaffene —, Verhältnis **19** 7
Amtsauflösung **5** 17
Anmeldung der Übernahme erhöhten Kapitals **57** 4 f
Ausfallhaftung ausgeschlossenen Gesellschafters **21** 37
Beiträge, Festlegung **5** 11, 15
Betrag einzelner als wesentlicher Vertragsinhalt **3** 35 ff
Einforderung von Einzahlungen, Gesellschafterbeschluß **46** 9 f
einheitliche **5** 15
Fehlen einer Bestimmung über — **60** 47 f, 101 f
Geldleistung, Bezug auf **5** 11
und Gesamthand **5** 16
und Geschäftsanteil **5** 12
und Geschäftsanteil, Unterscheidung **3** 37
und Gründer, eine pro **5** 15
und Gründer, verschieden nach **5** 15
Höchstbetrag nicht gegeben **5** 13
Höhe **5** 13
in Höhe übernommener — **5** 12
Kapitalerhöhung und Mindesteinlage **56a** 4
bei Kapitalerhöhung mit Sacheinlage **56** 21
und Kapitalherabsetzung **58** 5 ff
und Liquidationsstadium **69** 12 f, 17 f
Mindestbetrag **5** 13
Mindesteinlage auf jede bei Kapitalerhöhung übernommene — **56a** 4
Mindesteinzahlung bei — verschiedener Größe **7** 26
und Nachschußkapital, Abgrenzung **26** 10 f
und Nebenleistungspflicht, Abgrenzung **3** 55
und Sachübernahme **5** 89
spätere Beibehaltung der Angaben über — **3** 38
Stammkapital, höheres als Summe der — **5** 18
und Stammkapital, Verhältnis **5** 11
Teilbarkeit **5** 14
Übernahme neuer nach Kapitalerhöhung **55** 50 ff
Übernahme und Satzungsänderung **53** 97
Verminderung **5** 13
Verzinsung **29** 82

Stammeinlage (Fortsetzung)
zwingendes Recht **5** 17
Stammkapital
Änderung **53** 96
Amtsauflösung **5** 17
Anforderungen an Art der Angaben **3** 34
Anpassung im Gründungsstadium **11** 43
Anpassung des — an neue Mindestziffer **56a** 25
Anzeige, unterlassene bei Verlust der Hälfte **84** 7 ff
Aufbringung
—Abdingbarkeit der gleichmäßigen Heranziehung **19** 12
—Abtretung der Einlageforderung **19** 67
—alle Einzahlungsverpflichtungen **19** 7
—alte und neugeschaffene Stammeinlagen **19** 7
—Anschaffung von Vermögensgegenständen **19** 50
—Aufgeld **19** 20
—Aufrechnung durch Gesellschaft **19** 36 ff
—Aufrechnung durch Gesellschafter **19** 34 ff
—Aufrechnungsverbot **19** 31 ff
—Aufrechnungsverbot und Abtretung der Einlageforderung **19** 69
—Aufrechnungsvertrag **19** 43
—Aufrechnungsvoraussetzungen bei Sachübernahme **19** 51 f
—Bareinlage, Zurückbehaltungsrecht **19** 46
—Bedingung, wirkungslose **19** 25
—Befristigung im Gesellschaftsvertrag **19** 30
—Befristung, nachträgliche **19** 30
—benachteiligte Gesellschafter **19** 13
—Beweislast und Aufrechnungsvoraussetzung **19** 42
—Einforderung **20** 3 ff
—Einforderung der Einlagen **19** 15
—Einforderung, Wirkung **20** 8
—Einwendung zahlungspflichtiger Gesellschafter **19** 10
—Erfüllung, unpünktliche **20** 1 ff
—Erfüllungs Statt, Verbot anderer Leistung an — **19** 24
—Erlaß von Verzugszinsen **20** 13
—Erlaßverbot **19** 24 f
—Erlaßvertrag, Verbot **19** 24
—Form der Einforderung **20** 4
—Gefährdung der Einlageforderung **19** 41
—Gegenforderung, vollwertige **19** 38 ff

Stammkapital (Fortsetzung)
—Gegenleistung, vollwertige für Abtretung der Einlageforderung **19** 67
—Geldeinlage, Gleichbehandlungsgrundsatz **19** 5
—Geldeinlage, Verbot der Leistung an Erfüllungs Statt **19** 48 ff
—Geldeinlage, Verbot der Schmälerung **19** 19
—Geldeinlage, Zinspflicht **20** 1
—gemischte Sachgründung **19** 6
—Gesellschafter-Geschäftsführer, Aufrechnung sich selbst gegenüber **19** 38
—Gesellschafterbeschluß, Einforderung **20** 7
—Gesellschafterdarlehen, Aufrechnung **19** 61 f
—Gläubigerschutz **19** 23
—gleichmäßige Heranziehung, Prinzip **19** 5 f
—im Gründungsstadium **19** 9
—Gründungsstadium und Verbot der Einlagenschmälerung **19** 21
—Grundsatz gleichmäßiger Behandlung **19** 9
—Kapitalerhöhung **19** 7
—Kapitalherabsetzung und Verbot des Einlagenerlasses **19** 28
—Konkurs der Gesellschaft **19** 16
—Konkurs des Gesellschafters **19** 12
—Konkurs der GmbH und Aufrechnungsverbot **19** 35
—Kontokorrent **19** 44
—Leistung an Erfüllungs Statt auf Geldeinlageforderung, Verbot **19** 48 ff
—Leistungszeit **19** 11
—Liquidation der Gesellschaft **19** 16
—Liquidationsstadium und Aufrechnungsverbot **19** 34
—Liquidationsstadium und Verbot der Einlagenschmälerung **19** 22
—Nachschußpflichten **19** 20
—Nebenleistungen **19** 20
—Nebenverpflichtungen von Sacheinlegern **19** 19
—negatives Schuldanerkenntnis, Verbot **19** 24
—Nichtigkeit entgegenstehender Rechtsgeschäfte **19** 63 ff
—Pfändung der Einlagenforderung **19** 17, 71
—Pfändungspfandgläubiger der Einlagenforderung, Rechtsstellung **19** 72
—Prozeßvergleich über Einlageforderung **19** 26

Stammkapital (Fortsetzung)
—reale Kapitalaufbringung, Grundsatz **19** 31
—Reform **19** 3 f; **20** 2
—Sach- und Bareinleger, Verhältnis **19** 6
—Sacheinlage statt Geldeinlage,Verbot **19** 25
—Sacheinlage, Verbot der Schmälerung **19** 19
—Sacheinlage, Verzugsfolge **20** 1
—Sacheinlage, Zurückbehaltungsrecht **19** 45
—Sacheinlagevorschriften, Umgehungsverbot **19** 47 ff
—Sachübernahme, Aufrechnungsvoraussetzung **19** 51 f
—Schmälerung der Einlagen, Verbot **19** 18 ff
—Stundung, verbotene **19** 29
—Stundung von Verzugszinsen **20** 13
—Überweisung der Einlageforderung **19** 17
—Umgehung, verbotene der Sacheinlagevorschriften **19** 47 ff
—unpünktliche Erfüllung **20** 1 ff
—Vergleich über Einlageforderung **19** 26
—Verpfändung der Einlagenforderung **19** 70
—Vertragsstrafe **19** 20; **20** 15 ff
—Verzug mit Sach-, Geldeinlage **20** 1
—Verzugszinsen **19** 20; **20** 9 ff
—Volleinzahlung bei Gründung **20** 6
—vollwertige Gegenforderung **19** 40
—Vorbehalt, wirkungsloser **19** 25
—Zahlungspflichten, sonstige **19** 8
—Zahlungsunfähigkeit des Gesellschafters **19** 12
—Zahlungsunfähigkeit und Vergleich **19** 27
—Zessionar, Rechtsstellung **19** 69
—Zinsen neben Vertragsstrafe **20** 21
—Zinsen, Verpflichtung zur Zahlung **20** 9 ff
—Zurückbehaltungsrecht **19** 45 f
—zwingendes Recht **19** 23, 32, 47
Aufbringung
s. a. Kaduzierungsverfahren
Auflösungsfolge wegen fehlender Mindesteinlage **60** 54, 102
Auszahlung, Auszahlungsverbot **30** 42
—Ausschüttung beschlossener Dividende **30** 23
—Auszahlung, Begriff **30** 35
—Auszahlungsverbot, Voraussetzungen **30** 13 ff

Stammkapital (Fortsetzung)
— Bestellung einer Sicherheit **30** 53
— Beweislast **30** 25
— Bewertungswahlrechte **30** 17
— eigene Anteile, Erwerb **33** 29 ff
— eigene Geschäftsanteile **30** 16
— Einziehung von Geschäftsanteilen **30** 46
— Erfüllung fremder Verbindlichkeit **30** 42
— Erhaltung noch vorhandenen — **30** 18
— Erwerb eigener Anteile **30** 46
— Folgen **30** 57
— Gegenleistungsgeschäfte, Abgrenzung **30** 36 ff
— Geldwert, erforderlicher **30** 52
— Gesellschafterdarlehen **30** 27
— Gesellschaftereigenschaft **30** 55
— Gewinnverzicht **30** 52
— Gründersonderrechte **30** 44
— kapitalersetzende Darlehen **30** 31 ff
— Konzernverhältnisse **30** 51
— mittelbare Auszahlung
— Nebenleistungen **30** 44
— an Nichtgesellschafter **30** 56
— an Nießbraucher **30** 56
— Rangrücktritt **30** 30
— Rückzahlung der Stammeinlage **30** 20
— Scheinvertrag **30** 52
— Sicherheit, Bestellung **30** 53
— Sonderposten mit Rücklageanteil **30** 15
— Stammkapital, maßgebliches **30** 26 f
— Überschuldung **30** 18
— Unterbilanz **30** 14
— unterkapitalisierte GmbH **30** 27
— Verbot der Auszahlungen, Voraussetzungen **30** 13 ff
— verdeckte Gewinnausschüttung **30** 38 ff
— verdecktes Stammkapital **30** 27
— Vermögen, zur Erhaltung erforderliches **30** 13
— Verzicht auf Gewinn **30** 52
— wechselseitige Beteiligungen **30** 48 ff
— Zeitpunkt für Beurteilung der — **30** 24
deutsche Währung **5** 8
Einberufung der Gesellschafterversammlung bei Verlust der Hälfte **49** 11 ff
und Einziehung des Geschäftsanteils **34** 56
Einziehung zu Lasten **34** 4
Einziehung zu Lasten des — **34** 39
Erhaltung
— aktienrechtliche Regelung, Unterschied **30** 4
— bilanztechnisches Eigenkapital als Garantiefonds **30** 4

Stammkapital (Fortsetzung)
— Erfüllung, der Auszahlung zugrundeliegende **30** 7 ff
— Garantiefunktion, Garantiefonds **30** 3
— Haftung der Geschäftsführer **30** 12
— Kapitalausstattung, angemessene nicht geschützt **30** 3
— Kapitalherabsetzung, Verhältnis zur **30** 1
— Leistungsverweigerungsrecht **30** 9
— Nichtigkeitsfolge **30** 7 ff
— Prinzip **30** 3 ff
— Rechtsprechungsgrundsätze **30** 5
— Reform **30** 2
— Rückzahlung, verbotene **30** 6 ff
— Substanzerhaltung nicht gewährleistet **30** 3
— Verpflichtung, der Auszahlung zugrundeliegende **30** 7 ff
— zwingendes Recht **30** 1
Ermessensfreiheit bei Kapitalausstattung **5** 10
Erstattung verbotener Rückzahlungen
— Anspruch, Inhalt **31** 12
— Anspruchskonkurrenzen **31** 37
— böser Empfänger **31** 32
— Erlaß **31** 31
— Erstattungsberechtigter **31** 5
— Erstattungsverpflichteter **31** 8 ff
— keine Gesamtschuld übriger Gesellschafter **31** 29
— Geschäftsanteil, spätere Veräußerung **31** 11
— Gesellschaftsgläubiger **31** 18
— gesetzlicher Anspruch **31** 7
— Gewinnanteile, gutgläubiger Empfang **32** 1 ff
— GmbH & Co. KG **31** 6 f, 39
— gutgläubiger Empfang von Leistungen **31** 13 ff
— Haftung der Geschäftsführer **31** 34 ff
— Haftung der übrigen Gesellschafter **31** 20 ff
— kein Kondiktionsanspruch **31** 1
— Konkurs **31** 5
— Leistungsverweigerungsrecht Dritten gegenüber **31** 10
— Mehrheit von Inhabern des Geschäftsanteils **31** 11
— Mehrheit von Leistungsempfängern **31** 19
— Nichtgesellschafter als Schuldner **31** 9
— Reform **31** 2
— subsidiäre Haftung übriger Gesellschafter **31** 20 ff

Stammkapital (Fortsetzung)
—ungerechtfertigte Auszahlungen
——nicht gegen §30 verstoßende **31** 38
—Verjährung **31** 7, 32
—Vermögensauffüllung nach Zahlung **31** 4
—Verstoß gegen §30 **31** 4
—Zahlungen, gegen §30 verstoßende **31** 3 f
—zwingendes Recht **31** 1
Fehlen der Angabe **3** 32
Fehlen einer Bestimmung über — **60** 47 f, 101 f
fehlende Angaben im Gesellschaftsvertrag **5** 17
finanzieller Status, Information über **5** 6
kein flexibles Mindestkapital **5** 10
Funktion **5** 6
Garantiefunktion **30** 3
Geschäftsumfang und Mindestkapital **5** 10
Gewinnanteil, gutgläubiger Empfang als
—Beweis des guten Glaubens **32** 9
Gewinnanteil, gutgläubiger Empfang
—Bezug als Gewinnanteil **32** 10
Gewinnanteil, gutgläubiger Empfang als
—Fallgestaltungen **32** 3
—Gesellschafter, geschützter **32** 6
—guter Glaube **32** 7 ff
—Privileg **32** 1
—Reform **32** 2
Gewinnanteil, gutgläubiger Empfang
—Reingewinnbezug **32** 10
Gewinnanteil, gutgläubiger Empfang als
—Rückforderungsanspruch, vorausgesetzter **32** 4
—Stammkapital, nicht berührtes **32** 1
Gewinnanteil, gutgläubiger Empfang
—verdeckte Gewinnausschüttung **32** 10
Haftungsfonds **5** 6
Höchstbegrenzung, keine vorhanden **5** 8
Höhe **5** 8
Höhe, Eintragung in das Handelsregister **10** 27
Kapitalherabsetzung **58** 14 ff
Mehrheit nach — **47** 6
Mindesthöhe **5** 8
Mindeststammkapital, Kritik **5** 7
und Nachschußkapital, Verhältnis **26** 4 ff
Passivierung **42** 121
und Publizitätsgesetz **5** 8
Reform **5** 4
spätere Erhöhung **3** 34
und Stammeinlage **5** 15
Stammeinlagen, geringere als — **5** 18

Stammkapital (Fortsetzung)
Stammeinlagen, Summe der ist gleich — **5** 8
nach Umwandlung bergrechtlicher Gewerkschaft **77 Anh** UmwG 64, 1
nach Umwandlung eines Einzelunternehmens **77 Anh** UmwG 56b, 2
nach Umwandlung der Personenhandelsgesellschaft auf GmbH **77 Anh** UmwG 47, 2
bei ungültiger Beitrittserklärung **2** 89
Unterkapitalisierung **5** 10
wesentlicher Satzungsinhalt **3** 32
wirtschaftliche Bedeutung **5** 7
Stammkapitalziffer
und Kapitalherabsetzung **58** 17
wirtschaftliche Aussagefähigkeit **3** 33
Startkapital
erforderliches der GmbH **5** 7
Statische Auffassung
der Überschuldungsbilanz **63** 25
Statistik
Belgien **Einl** 319
Dänemark **Einl** 542
Frankreich **Einl** 264
Großbritannien **Einl** 596
Italien **Einl** 427
Luxemburg **Einl** 373
Niederlande **Einl** 483
Statut
s. Gesellschaftsstatut
Statut für Europäische Aktiengesellschaften
Vorschlag einer Verordnung **Einl** 704 f
Statutenwechsel
internationale Sitzverlegung **Einl** 105 ff
Souveränitätswechsel **Einl** 108
Stellvertreter des Aufsichtsratsmitgliedes **52** 76, 79, 82
Stellvertreter des Geschäftsführers
Geschäftsführungsbefugnis **44** 3
Haftung **44** 7
Vertretungsmacht **44** 4 f
Stetigkeit der Bilanz **42** 45
Steuer
s. Besteuerung
Steuerbelastung, Minimierung **42** 28
Steuerbilanz und Handelsbilanz
Formalvorschriften **Vor 41** 26
Steuerlich unangemessene Gestaltung
und Registergericht **10** 18
Steuerliche Nichtanerkennung
einer GmbH und Gesellschaftszweck **1** 23
Steuerliche Pflichten
des Liquidators **70** 35 ff

Steuern
im Gründungsstadium **7** 39
Steuerrecht
und Grundsätze ordnungsmäßiger Buchführung **42** 22
Steuervergünstigungen
Inanspruchnahme **42** 27 f
Stichtag
Eröffnungsbilanz bei Liquidation **71** 4
Stichtagsprinzip **42** 143
Stiftung
und GmbH, Konkurrenz **1** 15
Stille Gesellschaft
mit GmbH als Geschäftsinhaber **29** 57
Stille Reserven
Absicht der Minderung des Gewinnanspruchs **29** 30
und Aktiengesetz 1965 **29** 29
Ermessensreserven **29** 28
Gewinnthesaurierung, verdeckte **29** 28
Gewinnverlagerungsabsicht **29** 28
Grenze für die Bildung — **29** 28
und Imparitätsprinzip **42** 148
in Liquidationsbilanzen **71** 9
Minderheitsgesellschafter, Rücksichtnahme **29** 27
Schätzreserven **29** 28
Willkürreserven **29** 28
Zwangsreserven **29** 28
Stillschweigender Haftungsausschluß
bei Handelndenhaftung **11** 84
Stimmabgabe
Abgabeergebnis, unrichtige Feststellung **Anh 47** 89
bei Änderung des Gesellschaftsvertrags **53** 87
Anfechtung **45** 10
Art der Abstimmung **48** 12, 25
im Aufsichtsrat **52** 104, 109, 114
bedingte **45** 9
Einmann-GmbH **48** 12
Einzelstimme, Bedeutung **Anh 47** 9
fehlerhafte **Anh 47** 89
Gesellschaftsvertrag **48** 26
Insichgeschäft, Verbot **47** 39
Ja oder nein **48** 12
konkludentes Handeln **48** 12
Kundgabeakt **48** 12
Mehrvertretungsverbot **47** 39
Minderjährige, gesetzliche Vertretung **47** 40
nichtig **45** 10
rechtsgeschäftliche Vertretung **47** 39
schriftliche Abstimmung **48** 18 ff
Selbstkontrahierungsverbot **47** 39
Stimmabgabe (Fortsetzung)
sittenwidrige Einflußnahme auf — **Anh 47** 89
Sozialakt körperschaftlicher Willensbildung **47** 41
wegen Treuepflichtverstoß ungültige — **Anh 47** 89
Vertretung **47** 34 ff
bei Vollmachtserteilung **48** 12
Widerruf **45** 9
Willenserklärung, empfangsbedürftige **45** 7 f
Stimmabgabe und Stimmbindung **47** 31
Stimmabgabe, uneinheitliche
Aktienrecht **47** 14 ff
Enthaltung, teilweise **47** 17
Interesse der Mitgesellschafter **47** 18
Interessenträger, verschiedene **47** 18
mehrere Geschäftsanteile **47** 18
Nießbrauch **47** 18
Pfandnehmer **47** 18
Stimmbindung **47** 18
Streitstand **47** 13
Stimmabgabeergebnis, unrichtige Feststellung
Anh 47 89
Stimmbindung
Erfüllungszwang **47** 33
Grenzen **47** 29
Konsortium **47** 32
als Nebenpflicht **47** 24, 28
Nichtigkeit **47** 30
Rechtsgrundlage **47** 24
schwebend unwirksame **47** 27
Stimmabgabe und — **47** 31
Stimmbindungsvertrag **47** 25
Treupflicht **47** 24, 29
unwirksame — **47** 29
Zulässigkeit **47** 26 ff
Stimmbindungsverträge zwischen Gesellschaftern **53** 39
Stimmbindungsvertrag
und Kapitalerhöhung **55** 29
Stimmengleichheit **47** 3
Stimmenmehrheit, Grundsatz einfacher
ablehnender Beschluß **47** 4
Beschlußfähigkeit, keine Mindestanforderungen **47** 7
Gesellschaftsvertrag, abweichender **47** 5 ff
nach Köpfen **47** 10
Mehrheit abgegebener Stimmen **47** 3
Nichtbeschluß **47** 4
nach vertretenem Stammkapital **47** 6
Stimmenthaltung **45** 7; **47** 3
keine Billigung **Anh 47** 97
Stimmenthaltung, teilweise **47** 17

Stimmrecht
eigene Anteile **33** 45 f
Stimmrechtsausschluß
und Änderung des Gesellschaftsvertrags **53** 53
Anstellung der Organmitglieder **47** 69
Auslegung **47** 48
Befreiung von Verbindlichkeit **47** 61
Bestellung der Organmitglieder **47** 68
Betroffener **47** 49 ff
bewegliche Schranken **47** 76
Entlastung **47** 59 f
Gesellschaften, Betroffener als Mitglied von **47** 50 ff
Interessenkollison, Ausschaltung **47** 47
Kündigung der Organmitglieder **47** 70
Maßnahmen aus wichtigem Grund **47** 74 f
persönlicher Geltungsbereich **47** 49
Rechtsstreit mit Betroffenen **47** 72 f
sachlicher Umfang **47** 58
starre Schranken **47** 76
Vornahme eines Rechtsgeschäfts **47** 62 ff
Widerruf der Organmitglieder **47** 70
Zweck **47** 47
Stimmrechtskonsortium **47** 32
Stimmrechtsübertragung
Anmeldung **16** 53
Stimmrechtsvollmacht
bei Änderung des Gesellschaftsvertrags **53** 48
Strafe
Geschäftsgeheimnis, unbefugte Offenbarung und Verwertung **85** 73
Gründungstäuschung **82** 60 f
unterlassener Konkurs- bzw. Vergleichsantrag **84** 68
Untreue, GmbH-rechtliche **Vor 82** 112
Strafsanktion
der Handlungshaftung **11** 67 f
Straftat und GmbH **13** 24
Straftatbestände, Übersicht Vor 82
Strafverfahren gegen GmbH **35** 236
Streichung
inhaltlich überholter Bestandteile des Gesellschaftsvertrags **53** 28
Streitgegenstand
Anfechtungsklage **Anh 47** 113
Nichtigkeitsklage **Anh 47** 190
Streitgenossenschaft
Anfechtungsklage **Anh 47** 135
Nichtigkeitsklage **Anh 47** 198
Streitigkeiten aus Gesellschaftsverhältnis
und Schiedsgericht **13** 19
Streitwert
Anfechtungsklage **Anh 47** 165
Streitwert (Fortsetzung)
Nichtigkeitsklage **Anh 47** 205
Strohmanngründung
keine Ablehnung der Eintragung **2** 50
Auftragsrecht im Verhältnis zum Hintermann **2** 56
Begriff **2** 49
Besteuerung **Anh I 13** 65
kein Eintragungshindernis **10** 15
Gesellschaftereigenschaft **2** 51
gesellschaftsrechtliche Zulässigkeit **2** 50
haftungsrechtliche Gleichstellung mit Hintermann **2** 52 ff
Kündigung des Treuhandvertrags **2** 51
Mehrheit von Gesellschaftern, derselbe Strohmann **2** 57
Nichtigkeitsproblematik **75** 25
Rechtsbeziehungen Treuhänder und Auftraggeber **2** 56
Scheinerklärung **2** 50
und Scheingründung **2** 109
Umgehungen, Verhinderung **2** 51
Struktur der Aktiengesellschaft
Richtlinienvorschlag **Einl** 701 f
Struktur der GmbH
Personenverband **13** 5
Rechtspersönlichkeit, eigene **13** 3
Reform **13** 2
Strukturelemente der GmbH
und Rechtsvergleichung **Einl** 671
universale der GmbH **Einl** 674 ff
Stundung der Einlage, verbotene **19** 29
Subjektive Mißbrauchslehre
und Unterkapitalisierung **Anh 30** 30 f
Subsidiarität
Auflösungsklage **61** 4 ff
Substanzerhaltung
und Stammkapitalerhaltung **30** 3
Südafrika
GmbH-Recht **Einl** 141
Supranationale Gesellschaft **Einl** 73
Surrogate des Geschäftsanteils
und Zwangsvollstreckung **Anh 15** 79
Surrogation
Geschäftsanteil, Erwerb **15** 78
Surrogationsprinzip **77 Anh** UmwG 49, 10
Surrogationsprinzip bei Umwandlung **77 Anh** UmwG 44, 7
Symbole
und Sachfirma **4** 16
Syndikate
und GmbH-Rechtsform **1** 12
Szwaziland
GmbH-Recht **Einl** 141

Szwaziland (Fortsetzung)

T

Täterkreis
Eignungstäuschung **82** 72
Geschäftsgeheimnis, unbefugte Verwertung und Offenbarung **85** 4, 15
Geschäftslagetäuschung **82** 92
Gründungstäuschung **82** 16 ff, 56
Kapitalerhöhungstäuschung **82** 68
Sachgründungstäuschung **82** 65
unterlassene Anzeige bei Verlust der Hälfte des Stammkapitals **84** 13
unterlassene Stellung von Konkurs- bzw. Vergleichsantrag **84** 45 ff
Untreue, GmbH-rechtliche **Vor 82** 9
Täterschaft
Geschäftslagetäuschung **82** 116
Gründungstäuschung **82** 56 ff
Kapitalerhöhungstäuschung **82** 69, 71
Kapitalherabsetzungstäuschung **82** 89
unterlassener Konkurs- bzw. Vergleichsantrag **84** 66
Untreue, GmbH-rechtliche **Vor 82** 106 f
Tätigkeit des Gesellschafters
keine Sacheinlage **5** 42
Tätigkeitsgemeinschaften Einl 15
Täuschende Firmenzusätze 4 60 ff
Täuschung
Erwerber des Geschäftsanteils **Anh 15** 11
Täuschung bei Beitrittserklärung
eines GmbH-Gesellschafters **2** 103, 111
Täuschungsgefahr
bei Personenfirma **4** 43 f
Tagesordnung
Ankündigung **51** 7 ff
Erweiterung **50** 7
Tanganjika
GmbH-Recht **Einl** 141
Tantieme der Aufsichtsratsmitglieder 52 136
Tantieme des Geschäftsführers 35 127 ff
Tasmania (Australien)
GmbH-Recht **Einl** 145
Tatsächlicher Verwaltungssitz
und Sitztheorie **Einl** 75
Tausch
Bilanzierungsmöglichkeiten **42** 159
Geschäftsanteil **Anh 15** 30
Teilanfechtung
Anfechtungsklage **Anh 47** 115 ff
Teilbarkeit
des Geschäftsanteils und Mindestnennbetrag **17** 12
der Stammeinlage **5** 14
Teile
von Geschäftsanteilen, Vertrag über Abtretung **15** 31
Teilgewinnabführungsvertrag 29 69
Teilnahme
an Aufsichtsratssitzung **52** 115, 119, 121
Eignungstäuschung **82** 80
Geschäftslagetäuschung **82** 116
Gründungstäuschung **82** 56 ff
Kapitalerhöhungstäuschung **82** 69, 71
unterlassener Konkurs- bzw. Vergleichsantrag **84** 66
Untreue, Gmbh-rechtliche **Vor 82** 106 f
Teilnahmrecht
des Gesellschafters an Versammlung **48** 8 ff
Teilnichtigkeit
bei Änderung des Gesellschaftsvertrags **53** 89
eines Gesellschafterbeschlusses **Anh 47** 70 f
Teilrechtsfähigkeit
der Vorgesellschaft **11** 49
Teilstimmenthaltung 47 22
Teilung
von Geschäftsanteilen **17** 1 ff
des Geschäftsanteils unter Miterben **17** 18
Teilungsanordnung
Geschäftsanteil, Zuweisung **15** 11
Territorialitätsprinzip
und Enteignung **Einl** 110
Testamentsvollstrecker
Abschluß eines GmbH-Gesellschaftsvertrags **2** 28
Geschäftsanteil, Zuweisung **15** 11
Testamentsvollstrecker, GmbH als — 13 rd12
Testamentsvollstreckung
Geschäftsanteil **Anh 15** 119 ff
Tochtergesellschaft
ausländischer Gesellschaft **Einl** 124
in Belgien **Einl** 366
in Dänemark **Einl** 590
in Frankreich **Einl** 312
in Großbritannien **Einl** 649
in Italien **Einl** 476
konzernabhängige und Sitztheorie **Einl** 78
in Luxemburg **Einl** 420
in Niederlande **Einl** 536
in Österreich **Einl** 201
in Schweiz **Einl** 257
in Vereinigten Staaten von Amerika **Einl** 669
Tod
eines Gründers **2** 13; **11** 46
des nebenleistungspflichtigen Gesellschafters **3** 88

Togo
GmbH-Recht **Einl** 140
Transitorische Aktiva
Bilanzierung **42** 86, 135
Transportversicherung
Rechtsform, erforderliche **1** 9
Trennungsprinzip
Aufhebung im Rechtsvergleich **Anh I 13** 74
Treubruchtatbestand Vor 82 43 ff
Treuepflicht
und Änderung des Gesellschaftsvertrags **53** 63 f
Gegenstand **14** 24
Geschäftsführung **14** 24
Gesellschafterbeschluß, Verstoß gegen **14** 26
Haftung aus Verletzung **14** 27
Mehrheit-Minderheit-Verhältnis **14** 24
Mitgliedsrechte, Ausübung **14** 24
Sorgfaltspflicht **14** 24
Treuepflicht der Gesellschaft
dem Geschäftsführer gegenüber **35** 93
Treuepflicht und Treubruchtatbestand Vor 82 44 ff
Treuhänder
Konkurs des — und Geschäftsanteil **Anh 15** 96
Treuhand
und Abtretungserschwerungen Geschäftsanteil **15** 97 f
Auflösungsklage **61** 29
und Bilanzierung **42** 59 ff
Geschäftsanteil **Anh 15** 52 ff
und Konkurs **2** 56
und Strohmanngründung **2** 49 ff
Tschad
GmbH-Recht **Einl** 140
Tschechoslowakei
GmbH-Recht **Einl** 131
Türkei
GmbH-Recht **Einl** 136
Tunesien
GmbH-Recht **Einl** 135
Typendifferenzierung Geschäftsführer **35** 72 ff
Typenfrage
bei Auslandsgesellschaften **Einl** 94
Typologie der GmbH Einl 675

U

UdSSR
GmbH-Recht **Einl** 131
Überbewertung
der Sachkapitalerhöhung, Ablehnung der Eintragung **57a** 12 ff
Überbewertung der Sacheinlage
Differenzhaftung **5** 71 ff
in Einlagevereinbarung **5** 61 ff
nach Eintragung der Gesellschaft **5** 69 ff
Schadensersatzpflicht **5** 74
Übereinkommen gemäß Art. 220 EWGV
über gegenseitige Anerkennung von Gesellschaften **Einl** 707 f
Übergang eines Geschäfts
und Firmenfortführung **4** 69 ff
Übergang von Rechten und Pflichten
der Vorgesellschaft auf GmbH **11** 89 ff
Übergehung von Gläubigern
bei Kapitalherabsetzung **58** 55 ff
Überlebenschancen der Gesellschaft
Selbstprüfungspflicht **63** 22
Übermaßverbot
bei Auflösung wegen Gemeinwohlgefährdung **62** 6, 22
Übernahmeerklärung
bei Kapitalerhöhung mit Sacheinlage **56** 24 f
Übernahmerecht
auf Geschäftsanteil **15** 29
für Geschäftsanteil **Anh 15** 29
Übernahmevertrag neuer Stammeinlagen
bei Kapitalerhöhung **55** 50 ff
Mängel des Vertrags **55** ff ff
Mängel des Vertrags und Eintragung der Kapitalerhöhung **57** 44
Wirkungen der Übernahme **55** 66 ff
Zustandekommen **55** 62 ff
Übernehmerliste
bei Anmeldung der Kapitalerhöhung **57** 10 f
Überparieausgabe von Geschäftsanteilen **5** 131 f
Überschreitung
der Vertretungsbefugnis **37** 47
Überschuldung
und Auszahlungsverbot **30** 18 ff
und Gesellschafterdarlehen **Anh 30** 78
und Umwandlung **77 Anh** UmwG 50, 5, UmwG 56a, 6
und Unterkapitalisierung **Anh 30** 65
Überschuldung als Konkursgrund
s. Konkursverfahren unter Konkursgründe
Überstimmter Geschäftsführer 43 26
Übertragbarkeit
des Gegenstands der Sacheinlage **5** 29, 33
des Geschäftsanteils **15** 3 f
Übertragende Umwandlung Einl 50
Geschäftsanteil **15** 80
Österreich **Einl** 195

Übertragung
einzelner Verwaltungsrechte **14** 31 ff
der Mitgliedschaft **15** 133
von Verwaltungsrechten, Ausschluß **Anh 15** 33
Überwachung
der für Buchführung eingesetzten Mitarbeiter **41** 5
Überzeichnung
bei Kapitalerhöhung **55** 70
Uganda
GmbH-Recht **Einl** 141
Ultra-vires-Lehre **Einl** 656
des Common Law **Einl** 89
Umgebung
Form der Abtretung des Geschäftsanteils **15** 39
Umgehung
s. a. Mißbrauch
der Gründungsnormen durch Mantelkauf **3** 31
der Sacheinlagevorschriften, Verbot **19** 47 ff
der Sachgründungsvorschriften **5** 126 ff
bei Sachübernahme **5** 91
der Sachübernahmevorschriften **5** 126 ff
bei Strohmanngründung **2** 50
bei Umwandlung **77 Anh** UmwG 1, 6
Umgehungsverbot
bei Kapitalerhöhung **56** 41 ff
Umlaufvermögen
Bewertung **42** 165 ff
Sacheinlage, Bewertung **5** 62
in Überschuldungsbilanz **63** 37
Umsatzrechnung
Gewinn- und Verlustrechnung als — **42** 35
Umsatzsteuer
Leistungsaustausch Komplementär-GmbH und GmbH & Co. KG **35** 150
Verschmelzung **77 Anh II** VerschmG Einf., 18
Umsetzung in Geld
im Liquidationsverfahren **70** 16
Umstellungsgesetzgebung
nach Währungsreformen **5** 3
Umtauschverhältnis
gerichtliche Nachprüfung bei Verschmelzung **77 Anh II** VerschmG 31a, 1 ff
bei Verschmelzung **77 Anh II** VerschmG 21, 13, VerschmG 32, 11
Umwandlung
Abfindung
—bei AG auf bestehende oHG durch Mehrheitsbeschluß **77 Anh** UmwG 12, 1

Umwandlung (Fortsetzung)
—bei AG auf Hauptgesellschafter **77 Anh** UmwG 15, 6
—gerichtliches Verfahren **77 Anh** UmwG 30, 1
—gerichtliches Verfahren, Gebühren **77 Anh** UmwG 38, 1, UmwG 39, 1
—gerichtliches Verfahren, Rechtskraft **77 Anh** UmwG 35, 1
—widersprechender Gewerken **77 Anh** UmwG 65, 5
Aktiengesellschaft, Ausgliederung aus Gemeindeverbänden und Gebietskörperschaften in — **77 Anh** UmwG 57, 1 f
Aktiengesellschaft auf Gesellschafter
—Abfindung bei — auf Hauptgesellschafter **77 Anh** UmwG 15, 7
—Abfindungsregelung
——AG auf abhängige Unternehmen **77 Anh** UmwG 15, 9
——AG auf AG, KGaA **77 Anh** UmwG 15, 8
—auf in Abwicklung befindliche Kapitalgesellschaft **77 Anh** UmwG 15, 1
—Aktionär, unbekannter **77 Anh** UmwG 15, 11
—auf Alleingesellschafter **77 Anh** UmwG 15, 2
—ausländischer Übernehmer **77 Anh** UmwG 15, 1
—nicht auf BGB-Gesellschaft **77 Anh** UmwG 15, 1
—eigene Aktien, Anerbieten als Abfindung **77 Anh** UmwG 15, 8
—Eintragung in das Handelsregister **77 Anh** UmwG 15, 12
—Firma **77 Anh** UmwG 15, 12
—Firmenrecht **77 Anh** UmwG 15, 4
—auf Hauptgesellschafter **77 Anh** UmwG 15, 5
—auf Personengesellschaft, Abgrenzung **77 Anh** UmwG 15, 1
—Übernehmer nur natürliche oder juristische Person **77 Anh** UmwG 15, 1
—nicht auf Vorgesellschaft **77 Anh** UmwG 15, 1
Aktiengesellschaft in Kommanditgesellschaft
—errichtende Umwandlung **77 Anh** UmwG 20, 1, UmwG 20, 3
—verschmelzende Umwandlung **77 Anh** UmwG 20, 1 f
—Vorschriften, anwendbare **77 Anh** UmwG 20, 2

Umwandlung (Fortsetzung)
Aktiengesellschaft, Umwandlung unter gleichzeitiger Errichtung einer BGB-Gesellschaft
—errichtende Umwandlung 77 **Anh** UmwG 21, 1
—Handelsgewerbe, fehlendes bei AG 77 **Anh** UmwG 21, 1
—durch Mehrheitsbeschluß 77 **Anh** UmwG 22, 1
—Umwandlungsbeschluß 77 **Anh** UmwG 21, 2
—Vorschriften, anwendbare 77 **Anh** UmwG 21, 3
Aktiengesellschaft, Vermögensübertragung auf bestehende oHG
—Aktien, Eigentum an allen bei Einmanngesellschaft 77 **Anh** UmwG 3, 3
—als Alleinaktionärin 77 **Anh** UmwG 3, 1
—Anmeldung des Umwandlungsbeschlusses 77 **Anh** UmwG 4, 1
—Auslandsvermögen 77 **Anh** UmwG 5, 4
—Buchführung, getrennte 77 **Anh** UmwG 8, 2
—Einmanngesellschaft als Übernehmerin 77 **Anh** UmwG 3, 3
—Entnahmeverbot 77 **Anh** UmwG 8, 6
—Erlöschen der Firma 77 **Anh** UmwG 6, 1
—Firma der AG mit oder ohne Nachfolgezusatz 77 **Anh** UmwG 6, 3
—Firma der oHG mit Nachfolgezusatz 77 **Anh** UmwG 6, 2
—Firmenbildung, neue 77 **Anh** UmwG 6, 4
—Firmenrecht 77 **Anh** UmwG 6, 1
—Gesamtrechtsnachfolge 77 **Anh** UmwG 3, 10, UmwG 5, 1
—als Geschäftsführungshandlung 77 **Anh** UmwG 3, 4
—gesetzlicher Übergang 77 **Anh** UmwG 5, 1
—getrennte Vermögensverwaltung 77 **Anh** UmwG 8, 1
—Gläubigerschutz 77 **Anh** UmwG 7, 1
—Handelsgewerbe, fortgeführtes 77 **Anh** UmwG 6, 1
—Konkurs der oHG 77 **Anh** UmwG 8, 5
—durch Mehrheitsbeschluß
——Anfechtbarkeit des Beschlusses 77 **Anh** UmwG 13, 4
——Barabfindung, angemessene 77 **Anh** UmwG 12, 1
——eigene Aktien, Zurechnung 77 **Anh** UmwG 10, 1
——Einberufung der Hauptversammlung 77 **Anh** UmwG 11, 1
——Feldmühleurteil 77 **Anh** UmwG 9, 1
——Firmenrecht 77 **Anh** UmwG 14, 1
——Gesellschaftstreue 77 **Anh** UmwG 9, 1
——Mehrheitserfordernisse 77 **Anh** UmwG 9, 4
——Nichtigkeit des Beschlusses 77 **Anh** UmwG 13, 3
——Umwandlungsbeschluß 77 **Anh** UmwG 9, 3
——Vorschriften, anwendbare 77 **Anh** UmwG 9, 5
——Zwangsausschluß der Minderheit 77 **Anh** UmwG 9, 1
—minderjähriger Alleingesellschafter 77 **Anh** UmwG 3, 4
—Organisation der AG 77 **Anh** UmwG 5, 2
—Prozesse, schwebende 77 **Anh** UmwG 5, 5
—Sicherheitsleistung für Gläubiger 77 **Anh** UmwG 7, 1
—Sondervermögen, übernommenes 77 **Anh** UmwG 8, 4
—Stimmrechte bei — von Einmanngesellschaft 77 **Anh** UmwG 3, 3
—Umwandlungsbeschluß bei Einmanngesellschaft 77 **Anh** UmwG 3, 5
—Umwandlungsbeschluß, mangelhafter 77 **Anh** UmwG 3, 11
—kein Veräußerungsvertrag 77 **Anh** UmwG 3, 10
—Verbot der Vermögensvermischung 77 **Anh** UmwG 8, 2
—Vermögensübergang 77 **Anh** UmwG 5, 4
—Vermögensvereinigung 77 **Anh** UmwG 8, 3
—verschmelzende Umwandlung 77 **Anh** UmwG Einf., 5
—Versorgungszusagen 77 **Anh** UmwG 5, 6
—Verträge und Gesamtrechtsnachfolge 77 **Anh** UmwG 5, 5
—Zahlungsverbot 77 **Anh** UmwG 8, 6
—Zweigniederlassung, Fortführung als 77 **Anh** UmwG 6, 5
Aktiengesellschaft, Vermögensübertragung auf errichtete oHG

Umwandlung (Fortsetzung)
—Abschluß eines Gesellschaftsvertrags **77 Anh** UmwG 16, 2
—Aktionäre, alle als Gesellschafter **77 Anh** UmwG 16, 2
—Aktionäre, Zustimmung aller **77 Anh** UmwG 17, 1
—Anmeldung des Umwandlungsbeschlusses **77 Anh** UmwG 18, 1
—Beitritt neuer Gesellschafter nicht bei Umwandlungsakt **77 Anh** UmwG 16, 2
—errichtende Umwandlung **77 Anh** UmwG 16, 1
—Firma der oHG **77 Anh** UmwG 17, 4
—Gesellschaftsvertrag der oHG **77 Anh** UmwG 17, 3
—Handelsgewerbe, vollkaufmännisches **77 Anh** UmwG 16, 2
—Hauptversammlung, zuständige **77 Anh** UmwG 17, 1
—Identität als Gesellschaft **77 Anh** UmwG 16, 1
—Kapitalgesellschaft nicht an oHG beteiligen **77 Anh** UmwG 16, 2
—Mehrheitserfordernisse **77 Anh** UmwG 17, 1
—minderjähriger Aktionär **77 Anh** UmwG 16, 3
—Mitgliedschaften, Identität **77 Anh** UmwG 16, 4
—oHG, Entstehung und Eintragung **77 Anh** UmwG 18, 3
—Umwandlungsbeschluß **77 Anh** UmwG 16, 2
—Vermögensübertragung **77 Anh** UmwG 16, 4
Aktionär, ausscheidender
—Antrag auf Spruchverfahren über Abfindung **77 Anh** UmwG 32, 1
Anmeldung zum Handelsregister
—Einzelkaufmann in AG **77 Anh** UmwG 54, 1
—Einzelkaufmann in GmbH **77 Anh** UmwG 56e, 1
—Personenhandelsgesellschaft auf AG, KGaA **77 Anh** UmwG 43, 3
—Personenhandelsgesellschaft auf GmbH **77 Anh** UmwG 49, 1
Anmeldung des Umwandlungsbeschlusses **77 Anh** UmwG 4, 1
—AG in Kommanditgesellschaft **77 Anh** UmwG 20, 34
—AG, Vermögensübertragung auf errichtete oHG **77 Anh** UmwG 18, 1

Umwandlung (Fortsetzung)
Anstalt des öffentlichen Rechts
—Umwandlung rechtsfähiger — in GmbH **77 Anh** UmwG 59, 1 f
Arten **77 Anh** UmwG Einf., 5
und Auflösung **60** 9
Auslandsvermögen **77 Anh** UmwG 5, 4
Belgien **Einl** 360
bergrechtliche Gewerkschaft in GmbH
—Abfindung widersprechender Gewerken **77 Anh** UmwG 65, 5
—Anmeldung **77 Anh** UmwG 65, 1
—Eintragung **77 Anh** UmwG 65, 2
—Firmenrecht **77 Anh** UmwG 63, 5
—formwechselnde Übertragung **77 Anh** UmwG 63, 1
—Geschäftsanteile **77 Anh** UmwG 64, 3 ff
—Gesellschaftsvertrag der GmbH **77 Anh** UmwG 63, 6
—Gläubigerschutz **77 Anh** UmwG 65, 4
—Rechtspersönlichkeit, erforderliche **77 Anh** UmwG 63, 1
—Stammkapital **77 Anh** UmwG 64, 1 f
bergrechtliche Gewerkschaften **77 Anh** UmwG 25 ff, UmwG 26 ff, UmwG 27 ff, UmwG 28 ff, UmwG 29 ff
Berlinklausel des UmwG **77 Anh** UmwG 66
Beschluß des Landgerichts über Abfindung **77 Anh** UmwG 34, 1
BGB-Gesellschaft, aktive und passive Umwandlungsfähigkeit **77 Anh** UmwG 40, 4
BGB-Gesellschaft, keine verschmelzende Umwandlung **77 Anh** UmwG 15 1
Dänemark **Einl** 584
Einmann-GmbH, Entstehung **Anh I 13** 28
Eintragung **77 Anh** UmwG 49, 5
—Einzelkaufmann in AG **77 Anh** UmwG 55, 1
—Einzelkaufmann in GmbH **77 Anh** UmwG 56f, 1
Eintragung in das Handelsregister
—AG auf Gesellschafter **77 Anh** UmwG 15, 12
Eintragung des Umwandlungsbeschlusses
—AG in Kommanditgesellschaft **77 Anh** UmwG 20, 4
Einzelunternehmen, Vermögensübergang auf AG, KGaA
—Dauerschuldverhältnisse **77 Anh** UmwG 56, 1
—Haftung bei Übergang des ganzen Vermögens **77 Anh** UmwG 55, 4 f
—Haftungsfortdauer **77 Anh** UmwG 55, 3

Umwandlung (Fortsetzung)
– Verjährung der Gläubigeransprüche **77 Anh** UmwG 56, 1
Einzelunternehmen, Vermögensübergang auf GmbH
– Ausschluß **77 Anh** UmwG 56a, 4
– Einmanngründung **77 Anh** UmwG 56a, 2
– errichtende Umwandlung **77 Anh** UmwG 56a, 3
– Gesamtrechtsnachfolge **77 Anh** UmwG 56a, 2
– Handelsgewerbe, vollkaufmännisches **77 Anh** UmwG 56a, 3
– kein Privatvermögen **77 Anh** UmwG 56a, 4
– Überschuldung **77 Anh** UmwG 56a, 6
– übertragende Umwandlung **77 Anh** UmwG 56a, 3
Einzelunternehmen, Vermögensübertragung auf AG, KGaA
– Anmeldung zum Handelsregister **77 Anh** UmwG 54, 1
– Ausschluß **77 Anh** UmwG 50, 3 ff
– Einmann-KGaA **77 Anh** UmwG 50, 1
– Eintragung **77 Anh** UmwG 55, 1
– Einzelkaufmann als Gründer **77 Anh** UmwG 51, 1
– errichtende Umwandlung **77 Anh** UmwG 50, 2
– Firmenrecht **77 Anh** UmwG 52, 2
– Gesamtrechtsnachfolge **77 Anh** UmwG 55, 2
– Gesellschaftsvertrag **77 Anh** UmwG 51, 6 ff
– Gründerhaftung **77 Anh** UmwG 51, 5
– Gründung der AG **77 Anh** UmwG 51, 6
– Gründung der KGaA **77 Anh** UmwG 51, 13
– Gründungsbericht **77 Anh** UmwG 53, 1
– Gründungsprüfung **77 Anh** UmwG 53, 2 ff
– Grundkapital und Einlage **77 Anh** UmwG 51, 2
– Handelsgeschäft als Sacheinlage **77 Anh** UmwG 51, 3
– Handelsgewerbe, vollkaufmännisches **77 Anh** UmwG 50, 1
– Kapitalaufbringung, Sicherung **77 Anh** UmwG 51, 4
– Mehrheit von Einzelunternehmen **77 Anh** UmwG 50, 1
– Organe, Bestellung **77 Anh** UmwG 51, 11

Umwandlung (Fortsetzung)
– kein Privatvermögen **77 Anh** UmwG 50, 3
– Rechtsverhältnisse zwischen Errichtung und Entstehung der AG **77 Anh** UmwG 51, 12
– Sacheinlage, Festsetzung **77 Anh** UmwG 51, 9
– Übergang des Geschäftsvermögens **77 Anh** UmwG 55, 2
– Überschuldung **77 Anh** UmwG 50, 5
– übertragende Umwandlung **77 Anh** UmwG 50, 2
– Umwandlungsbilanz **77 Anh** UmwG 52, 4, UmwG 54, 3
– Umwandlungserklärung als Gründung **77 Anh** UmwG 51, 1
– Umwandlungserklärung, notarielle Beurkundung **77 Anh** UmwG 52, 1
– Verbot der Unterpari-Emission **77 Anh** UmwG 51, 4
– Vermögensübersicht **77 Anh** UmwG 52, 3
– Wirksamwerden **77 Anh** UmwG 55, 1
Einzelunternehmen, Vermögensübertragung auf GmbH
– Anmeldung zum Handelsregister **77 Anh** UmwG 56e, 1
– Eintragung **77 Anh** UmwG 56f, 1
– Errichtung der GmbH **77 Anh** UmwG 56b, 7
– Firmenrecht **77 Anh** UmwG 56c, 2 f
– Gesellschaftsvertrag **77 Anh** UmwG 56b, 7 f
– Haftung, Fortdauer **77 Anh** UmwG 56f, 3
– Haftung der Gründer **77 Anh** UmwG 56b, 5
– Haftung bei Übergang des ganzen Vermögens **77 Anh** UmwG 56f, 4 f
– Handelsgeschäft als Sacheinlage **77 Anh** UmwG 56b, 3
– Kapitalaufbringung, Sicherung **77 Anh** UmwG 56b, 4
– Organe, Bestellung **77 Anh** UmwG 56b, 9
– Prüfung durch Registergericht **77 Anh** UmwG 56b, 6
– Rechtsverhältnisse zwischen Errichtung und Entstehung der GmbH **77 Anh** UmwG 56b, 10
– Sachgründungsbericht **77 Anh** UmwG 56b, 4, UmwG 56d, 1 f
– Stammkapital und Einlage **77 Anh** UmwG 56b, 2

Umwandlung (Fortsetzung)
—Übergang des Geschäftsvermögens **77 Anh** UmwG 56f, 2
—Umwandlungsbilanz **77 Anh** UmwG 56c, 5, UmwG 56e, 4
—Umwandlungserklärung als Gründung **77 Anh** UmwG 56b, 1
—Umwandlungserklärung, notarielle Beurkundung **77 Anh** UmwG 56c, 1
—Verjährung der Haftung **77 Anh** UmwG 56f, 6
—Vermögensübersicht **77 Anh** UmwG 56c, 4
—Wirksamwerden **77** UmwG 56f, 1
errichtende Umwandlung **77 Anh** UmwG 9, 1, UmwG 15, 1, UmwG 16, 1 f, UmwG 20, 1, UmwG 20, 3, UmwG 21, 1, UmwG 40, 1, UmwG 40, 3, UmwG 50, 2, UmwG 56a, 3
Feldmühle-Urteil **77 Anh** UmwG 9, 1
und Firmenfortführung **4** 75
Firmenrecht **77 Anh** UmwG 6, 1, UmwG 14, 1, UmwG 15, 12, UmwG 17, 4, UmwG 42, 9, UmwG 48, 9 f, UmwG 52, 2, UmwG 56c, 2 f, UmwG 63, 5
Formstatut **Einl** 100 f
formwechselnde Umwandlung **Einl** 50; **77 Anh** UmwG 40, 3, UmwG 59, 1, UmwG 63, 1
formwechselnde Umwandlung und Geschäftsanteil **15** 82
Frankreich **Einl** 306
Gebietskörperschaften
—Ausgliederung sog. Regie- oder Eigenbetriebe **77 Anh** UmwG 57, 1 f, UmwG 58, 1
Gemeindeverbände
—Ausgliederung sog. Regie- oder Eigenbetriebe **77 Anh** UmwG 57, 1 f, UmwG 58, 1
gemeinsamer Vertreter im Abfindungsverfahren **77 Anh** UmwG 33, 1
Gesamtrechtsnachfolge **77 Anh** UmwG 3, 10, UmwG 5, 1, UmwG 40, 3, UmwG 44, 1, UmwG 47, 1, UmwG 49, 4, UmwG 50, 2, UmwG 55, 2, UmwG 56a, 2, UmwG 57, 1
Gesellschaft mit beschränkter Haftung
—Einheitsumwandlung **77 Anh** UmwG 24, 2
—Mehrheitsumwandlung **77 Anh** UmwG 24, 3
—Umwandlungsbeschluß **77 Anh** UmwG 24, 2

Umwandlung (Fortsetzung)
Gesellschaft mit beschränkter Haftung, Ausgliederung aus Gebietskörperschaften und Gemeindeverbänden in — **77 Anh** UmwG 58, 1
Gesellschafter, ausscheidender
—Antrag auf Spruchverfahren über Abfindung **77 Anh** UmwG 32, 1
Gesellschaftsrecht, dauernder Bestandteil **77 Anh** UmwG Einf., 2
Gesellschaftsstatut **Einl** 91
GmbH & Co. KG **77 Anh** UmwG 40, 4
Großbritannien **Einl** 643
Handelsgesetzbuch, Umwandlungen **77 Anh** UmwG Einf., 8
Identität als Gesellschaft **77 Anh** UmwG 16 rdl
Identität des Unternehmens **77 Anh** UmwG Einf., 9
ideologische Motivation **77 Anh** UmwG Einf., 1
Italien **Einl** 470
Kapitalgesellschaft, Umwandlung auf Gesellschafter
—aufgelöste Kapitalgesellschaft **77 Anh** UmwG 2, 1
—Mitbestimmung **77 Anh** UmwG 1, 15
Kapitalgesellschaft, Vermögensübertragung auf Gesellschafter
—Abwicklung, Ausschluß **77 Anh** UmwG 1, 3
—Fälle, denkbare **77 Anh** UmwG 1, 10
—juristische Person als Allein- oder Hauptgesellschafter **77 Anh** UmwG 1, 10
Kapitalgesellschaft, Vermögensübertragung auf Personengesellschaft
—Abwicklung, Ausschluß **77 Anh** UmwG 1, 3
—auf Aktionär, Abgrenzung **77 Anh** UmwG 15, 1
—auf aufgelöste Übernehmerin **77 Anh** UmwG 2, 1
—Auflösungsfälle ohne Umwandlungsmöglichkeit **77 Anh** UmwG 2, 6
—Auflösungsfälle mit Umwandlungsmöglichkeit 77 **Anh** UmwG 2, 4
—Auslandsgesellschaft als Beteiligte der Personengesellschaft **77 Anh** UmwG 1, 7
—auf doppelstöckige GmbH, AG & Co. KG **77 Anh** UmwG 1, 7
—auf GmbH & Co. KG **77 Anh** UmwG 1, 6
—über die Grenze **77 Anh** UmwG 1, 4

Umwandlung (Fortsetzung)
– juristische Personen als Beteiligte an Personengesellschaft **77 Anh** UmwG 1, 7
– Kapitalgesellschaft, eintretende in Personengesellschaft nach Umwandlung **77 Anh** UmwG 1, 9
– nach Konkurseröffnung der Kapitalgesellschaft **77 Anh** UmwG 2, 3
– Mitbestimmung **77 Anh** UmwG 1, 15
– öffentliches Interesse **77 Anh** UmwG 1, 14
– auf Personengesellschaft mit beschränkter Haftung **77 Anh** UmwG 1, 6
– Rechtsfolgen eines Verstoßes **77 Anh** UmwG 1, 14
– Rechtsformen deutschen Gesellschaftsrechts **77 Anh** UmwG 1, 4
– der schon aufgelösten Kapitalgesellschaft **77 Anh** UmwG 2, 1
– Übernehmerin, Anwendbarkeit auf ausländische **77 Anh** UmwG 1, 4
– Übertragerin Gesellschaft deutschen Rechts **77 Anh** UmwG 1, 4
– Umgehung des Gesetzeszwecks **77 Anh** UmwG 1, 6
– Verbot **77 Anh** UmwG 1, 5
Körperschaft des öffentlichen Rechts
– Umwandlung rechtsfähiger – in GmbH **77 Anh** UmwG 59, 1 f
Kolonialgesellschaft in AG **77 Anh** UmwG 61, 1 f
Kolonialgesellschaft in GmbH **77 Anh** UmwG 61a, 1 f
Kommanditgesellschaft auf Aktien **77 Anh** UmwG 23, 1
Konzernverschmelzung **77 Anh** UmwG Einf., 11
Landgericht, für Abfindung zuständiges **77 Anh** UmwG 33, 1
Luxemburg **Einl** 414
durch Mehrheitsbeschluß
– Mehrheitserfordernisse **77 Anh** UmwG 19, 4
– Umwandlungsbeschluß **77 Anh** UmwG 19, 1
– Vorschriften, anwendbare **77 Anh** UmwG 19, 7
– kein Zwangsausschluß **77 Anh** UmwG 19, 2
Mitbestimmung **77 Anh** UmwG 1, 15
Niederlande **Einl** 530
Österreich **Einl** 195
Persönlich haftender KGaA-Gesellschafter **77 Anh** UmwG 23, 2

Umwandlung (Fortsetzung)
Personenhandelsgesellschaft, Vermögensübertragung auf AG, KGaA
– Anmeldung zum Handelsregister **77 Anh** UmwG 43, 3
– Arbeitsverhältnisse **77 Anh** UmwG 45, 4
– aufgelöste Personenhandelsgesellschaft **77 Anh** UmwG 40, 5
– ausländisches Vermögen **77 Anh** UmwG 44, 3
– bestehende Gesellschaft **77 Anh** UmwG 40, 4
– BGB-Gesellschaft **77 Anh** UmwG 40, 4
– Eintragungen, Reihenfolge **77 Anh** UmwG 44, 2
– errichtende Umwandlung **77 Anh** UmwG 40, 1, UmwG 40, 3
– Firmenrecht **77 Anh** UmwG 42, 9
– Gesamtrechtsnachfolge **77 Anh** UmwG 40, 3, UmwG 44, 1
– Gesellschaften deutschen Rechts **77 Anh** UmwG 40, 2
– Gesellschaftereinlagen **77 Anh** UmwG 41, 3
– Gesellschaftsvertrag der AG, Inhalt **77 Anh** UmwG 41, 9
– GmbH & Co. KG passiv umwandlungsfähig **77 Anh** UmwG 40, 4
– Gründerhaftung **77 Anh** UmwG 41, 6
– Gründung der AG **77 Anh** UmwG 41, 7
– Gründung der KGaA **77 Anh** UmwG 41, 15
– Gründungsbericht **77 Anh** UmwG 43, 1
– Gründungsprüfung **77 Anh** UmwG 43, 2
– Haftungsverhältnisse **77 Anh** UmwG 41, 14
– Handelsgeschäft als Sacheinlage **77 Anh** UmwG 41, 4
– Kapitalaufbringung **77 Anh** UmwG 41, 2
– Kapitalaufbringung bei KGaA **77 Anh** UmwG 41, 16
– Kapitalaufbringung, Sicherung **77 Anh** UmwG 41, 5
– Kapitalgesellschaft, Beteiligungen an oHG, KG unschädlich **77 Anh** UmwG 40, 4
– Organe der AG, Bestellung **77 Anh** UmwG 41, 12
– Personenhandelsgesellschaft, Fortbestehen **77 Anh** UmwG 41, 13

Umwandlung (Fortsetzung)
—Rechtsnatur **77 Anh** UmwG 40, 3, UmwG 44, 1
—Rechtsträger, gewechselter **77 Anh** UmwG 40, 3
—Rechtsverhältnis zwischen Errichtung und Entstehung der AG **77 Anh** UmwG 41, 13
—Sachgründung **77 Anh** UmwG 41, 2
—übertragende Umwandlung **77 Anh** UmwG 40, 1
—Umwandlungsbeschluß
——Gesellschafterversammlung **77 Anh** UmwG 42, 1
——Zustimmung aller Gesellschafter **77 Anh** UmwG 42, 3
—Umwandlungsbeschluß als Gründung **77 Anh** UmwG 41, 1
—Umwandlungsbilanz **77 Anh** UmwG 43, 5
—Verbot der Unterpari-Emission **77 Anh** UmwG 41, 5
—vertragliche Mehrheitsumwandlung **77 Anh** UmwG 42, 4
—Wirksamwerden **77 Anh** UmwG 44, 1
Personenhandelsgesellschaft, Vermögensübertragung auf GmbH
—Anmeldung zum Handelsregister **77 Anh** UmwG 49, 1 f
—Arbeitsverhältnisse **77 Anh** UmwG 49, 14
—Arbeitsverträge **77 Anh** UmwG 49, 9
—Bedenken gegen — **77 Anh** UmwG 46, 1
—Bestimmtheitsgrundsatz **77 Anh** UmwG 48, 6
—Dauerschuldverhältnisse **77 Anh** UmwG 49, 13
—Eintragung der GmbH **77 Anh** UmwG 49, 5
—Firmenrecht **77 Anh** UmwG 48, 9 f
—Gesamtrechtsnachfolge **77 Anh** UmwG 47, 1
—Gesellschaftereinlagen **77 Anh** UmwG 47, 3
—Gesellschaftsanteil, Rechte am **77 Anh** UmwG 49, 10
—Gesellschaftsvertrag **77 Anh** UmwG 47, 8 f
—gesetzlicher Übergang **77 Anh** UmwG 47, 1
—Gründerhaftung **77 Anh** UmwG 47, 6
—Gründung einer GmbH **77 Anh** UmwG 47, 1, UmwG 47, 8

Umwandlung (Fortsetzung)
—Haftung der Gesellschafter **77 Anh** UmwG 49, 11
—Haftungsverhältnisse **77 Anh** UmwG 47, 12
—Handelsgeschäft als Sacheinlage **77 Anh** UmwG 47, 4
—Kapitalaufbringung **77 Anh** UmwG 47, 2
—Kapitalaufbringung, Sicherung **77 Anh** UmwG 47, 5
—Organe, Bestellung **77 Anh** UmwG 47, 10
—Prüfung durch Registergericht **77 Anh** UmwG 47, 7
—Rechtsnatur **77 Anh** UmwG 49, 4
—Rechtsverhältnisse zwischen Errichtung und Entstehung der GmbH **77 Anh** UmwG 47, 11
—Ruhegeldansprüche **77 Anh** UmwG 49, 15
—Sachgründungsbericht **77 Anh** UmwG 47, 5
—Stammkapital **77 Anh** UmwG 47, 2
—Surrogationsprinzip **77 Anh** UmwG 49, 10
—Umwandlungsbeschluß
——Gesellschafterversammlung **77 Anh** UmwG 48, 1 f
——Zustimmung aller Gesellschafter **77 Anh** UmwG 48, 3
—Umwandlungsbilanz **77 Anh** UmwG 49, 3
—Verbindlichkeiten **77 Anh** UmwG 49, 7
—Verjährung der Gesellschafterhaftung **77 Anh** UmwG 49, 12
—Vermögensübergang **77 Anh** UmwG 48, 6
—Verträge **77 Anh** UmwG 49, 8
—vertragliche Mehrheitsumwandlung **77 Anh** UmwG 48, 4
—Wirksamwerden **77 Anh** UmwG 49, 4
Personenhandelsgesellschaft, Vermögensübertragung auf KG, KGaA
—Dauerschuldverhältnisse **77 Anh** UmwG 45, 3
—Gesellschaftsanteil, Rechte **77 Anh** UmwG 44, 7
—Haftung der Gesellschafter **77 Anh** UmwG 45, 1
—Ruhegehaltansprüche **77 Anh** UmwG 45, 5
—Verbindlichkeiten **77 Anh** UmwG 44, 4
—Verjährung der Gesellschafterhaftung **77 Anh** UmwG 45, 2

Umwandlung (Fortsetzung)
—Vermögensübergang **77 Anh** UmwG 44, 3
—Verträge **77 Anh** UmwG 44, 5
Realgemeinde, ähnliche Verbände
—Umwandlung in AG **77 Anh** UmwG 60, 1 f
Rechtsentwicklung **77 Anh** UmwG Einf., 1
Rechtsgehalt **77 Anh** UmwG Einf., 9
Rechtspersönlichkeit und — **77 Anh** UmwG Einf., 9
und Sachgründung **5** 53
Schweiz **Einl** 251
Spruchverfahren über Abfindung **77 Anh** UmwG 30, 1
Surrogationsprinzip **77 Anh** UmwG 44, 7, UmwG 49, 10
Übersicht **77 Anh** UmwG Einf., 5
übertragende Umwandlung **77 Anh** UmwG 40, 1, UmwG 50, 2, UmwG 56a, 3
Umwandlungsbeschluß
—AG in Kommanditgesellschaft **77 Anh** UmwG 20, 3
—AG, Umwandlung unter gleichzeitiger Errichtung einer BGB-Gesellschaft **77 Anh** UmwG 21, 2, UmwG 22, 1
—AG, Vermögensübertragung auf errichtete oHG **77 Anh** UmwG 16, 2
—AG, Vermögensübertragung auf errichtete oHG durch Mehrheitsbeschluß **77 Anh** UmwG 19, 1
—Aktiengesellschaft auf oHG als Alleingesellschafter **77 Anh** UmwG 3, 5
—bergrechtliche Gewerkschaft **77 Anh** UmwG 25, 1, UmwG 26, 1
—bergrechtliche Gewerkschaft in GmbH **77 Anh** UmwG 63, 2
—GmbH **77 Anh** UmwG 24, 2
—Kapitalgesellschaft auf bestehende oHG durch Mehrheitsbeschluß **77 Anh** UmwG 9, 3
—KGaA **77 Anh** UmwG 23, 2
—Kolonialgesellschaft in AG **77 Anh** UmwG 61, 1 f
—Kolonialgesellschaft in GmbH **77 Anh** UmwG 61a, 2
—mangelhafter **77 Anh** UmwG 3, 11
—Personenhandelsgesellschaft, Vermögensübertragung auf AG, KGaA **77 Anh** UmwG 41, 1, UmwG 42, 1
—Realgemeinde in AG **77 Anh** UmwG 60, 2
Umwandlungsbilanz **77 Anh** UmwG 49, 3

Umwandlung (Fortsetzung)
—Aktiengesellschaft auf oHG als Alleingesellschafter **77 Anh** UmwG 3, 5
Umwandlungserklärung
—Einzelkaufmann in AG **77 Anh** UmwG 51, 1, UmwG 52, 1
—Einzelunternehmen in GmbH **77 Anh** UmwG 56c, 1
Unternehmensrecht, dauernder Bestandteil **77 Anh** UmwG Einf., 2
Vereinigte Staaten von Amerika **Einl** 666
Vermögenstrennung, -zusammenführung **77 Anh** UmwG 8, 1
Vermögensübergang **77 Anh** UmwG 5, 4
verschmelzende Umwandlung **77 Anh** UmwG Einf., 5, UmwG 9, 1, UmwG 15, 1, UmwG 16, 1 f, UmWG 20, 1 f, UmwG 40, 3
Verschmelzungsrecht **77 Anh** UmwG Einf., 11
Verschmelzungssrichtlinie-Gesetz
—Änderung des UmwG durch — **77 Anh** UmwG 1, 11
Verträge und Gesamtrechtsnachfolge **77 Anh** UmwG 5, 5
wirtschaftlicher Verein in AG **77 Anh** UmwG 62, 1
Umwandlung, formwechselnde Einl 50
Umwandlung, übertragende Einl 50
Umwandlungsrecht
als Unternehmensrecht **Einl** 50
Unbedenklichkeitsbescheinigung
für Kapitalverkehrsteuer **7** 39
Kapitalverkehrsteuer **8** 18
Unbedenklichkeitserklärung
Niederlande **Einl** 492
Unbefugte Offenbarung, Verwertung eines Geschäftsgeheimnisses
s. Geschäftsgeheimnis
Unbeschränkbarkeit
der Vertretungsbefugnis der Geschäftsführer **37** 39 ff
Unbeschränkte Haftung
der Gründer **11** 60, 62
Unechte Vorgesellschaft 11 13 ff
Besteuerung **11** 95
Uneinheitliche Stimmabgabe 47 13 ff
Unentgeltlichkeit
Verpflichtung zur Abtretung des Geschäftsanteils **15** 14
Unentziehbare Mitgliedschaftsrechte 14 13 ff
Unentziehbarkeit
Auflösungsklage, Recht zur Erhebung **61** 3
Unerlaubte Handlung
s. Deliktische Haftung

Unerlaubte Handlung durch und an GmbH **13** 12
Unfallversicherung
Geschäftsführer **35** 96
Rechtsform, erforderliche **1** 9
Ungarn
GmbH-Recht **Einl** 131
Unmittelbare gemeinschaftliche Rechtsausübung
bei Mitberechtigung am Geschäftsanteil **18** 19 f
Unmöglichkeit
Einbringung von Rechten **5** 81
des Erreichens des Gesellschaftszwecks **61** 12 ff
des Geschäftsführers zur Leistung der Dienste **35** 120
Sacheinlagenpflicht **5** 81 f
Unparteilichkeit des Liquidators **66** 24
Unterbeteiligung
am Geschäftsanteil **Anh 15** 35 ff
am Geschäftsanteil und Gewinnanspruch **29** 89
Unterbilanz
und Auszahlungsverbot **30** 14
und Kapitalherabsetzung **58** 12 ff, 77 ff
und Überschuldung **63** 19
Unterkapitalisierung
anfängliche — **Anh 30** 23, 60
angemessene Kapitalausstattung, keine Pflicht zur **Anh 30** 10
Arten **Anh 30** 21
Ausfallhaftung und — **Anh 30** 19
Ausfallhaftung bei qualifizierter — **Anh 30** 55
Ausfallhaftung und Schutzzweck **Anh 30** 62
Begriff **Anh 30** 6, 14 ff
Betriebswirtschaftslehre **Anh 30** 6
bewußte Risikoübernahme **Anh 30** 67
Bürgschaft **Anh 30** 26
deliktische Haftung **Anh 30** 31 ff
Differenzhaftung **Anh 30** 46, 48
Diskussionsstand **Anh 30** 5
einfache — **Anh 300** 24
Einmanngesellschaft **AnhI 13** 47
Einwendungen bei bewußter Risikoübernahme **Anh 30** 67
Erklärungshaftung, Lehre **Anh 30** 42
Feststellung **Anh 30** 18 ff
Feststellung des Vorliegens **Anh 30** 6
Finanzbedarf **Anh 30** 16
Finanzplan, Maßstab **Anh 30** 15
fraudulöse Schädigung Dritter **Anh 30** 38
Garantievertrag **Anh 30** 26

Unterkapitalisierung (Fortsetzung)
Gesamtschuldner **Anh 30** 66a
Geschäftsart, Maßstab **Anh 30** 15
Geschäftsumfang als Maßstab **Anh 30** 15
Gesellschafterdarlehen keine Voraussetzung **Anh 30** 61
Gesellschafterhaftung, persönliche **Anh 30** 25 ff
Gesellschaftsteuer **Anh 30** 7
Gläubigerschutz **Anh 30** 67
Haftung, persönliche der Gesellschafter **Anh 30** 25 ff
und Haftungsdurchgriff **5** 10
Kapitalaufbringung und -erhaltung **Anh 30** 44
Kapitalverkehrsteuer **Anh 30** 7
Kausalität zwischen — und Konkursreife **Anh 30** 62 f
Kenntnis Dritter von — **Anh 30** 67
Körperschaftsteuerrecht **Anh 30** 7
Konkurs de Gesellschaft **Anh 30** 65
Konkursreife, Kausalität mit — **Anh 30**
Konkursverschleppung **Anh 30** 32
Kreditauftrag **Anh 30** 26
Kreditbetrug **Anh 30** 31
Kreditfähigkeit, fehlende **Anh 30** 16 f
Maßstab **Anh 30** 13 ff
materielle — **Anh 30** 22
Mißbrauchslehre, subjektive **Anh 30** 38
Mißbrauchsvorbehalt **Anh 30** 11
nachträgliche — **Anh 30** 23, 60
nominelle — **Anh 30** 22
Normzweck gesetzlicher Haftungsordnung **Anh 30** 11
Normzwecklehre **Anh 30** 56 f, 66
Normzwecklehren **Anh 30** 43 ff
Organisationsfehlerhaftung **Anh 30** 40
Patronatserklärung **Anh 30** 26
persönliche Haftung der Gesellschafter **Anh 30** 25 ff
Privileg der Haftungsbeschränkung **Anh 30** 45
qualifizierte — **Anh 30** 19, 24, 57, 59
qualifizierte — und Ausfallhaftung **Anh 30** 55 f
qualifizierte materielle — **Anh 30** 35
qualifizierte —, Rechtsfolge **Anh 30** 66
Rechsform, Mißbrauch **Anh 30** 38
rechtliche Bedeutung **Anh 30** 9 ff
Rechtsfragen, Überblick **Anh 30** 2
rechtsgeschäftliche Gesellschafterhaftung **Anh 30** 26
Rechtsprechung **Anl 30** 49 ff
Rechtsscheinhaftung **Anh 30** 28
Rechtstatsachen **Anh 30** 8

Unterkapitalisierung (Fortsetzung)
Reform **Anh 30** 3
Regelungen, fehlende **Anh 30** 1
und Registergericht **10** 18
Schuldbeitritt **Anh 30** 26
Schutzbedürfnis des Rechtsverkehrs **Anh 30** 58
Schutzbedürfnis des redlichen Verkehrs **Anh 30** 53
Schutzzweck und Ausfallhaftung **Anh 30** 62
sittenwidrige Gläubigerschädigung **Anh 30** 33
Steuerrecht, Herkunft aus **Anh 30** 7
subjektive Mißbrauchslehre **Anh 30** 38
und Überschuldung **63** 19
Überschuldung der Gesellschaft **Anh 30** 65
unbeschränkt persönliche Ausfallhaftung **Anh 30** 66
Vermögensteuerrecht **Anh 30** 7
Verschulden bei Vertragsabschluß **Anh 30** 27
Vertrauenshaftung **Anh 30** 27
Vertrauenstatbestände, sonstige **Anh 30** 29 f
widersprüchliches Verhalten **Anh 30** 29
Zahlungsunfähigkeit der Gesellschaft **Anh 30** 65
Zurechenbarkeit der — **Anh 30** 64
Unterlassen
bei Gründungstäuschung **82** 47
Unterlassen als Untreue Vor 82 35
Unterlassene Anzeige
bei Verlust der Hälfte des Stammkapitals **84** 7 ff
Unterlassene Stellung
von Konkurs- bzw. Vergleichsantrag **84** 42 ff
Unterlassungspflicht
Durchgriffsproblem **Anh I 13** 49
Unternehmen, Begriff Anh II 13 4
Unternehmensbesitz und Unternehmensleitung
Einheit **Einl** 14
Unternehmenseinbringung
als Sacheinlage bei Kapitalerhöhung **56** 20
Unternehmensgegenstand
Änderung **3** 23; **53** 93
Änderung des — und Sachfirma **4** 28 ff
allgemein gehaltener — **8** 13
Amtslöschung bei fehlendem **3** 18
faktische Änderung **53** 94
Fehlen oder Nichtigkeit einer Bestimmung über — **75** 19 ff
und Gesellschaftszweck **1** 3
gesetzeswidriger **62** 18
Unternehmensgegenstand (Fortsetzung)
Handelsregister **3** 18
Heilung des Mangels **76** 1 ff
Individualisierung **3** 19
Komplementär-GmbH **3** 22
und Mantelgründung **3** 26
als Mittel zur Zweckerreichung **1** 4
Mittel zur Zweckverfolgung **3** 17
Nichtigkeitsklage bei fehlendem — **3** 18
Registergericht, Gründungsprüfung **10** 15
und Sachfirma **4** 7 ff
staatliche Genehmigung **8** 10 ff
Tätigkeit der Gesellschaft **3** 17
unzulässiger Gesellschaftszweck **1** 19, 27
vorrangige Bedeutung **3** 18
Wahl **3** 17
und Zweck der Gesellschaft **3** 17
Unternehmensinteresse
Anerkennung **35** 6
Unternehmenskauf
Einmann-GmbH **Anh II 13** 62 f
Unternehmensleitung
und Mitgliedschaft, Annäherung als GmbH-Strukturelement **Einl** 671
Unternehmenspolitik
und Geschäftsführung **37** 5
Unternehmensrecht
Begriff **Einl** 42
und Einmanngesellschaft **Anh I 13** 4
und GmbH-Reform **Einl** 62
Standort der GmbH im — **Einl** 44
und Umwandlungsrecht **Einl** 50
und Wettbewerbsfähigkeit **Einl** 45
Unternehmensteil GmbH Einl 20
Unternehmensveräußerung im ganzen
durch Liquidator **70** 15
Unternehmensverbindungen
s. a. Konzernverband und GmbH
Abhängigkeit **Anh II 13** 7
Anscheinshaftung **Anh II 13** 51
Arten **Anh II 13** 3
Auskunftsrecht über Beziehungen **Anh II 13** 22
Betriebspachtvertrag **Anh II 13** 34
Betriebsüberlassungsvertrag **Anh II 13** 34
faktischer Konzern **Anh II 13** 44 ff
Gesellschafterpflichten **Anh II 13** 19
Gesellschafterrechte **Anh II 13** 19
Gesellschafterversammlung **Anh II 13** 36 f
Gewinnabführungsvertrag **Anh II 13** 32, 35
Gewinngemeinschaft **Anh II 13** 33
Haftungstatbestände für Konzernobergesellschaft **Anh II 13** 49
Handelsregister **Anh II 13** 38

Unternehmensverbindungen (Fortsetzung)
Kapitalerhaltung **Anh II 13** 13 ff
Konzernaußenhaftung **Anh II 13** 48 ff
Konzerne **Anh II 13** 8
Kreditgewährung an Konzernorgane **Anh II 13** 18
Mehrheitsbesitz **Anh II 13** 6
Patronatserklärung **Anh II 13** 50
Reform **Anh I 13** 52 ff
Unternehmen, Begriff **Anh II 13** 4
Unternehmensverbindungen, Auswirkungen **Anh II 13** 12
Unternehmensverträge **Anh II 13** 10 f; **53** 125 ff
verbundene Unternehmen **Anh II 13** 5
wechselseitige Beteiligung **Anh II 13** 9
Unternehmensverbindungen, internationale
Gesellschaftsstatut **Einl** 91
Unternehmensverträge
als Änderung des Gesellschaftsvertrags **53** 133
bei der GmbH **Anh II 13** 10 ff
Handelsregister **53** 131
und Verschmelzung **77 Anh II** VerschmG 25, 35
Unternehmer-Geschäftsführer
Ruhegehaltsanspruch, -anwartschaft **35** 157
Unterordnungskonzern
GmbH als Konzernspitze **Einl** 17
Unterpariemission, Verbot 5 134 ff
und Bewertung der Sacheinlage **5** 61, 68, 72
durch Einbringung erreichte Schuldbefreiung **5** 44
und Registergericht **10** 16
Unterscheidbarkeit
eingetragener Firmen **4** 79 ff
Unterschriftenzeichnung
als Anlage der Anmeldung **8** 27 ff
der Liquidatoren **67** 18
Unterstützungseinrichtung
GmbH als Rechtsträger **1** 16
Unterzeichnung
bei Kapitalerhöhung **55** 70
Unterzeichnung sämtlicher Gesellschafter
bei Abschluß des Gesellschaftsvertrags **2** 7
Untreue, GmbH-rechtliche
Allein-Gesellschafter-Geschäftsführer **Vor 82** 12
Antragsdelikt **Vor 82** 113
Arbeitnehmerschutz **Vor 82** 8
Aufhebung des Sondertatbestandes **Vor 82** 3
Aufsichtsratsmitglieder **Vor 82** 31

Untreue, GmbH-rechtliche (Fortsetzung)
besonders schwerer Fall **Vor 82** 101 ff
Buchführung, unordentliche **Vor 82** 72, 77
Darlehensgewährung an einzelne Gesellschafter **Vor 82** 57
Einverständnis, wirksames zum Geschäft **Vor 82** 38 ff
Erlaubnistatbestandsirrtum **Vor 82** 87
erloschene Rechtsverhältnisse **Vor 82** 52
Ermächtigung für Täter **Vor 82** 24
Fassung, alte des § 81a **Vor 82** 2
Geschäftsführer **Vor 82** 27 ff
Geschäftsführertätigkeit, tatsächliche **Vor 82** 47 ff
Gesellschaftsschutz **Vor 82** 8
gesetzwidrige Handlung, Innenverhältnis **Vor 82** 53
Gläubigerschutz **Vor 82** 8
individueller Schadenseinschlag **Vor 82** 68
Innenverhältnis **Vor 82** 26
Innenverhältnis, Mißbrauch der Schranken **Vor 82** 33
Investitionen, sinnlose und überhöhte **Vor 82** 34
Irrtum **Vor 82** 85
juristisch-ökonomische Vermittlungstheorie **Vor 82** 63
juristische Person, keine Strafbarkeit **Vor 82** 30
juristischer Vermögensschaden **Vor 82** 63
Kausalverlauf, Irrtum über **Vor 82** 87
Konkurrenzen **Vor 82** 108 ff
Konzern **Vor 82** 76
Liquidatoren **Vor 82** 30
Mißbrauch der Befugnis **Vor 82** 33
Mißbrauchstatbestand **Vor 82** 15
Nachforschungspflicht und Verbotsirrtum **Vor 82** 92
Nachteil und Vermögensschaden **Vor 82** 61 ff
Nachteil und Vorteil **Vor 82** 66
Nachteilszufügung **Vor 82** 60 ff
Organe, organähnliche Personen **Vor 82** 27
persönlicher Schadenseinschlag **Vor 82** 68
personal-individualisierender Vermögensbegriff **Vor 82** 63
Pflichtwidrigkeit **Vor 82** 56
qualifiziertes Treuverhältnis **Vor 82** 54
Rechtfertigungsgründe, allgemeine **Vor 82** 79
Rechtfertigungsgrund, Irrtum über Vorliegen **Vor 82** 88
rechtliche Treuverhältnisse **Vor 82** 45
rechtsgeschäftliches, nichtrechtsgeschäftliches Handeln **Vor 82** 73

Untreue, GmbH-rechtliche (Fortsetzung)
Rechtsgut, geschütztes **Vor 82** 5
Rechtspersönlichkeit und Einverständnis **Vor 82** 40
Rechtsverhältnisse, unwirksame und Treuverhältnis **Vor 82** 46
Rechtswidrigkeit **Vor 82** 79 f
Risiko, erlaubtes **Vor 82** 36
Risikogeschäft **Vor 82** 37
Schadenseinschlag, persönlicher **Vor 82** 68
Schuld **Vor 82** 81 ff
Schuldausschließungsgründe **Vor 82** 98 f
Schuldfähigkeit **Vor 82** 96 f
Schutzzweck **Vor 82** 5
sittenwidrige Handlung, Innenverhältnis **Vor 82** 53
Sonderdelikt § 266 StGB **Vor 82** 6, 10
Sondertatbestand bis 1.4. 1970 **Vor 82** 1
soziale Zweckverfehlungstheorie **Vor 82** 69
Spekulationsgeschäfte **Vor 82** 36
Strafe **Vor 82** 112
Strafvollstreckungsverjährung **Vor 82** 115
Täterkreis **Vor 82** 9 ff
Tätermerkmale, Bedeutung **Vor 82** 10
Täterschaft **Vor 82** 106 f
Tatbestandsirrtum **Vor 82** 85
tatsächliche Treuverhältnisse **Vor 82** 46
tatsächliche Vermögenseinwirkung **Vor 82** 17
Teilnahme **Vor 82** 106 f
Treubruchtatbestand **Vor 82** 43 ff
Treuepflicht **Vor 82** 44 ff
Überstimmung des Täters **Vor 82** 75
Unterlassen **Vor 82** 74
Verbotsirrtum **Vor 82** 90
Verfügungsbefugnis **Vor 82** 15 ff
Verfügungsbegriff **Vor 82** 16
Verjährung **Vor 82** 114
Verletzung der Treuepflicht **Vor 82** 55
Vermögen, geschütztes **Vor 82** 5
Vermögensbetreuungspflicht, besondere beim Mißbrauchstatbestand **Vor 82** 32
Vermögensgefährdung **Vor 82** 72
Vermögensmehrung, Ausbleiben **Vor 82** 72
Vermögensnachteile, Beispiele **Vor 82** 77
Vermögensschaden und Nachteil **Vor 82** 61 ff
Verpflichtungsbefugnis **Vor 82** 16 ff
Versuch **Vor 82** 100
Vertrauen, geschütztes **Vor 82** 5
Vollendung **Vor 82** 100
Vollmacht, Handeln ohne **Vor 82** 34
Vollmacht für Täter **Vor 82** 24
Vorsatz **Vor 82** 82 ff
Vorteil und Nachteil **Vor 82** 66

Untreue, GmbH-rechtliche (Fortsetzung)
vorübergehende Gefährdung **Vor 82** 71
wirtschaftlicher Vermögensschaden **Vor 82** 62 ff
Zahlung an überschuldete GmbH **Vor 82** 59
Zweckentfremdung von Geldern **Vor 82** 58
Zweckverfehlungstheorie, soziale **Vor 82** 69

Unvereinbarkeit
Geschäftsführer und Aufsichtsrat **52** 78, 81

Unvollständige Eintragung im Handelsregister **10** 33

Unwirksamkeit
s. a. Anfechtbarkeit; Nichtigkeit
Änderung des Gesellschaftsvertrags und Registergericht **54** 45
einer Beitrittserklärung zur GmbH **2** 79 ff
eines Beschlusses, prozessuale Behandlung **Anh 47** 210 f
Bestellung von Aufsichtsratsmitgliedern **52** 77, 80, 83
Gesellschafterbeschluß **Anh 47** 17
der Kaduzierung **22** 23
Kapitalerhöhungsbeschluß, eingetragener **57** 43
von Rechtsgeschäften nach Anmeldendenhaftung **9** 25 ff

Unzulässige Firma
Rechtsfolgen vor und nach Eintragung **4** 87 ff

Unzulässige Firmenzusätze **4** 60 ff

Unzulässiger Firmengebrauch
und Registergericht **4** 89, 94

Unzulässiger Gesellschaftszweck
Amtsauflösung **1** 27
Auflösungsklage **1** 27
Einlagenzahlung **1** 28
Entstehung nach Eintragung **1** 27
gesetzliches Verbot mit Erlaubnisvorbehalt **1** 22
gesetzliches Verbot, Verstoß **1** 20
gute-Sitten-Verstoß **1** 23
Handelsregister, unterbleibende Eintragung **1** 25
Heilung des Mangels **1** 30
Kündigungs- oder Austrittsrecht **1** 27
lokales Verbot, Verstoß gegen **1** 20
nachträglicher **1** 29
Nichtigkeitsklage **1** 27, 30
Rechtsfolgen **1** 25 ff
und steuerliche Nichtanerkennung der GmbH **1** 24
und Unternehmensgegenstand **1** 19, 27

Unzulässigkeit
Geldleistung, Übergang zur Sacheinlage **5** 26
Kapitalerhöhung zur Durchführung einer Verschmelzung **77 Anh II** VerschmG 23, 2 ff
reiner Mantelgründung **3** 26
Urheberrechte
Sacheinlage **5** 47
Urkunde
Abtretungsverpflichtung Geschäftsanteil **15** 35
über Aufsichtsratsbestellung **8** 17
über Gewinnanspruch **29** 90
Urkunden
beifügende bei Anmeldung der Satzungsänderung **54** 15 ff
Urkundenmehrheit
einheitlichen Rechtsgeschäfts **2** 7
Urlaub
des Geschäftsführers **35** 200
Urproduktion 1 6
Urteil auf Nichtigkeit, rechtskräftiges 75 49
Uruguay
GmbH-Recht **Einl** 139

V

Valutaforderungen
als Sacheinlage **5** 40
Venezuela
GmbH-Recht **Einl** 139
Veräußerer des Geschäftsanteils
fehlerhafte Anmeldung **16** 40 ff
Gesellschafterpflichten, Befreiung **16** 34 f
Haftung für rückständige Leistungen **16** 36 ff
Legitimationsverlust **16** 33
Rechtsstellung **16** 33 ff
Veräußerung
des von GmbH betriebenen Handelsgeschäfts **65** 13
Veräußerung des Betriebs
kein Auflösungsgrund **60** 59
Veräußerung des Geschäftsanteils
und vormundschaftsgerichtliche Genehmigung **15** 130
Veräußerung des Unternehmens im ganzen
durch Liquidator **70** 15
Veräußerungsauftrag
über Geschäftsanteil **15** 43
Veräußerungsvertrag
kein bei Gesamtrechtsnachfolge **77 Anh** UmwG 3, 10
Verantwortlichkeit
s. Haftung
Verbandsrecht, internes
Gesellschaftsstatut **Einl** 91
Verbindlichkeiten
Bewertung **42** 182 ff
Erfüllung im Liquidationsstadium **70** 7
Passivierung **42** 103 ff
in Überschuldungsbilanz **63** 43
und Verschmelzung **77 Anh II** VerschmG 25, 24
Verbindung
Kapitalherabsetzung und Kapitalerhöhung **58** 79 ff
Verbleib des Gesellschafters
in der Gesellschaft, unzumutbarer **Anh 34** 48
Verbot
Erwerb eigener nicht voll eingezahlter Geschäftsanteile **33** 3 ff
der Rückzahlung des Stammkapitals **30** 6 ff
des Selbstkontrahierens des Geschäftsführers **35** 227 ff
der Übernahme eigener Anteile bei Kapitalerhöhung **55** 38 f
der Umgehung von Sacheinlagevorschriften **19** 47 ff
Unterpari-Emission bei Verschmelzung **77 Anh II** VerschmG 23, 4
der Vermischung beider Vermögen bei Umwandlung der AG auf bestehende oHG **77 Anh** UmwG 8, 2
Verbot eindeutiger Unterkapitalisierung
und Registergericht **10** 18
Verbot der Einlagenschmälerung 19 18 ff
Verbotsbefugnis gegenüber GmbH 62 1 ff, 7 ff
Verbotsirrtum
Geschäftslagetäuschung **82** 114
Gründungstäuschung **82** 53
Untreue, GmbH-rechtliche **Vor 82** 90 ff
Verbundene Unternehmen
Belgien **Einl** 361
Dänemark **Einl** 585
Frankreich **Einl** 307
Großbritannien **Einl** 644
Italien **Einl** 471
Luxemburg **Einl** 415
Niederlande **Einl** 531
Österreich **Einl** 196
Schweiz **Einl** 252
Tatbestände, einzelne **Anh II 13** 5
Vereinigte Staaten von Amerika **Einl** 666
Verdeckte Gewinnausschüttung 29 97
und Auszahlungsverbot **30** 38 ff
an Gesellschafter-Liquidator **66** 53

Verdeckte Gewinnausschüttung (Fortsetzung)
und Grundsatz der Gleichbehandlung **14** 20
Verdecktes Stammkapital
und Auszahlungsverbot **30** 27 f
Verein oder Gesellschaft Einl 4
Vereinigte Staaten von Amerika, GmbH-Recht
Abschlußprüfung **Einl** 663
Abschlußpublizität **Einl** 653, 663
Abwicklung **Einl** 664
Anerkennung der Auslandsgesellschaft **Einl** 668
Anonymität **Einl** 660
auditors **Einl** 658
Auflösung **Einl** 664
Ausschluß **Einl** 660
Austritt **Einl** 660
Beendigung **Einl** 664
kein bundeseinheitliches Gesellschaftsrecht **Einl** 651
close corporation **Einl** 655
Direktorium (board of Directors) **Einl** 656 ff
einheitliche Kapitalgesellschaftsform, Prinzip **Einl** 651
Einmanngesellschaft **Einl** 653
Finanzierung **Einl** 662 ff
Fremdenrecht **Einl** 669
Fremdfinanzierung **Einl** 662
Geschäftsanteil **Einl** 660
Gesellschafterrechte und -pflichten **Einl** 660
Gesellschafterstellung **Einl** 660
Gesellschafterversammlung **Einl** 659
Gesellschaftsstatut **Einl** 668
Gewinn- und Verlustrechnung **Einl** 663
Gründung **Einl** 654
Handelsregister **Einl** 652 ff
internationales Gesellschaftsrecht **Einl** 668
Jahresbilanz **Einl** 663
Kapitaländerung **Einl** 662
Kapitalaufbringung **Einl** 662
Kapitalerhaltung **Einl** 662
leitende Angestellte **Einl** 657
Minderheitenschutz **Einl** 661
officers **Einl** 657
Publizität **Einl** 652 ff
Rechnungslegung **Einl** 663
Rechnungsprüfer **Einl** 658
Rechtspersönlichkeit **Einl** 653
Selbstfinanzierung **Einl** 662
shareholders' meeting **Einl** 659
Tochtergesellschaft **Einl** 669
Umwandlung **Einl** 666
Vereinigte Staaten von Amerika, GmbH-Recht (Fortsetzung)
verbundene Unternehmen **Einl** 667
Verfassung **Einl** 653, 655 ff
Verschmelzung **Einl** 665
Zweigniederlassung **Einl** 669
Vereinigung
von Geschäftsanteilen **15** 140 ff
Vereinigungsfreiheit und GmbH 13 23
Vereinsrecht
Verbotsbefugnis gegenüber GmbH **62** 7
Vererblichkeit
des Geschäftsanteils **15** 5 ff
Verfahrensrecht
bei Gründungsprüfung **10** 19 ff
Verfallsandrohung nach Fristsetzung
im Kaduzierungsverfahren **21** 1 ff
Verfassung
Belgien **Einl** 331 ff
Dänemark **Einl** 554
Frankreich **Einl** 276
Großbritannien **Einl** 602, 609 ff
Italien **Einl** 432, 439
Luxemburg **Einl** 385 ff
Niederlande **Einl** 496 ff
Österreich **Einl** 163 ff
Rechtsvergleichung **Einl** 679
Vereinigte Staaten von Amerika **Einl** 653, 655 ff
Verfassung der Gesellschaft
Formfrage **Einl** 99
Verfassung, innere der GmbH 45 3
Verfassungsrecht
und Fremdenrecht **Einl** 118
Verfassungsrecht und Geschäftsführerstellung 35 31
Verfügungsbefugnis
beim Mißbrauchstatbestand **Vor 82** 16 ff
Vergleich
mit Abtretungsverpflichtung Geschäftsanteil **15** 14
Anfechtungsklage **Anh 47** 161 f
bei Anmeldendenhaftung **9** 19 ff
über Einlageforderung **19** 26
Firma **4** 99
Geschäftsanteil **Anh 15** 30
Nichtigkeitsklage **Anh 47** 204
Vergleichsverfahren
gegen Gesellschafter und Geschäftsanteil **Anh 15** 98
Vergleichsverfahren, gerichtliches
s. Gerichtliches Vergleichsverfahren
Vergütung
der Aufsichtsratsmitglieder **52** 135 ff
Liquidator, vom Gericht ernannter **66** 33

Vergütung (Fortsetzung)
des Liquidators **66** 50 ff
für Sachübernahme **5** 116
Vergütung des Geschäftsführers 35 112 ff
Verhältnis
der Verteilung des Liquidationsüberschusses **72** 5 ff
Verhaltenspflichten
und Durchgriffsproblem **Anh I 13** 49 ff
Verhinderung
des Geschäftsführers zur Leistung der Dienste **35** 120
Verjährung
Anmeldendenhaftung **9** 32
Erstattung verbotener Stammkapitalzahlung **31** 32
Geschäftsführerhaftung gegenüber Gesellschaft **43** 92 ff
Geschäftsgeheimnis, unbefugte Offenbarung und Verwertung **85** 74
Geschäftslagetäuschung **82** 117
Gewinnanspruch **29** 92
Gründungstäuschung **82** 62
Liquidationsrate **72** 20
Liquidator, Ansprüche gegen **71** 22
unterlassener Konkurs- bzw. Vergleichsantrag **84** 68
Untreue, GmbH-rechtliche **Vor 82** 114 f
Verkäuferpflichten
Geschäftsanteil **Anh 15** 14 ff
Verkauf aus freier Hand
gepfändeter Geschäftsanteil **Anh 15** 83
Verkehrsfähigkeit
des Vermögensgegenstandes **42** 53
Verkehrssitte
und Firmenbildung **4** 16, 24
Verkehrswert des Geschäftsanteils 34 17; **Anh 34** 34
Verlegung des Geschäftsjahrs 29 19
Verlegung des Sitzes in das Ausland Einl 80
Verlust
bei Verschmelzung **77 Anh II** VerschmG 27, 4 ff
Verlustausgleich
beim Gewinnabführungsvertrag **29** 68
Verlustübernahme
bei Beherrschungs- und Gewinnabführungsvertrag **Anh II 13** 41
Vermächtnis
Geschäftsanteil **Anh 15** 112
obligatorisches Recht auf Abtretung des Geschäftsanteils **15** 11
Vermächtnisnehmer, GmbH als — 13 12
Vermehrung von Leistungen
des Gesellschafters durch Satzungsänderung **53** 67 ff
Vermögen und Stammkapital
gebundenes, nicht gebundenes **33** 22 ff
Vermögen, Vorhandensein restlichen
nach Schlußverteilung im Konkursverfahren **63** 99
Vermögensbetreuungspflicht
beim Mißbrauchstatbestand **Vor 82** 32
Vermögensbilanz
Überschuldungsbilanz als — **63** 24
Vermögensgefährdung
bei Untreue **Vor 82** 71
Vermögensgegenstand 42 51 ff
Vermögenslage, falsche Mitteilung
als Geschäftslagetäuschung **82** 93 ff
Vermögenslosigkeit
nach Schlußverteilung im Konkursverfahren **63** 98
und Überschuldung **63** 19
weder Auflösung noch Beendigungsgrund **60** 13
Vermögensrechte 14 8 ff
und eigener Geschäftsanteil **33** 42 f
Vermögensrechtliche Ansprüche
als Sondervorteile **5** 151
Vermögensrechtliche Ansprüche aus Mitgliedschaft
Abtretung einzelner — **15** 86 ff
Vermögensrechtliche Vorzugsrechte 5 144
Vermögensschaden
bei Untreuehandlung **Vor 82** 61 ff
Vermögensteuer
Einziehung des Geschäftsanteils **34** 70
Genußscheine **Anh 29** 31
Gesellschafterdarlehen **Anh 30** 106
Vorgesellschaft **11** 97
Vermögenstrennung und -vereinigung
bei Umwandlung der AG auf bestehende oHG **77 Anh** UmwG 8, 1 f
Vermögensübergang
Umwandlung der AG auf bestehende oHG **77 Anhh.** UmwG 5, 4
bei Umwandlung des Einzelunternehmens in AG, KGaA **77 Anh** UmwG 55, 2
bei Umwandlung des Einzelunternehmens in GmbH **77 Anh** UmwG 56f, 2
bei Umwandlung der Personenhandelsgesellschaft in AG **77 Anh** UmwG 44, 3 ff
bei Umwandlung Personenhandelsgesellschaft in GmbH **77 Anh** UmwG 49, 6
Vereinigte Staaten von Amerika **Einl** 666
Verschmelzung **77 Anh II** VerschmG 25, 16

Vermögensübersicht
bei Umwandlung des Einzelunternehmens in GmbH **77 Anh** UmwG 56c, 4 ff
Vermögensübertragung
Belgien **Einl** 359
Geschäftsanteil **15** 80
Großbritannien **Einl** 642
Niederlande **Einl** 529
bei Umwandlung der AG auf errichtete oHG **77 Anh** UmwG 16, 4
und Verschmelzung, Abgrenzung **77 Anh II** VerschmG 19, 10
Vermögensumsetzung in Geld
im Liquidationsstadium **70** 11
Vermögensverfügung
im Ganzen und Ehegattenrecht **Anh 15** 69
Vermögenswert
erforderlicher der Sacheinlage **5** 56
Vermögenswerte
in Überschuldungsbilanz **63** 35 ff
vorhandene nach Liquidation **74** 25 ff
Vermögenswerte, sonstige
Sacheinlage **5** 56 ff
Vernichtbarkeit der Gesellschaft
mit Rechtsfolge der Auflösung **75** 1 ff, 29
Vernichtung des Geschäftsanteils
durch Einziehung **34** 54
Veröffentlichung des Handelsregisters
s. Bekanntmachung
Verordnungen gem. Art. 235 EWGV
Einl 704 ff
Verpachtung des Betriebs
kein Auflösungsgrund **60** 59
Verpfändung
Ausfallhaftungsanspruch nach Kaduzierung **24** 37
der Einlageforderung **19** 71
des Geschäftsanteils **Anh 15** 39 ff
des Geschäftsanteils, keine Anmeldung **16** 51
Gewinnanteilschein **Anh 29** 10
Teil eines Geschäftsanteils **17** 40 ff
Verpflichtungsbefugnis
beim Mißbrauchstatbestand **Vor 82** 16 ff
Versäumnisurteil
Anfechtungsklage **Anh 47** 159
Nichtigkeitsklage **Anh 47** 204
Versagung des Wortes Anh 47 89
Versammlung der Gesellschafter
s. Gesellschafterversammlung
Versammlungsleiter 48 11
Verschleierte Sacheinlage
bei Kapitalerhöhung **56** 9
Verschleierte Sachgründung 5 126 ff
Registergericht, Prüfung **10** 15
Verschleierte Sachübernahme 5 126 ff
Verschmelzende Umwandlung
s. Umwandlung
Verschmelzung Einl 50
und Auflösung **60** 9
Belgien **Einl** 359
Dänemark **Einl** 583
Formstatut **Einl** 100 f
Frankreich **Einl** 304
Geschäftsanteil **15** 80
Gesellschaftsstatut **Einl** 91
Großbritannien **Einl** 642
internationale **Einl** 102 ff
internationale von Aktiengesellschaften **Einl** 709 f
Italien **Einl** 469
Luxemburg **Einl** 413
Niederlande **Einl** 529
Österreich **Einl** 194
Schweiz **Einl** 250
Vereinigte Staaten von Amerika **Einl** 665
Verschmelzung einer AG mit GmbH
Aktienrecht, § 355 AktG vergleichbar **77 Anh II** VerschmG 33, 1
aufgelöste AG **77 Anh II** VerschmG 33, 6
durch Aufnahme **77 Anh II** VerschmG 33, 3
Aufsichtsrat **77 Anh II** VerschmG 33, 8
Auskunftsrechte **77 Anh II** VerschmG 33, 12
Bedenken **77 Anh II** VerschmG 33, 2
Einsichtsrechte **77 Anh II** VerschmG 33, 12
Gesellschafterliste **77 Anh II** VerschmG 33, 15
Kraftloserklärung alter Aktienurkunden **77 Anh II** VerschmG 33, 16
Nennbeträge der Geschäftsanteile **77 Anh II** VerschmG 33, 7
Schlußbilanz und Anschaffungskosten **77 Anh II** VerschmG 33, 14
Verantwortlichkeit der Verwaltungsträger der AG **77 Anh II** VerschmG 33, 17
Verfahren **77 Anh II** VerschmG 33, 4 ff
Verschmelzungsbeschluß der AG **77 Anh II** VerschmG 33, 9
Wandelschuldverschreibungen der AG **77 Anh II** VerschmG 33, 18
Verschmelzung bergrechtlicher Gewerkschaft mit GmbH
Aktienrecht, § 357 AktG entsprechend **77 Anh II** VerschmG 35, 1
Verschmelzungsbeschluß **77 Anh II** VerschmG 35, 4
Zubußen **77 Anh II** VerschmG 35, 7

Verschmelzung einer KGaA mit GmbH
Aktienrecht, § 356 AktG entsprechend **77 Anh II** VerschmG 34, 1
persönlich haftende Gesellschafter **77 Anh II** VerschmG 34, 2
Verschmelzung zweier GmbH durch Aufnahme
Abschrift des Verschmelzungsvertrags **77 Anh II** VerschmG 20, 35
Anfechtungsklage gegen Verschmelzungsbeschluß der übertragenden Gesellschaft **77 Anh II** VerschmG 31, 4
Anmeldung von Gläubigern **77 Anh II** VerschmG 26, 14 ff
Anmeldung zum Handelsregister
—Kapitalerhöhung zur Durchführung **77 Anh II** VerschmG 22, 10
—Verschmelzung
——Anfechtungsklage, erhobene **24,** 7; **77 Anh II** VerschmG
——Beilagen zur Anmeldung **77 Anh II** VerschmG 24, 11
——Inhalt **77 Anh II** VerschmG 24, 2
——Negativerklärung betr. Anfechtung **77 Anh II** VerschmG 24, 5
——Nichtigkeitsklage, erhobene **24,** 9; **77 Anh II** VerschmG
——Registergerichte, Prüfung **77 Anh II** VerschmG 24, 18 f
——Schlußbilanz der übertragenden Gesellschaft, Vorlage **77 Anh II** VerschmG 24, 14 ff
——Zuständigkeiten **77 Anh II** VerschmG 24, 3 f
Anpassung nach Billigkeitsgesichtspunkten **77 Anh II** VerschmG 25 41 ff
Anschaffungskosten für übernehmende Gesellschaft **77 Anh II** VerschmG 27, 2
Ansprüche, sicherzustellende der Gläubiger **77 Anh II** VerschmG 26, 2
Ansprüche, streitige **77 Anh II** VerschmG 26, 8
Anteilscheine **77 Anh II** VerschmG 25, 55
Anwartschaften und Gläubigerstellung **77 Anh II** VerschmG 26, 5
Arbeitsverträge **77 Anh II** VerschmG 25, 27
Ausgleichsposten **77 Anh II** VerschmG 27, 6
Auskünfte über andere Gesellschaft **77 Anh II** VerschmG 20, 36
Austrittsrecht überstimmter Gesellschafter **77 Anh II** VerschmG 25, 51
Besitz, Übergang nach Eintragung **77 Anh II** VerschmG 25, 18

Verschmelzung zweier GmbH durch Aufnahme (Fortsetzung)
Beteiligungen, Übergang nach Eintragung **77 Anh II** VerschmG 25, 19 f
Bilanzansätze, Folgen fehlerhafter **77 Anh II** VerschmG 27, 8
bilanzielle Behandlung **77 Anh II** VerschmG 27, 1 ff
Bilanzkontinuität **77 Anh II** VerschmG 27, 2
Bürgschaften **77 Anh II** VerschmG 25, 32
Dienstverträge **77 Anh II** VerschmG 25, 29
Dividendengarantien **77 Anh** VerschmG 25, 35
Eigentumsübergang nach Eintragung **77 Anh II** VerschmG 25, 18
Eintragung
—Bekanntmachung **77 Anh II** VerschmG 25, 6
—Beurkundungsmängel, geheilte **77 Anh II** VerschmG 25, 9
—Heilung des Verschmelzungsvertrages **77 Anh II** VerschmG 25, 8 ff
—Inhalt **77 Anh II** VerschmG 25, 6
—— der Kapitalerhöhung **77 Anh II** VerschmG 25, 4
—Kapitalerhöhung zur Durchführung **77 Anh II** VerschmG 22, 12
—Mängel der Eintragung **77 Anh II** VerschmG 25, 13
—Reihenfolge der Eintragungen **77 Anh II** VerschmG 25, 2
—— der Verschmelzungen **77 Anh II** VerschmG 25, 3
—Verschmelzungsrichtlinie-Gesetz **77 Anh II** VerschmG 25, 15
—Verschmelzungsvertrag, unwirksamer **77 Anh II** VerschmG 25, 11
—Wirkung **77 Anh II** VerschmG 25, 7
Entschmelzung **77 Anh II** VerschmG 31, 9
Erlöschen der übertragenden Gesellschaft **77 Anh II** VerschmG 25 45
Fiktion des Fortbestandes der übertragenden Gesellschaft **77 Anh II** VerschmG 29, 10 ff
Firmenrecht **77 Anh II** VerschmG 25, 48
Forderungen **77 Anh II** VerschmG 25, 23
Genußrechte **77 Anh II** VerschmG 25, 39
Gesamtrechtsnachfolge **77 Anh II** VerschmG 25, 17
Geschäftsanteil, Erwerb **77 Anh II** VerschmG 25, 52 ff
Geschäftsbesorgungsverträge **77 Anh II** VerschmG 25, 29

Verschmelzung zweier GmbH durch Aufnahme (Fortsetzung)
Geschäftsführeranstellungsverträge **77 Anh II** VerschmG 25, 28
Gewinnanteilscheine **77 Anh II** VerschmG 25, 39
Gläubigerschutz **77 Anh II** VerschmG 26, 1 ff
Haftung der Verwaltungsträger der übernehmenden Gesellschaft **77 Anh II** VerschmG 30, 1 ff
Haftung der Verwaltungsträger der übertragenden Gesellschaft für Verschmelzungsschäden, **77 Anh II** VerschmG 29, 2 ff
höchstpersönliche Rechte **77 Anh II** VerschmG 25, 22
Informationsrechte **77 Anh II** VerschmG 20, 34
Kapitalerhöhung zur Durchführung
—Aktienrecht, Vergleich **77 Anh II** VerschmG 22, 1
—Anmeldung zum Handelsregister **77 Anh II** VerschmG 22, 9
—bare Zuzahlungen, Zulässigkeit **77 Anh II** VerschmG 23, 13 ff
—Bekanntmachung **77 Anh II** VerschmG 22, 13
—Durchführung **77 Anh II** VerschmG 22, 4
—nicht der Durchführung dienende **77 Anh II** VerschmG 23, 4
—Eintragung **77 Anh II** VerschmG 22, 12
—Geschäftsanteile Dritter **77 Anh II** VerschmG 23, 10 ff
—Geschäftsanteile, Stückelung und Teilung vorhandener **77 Anh II** VerschmG 23, 7 ff
—Geschäftsanteile, vorhandene **77 Anh II** VerschmG 23, 2
—GmbH-Gesetz, anwendbare und nichtanwendbare Vorschriften **77 Anh II** VerschmG 22, 5 ff
—bei nichtigem Verschmelzungsvertrag **77 Anh II** VerschmG 23, 19
—Überbewertung **77 Anh II** VerschmG 22, 11
—unzulässige —, Verstöße und Folgen **77 Anh II** VerschmG 23, 17 f
—Unzulässigkeit **77 Anh II** VerschmG 23, 2 ff
—Verschmelzungsvertrag, Festlegung im **77 Anh II** VerschmG 22, 3
—Zulässigkeitsvoraussetzungen **77 Anh II** VerschmG 22, 2

Verschmelzung zweier GmbH durch Aufnahme (Fortsetzung)
Kapitalerhöhungsbeschluß **77 Anh II** VerschmG 22, 5
—reguläre Kapitalerhöhung **77 Anh II** VerschmG 22, 8
—Übernahmeerklärung nicht erforderlich **77 Anh II** VerschmG 22, 5
Konfusion **77 Anh II** VerschmG 25, 40
Kreditverträge **77 Anh II** VerschmG 25, 32
Lieferverträge **77 Anh II** VerschmG 25, 34
Lizenzverträge **77 Anh II** VerschmG 25, 31
Mitbestimmung **77 Anh II** VerschmG 25, 56
Mitgliedschaft, Erwerb **77 Anh II** VerschmG 25, 50
Nebenpflichten **77 Anh II** VerschmG 25, 37
Nichtigkeit des Verschmelzungsbeschlusses der übertragenden Gesellschaft **77 Anh II** VerschmG 31, 1 ff
öffentliche Register, Berichtigung **77 Anh II** VerschmG 25, 21
Prozesse, schwebende **77 Anh II** VerschmG 25, 36
Rechtsverhältnisse zwischen beteiligten Gesellschaften **77 Anh II** VerschmG 25, 40
Rechtsverhältnisse zwischen übertragender Gesellschaft und ihren Gesellschaftern **77 Anh II** VerschmG 25, 37 ff
Registergerichte
—Prüfung der Anmeldung der Verschmelzung **77 Anh II** VerschmG 24, 18
Schlußbilanz der übertragenden Gesellschaft
—Beilage zur Anmeldung **77 Anh II** VerschmG 24, 14 ff
Schuldverhältnisse zwischen den Gesellschaften **77 Anh II** VerschmG 25, 40
Sicherheitsleistung für Gläubiger **77 Anh II** VerschmG 26, 11 ff
übertragende Gesellschaft, Fiktion des Fortbestehens **77 Anh II** VerschmG 29, 10 ff
Umtauschverhältnis, gerichtliche Nachprüfung
—Anfechtung, Ersetzung durch Spruchverfahren **31a, 2; 77 Anh II** VerschmG
—Anfechtungsklage, unzulässige **77 Anh II** VerschmG 31a, 4
—Antrag **77 Anh II** VerschmG 31a, 14
—Bekanntmachung des Antrags **77 Anh II** VerschmG 31a, 12

Verschmelzung zweier GmbH durch Aufnahme (Fortsetzung)
—Entscheidung **77 Anh II** VerschmG 31a, 17 ff
—Feststellungsurteil **77 Anh II** VerschmG 31a, 18
—Fristen **77 Anh II** VerschmG 31a, 11
—Kosten **77 Anh II** VerschmG 31a, 20
—Nichtigkeitsklage, nicht ausgeschlossene **77 Anh II** VerschmG 31a, 6
—niedriges Verhältnis **77 Anh II** VerschmG 31a, 4
—Rechtsmittel **77 Anh II** VerschmG 31a, 20
—Verfahren **77 Anh II** VerschmG 31a, 7 ff
—Verfahrensbeteiligte **77 Anh II** VerschmG 31a, 15
—Verschmelzungsbeschluß der übertragenden Gesellschaft
——allein betroffener **77 Anh II** VerschmG 31a, 3
—Verschmelzungsrichtlinie-Gesetz **77 Anh II** VerschmG 31a, 1
—Zuständigkeit **77 Anh II** VerschmG 31a, 10
Unternehmensverträge **77 Anh II** VerschmG 25, 35
Verbindlichkeiten **77 Anh II** VerschmG 25, 24
Verfahren bei Ansprüchen gegen Verwaltungsträger der übertragenden Gesellschaft **77 Anh II** VerschmG 29, 22 ff
Vermögensübergang **77 Anh II** VerschmG 25, 16
—Erlöschen der übertragenden Gesellschaft nach — **77 Anh II** VerschmG 25, 45
—Firma, Erlöschen der übertragenden **77 Anh II** VerschmG 25, 48
—Nichtigkeitsklage gegen Verschmelzungsbeschluß der übertragenden Gesellschaft
——nach Eintragung **77 Anh II** VerschmG 31, 2
—Registergericht, Aktenbehandlung **77 Anh II** VerschmG 25, 49
Vermögensübergang nach Eintragung **77 Anh II** VerschmG 25, 16
Verschmelzungsbeschlüsse
—Aufhebung **77 Anh II** VerschmG 20, 29
—Beschlußfassung, Einzelheiten **77 Anh II** VerschmG 20, 6 ff
—Form **77 Anh II** VerschmG 20, 19 ff

Verschmelzung zweier GmbH durch Aufnahme (Fortsetzung)
—Gesellschafterversammlung, zwingende Zuständigkeit **77 Anh II** VerschmG 20, 6
—Innenverhältnis, Wirkungen **77 Anh II** VerschmG 20, 23
—Kapitalerhöhungsbeschluß **77 Anh II** VerschmG 20, 30
—Mängel **77 Anh II** VerschmG 32
—Mehrheitserfordernisse **77 Anh II** VerschmG 20, 10 ff
—Minderheit, Bindung **77 Anh II** VerschmG 20, 31
—Partner des Vertrags, Verhältnis zum **77 Anh II** VerschmG 20, 24
—Vertretungsbeschränkungen **77 Anh II** VerschmG 20, 15
—Vorzugsrechte **77 Anh II** VerschmG 20, 16
—Zeitpunkt zur Zustimmung **77 Anh II** VerschmG 20, 3
—Zustimmung zum Verschmelzungsvertrag **77 Anh II** VerschmG 20, 2 ff
Verschmelzungsgewinn **77 Anh II** VerschmG 27, 7
Verschmelzungsschäden **77 Anh II** VerschmG 29, 2 f
Verschmelzungsverlust **77 Anh II** VerschmG 27, 4 ff
Verschmelzungsvertrag
—Änderung **77 Anh II** VerschmG 21, 31
—Anfechtung **77 Anh II** VerschmG 21, 29
—Aufhebung **77 Anh II** VerschmG 21, 31
—Auslegung **77 Anh II** VerschmG 21, 2
—Bedingungen **77 Anh II** VerschmG 21, 27
—Beendigung vor Durchführung **77 Anh II** VerschmG 21, 31 ff
—Befristungen **77 Anh II** VerschmG 21, 27
—Erfüllungsansprüche **77 Anh II** VerschmG 21 34
—Firma **77 Anh II** VerschmG 21, 24
—Form **77 Anh II** VerschmG 21, 28
—Geschäftsanteile aus Kapitalerhöhung **77 Anh II** VerschmG 21, 15
—Geschäftsanteile, schon vorhandene **77 Anh II** VerschmG 21, 15
—Geschäftsführerbestellung **77 Anh II** VerschmG 21, 25
—Gleichbehandlungsgrundsatz **77 Anh II** VerschmG 21, 7
—Heilung des Formmangels **77 Anh II** VerschmG 21, 28
—Inhalt **77 Anh II** VerschmG 21, 6

Verschmelzung zweier GmbH durch Aufnahme (Fortsetzung)
—Kündigung **77 Anh II** VerschmG 21, 32
—mangelhafter **77 Anh II** VerschmG 21, 29 f
—Nebenpflichten **77 Anh II** VerschmG 21, 19
—Nennbeträge der Geschäftsanteile, zu gewährende **77 Anh II** VerschmG 21, 9
—Nichterfüllung, Ansprüche **77 Anh II** VerschmG 21, 35
—Nichtigkeit **77 Anh II** VerschmG 21, 30
—notarielle Beurkundung **77 Anh II** VerschmG 21, 28
—Rechtsnatur **77 Anh II** VerschmG 21, 2
—Rücktritt **77 Anh II** VerschmG 21, 33
—Stichtage **77 Anh II** VerschmG 21, 22
—Termine **77 Anh II** VerschmG 21, 22
—Umtauschverhältnis **77 Anh II** VerschmG 21, 13 f
—Vertragspartner **77 Anh II** VerschmG 21, 3
—Vertragspartner, Vertragsgegenstand, Bezeichnung **77 Anh II** VerschmG 21, 8
—Vertretung **77 Anh II** VerschmG 21, 3
—Vorzugsrecht **77 Anh II** VerschmG 21, 19 f
—Willensmängel **77 Anh II** VerschmG 21, 29
—Zustimmungserfordernisse **77 Anh II** VerschmG 21, 6
—Zuzahlungen **77 Anh II** VerschmG 21, 21
Versicherungsverträge **77 Anh II** VerschmG 25, 32
Versorgungsanwartschaft **77 Anh II** VerschmG 26, 5 f
Vertragsverhältnisse **77 Anh II** VerschmG 25, 26
Vertrauensverhältnisse, Übergang **77 Anh II** VerschmG 25, 22
Vorzugsrechte **77 Anh II** VerschmG 25, 38
Wechsel **77 Anh II** VerschmG 25, 23
Wettbewerbsverbote **77 Anh II** VerschmG 25, 30

Verschmelzung zweier GmbH durch Aufnahme oder Neubildung
Aktienrecht, Verhältnis zum **77 Anh II** VerschmG vor § 19, 8
nach Auflösung der übertragenden Gesellschaft **77 Anh II** VerschmG 19, 15
durch Aufnahme
—Begriff **77 Anh II** VerschmG 19, 12
—Verfahrensablauf **77 Anh II** VerschmG 19, 14

Verschmelzung zweier GmbH durch Aufnahme oder Neubildung (Fortsetzung)
Ausschluß der — **77 Anh II** VerschmG 19, 16
Begriff **77 Anh II** VerschmG 19, 2
Betriebsverfassungsrecht **77 Anh II** VerschmG vor § 19, 13
Entstehungsgeschichte des Gesetzes **77 Anh II** VerschmG vor § 19, 1 ff
Erlöschen der übertragenden Gesellschaft ohne Abwicklung **VerschmG 19, 7; 77 Anh II**
ertragsteuerliche Folgen **77 Anh II** VerschmG vor § 19, 16
Formen, zulässige **77 Anh II** VerschmG 19, 11
formwechselnde Umwandlung, Abgrenzung **77 Anh II** VerschmG 19, 8
Fusionskontrolle **77 Anh II** VerschmG vor § 19, 13
Gesamtrechtsnachfolge **77 Anh II** VerschmG 19, 5
Gesellschafterrechte als Gegenleistung **77 Anh II** VerschmG 19, 6
gesellschaftsrechtliche Organisationsakte **77 Anh II** VerschmG 19, 3
Gesellschaftsteuer **77 Anh II** VerschmG vor § 19, 17
Gesetzeszweck **77 Anh II** VerschmG vor § 19, 10
gesetzliche Zulassung **77 Anh II** VerschmG 19, 4
grenzüberschreitende **77 Anh II** VerschmG vor § 19, 20
Grunderwerbsteuer **77 Anh II** VerschmG vor § 19, 19
internationale Fusionen **77 Anh II** VerschmG vor § 19, 21
internationales Privatrecht **77 Anh II** VerschmG vor § 19, 20
Kartellrecht **77 Anh II** VerschmG vor § 19, 13
Konzernbildung, Abgrenzung **77 Anh II** VerschmG 19, 9
Kosten **77 Anh II** VerschmG 19, 17
numerus clausus dinglicher Übertragungsakte **77 Anh II** VerschmG 19, 4
Rechtszustand für GmbH vor § 1981 **77 Anh II** VerschmG vor § 19, 5
Reformkritik **77 Anh II** VerschmG vor § 19, 9
Steuerrecht **77 Anh II** VerschmG vor § 19, 15
übertragende Umwandlung, Abgrenzung **77 Anh II** VerschmG 19, 8

Verschmelzung zweier GmbH durch Aufnahme oder Neubildung (Fortsetzung)
Umsatzsteuer **77 Anh II** VerschmG vor § 19, 18
Umwandlung, Abgrenzung **77 Anh II** VerschmG 19, 8
Vermögensübertragung, Abgrenzung **77 Anh II** VerschmG 19, 10
verschmelzende Umwandlung, Abgrenzung **77 Anh II** VerschmG 19, 8
wirtschaftliche Bedeutung **77 Anh II** VerschmG vor § 19, 10
Verschmelzung zweier GmbH durch Neubildung
Aktienrecht, Anlehnungen an § 353 AktG **77 Anh II** VerschmG 32, 1
Anmeldung der neuen Gesellschaft **77 Anh II** VerschmG 32, 27
Begriff **77 Anh II** VerschmG 32, 2
Eintragung der neuen Gesellschaft **77 Anh II** VerschmG 32, 27
Errichtung der neuen Gesellschaft
— Gesellschaftsvertrag **77 Anh II** VerschmG 32, 15 ff
— Organbestellung **77 Anh II** VerschmG 32, 23 f
Handeln vor Eintragung **77 Anh II** VerschmG 32, 26
Kapitalerhöhung, nicht vorgesehene **77 Anh II** VerschmG 32, 25
Mängel **77 Anh II** VerschmG 32, 33
neue Gesellschaft keine Vertragspartner **77 Anh II** VerschmG 32, 5
Verfahrensschritte **77 Anh II** VerschmG 32, 4
Verschmelzungsbeschlüsse **77 Anh II** VerschmG 32, 14
Verschmelzungsvertrag
— bare Zuzahlungen **77 Anh II** VerschmG 32, 12
— Form **77 Anh II** VerschmG 32, 5
— Inhalt **77 Anh II** VerschmG 32, 6 ff
— Nennbeträge der Geschäftsanteile **77 Anh II** VerschmG 32, 8
— neue Gesellschaft kein Vertragspartner **77 Anh II** VerschmG 32, 5
— Partner **77 Anh II** VerschmG 32, 5
— Umtauschverhältnis **77 Anh II** VerschmG 32, 9
— Vertretung **77 Anh II** VerschmG 32, 5
Verschmelzungsrichtlinie-Gesetz 77 Anh UmwG 1, 11
Verschulden bei Vertragsschluß
und Haftung für Unterkapitalisierung **Anh 30** 27
Verschwiegenheitspflicht
des Aufsichtsratsmitglieds **52** 145, 149, 152
Verselbständigung des Unternehmens
als GmbH-Strukturelement **Einl** 671
Versicherung der Geschäftsführer
bei Anmeldung der Gesellschaft **8** 20 ff
Richtigkeitskontrolle **10** 17
Versicherungsfall
und Durchgriffsproblem **Anh I 13** 51
Versicherungsgeschäft gegen Prämien
und GmbH-Rechtsform **1** 9
Versicherungsvereine auf Gegenseitigkeit
Versicherungsgeschäfte **1** 9
Versicherungsverträge
und Verschmelzung **77 Anh II** VerschmG 25 32
Versorgungszusagen
und Umwandlung **77 Anh** UmwG 5, 6, UmwG 7, 1, UmwG 49, 15
und Verschmelzung **77 Anh II** VerschmG 26, 6
Versteigerung
gepfändeten Geschäftsanteils **Anh 15** 83
Versteigerung öffentliche
kaduzierten Geschäftsanteils **23** 4
Versteigerungsgewerbe
Rechtsform, erforderliche **1** 10
Versuch
Gründungstäuschung **82** 42 ff
Untreue, GmbH-rechtliche **Vor 82** 100
Vertagung
der Gesellschafterversammlung **48** 17
Verteilung des Jahresgewinns
im Liquidationsstadium **69** 47
Verteilung des Liquidationsüberschusses 72 5 ff
Verteilung des Überschusses in Liquidation
s. Liquidation unter Verteilung des Überschusses
Vertrag
formgebundener über Geschäftsanteil **15** 10 ff
Vertrag über Verschmelzung
s. Verschmelzung
Vertraglich vereinbarte Austrittsrechte Anh 34 45
Vertraglicher Haftungsausschluß
der Handelndenhaftung **11** 84
Vertragliches Güterrecht
und Geschäftsanteil **Anh 15** 76
Vertragsabschluß
mit Vorgesellschaft **11** 23
Vertragsangebote
Sacheinlage **5** 57

Vertragsfreiheit
Gesellschafterstellung **45** 3, 6
Vertragsfreiheit bei GmbH & Co. KG Einl 38
Vertragsfreiheit im GmbH-Recht Einl 11; **14** 18
Vertragskonzern und GmbH
Beherrschungsvertrag **Anh II 13** 31
Betriebspacht- oder -überlassungsvertrag **Anh II 13** 34
Gewinnabführungsvertrag **Anh II 13** 32
Gewinngemeinschaft **Anh II 13** 33
Vertragskonzern und GmbH
Vertragsarten **Anh II 13** 31 ff
Vertragspartei
Gesellschafter als — **Anh I 13** 48
Vertragsstrafe
bei Verzug mit Einlage **20** 15 ff
Vertragsstrafeklausel
bei Nebenleistungspflichten **3** 80
Vertragstyp GmbH Einl 28
Vertragsurkunde des Gesellschaftsvertrags
als Anlage der Anmeldung **8** 3
Vertrauen
in Rechts- und Geschäftsfähigkeit **Einl** 89
Vertrauenshaftung
bei Unterkapitalisierung **Anh 30** 27 ff
Vertretung
Angabe der — als Anlage der Anmeldung **8** 25 f
Eintragung in das Handelsregister **10** 28
Verschmelzungsvertrag **77 Anh II** VerschmG 21, 3
Zweigniederlassung **12** 16
Vertretung bei Abschluß des Gesellschaftsvertrags
Ansprüche bei Mängeln der Vollmacht **2** 30 ff
Bevollmächtigung **2** 21 ff
Eltern **2** 26
fehlende Vollmacht **2** 35
Form der Vollmacht **2** 21
gesetzlicher Vertreter **2** 26 f
Heilung von Formmängeln **2** 34
Inhalt der Vollmacht **2** 24
Komplementär **2** 26
Konkursverwalter **2** 26
Mängel der Vollmacht **2** 30
Mehrheit von Vollmachtgebern **2** 25
Nachlaßverwalter **2** 26
notarielle Beglaubigung **2** 22
notarielle Beurkundung **2** 21
OHG-Gesellschafter **2** 26
Pfleger **2** 26
Prokurist **2** 23
Selbstkontrahieren **2** 25
Vertretung bei Abschluß des Gesellschaftsvertrags (Fortsetzung)
Testamentsvollstrecker **2** 28
Vorerbe **2** 29
Vormund **2** 26
Vorstand **2** 26
Vorvertrag, Vollmachtsform **2** 39
Widerruf der Vollmacht **2** 30
Wirksamkeitserfordernis der Form **2** 21
Vertretung der Gesellschaft
durch Geschäftsführer s. Geschäftsführer
Vertretungberechtigung
der Liquidatoren **66** 14; **68** 3 ff
Vertretungsbefugnis
des Aufsichtsrats **52** 127, 131, 132
Vertretungsmacht
Geschäftsführer der Vorgesellschaft **11** 53 ff, 57
und Handelndenhaftung **11** 76
inländischer Zweigniederlassung einer ausländischen Gesellschaft **12** 35
des Liquidators **70** 28 ff
eines Prokuristen **2** 23
Verwaltung
Dänemark **Einl** 555 ff
Verwaltungsgericht
und Auflösung der GmbH **62** 24, 31
Verwaltungsrat 52 16
Verwaltungsrecht
Ausschluß der Übertragung **Anh 15** 33
Verwaltungsrechte 14 8 ff
Ausübung durch Vorerben **Anh 15** 115
gemeinsamer Vertreter **14** 36
bei gemeinschaftlicher Rechtsausübung am Geschäftsanteil **18** 18
Übertragung einzelner **14** 31 ff
Verwaltungssitz
in der Bundesrepublik **Einl** 77
im EG-Bereich **Einl** 96
inländischer einer Auslandsgesellschaft **Einl** 95
und Satzungssitz **Einl** 77
tatsächlicher und Sitztheorie **Einl** 75
Verlegung in das Ausland **Einl** 80, 86
Verwechselungsgefahr
eingetragener Firmen **4** 79 ff
Verweigerung von Auskünften Anh 47 89
Verwendungszwecke der GmbH Einl 17 ff
Verwertung
gepfändeten Geschäftsanteils **Anh 15** 82
Geschäftsanteil als Pfandrecht **Anh 15** 47
Verzicht
bei Anmeldendenhaftung **9** 19 ff
auf Bilanzfeststellung **29** 31

Verzicht (Fortsetzung)
auf Dividende **29** 96
Nichtigkeitsklage **Anh 47** 204
Verzinsung
der Stammeinlagen **29** 82
Verzug
Sacheinlagepflicht **5** 83
Verzug mit Einlage
Vertragsstrafe **20** 15 ff
Zinsverpflichtung **20** 9 ff
Victoria (Australien)
GmbH-Recht **Einl** 145
Vierte EG-Richtlinie
und Grundsätze ordnungsmäßiger Buchführung **42** 21
Vierte Richtlinie
des Rats der EG **Anh II 42**
Vinkulierung
von Geschäftsanteilen, nachträgliche **53** 114
Völkerrecht
und Fremdenrecht **Einl** 118
Volkswirtschaftliche Bedeutung
der AG, GmbH **Einl** 26
Volleinzahlung bisherigen Kapitals
und Kapitalerhöhung **55** 23
Vollendung
Geschäftsgeheimnis, unbefugte Offenbarung und Verwertung **85** 70 f
Gründungstäuschung **82** 42 ff
Untreue, GmbH-rechtliche **Vor 82** 100
Vollkaufmännisches Handelsgeschäft
und erforderliches Kapital **5** 7
Vollkaufmann
GmbH als — **13** 26
Vollmacht
Abschluß zur Abtretungsverpflichtung, Geschäftsanteil **15** 54 ff
zum Abschluß des Gesellschaftsvertrags **2** 21 ff
zum Abschluß eines GmbH-Vorvertrags **2** 39
keine für Einberufung der Gesellschafterversammlung **49** 6
fehlende bei Untreue **Vor 82** 34
und Untreue **Vor 82** 24
Vollmachten
als Anlage der Anmeldung **8** 4
Vollmachtsstatut
und Gesellschaftsstatut **Einl** 89
bei inländischer Zweigniederlassung einer ausländischen Gesellschaft **12** 35
Vollständigkeit der Bilanz **42** 46
Vollstreckung
in Einlageforderung **56a** 23
Vollversammlung
der Gesellschafter **51** 9
Vollwertige Gegenleistung
für Geschäftsanteil **34** 17
Vollzug
formnichtige Gesellschaft **2** 18
Vollzugsakt
bei Sacheinlagevereinbarung **5** 24
Vor-GmbH & Co. KG
BGB-Gesellschaft **11** 100
Erscheinungsformen **11** 99
Handelndenhaftung **11** 104
und Soll-GmbH & Co. KG **11** 100
Vorabausschüttung
Besteuerung **29** 81
Bilanzierung **29** 80
in Gesellschaftsvertrag vorgesehene **29** 77
Reingewinn, vorhandener **29** 79
kein Verbot der — **29** 77
Zulässigkeit **29** 76
Zwischenbilanz **29** 78
Vorabdividende
als Vorzugsrecht **5** 144
Vorbelastungsverbot **11** 6
und Bargründung **11** 30
und Handlungshaftung **11** 55
und Kapitalsicherung **11** 27
Neugläubiger, Schutz **11** 34
und notwendige Geschäfte **11** 22
und Sachgründung **11** 26
Vorerbe
und Beteiligung an GmbH **2** 29
Vorerbschaft
Geschäftsanteil **Anh 15** 113 ff
Vorerwerbsrecht
am Geschäftsanteil **15** 29
Vorgesellschaft
Abwicklung, keine bei GmbH-Entstehung **11** 44
Änderung des Gesellschaftsvertrags **11** 42
Altverbindlichkeiten eingebrachten Handelsgeschäfts **11** 63
Auflösung **11** 44
Auflösungsgründe **11** 45
Außenhaftung der Gründer **11** 61
Außenverhältnis **11** 49 ff
Bargründung **11** 36
Bargründung und Vertretungsbefugnis **11** 54, 57
bedingte Beitrittserklärung **2** 99
Beendigung **11** 44
Begriff **11** 4
Belgien **Einl** 329
beschränkte Gründerhaftung **11** 61
Besteuerung **11** 93 ff

Vorgesellschaft (Fortsetzung)
Betrieb eines Handelsgewerbes **4** 101
BGB-Gesellschaft **11** 7
BGH-Standpunkt zur Rechtsnatur **11** 9
Dänemark **Einl** 552
Dauer **11** 11
deliktische Haftung der Gründer **11** 65
Durchgangsstadium zur GmbH **11** 5
echte **11** 14
Einstimmigkeitsprinzip **11** 39
keine Eintragung **4** 103
Eintragungsabsicht, fehlende **11** 14
Eintragungsantrag, rechtskräftige Ablehnung **11** 44
Eintragungsdauer **11** 12
Eintragungshindernis und Gründerpflicht **11** 38
Eintritt der GmbH in Rechte und Pflichten, genereller **11** 90
Entstehung der GmbH und Gründerhaftung **11** 64
fehlerhafte **2** 77
und Firma **4** 100 ff
Firmenbildung nach GmbH-Recht **4** 102
Firmenführung, Recht zur **11** 50
Firmenschutz **4** 104
Forderung gegen — einlagefähig **5** 44
Frankreich **Einl** 274
gesamthänderische Personenvereinigung **11** 49
Gesamthandsvermögen **11** 40
Gesamtrechtsnachfolge **11** 31
Gesamtrechtsnachfolge der GmbH gegenüber — **11** 91
Geschäfte für künftige GmbH **11** 31
Geschäftsfortführung unter bisheriger Firma **11** 63
Geschäftsführer
s. a. Geschäftsführer der Vorgesellschaft
Geschäftsführer, Vertretungsmacht **11** 53 ff
Geschäftsführung **11** 41
Gesellschafterkonkurs **11** 46
Gesellschafterwechsel **11** 42
Gesellschaftsvermögen **11** 9, 40
Gesellschaftsvertrag, Änderung **11** 42
gesetzlich geregelter Verbandstyp **11** 7
Großbritannien **Einl** 607
Gründer, Verhältnis zwischen **11** 35
Gründerhaftung **11** 60
Gründerpflichten **11** 38
Gründervereinigung **11** 15
und Gründungsmängel **75** 7
Grunderwerbsteuer **11** 98

Vorgesellschaft (Fortsetzung)
Haftung aus § 11 Abs. 2 GmbH **11** 32
Haftung, persönliche der Gründer **11** 60
Haftungsverhältnisse bei — und GmbH **11** 32
Handeln außerhalb des Zwecks der — **11** 92
Handeln für künftige GmbH **11** 56
Handeln für Vorgesellschaft **11** 56
und Handelndenhaftung **11** 72 ff
Handelsgeschäft, Einbringung und Altgesellschaft **11** 63
Identitätstheorie **11** 25
Italien **Einl** 437
juristische Person, werdende **11** 10
Kapitalrisiko für vorzeitige Geschäftsaufnahme **11** 29
Kapitalsicherung der GmbH **11** 27
Kaufmannseigenschaft **11** 50
Körperschaftsteuer **11** 93 ff
Konkurs **11** 45
Konkurs eines Gründers **11** 46
Konkursfähigkeit **11** 52; **63** 5
Kontinuität zur GmbH **11** 31
Konto **7** 33
Konto, Unterhaltung **11** 51
Kündigung aus wichtigem Grund **11** 45
Liquidation **11** 47 f; **66** 30
Luxemburg **Einl** 383
Mehrheitsprinzip **11** 39
Name der künftigen GmbH **11** 50
nichtrechtsfähiger Verein **11** 7
Niederlande **Einl** 494
Österreich **Einl** 161
offene Handelsgesellschaft **11** 7, 14
Organe **11** 9
Organe der Vorgesellschaft **11** 56
Organisation, Sonderrecht unterstehend **11** 8
Organisationszustand, unfertiger **11** 10
passive Parteifähigkeit **11** 52
persönliche Haftung der Gründer **11** 60
Personenfirma **4** 102
Rechtsfähigkeit, fehlende **11** 5
Rechtsnatur **11** 7
Rechtstatsachen **11** 11
Rechtsverhältnisse **11** 35 ff
Reform **11** 2 f
Sachfirma **4** 102
Sachgründung **11** 37
Sachgründung und Vertretungsbefugnis **11** 54, 57
Schweiz **Einl** 219
Selbstorganschaft gilt nicht **11** 41
kein Sollkaufmann **4** 101

Vorgesellschaft (Fortsetzung)
Sorgfaltsmaßstab der Geschäftsführung **11** 41
Stammkapital, Anpassung **11** 42
Stammkapitalsicherung **11** 22
Teilrechtsfähigkeit **11** 49
Tod eines Gründers **11** 46
Übergang von Rechten und Pflichten auf GmbH **11** 89 ff
unbeschränkte Gründerhaftung **11** 62
unechte — **11** 13 ff
Vereinigte Staaten von Amerika **Einl** 654
Vereinigung besonderer Art **11** 7
Vergleichsfähigkeit **63** 103
Vermögensteuer **11** 97
Vertragsabschluß mit — **11** 23
Vertretungsmacht der Geschäftsführer **11** 53 ff
Vertretungsmacht, Umfang **11** 57
Vollendung juristischer Person, Mitwirkung **11** 38
Vollhandelsgewerbe **4** 101
kein vollkaufmännisches Handelsgewerbe **4** 105
in Vollzug gesetzte formnichtige **2** 18
Vorbelastungsverbot **11** 22, 26
Vorgründungsgesellschaft **11** 16 ff
Vorstufe eingetragener GmbH **11** 31
keine Wechselfähigkeit **11** 51
Willensleistung **11** 39
wirtschaftlich notwendige Geschäfte **11** 31
Zwangsvollstreckung gegen — **11** 52
Zweck **11** 36
Zweck der — **11** 36
Vorgründungsgesellschaft
Besteuerung **11** 93, 96
BGB-Gesellschaft **11** 17
Form des Vorgründungsvertrags **11** 18
Haftungsnorm § 11 Abs. 2, Anwendbarkeit **11** 20
keine Konkursfähigkeit **63** 6
offene Handelsgesellschaft **11** 17
Rechte, Pflichten **11** 19
Rechtsnatur **11** 17
Vorgesellschaft, Abgrenzung **11** 16
Vorkaufsrecht
an Geschäftsanteil **15** 26 ff
Geschäftsanteil **Anh 15** 26 ff
auf Geschäftsanteil zugunsten der GmbH **33** 36
Vormund, GmbH nicht als — 13 12
Vormundschaftsgericht
Änderung des Gesellschaftsvertrags **53** 23
Genehmigung des — bei Beteiligung nicht voll Geschäftsfähigem **2** 62
Vormundschaftsgerichtliche Genehmigung
Verschmelzungsvertrag **77 Anh II** VerschmG 20, 15
Vorsatz
Geschäftsgeheimnis, unbefugte Offenbarung und Verwertung **85** 61
Untreue, GmbH-rechtliche **Vor 82** 82 ff
Vorsitz
im Aufsichtsrat **52** 91, 94, 98
Vorsitzender der Geschäftsführung 35 60
Vorstufe der eingetragenen GmbH
Vorgesellschaft als — **11** 31
Vorteilhaftes Geschäft
und Gesellschafterstellung **2** 61
Vorverständnis
bei Rechtsvergleichung **Einl** 670
Vorvertrag
über Abtretung eines Geschäftsanteils **15** 47
Bestimmtheit der Pflichten **2** 41
BGB-Gesellschaft **2** 42
Folgen des Formmangels **2** 40
Form **2** 36 ff
Kündigungsrecht **2** 43
und letztwillige Anordnung **2** 46
Nebenabreden **2** 38
nichtiger bei Formmangel **2** 40
notwendiger Mindestinhalt **2** 41
offengebliebene Punkte **2** 41
Rechtsverhältnisse **2** 42 ff
Tod eines Beteiligten **2** 45
Treuhandvertrag **2** 38
über Übernahme neuer Stammeinlagen **55** 73
Veräußerlichkeit, keine der Rechte **2** 44
Vollmacht **2** 39
Vollmacht, erforderliche Form **2** 39
Vorvertragliche Rücklagen
bei Beherrschungs- und Gewinnabführungsvertrag **Anh II 13** 41
Vorzeitige Geschäftsaufnahme
und Kapitalrisiko **11** 29
Vorzugsgeschäftsanteil
Aufhebung **5** 142
Begriff **5** 137
Begründung **5** 140
Erwerbsvorrechte **5** 144
Geschäftsführung **5** 146
Gewinnrecht, erhöhtes **5** 144
Herrschaftsrechte **5** 146
Inhalt **5** 143
Kapitalerhaltungsgrundsatz **5** 145
Kennzeichen **5** 138
Liquidationserlös, Vorzug bei Verteilung **5** 144

Vorzugsgeschäftsanteil (Fortsetzung)
Mehrheitserfordernisse **5** 140 f
Mitgliedschaftsrechte, echte **5** 149
Nachbezugsrecht **5** 144
Nachzahlungsrecht **5** 144
Obligationen, Abgrenzung **5** 138
Satzungsänderung **5** 140
Sonderrechtscharakter **5** 142
Sondervorteil, Abgrenzung **5** 138, 149
Stimmrecht, erhöhtes **5** 146
vermögensrechtliche Vorzugsrechte **5** 144
Vorab-Dividende **5** 144
Vorzugsrechte, Ausgestaltung **5** 137
Zulässigkeit **5** 139
Zustimmungserfordernis **5** 140
Vorzugsrechte
der Gesellschafter **3** 99
bei Kapitalerhöhung **55** 18
als Mitgliedsrechte **14** 10
und Satzungsänderung **53** 59
Verkürzung **53** 70
bei Verschmelzung **77 Anh II** VerschmG 20, 16, VerschmG 21, 19, VerschmG 25, 38
bei Vorzugsgeschäftsanteilen **5** 137

W

Wählbarkeit
für Aufsichtsrat **52** 68, 70, 74
Wahl
des Unternehmensgegenstandes **3** 17
Wahl des Sitzes **3** 9
Wahlrecht der Gesellschaft
zwischen Sach- und Geldeinlage **5** 27
Wandlung
Sacheinlage **5** 84
Waren, Warenzeichen
und Sachfirmenbildung **4** 19 ff
Warendarlehen
Bilanzierung **42** 77
Warenzeichen
als Sacheinlage **5** 34
Warenzeichenrechte
Sacheinlage **5** 47
Wechsel
von Aufsichtsratsmitgliedern **52** 52
des Gesellschaftsstatuts **Einl** 80
Wechselseitige Beteiligung
und Erwerb eigener Geschäftsanteile **33** 28
bei der GmbH **Anh II 13** 9
Wechselseitige Beteiligungen
und Auszahlungsverbot **30** 48 ff
durch derivativen Erwerb **30** 50
durch originären Erwerb **30** 49
Wegzug
Frankreich **Einl** 311
einer Gesellschaft **Einl** 107
Italien **Einl** 475
Luxemburg **Einl** 419
Niederlande **Einl** 535
Weigerung
der Bilanzaufstellung und -feststellung **29** 23
Weisungsfreiheit
im Geschäftsführungsbereich **37** 8 ff
Weisungskompetenz
beim Beherrschungsvertrag **53** 129
Weisungsrecht des Aufsichtsrats **52** 12
Weisungsrecht nach Konkurseröffnung **63** 92
Weitere Beschwerde
im Eintragungsverfahren **10** 22
Weiterverweisung
nach Sitztheorie **Einl** 81
Werk
Einbringung eines — als Sacheinlage **5** 59
Wert
des Geschäftsanteils **14** 5
Wertansatzstreit
bei Überschuldungsbilanz **63** 26 ff
Wertberichtigungsposten
Passivierung **42** 120
Wertpapier
und Geschäftsanteil **14** 7
Gewinnanteilschein als — **Anh 29** 3, 6
Wertpapiere
Bilanzierung **42** 82
Wertpapiererträgnisse
Vereinnahmung **42** 83
Wertsicherung
der Geschäftsführervergütung **35** 118
Ruhegehalt des Geschäftsführers **35** 168
Wesentliche Erfordernisse
des Gesellschaftsvertrags
s. Gesellschaftsvertrag, wesentliche Erfordernisse
West Australia
GmbH-Recht **Einl** 145
Wettbewerbsfähigkeit
und GmbH-Reform **Einl** 63
und Unternehmensrecht **Einl** 45
Wettbewerbsverbot
Durchgriffsproblem **Anh I 13** 49
nachvertragliches des Geschäftsführers **35** 204 ff
Wettbewerbsverbote
und Verschmelzung **77 Anh II** VerschmG 25, 30

Wichtiger Grund
Abberufung des Geschäftsführers aus — **38** 39 ff
Auflösungsklage aus — **61** 8 ff
für Ausschluß des Gesellschafters **Anh 34** 4, 6, 7
für Austritt eines Gesellschafters **Anh 34** 43 ff
Kündigung des Verschmelzungsvertrags **77 Anh II** VerschmG 21, 33
Liquidatorenernennung durch Gericht **66** 23 ff
Widerklage
Anfechtungsklage **Anh 47** 155
gegen Ausschlußklage **Anh 34** 19
Widerruf
der Anmeldung der Anteilsübertragung **16** 43 f
der Anmeldung der GmbH **7** 18
der Prokura **46** 30
Stimmabgabe des Gesellschafters **45** 9
Widerruf der Vollmacht
zum Abschluß eines Gesellschaftsvertrags **2** 33
Widerspruch
Gesellschaft gegen Abhaltung der Gesellschafterversammlung **51** 9
der Gesellschaft gegen Löschung **75** 61 ff
Gläubiger gegen Kapitalherabsetzung **58** 47 ff
Widerspruch und Anfechtungsrecht Anh 47 84
Widersprüchliche Erklärungen
und Vertretungswirkung **36** 5
Wiederbeschaffungswerte
in Überschuldungsbilanz **63** 27
Willensbildung
in der Einheitsgesellschaft **Anh I 13** 17
in Gründervereinigung **11** 39
Willenserklärung
Form der — von Liquidatoren **68** 3 ff
Gesellschafterbeschluß **45** 12
Willensmängel
Anmeldung der GmbH **7** 19
der Beitrittserklärung zur GmbH **2** 82 ff
und Nebenleistungspflichten **3** 58
Sacheinlagevereinbarung **5** 80
Sachübernahme **5** 94
Willensmangel
bei Abschluß des Gesellschaftsvertrags **75** 11 f
Willkürfreiheit in Bilanz 42 31
Willkürreserven 29 28 f
Willkürverbot 14 19
Window dressing 42 31
Wirkungslosigkeit
Gesellschafterbeschluß **Anh 47** 19
Wirkungsstatut Einl 98 f
Wirtschaftlich notwendige Geschäfte
der Vorgesellschaft **11** 31
Wirtschaftliche Bedeutung
des Stammkapitals **5** 7
Wirtschaftliche Entfaltungsfreiheit
der GmbH **13** 22
Wirtschaftliche Entwicklung
und GmbH-Recht **Einl** 5
Wirtschaftliche Theorie
des Vermögensschadens **Vor 82** 63
Wirtschaftliche Zugehörigkeit
des Vermögens und der Schulden **42** 55 ff
Wirtschaftlicher Verein
Umwandlung **77 Anh** UmwG 62, 1
Wirtschaftlichkeit des Unternehmens
und Registergericht **10** 18
Wirtschaftsgeheimnisse
Strafvorschriften zum Schutz **85** 8 ff
Wirtschaftsgut
und Sacheinlage **5** 30
Wirtschaftstätigkeit
der öffentlichen Hand **1** 13
Wirtschaftsverbände
und GmbH-Rechtsform **1** 12
Wissen, Wissenmüssen
des Liquidators **68** 10
Wissenszurechnung 35 273 ff
Wohnsitz
inländischer für Geschäftsführer nicht erforderlich **6** 7
Wortlaut der Satzung
Auslegung gegen den — **2** 121 f

Z

Zahl
Anmeldepflichtiger bei Auflösung **65** 7
der Aufsichtsratsmitglieder **52** 60, 62, 66
der Geschäftsführer **35** 22 ff
der Gesellschaftsgründer **2** 47
der Gründer und Firmenbildung **4** 35
Zahlungsmittel
voraussichtlich dauernder Mangel **63** 12
Zahlungspflichten der Gesellschafter
gleichmäßige Behandlung **19** 8
Zahlungsstockung 63 12
Zahlungsunfähigkeit
des Einlagenschuldners **19** 27
und Unterkapitalisierung **Anh 30** 65
Zahlungsunfähigkeit als Konkursgrund
s. Konkursverfahren unter Konkursgründe

Zeichnung
der Liquidatoren **68** 12 ff
Zeichnung der Unterschriften
als Anlage der Anmeldung **8** 27 ff
der Liquidatoren **67** 18
Zeitablauf der Gesellschaft **60** 19 ff
Fortsetzung nach — **60** 93
Zeitdauer der Gesellschaft
beschränkte **3** 45 ff
Eintragung in das Handelsregister **10** 31
gesellschaftsvertragliche Änderung **3** 51
Zeitpunkt
Anmeldung der Auflösung **65** 9
Bewertung von Sacheinlagen **5** 63
der Gesellschafterversammlung **48** 6
Kapitalerhöhung **55** 22 ff
Sacheinlage bei Kapitalerhöhung, Bewirken **56a** 19
Zentralafrikanische Republik
GmbH-Recht **Einl** 140
Zessionar
der Einlageforderung **19** 69
Zeugnis
des Geschäftsführers **35** 201
Zins
auf Stammeinlage **29** 82
bei Verzug mit Einlage **20** 9 ff
Zivilprozeß und GmbH **13** 14
Zubußen bei bergrechtlicher Gewerkschaft
Vor 26 2
Zündwarenmonopol **1** 20
Zugewinngemeinschaft
und Geschäftsanteil **Anh 15** 68 ff
der GmbH-Gesellschafter-Ehegatten **2** 60
Zulässigkeit
Abfindungsbeschränkung im Nachfolgefall **Anh 15** 109 ff
Bauzinsen **29** 83
der Einheitsgesellschaft **Anh I 13** 16
der Einmanngesellschaft **Anh I 13** 1
Fortsetzung aufgelöster Gesellschaft **60** 76
Fortsetzung aufgelöster Gesellschaft nach Konkursbeendigung **60** 99
Gewinnabführungsvertrag **29** 60 f
Gewinnanteilschein **Anh 29** 1
Sonderrechte **5** 154
Stimmbindung **47** 26 ff
Teilung des Geschäftsanteils **17** 7 ff
Verpfändung des GmbH-Anteils **Anh 15** 39
Verschmelzungsformen **77**
Anh II VerschmG 19, 11
Vorabausschüttung **29** 76
Vorzugsgeschäftsanteil **5** 139
Zulassung zur Übernahme einer Stammeinlage
nach Kapitalerhöhung **55** 31 ff
Zurechenbarkeit
der Unterkapitalisierung **Anh 30** 64
Zurückbehaltung von Gewinn
aufgrund Gewinnverteilungsbeschlusses **29** 42 ff
Zurückbehaltungsrecht
und Einlageverpflichtung **19** 45 f
Zusammenfallen
von Auflösung und Beendigung **60** 8 ff
Zusammenfassung
mehrerer Firmen **4** 73
Zusammensetzung
des Aufsichtsrats **52** 61, 63, 67
Zusatz bei Firmenbildung
„mit beschränkter Haftung" **4** 53 ff
Zusicherung
von Geschäftsanteilen bei Kapitalerhöhung **55** 76
Zuständigkeit
Anfechtungsklage **Anh 47** 145 ff
Anmeldung der Gesellschaft **7** 15 ff
Anmeldung der Satzungsänderung **54** 13 f
Auflösungsklage **61** 35
Eintragung in das Handelsregister **10** 26
Gründungsprüfung **10** 10 f
Nichtigkeitsklage **Anh 47** 201; **75** 43
Zustandekommen, fehlerhaftes
eines Gesellschafterbeschlusses **Anh 47** 89
Zustellung
Anfechtungsklage **Anh 47** 148 f
Nichtigkeitsklage **Anh 47** 201
Zustellungen **35** 234
Zustimmung
betroffenen Gesellschafters zur Leistungsvermehrung **53** 71
der Gesellschaft zur Abtretung des Geschäftsanteils **15** 104 ff
zur Teilbarkeit von Geschäftsanteilen **17** 14 ff
Zustimmungserfordernisse
bei Kapitalherabsetzung **58** 26 f
Zuzug
Frankreich **Einl** 311
Italien **Einl** 475
Luxemburg **Einl** 419
Niederlande **Einl** 535
Zwangseinziehung **34** 30 ff
des Geschäftsanteils **Anh 15** 89, 94
Zwangsgeld
im Verschmelzungsfall **77**
Anh II VerschmG 37, 1 ff
Zwangsreserven **29** 28
Zwangsvergleich **63** 95

Zwangsvollstreckung
in das Gesellschaftsvermögen der Vorgesellschaft **11** 52
durch Gläubigererben in Geschäftsanteil als Nachlaßgegenstand **18** 7
und Vergütung des Geschäftsführers **35** 124
Zwangsvollstreckung in Geschäftsanteil
Anteilsscheine, ausgegebene **Anh 15** 87
Auseinandersetzungsguthaben **Anh 15** 80
keine Einschränkung durch Satzung **Anh 15** 88
kein Gewährleistungsanspruch **Anh 15** 84
Pfändung **Anh 15** 78
Pfändung von Einzelrechten **Anh 15** 93
Pflichtennachfolge **Anh 15** 85
Surrogate des Anteils **Anh 15** 79
Teilpfändung **Anh 15** 86
keine Überweisung zur Einziehung **Anh 15** 82
Verkauf aus freier Hand **Anh 15** 83
Versteigerung **Anh 15** 83
Verwaltungsrechte, nicht berührte **Anh 15** 81
Verwertung **Anh 15** 82
Zustellung **Anh 15** 78
Zwangseinziehung **Anh 15** 89
Zwangsvollstreckung gegen Gesellschafter
Belgien **Einl** 346
Dänemark **Einl** 570
Frankreich **Einl** 291
Großbritannien **Einl** 628
Italien **Einl** 456
Luxemburg **Einl** 400
Österreich **Einl** 180
Schweiz **Einl** 237
Zweck
Angabe im Kapitalherabsetzungsbeschluß **58** 31
der Gesellschaft
s. Gesellschaftszweck
der Gesellschaft und Verstoß **Anh 47** 90
Jahresabschluß der GmbH **42** 7
der Kapitalherabsetzung **58** 4 ff
des Konkursgrundes der Überschuldung **63** 20
der Vorgesellschaft **11** 36
der Vorgesellschaft, Handeln außerhalb **11** 92
Zweck der Gründung
jeder gesetzlich zulässige **Einl** 11
Zweckverfehlungstheorie, soziale
Vor 82 69
Zweifel des Registerrichters
anläßlich Gründung **10** 7
Zweigliedriges Leitungsorgan
in Dänemark **Einl** 555 ff
Zweigniederlassung
Anmeldepflicht **12** 20
Anmeldung erster Liquidatoren **67** 16
Anmeldung der Satzungsänderung **54** 14
Aufhebung **12** 31
Auflösung **12** 12
ausländische Gesellschaft und inländische — **12** 32 ff
ausländische — inländische Gesellschaft **12** 45
ausländischer Gesellschaft aus EG-Bereich **Einl** 127
ausländischer Gesellschaften **Einl** 125 ff
Begriff **12** 4
Beilagen zur Anmeldung **12** 23
in Belgien **Einl** 367
in Dänemark **Einl** 591
DDR-Gesellschaft mit inländischer — **12** 44
Eintragung **12** 28
Errichtung **12** 10
Errichtung anmeldepflichtig **12** 20
Firma **4** 67; **12** 14
Firma, von Hauptniederlassung abweichende **12** 15
Firmenverschiedenheit **4** 67
in Frankreich **Einl** 313
fremdenrechtliche Probleme einer inländischen — **12** 37
Gerichtsstand **12** 18
Geschäfte, getätigte **12** 6
Geschäftsführer als Anmelder **12** 21
Gesellschaftsvermögen **12** 5
gesonderte Buchführung **12** 5
gewerberechtliche Genehmigung **Einl** 125
in Großbritannien **Einl** 650
Handelsregister **12** 19 ff
Handelsregistereintragung **Einl** 127
und Hauptniederlassung **12** 4, 8
Hauptniederlassung, Zusammenhang mit — **4** 67
inländische — ausländische Gesellschaft **12** 31 ff
in Italien **Einl** 477
Kapitalerhöhung, Kapitalherabsetzung **59** 1 ff
in Luxemburg **Einl** 421
Mitteilung an Sitzregister **12** 26
in Niederlande **Einl** 537
in Österreich **Einl** 202
im Prozeß **12** 17
Prozeßfähigkeit **12** 17
rechtliche Bedeutung **12** 7

Zweigniederlassung (Fortsetzung)
Registergericht des Sitzes **12** 25
registergerichtliche Behandlung inländischer — **12** 38
in Schweiz **Einl** 258
Veränderungen, spätere **12** 30
in Vereinigten Staaten von Amerika **Einl** 669
Veröffentlichung **12** 29
Vertretung **12** 16
Zweigregister **12** 26
Zweigregister
und Sitzregister, Zusammenwirken **12** 25 ff
Zweimann-Gesellschaft
Ausschluß eines Gesellschafters **Anh 34** 9
Austrittsrecht des Gesellschafters **Anh 34** 53
Gesellschafterversammlung **48** 12
Zwingendes Recht
Abandonrecht **27** 35
Änderung des Gesellschaftsvertrags **53** 75
Änderung, materielle des Gesellschaftsvertrags **53** 2 ff
Anmeldevoraussetzungen **7** 23
Aufrechnungsverbot mit Einlage **19** 31
Einlagenschmälerung, Verbot **19** 23
Firma der GmbH **4** 5
Form der Abtretung des Geschäftsanteils **15** 73 ff
Form des Gesellschaftsvertrags **2** 1
Form der Verpflichtung zur Abtretung des Geschäftsanteils **15** 9
Geschäftsbriefe, Angabenpflicht **35a** 2
Geschäftsführerbestellung **6** 3
Geschäftsführerhaftung gegenüber Gesellschaft **43** 11
Gesellschaftsvertrag, Erfordernisse **3** 1, 4
Haftung anmeldender Geschäftsführer **9** 5
Kapitalgrundlage **5** 1
Minderheitsrechte für Auflösung, Austritt **61** 49
obligatorischer Aufsichtsrat **52** 10, 13
Sacheinlagevorschriften, Umgehungsverbot **19** 47
Verbot des Erwerbs nicht voll eingezahlten Geschäftsanteils **33** 19 ff
Zwingendes Rechts
nichtige Gesellschafterbeschlüsse **Anh 47** 20
Zwischenbilanz
im Liquidationsstadium **71** 25
und Vorabausschüttung **29** 78
Zwischenstaatlichkeitsklausel
in den Vereinigten Staaten **Einl** 651
Zwischenverfügung
Eintragung der Kapitalerhöhung **57a** 11
des Registergerichts **10** 19

FSC
www.fsc.org
MIX
Papier | Fördert
gute Waldnutzung
FSC® C083411

Kolibri 360 GmbH
Ferdinand-Jühlke-Straße 7
99095 Erfurt, Deutschland
produktsicherheit@kolibri360.de